Der Schulleiter als Intrapreneur

# BERUFLICHE BILDUNG IM WANDEL

Herausgegeben von Jürgen van Buer

BAND 16

PETER LANG
EDITION

Nicole Follmer

# Der Schulleiter als Intrapreneur

## Überlegungen zu einer innovationsfördernden Führung in Schule

PETER LANG
EDITION

**Bibliografische Information der Deutschen Nationalbibliothek**
Die Deutsche Nationalbibliothek verzeichnet diese Publikation in der Deutschen Nationalbibliografie; detaillierte bibliografische Daten sind im Internet über http://dnb.d-nb.de abrufbar.

Zugl.: Berlin, Humboldt-Univ., Diss., 2014

D 11
ISSN 1617-2884
ISBN 978-3-631-66081-2 (Print)
E-ISBN 978-3-653-05502-3 (E-Book)
DOI 10.3726/978-3-653-05502-3


Peter Lang Edition ist ein Imprint der Peter Lang GmbH.

Peter Lang – Frankfurt am Main · Bern · Bruxelles · New York · Oxford · Warszawa · Wien



Diese Publikation wurde begutachtet.

www.peterlang.com

# Danksagung

Mein herzlicher Dank gilt meinem Doktorvater Prof. Dr. phil. Dr. h. c. Jürgen van Buer, der mich auf so wunderbare Weise fachlich und menschlich während der Promotion geführt und begleitet hat. Ich hoffe, diese positiven Erfahrungen prägen mein weiteres Denken und Fühlen und wirken auf mein Handeln im besten Sinne.

Auch danke ich Anja & Christian, meiner Familie sowie allen Freunden für ihre rückhaltlose Zustimmung und Unterstützung meines „Projektes". Insbesondere Monica schien nie müde, immer wieder diesbezüglich für Klarheit zu sorgen und an die notwendige Priorisierung zu erinnern.

Und natürlich danke ich Andreas, der durch seine liebevolle Unterstützung die Realisierung dieser Arbeit überhaupt ermöglichte.

Ich widme diese Arbeit meiner fabelhaften Freundin Vjeka, ohne die es nie passiert wäre!

Berlin, Januar 2015 Nicole Follmer

# Inhaltsverzeichnis

# Tabellenverzeichnis

# Abbildungsverzeichnis

# 1. Einführung

Die Wettbewerbs- und Überlebensfähigkeit staatlicher Institutionen in Zeiten zunehmender Privatisierung, veränderter (Dienstleistungs-)Anspruchshaltung moderner Bürger und unter dem Druck internationaler Standortkonkurrenz erfordert für zukünftige Umsetzungen öffentlicher Aufgaben einen verwaltungsinternen Paradigmenwechsel: Entwicklung sowie Förderung unternehmerischer Kompetenzen wie Risikobereitschaft, Innovationsgeist und Eigenverantwortung im Arbeitsalltag der Mitarbeiter öffentlicher Institutionen (vgl. u. a. Braun 2009, 47ff.; Brinkmann & Dörre 2006). Die seit mehr als zwei Jahrzehnten andauernde Verwaltungsreformphase im öffentlichen Sektor kann aus ökonomischer Sicht als pragmatischer Funktions- und Rollenwandel vom Bürokratiemodell zu einem Managementmodell mit Ziel- bzw. Ergebnisorientierung bezeichnet werden (vgl. z. B. Budäus 2002, 4; Budäus & Hilgers 2010, 4).

Die unter diesem Paradigmenwechsel stattfindenden Reformen im deutschen Bildungs- und Schulsystem können aber nur dann als erfolgreich bewertet werden, wenn sie sich positiv auf die Bildungsprozesse auswirken, d. h. einen nachweisbaren Mehrwert in Form von Kompetenzzuwachs[1] bei Schülern generieren und gezielte Veränderungsprozesse bei Haltungen und Volitionen in Bezug auf erwartete zukünftige Anforderungen auslösen (vgl. van Buer 2007, 505; 2005, 291; Schratz, Hartmann & Schley 2010, 9; Dalin 1999, 215ff.). Die spätere gesellschaftliche Verwertung dieses angestrebten „zukunftssicheren Wissens" (Fend 2008, 54) soll der individuellen und kollektiven Existenzbewältigung dienen (vgl. Fend 2008, 55); oder anders ausgedrückt, sie soll den (ökonomischen) Wohlstand im Lande sichern helfen (vgl. z. B. Autorengruppe Bildungsberichterstattung 2014, 8, 152; Wößmann 2006, 417; Maibauer 2006, 6; Hardorp 1998, 179).

Aufgrund der Implementation des neuen bildungspolitischen Steuerungsmodells und den damit einhergehenden neuen Aufgabenstellungen in Bezug auf Schulentwicklung haben sich im Hinblick auf Schulführung Ansätze der Managementlehre durchsetzen können (vgl. z. B. Fend 2011, 8; Wagner 2011, 14f.; Pfister 2013, 9; Schäfer 2004, 7; siehe auch Dedering 2012). Dennoch handelt

1 Weinert (2001, 27f.) definiert Kompetenzen psychologisch als „die bei Individuen verfügbaren oder durch sie erlernbaren kognitiven Fähigkeiten und Fertigkeiten, um bestimmte Probleme zu lösen, sowie die damit verbundenen motivationalen, volitionalen und sozialen Situationen erfolgreich und verantwortungsvoll nutzen zu können."

das Gros der Akteure immer noch eher reaktiv denn proaktiv. Es stellt sich die Frage, ob ein moderner Schulleiter als Mitarbeiter im öffentlichen Sektor neben pädagogischen und Management-Fähigkeiten auch über unternehmerische Kompetenzen bzw. Dispositionen verfügen sollte, wie bspw. Innovativität, mehr Risikobereitschaft oder die Fähigkeit des Erkennens und Verwertens von potenziell wertschöpfenden Gelegenheiten: *der Schulleiter als Intrapreneur*. Eine wissenschaftliche Auseinandersetzung in Bezug auf die Idee, Schule bzw. Schulführung als eine „pädagogisch-unternehmerische" Aufgabe im zuvor genannten Sinne zu verstehen, findet im deutschsprachigen Raum bisher kaum statt (vgl. Maibauer 2006; Häußner o. J.). Es stellt sich die Frage, ob *Intrapreneurship* als Führungskonzept für Schulleitungen geeignet sein kann, um moderne und ökonomische Ansätze nachhaltig und damit zielführend im Schulwesen auf Einzelschulebene zu implementieren. Hierbei sind die Einflüsse des New Public Managements als Basis für Intrapreneurship von großer Bedeutung (vgl. z. B. Braun 2009; Thom, Ritz & Steiner 2002).

Obwohl in dieser Arbeit zur Klärung der Ausgangsfrage die Entwicklung des gesamten Schulwesens (Primär- und Sekundärbereich) untersucht wird, liegt mein persönlicher Referenzrahmen als Berufsschullehrerin für Wirtschaftswissenschaften im beruflichen Schulwesen, das in Bezug auf Schulentwicklung in einem besonders dynamischen Umfeld agieren muss und deshalb mehr als allgemeinbildende Schulformen unter Entwicklungs-, Wettbewerbs- und Innovationsdruck steht, auch bezüglich der Erschließung neuer Bildungsmärkte und/oder Finanzierungspotenzialen (vgl. z. B. Wagner 2011; Clement 2010; Becker et al. 2006). Die Annäherung an den Themenkomplex Intrapreneurship und (Schul-)Führung erfolgt primär aus wirtschaftswissenschaftlicher, funktionaler Perspektive und in einer pragmatistischen und utilitaristischen Weise[2]; die notwendigen rechtlichen und vor allem auch normativen Gesichtspunkte und Gedankengänge können im Rahmen dieser Arbeit nur marginal aufgegriffen werden und bedürfen eigenständiger Abhandlungen.

Zur besseren Lesbarkeit der Arbeit wird bei geschlechtsspezifischen Begriffen nur die maskuline Form stellvertretend für die maskuline und feminine Form verwendet.

---

2 *Pragmatistischer Ansatz* im Sinne von praktisch, wirksam, nützlich und nicht moralisch und normativ (vgl. Kühne-Bertram 1989, 1244), sowie *Prinzip der Nützlichkeit* (Utilitarismus), was einem Leistungs- bzw. Wirtschaftsstaatsprinzip entspricht (vgl. Schedler & Proeller 2006, 24f.).

## 1.1 Problembereich und thematische Einordnung

Schule hat in einer Demokratie sowohl gesellschaftliche Funktionen als auch pädagogische Aufgaben zu erfüllen (vgl. z. B. Fend 1980, 7). Der Einzelschule obliegt die Aufgabe von Erziehung und Unterricht, ausgerichtet auf sozialgesellschaftliche Werte und die individuelle Entwicklung von Mündigkeit, Selbsttätigkeit und Kooperationsfähigkeit (vgl. Klafki 2002, 43). Diese pädagogischen Ziele müssen mit den administrativen Aspekten von Einzelschule vereinbart und im schulischen Alltag effektiv und möglichst effizient realisiert werden.

Insbesondere den berufsbildenden Schulen kann in den Punkten Motivation zur Modernisierung, Reaktionen auf Strukturveränderung und ökonomische Erwägungen und in Bezug auf Ausbildungsentscheidungen eine Vorreiterrolle innerhalb der Schullandschaft attestiert werden. Gründe hierfür liegen in der engen Verknüpfung des Ausbildungs- und Wirtschafts- bzw. Beschäftigungssystems und dem damit verbundenen hohen Innovations- und Anpassungsdrucks durch progressiv technologische Weiterentwicklung sowie im exponentiell steigenden Wissenszuwachs. Bundesweit gibt es seit ein paar Jahren deshalb Bemühungen, den Berufsschulen mehr Gestaltungsfreiraum zu eröffnen, um auf operativer Ebene direkt vor Ort noch schneller und flexibler auf den regionalen Bedarf eingehen zu können (vgl. Becker et al. 2006, 3; Beirat der Berliner Senatsverwaltung für Arbeit, berufliche Bildung und Frauen 1999; Clement 2010).

Traditionell sind Schulverwaltungen regelorientiert organisiert; gefordert wird jedoch ein Umdenken hin zur Ergebnisorientierung mit der Priorität einzelschulischer Qualitätsentwicklung. So wurde bereits 2004 in Berlin im Zuge der Novellierung des Schulgesetzes die erweiterte einzelschulische Selbstverantwortung als bildungspolitisch favorisiertes Steuerungskonzept definiert bei gleichzeitiger verbindlicher Einführung von Qualitätsmanagement an den Schulen (vgl. Wittmann 2007, 201ff.; van Buer 2007, 497ff.; Füssel 2007). Die Schulverwaltung ist damit vor die Aufgabe gestellt, administrative Notwendigkeiten gegen pädagogische Erfordernisse abzuwägen. Mit mehr Selbstständigkeit für Einzelschulen ist die Hoffnung verknüpft, mehr „unternehmerisches" Denken und Handeln im Schulbereich zu etablieren und dadurch ein innovativeres Arbeitsmilieu zu schaffen, in denen motivierte Mitarbeiter „das Beste" für ihre Institution wollen und – vorzugsweise im Team – engagiert dieses Ziel verfolgen. Bedingung für eine solche Arbeitnehmerhaltung sind aber Entscheidungsfreiräume und Anerkennung von guter Arbeit. Vor allem Schulleiter sind durch die Implementierung neuer ergebnisorientierter Steuerungsmodelle nach Ansätzen des New Public Managements mit neuen Aufgaben, erweiterten Verantwortungsbereichen und entsprechenden (internen) Herausforderungen und Widerständen konfrontiert.

Die einzelschulischen Führungskräfte werden – sowohl bildungspolitisch als auch erziehungswissenschaftlich – als Promotoren und als Schlüsselpersonalien für ein Gelingen der Reformprozesse angesehen (vgl. u. a. Wagner 2011, 14; Pfister 2013, 11; Pätzold 2010, 282; Schratz, Hartmann & Schley 2010, 9; Bonsen 2009, 206; Seitz & Capaul 2007, 25ff; Thiel & Thillmann 2009, 3; Bildungskommission der Länder Berlin und Brandenburg 2003).

Vor allem im Hinblick auf die Führung von Schule mit ihrem zukünftig erweiterten Verantwortungs- und Tätigkeitsbereichen hat sich der wirtschaftlich geprägte Begriff des (Schul-) *Managements* auch im Bildungsbereich weitgehend durchsetzen können, um schneller und besser Aufgaben wahrnehmen und individuelle Möglichkeiten, die das konkrete Schulumfeld bietet, konstruktiv nutzen zu können. Nur langsam vollzieht sich ein Rollenwechsel vom Pädagogen mit zusätzlichen Verwaltungstätigkeiten zur Führungsperson; dies wird nicht zuletzt darauf zurückgeführt, dass nach wie vor wenig bis keine adäquaten und vor allem normierten Qualifizierungsmöglichkeiten für Schulführung etabliert sind (vgl. Pfister 2013, 9; Wagner 2011, 14f.; Huber 2009, 509; Bonsen 2010, 294). Diese Problematik beruht auch auf der Erkenntnis der Führungsforschung, dass effektive Führung sich als situativ und flexibel erweist. D. h., es existieren kein generell optimales Führungsverhalten bzw. kein optimaler Führungsstil, weder für organisationale Alltagsbewältigung noch für bestimmte Organisationsformen oder bestimmte zeitliche Phasen (vgl. Bonsen 2010, 293). In der – auch von mir erlebten – Praxis handeln die Akteure der Schulleitung mehrheitlich auf der Basis ergebnisorientierter Verfahren, um den Schulbetrieb möglichst ‚störungsfrei' am Laufen zu halten (vgl. z. B. Wagner 2011, 169ff.). Schule-Machen zeichnet sich aufgrund der vielfältigen Akteurs- und Anspruchsgruppen allerdings gerade für berufliche Schulen dadurch aus, dass überraschende Ereignisse und Probleme auftreten, die zeitnah zu lösen sind; diese erfordern in der Regel pragmatische Lösungen, die sich mehr aus dem Grundsatz heraus denn faktisch am administrativen Regel-Set orientieren (können). Dies führt nicht selten zu verwaltungsrechtlichen Problemen und Dissensen mit der Schulaufsicht, was zu Vertrauensverlust und Verunsicherung der Leitungsebene bzw. des gesamten Kollegiums führen kann.[3]

---

3 Die Verurteilung eines Berliner Berufsschulleiters zu 5000 Euro Geldstrafe veranschaulicht die Problematik: Dem Schulleiter wurde vorgeworfen, er habe nicht verbrauchte Gelder, die von Schülern als Eigenanteil an Lernmittel eingesammelt wurden, zweckentfremdet für andere Lernmittel verwendet. Die Gelder hätten an die Landeshauptkasse überwiesen werden müssen. Juristisch ist der Fall nicht einwandfrei zu klären, da zum Begriff Lernmittel im Schulgesetz andere Definitionen als in

Das Thema dieser Arbeit wird interdisziplinär unter Bezugnahme bildungs- und wirtschaftspolitischer Aspekte untersucht. Da prüfend ein personenorientiertes Konstrukt (Intrapreneurship) auf den Inhaber einer Führungsposition im öffentlichen Dienst übertragen werden soll, sind im Wesentlichen folgende Disziplinen für die Analyse relevant: die Erziehungswissenschaft, im Speziellen die Teildisziplin der Schulpädagogik bzw. für den deutschsprachigen Raum die Subdisziplinen Schulentwicklungs- und Schuleffektivitätsforschung, die Ökonomie mit ihren Teildisziplinen der Entrepreneurship-Forschung, zu der die Intrapreneurship-Forschung zählt, sowie die mikroökonomische, interdisziplinär forschende Organisations- bzw. Führungslehre. Ebenso das interdisziplinäre Fach der Verwaltungswissenschaft (Governance) mit ihren Forschungsfeldern (New) Public Management und Verwaltungsführung, die ökonomische Bildungsforschung sowie Teilbereiche aus der Psychologie sowie der Soziologie.

## 1.2 Forschungsstand

Nicht nur mehr Entscheidungs- und Handlungsverantwortung für einzelschulische Führungskräfte können im Zuge der Implementierung moderner Verwaltungsreformen des New Public Managements aufgrund von Erkenntnissen der folgenden Forschungsrichtungen begründet werden, sondern auch ein erhöhter Bedarf an unternehmerischer Kompetenz für eine möglichst effektive und effiziente Schulführung:

- Aus der anglo-amerikanischen Schuleffektivitätsforschung liegen – meist aus Metaanalysen – empirische Evidenzen für einen positiven Wirkungszusammenhang von Schulleitungshandeln auf Schulqualität vor (vgl. z B. Huber 2013; Bonsen 2009; 2010; Seitz & Capaul 2007; Hallinger & Heck 1998; 2011; Fullan 1996; Dalin & Rolff 1990).
- Erkenntnisse und Modelle aus der Management- bzw. Führungslehre dienen als Begründung, um die qualitative Wirksamkeit von Führungshandeln auf Organisationen darzulegen (vgl. u. a. Dubs 2009; Buchen 2009; Seitz & Capaul 2007; Thom, Ritz & Steiner 2002).
- Innovationsbereitschaft und -fähigkeit auf Einzelschulebene gilt als grundlegendes Merkmal für nachhaltige Schul- und Qualitätsentwicklung (vgl. z. B. Pätzold 2010; Dubs 2004; Dalin & Rolff 1990; Hall & George 1999).

---

der entsprechenden Verordnung existieren. Kollegen und der Verband Beruflicher Bildung in Berlin demonstrierten Solidarität mit dem Schulleiter (vgl. Vieth-Entus 2008).

- Erkenntnisse aus der Entre- bzw. Intrapreneurship-Forschung werden im deutschsprachigen Raum zunehmend für den öffentlichen Sektor diskutiert und in theoretische Konzeptionen eingebunden (vgl. u. a. Lück 2011; Kraus & Gundolf 2008; Heinrichs & Marschall 2009; Braun 2009; Maibauer 2006).

Mit dem sich hierzulande vollziehenden Paradigmenwechsel von zentral gesteuerten Schulstrukturreformen auf Basis des New Public Managements auf die Einzelschule verstärkte sich das (deutschsprachige) erziehungs- und verwaltungswissenschaftliche Forschungs- und Publikationsinteresse bezogen auf die Effekte des Schulführungshandelns. Allerdings spielen personenbezogenes, unternehmerisches Denken und Handeln (Entre- bzw. Intrapreneurship) bislang keine (nennenswerte) Rolle. Die Forschungsarbeiten der Befürworter einer eigenständigen pädagogischen Management- und Führungslehre befassen sich hauptsächlich mit aus Erfahrungswissen gespeisten Möglichkeiten der Adaption von Management(-methoden) und wirksamen Führungshandeln aus dem wirtschaftlichen Kontext und der Implementierung von Innovations- und Changemanagement an Einzelschulen (vgl. z. B. Pätzold 2010; Buchen & Rolff 2009; Dubs 2004, 2005; Seitz & Capaul 2005; und aus der Domäne der Verwaltungswissenschaften siehe Thom, Ritz & Steiner 2002), aber nicht mit innovierenden Schulführungs-Persönlichkeiten, die konstruktive Erneuerung im Sinne einer schöpferischen Zerstörung nach Schumpeter (1911) initiieren und durchsetzen können (vgl. Knuth & Schierz 2009, 35).

Empirische Untersuchungen aus dem deutschsprachigen Raum zum einzelschulischen Führungshandeln liegen – auch nach einer guten Dekade des Umdenkens und Handelns – bisher jedoch kaum vor (vgl. z. B. Pfister 2013; Wagner 2011; Bonsen 2010); allerdings gibt es eine Vielzahl von Fallstudien bzw. Einzelbefunden, die unterschiedlichen Forschungsschwerpunkten oder Erkenntnisinteressen folgen (vgl. Dubs 2006, 1232). Auch werden die schulrechtlichen Vorgaben und Handlungskorridore zum Führungshandeln an Schulen bildungspraktisch diskutiert (vgl. Aktionsrat Bildung 2010b; Füssel 2008, erster Teil Kapitel 8). Dies erfolgt vor allem mit dem Verweis auf die erforderlichen Kompetenzprofile (vgl. Huber 2012, 9; „Bremer Erklärung" 2000).

Bereits für Drucker (1993, 14ff.) ist Entrepreneurship nicht nur für den Wirtschaftsbereich geeignet, sondern auch für alle Public Service-Institutionen. Die wesentliche Schnittstelle der New Public Management-Modelle mit dem Entrepreneurship-Konzept liegt im Aspekt der Innovation bzw. im Innovationsbedarf. In den Public Management-Konzeptionen gilt das Innovationsmanagement, also die gezielte Förderung und Generierung von Innovationen im öffentlichen Sektor, als zentraler Reformansatz (vgl. Thom & Ritz 2008, 119ff.).

Soll mehr Innovationsgeist in einer (öffentlichen) Verwaltung bis auf die Ebene des individuellen Angestellten etabliert werden, so gelangt man zu einem möglichen Leitbild des Intrapreneurs: der innovative, abhängig Beschäftigte (vgl. Brinkmann & Dörre 2006, 121ff.; Braun 2001, 120). Intrapreneurship bzw. der (behutsame) Ausbau eines Klimas für Intrapreneuring wird als eine Möglichkeit erachtet, mehr unternehmerische Kompetenz auf Verwaltungsebene zu etablieren und damit die inneren Strukturen zur effektiven und effizienten Bewältigung zukünftiger Aufgaben zu reformieren (vgl. Roller 2009, 162f.; Lück 2011, 9).

Der Zusammenhang von Unternehmertum und Verwaltung wird hauptsächlich in der anglo-amerikanischen Wissenschaft unter dem Begriff Public Entrepreneurship diskutiert. Theoretische Publikationen aus dem deutschsprachigen Raum sind überschaubar, empirisches Datenmaterial ist kaum vorhanden und unternehmerisches Handeln wird funktional (nicht personal) auf institutioneller Ebene untersucht (vgl. Markley & Macke 2002; Klein et al. 2009). Kenntnisse zum Erwerb unternehmerischer Kompetenz unter Bezugnahme unternehmerischer Qualifikationen sind durch das auch in Deutschland wachsende Forschungsfeld Entrepreneurship Education besser belegt (vgl. Schulte 2009, 189ff.; Ripsas 1997, 235; Stevenson & Sahlman 1986, 18). Gedanken und Ideen zum unternehmerischen Denken und Handeln im Kontext mit Organisation und Verwaltung der Institution Schule werden als Randerscheinung unter dem Begriff Educational Entrepreneurship ebenfalls hauptsächlich im anglo-amerikanischen Raum publiziert (vgl. u. a. Kourilsky & Henschke 2003; Maibauer 2006 45; 52; Häußner o. J., 6).

## 1.3 Fragestellung und Vorgehensweise

Trotz wachsenden Forschungsinteresses an schulischem Führungshandeln in einem sich verändernden, an ökonomischen Richtlinien orientierten Schulwesen wurde bislang noch nicht wissenschaftlich überprüft, ob die Merkmale, Kriterien und der Nutzen, die dem personenorientierten Konstrukt Intrapreneurship für die Privatwirtschaft attestiert werden (vgl. z. B. Drucker 1993; Süssmuth Dyckerhoff 1995; Draeger-Ernst 2003; Schönebeck 2010), auch auf Schule bzw. Schulführung konstruktiv übertragbar und geeignet sein können, um mehr Innovativität und ökonomische Denkansätze nachhaltig und damit zielführend an Einzelschule zu implementieren. Die vorgelegte Dissertation widmet sich diesem Forschungsdesiderat, um theoriebasiert folgende Fragestellung zu untersuchen:

> Eignet sich das Konstrukt Intrapreneurship als innovationsförderndes (Schul-)Führungskonzept, um Reformen an Einzelschule wirkungsvoller umzusetzen?

Es existieren zum aktuellen Zeitpunkt wenig empirische Befunde zu personalen Merkmalen von (‚guten') Schulleitern – das Gros stammt aus anglo-amerikanischen Metaanalysen. Ebenso wenig liegen empirisch gesicherten Erkenntnisse zu Implementationen des Konstrukts Intrapreneurship im öffentlichen Sektor vor. Deshalb wird das Vorhaben mithilfe einer interpretativ-explorativen Vorgehensweise realisiert. Durch Fokussierung auf die zentralen Aspekte werden sowohl theoretische als auch empirische Erkenntnisse aus unterschiedlichen Forschungsdomänen übertragen und durch Synthese und Integration verändert.[4] Dadurch können – ohne normativ-pädagogische Verengung – neue Einsichten zur Beantwortung der Fragestellung generiert werden, die eine offene inhaltliche Gestaltung und funktionale Interpretation ermöglichen. Dies dient als Anregung für weitere Forschungsarbeiten, insbesondere für Erhebungen quantitativer und/oder qualitativer Daten zum praktischen Führungsverständnis einzelschulischer Führungskräfte, um weitere, realwissenschaftliche Perspektiven zur Ermittlung subjektiver Sichtweisen der Akteure zu gewinnen.

## 1.4 Aufbau der Arbeit

Um zu überprüfen, ob die bislang erzielten Erkenntnisse des Forschungsbereichs *Entrepreneurship*- bzw. *Intrapreneurship* auf den öffentlichen Dienst, im Besonderen auf eine (Berufs-)Schule übertragbar sein können, werden zunächst in den Kapiteln 2 und 3 die Grundlagen des Gegenstandbereiches aus der marktwirtschaftlichen und wirtschaftspolitischen Betrachtung erläutert und mit den spezifischen Merkmalen des öffentlichen Sektors in Verbindung gebracht; die Governance-Strukturen und -Mechanismen im Schulwesen können nicht unabhängig von den gesamtstaatlichen Governance-Systemen gesehen werden, da das Bildungswesen in diese eingebunden ist.

In Kapitel 4 wird darauf aufbauend ein Bezugsrahmen zu den Spezifika des deutschen Schulsektors entwickelt. Die Ökonomisierung der Schulbildung unter Einfluss des New Public Managements, die sich daraus ergebenden Veränderungen für Schule aus Sicht der Wissenschaft sowie die aktuellen Handlungsbedarfe und politisch-gesellschaftlichen Umsetzungen werden präsentiert und diskutiert. Die grundlegende Fragestellung lautet in diesem Kapitel, ob der Geltungsbereich der Intrapreneur-Konzeption auf Schule ausgeweitet werden kann.

Das 5. Kapitel bildet den Hauptteil dieser Arbeit. Der inhaltliche Schwerpunkt, Intrapreneurship als potenziellen (Schul-)Führungsansatz im Sinne

4 Mehr zu theoriebasierter Exploration siehe Bortz & Döring (2006; 358ff.).

einer innovationsfördernden Führung zur Umsetzung von Schulreformen zu untersuchen, wird zunächst durch die Klärung des Führungsbegriffes im Kontext von (Schul-)Reform und einer kurzen Auseinandersetzung führungstheoretischer Forschungsansätze eingeleitet. Dabei werden über den Schulkontext hinaus Führungskonzeptionen zur Förderung von Kreativität bzw. Innovativität beleuchtet, beides spezifische Aspekte des Konstrukts Intrapreneurship. Es gilt hier, sich einem neuen Führungsparadigma im Sinne einer pädagogischen und unternehmerischen Schulleitung zu nähern. Vorbereitend dafür werden die für diese Arbeit maßgeblichen Konzeptionen *Principal-ship* sowie die aus der Führungslehre bekannten Konzeptionen *Management, Leadership* mit dem Konstrukt des *Entrepreneurship* in ihren Übereinstimmungen und in ihren Unterscheidungsmerkmalen für Schule analysiert und synthesiert. Im nächsten Schritt erfolgt – aufbauend auf der Definition von Intrapreneurship als (Schul-) Führungskonzeption und den Grundlagen personenorientierter Führungsmodelle – die Übertragung der Konstruktion Intrapreneurship auf Schulführung, indem personale Merkmale und Charakteristiken innovativer, unternehmerischer Führungsleistungen mit personalen Zuschreibungen erfolgreicher Schulführung in Bezug gesetzt werden. Die daraus gewonnenen Erkenntnisse werden anschließend zusammenfassend bewertet und interpretiert.

Im Kapitel 6 werden einige Aspekte aufgegriffen, die bei der Interpretation der dargestellten Ergebnisse zu berücksichtigen sind, sowie weiterführende Überlegungen und offene Fragen formuliert.

# 2. Theoretische Vorüberlegungen und konzeptionelle Grundlagen

Zum Aufbau eines allgemeinen Verständnisses wird im Folgenden auf die grundlegenden Termini und die konzeptionellen Grundlagen des zu untersuchenden Gegenstandes eingegangen.

## 2.1 Innovativität – spezifisches Merkmal von Entrepreneurship

*Innovativität* bedeutet die „Fähigkeit, Innovationen hervorzubringen bzw. innovative Lösungen zu finden" (vgl. Duden 2013; Stichwort Innovativität). Der Begriff *Innovation* ist auf *innovo* (lat. für *erneuern;* vgl. Pons 2013*)* zurückzuführen und wird bildungssprachlich als „Einführung von etwas Neuem; Neuerung; Reform", soziologisch als „geplante und kontrollierte Veränderung, Neuerung in einem sozialen System durch Anwendung neuer Ideen und Techniken" und wirtschaftlich als „Realisierung einer neuartigen, fortschrittlichen Lösung für ein bestimmtes Problem, besonders die Einführung eines neuen Produkts oder die Anwendung eines neuen Verfahrens" definiert (vgl. Duden 2013; Stichwort Innovation).

In der wirtschaftswissenschaftlichen Literatur wird der Begriff *Innovation* insbesondere durch Schumpeter (1911) geprägt, der wirtschaftliche Evolution durch kontinuierlichen Strukturwandel auch als Prinzip der „kreativen Zerstörung" beschreibt; Innovation bezeichnet dabei die *Durchsetzung neuer Kombinationen* am Markt und begründet diskontinuierliche dynamische Wirtschaftsentwicklungen, die maßgeblich auf spontane Veränderungen zurückzuführen sind (vgl. Schumpeter 1911, 130ff.).

Ganzheitlich wird Innovation als Prozess verstanden, der sich in unterschiedliche Phasen unterteilen lässt. Als *Invention* wird die schöpferische Erfindung oder Entdeckung bezeichnet; sie stellt das Resultat mehrerer Stufen der Ideenfindung, der Entwicklung und des Gestaltens einer Neuerung dar. Findet die Invention keine marktwirtschaftliche Anwendung oder Verwendung, bleibt die Innovation aus, d. h., die Innovation umfasst auch die Umsetzung am Markt. Der Innovator erkennt eine Invention (Mittel) und eine passende neue Anwendungs- bzw. Verwendungsmöglichkeit (Zweck) (vgl. Hauschild & Salomo 2011, 5; Mes 2011, 12; Jacobsen 2003, 92). Weiterhin wird noch die Phase der *Diffusion* (Adaption) unterschieden, worunter die (kommerzielle) Durchsetzung, Verbreitung und gesellschaftliche Etablierung der Innovation im Sinne Schumpeters verstanden wird (vgl. Ili 2010, 22; Meier 2008, 47; Bormann 2011, 53f.). Auch die Soziologie, die Kommunikationswissenschaft oder die Betriebswirtschaft beschäftigen sich mit theoretischen Konzeptionen zur Einführung und Verbreitung von Innovationen in sozialen Systemen (vgl. Bormann 2011, 60ff.; Rogers 2003; 38ff.). Betrachtet man Innovation prozessual, so finden die Teilphasen Invention, Innovation und Diffusion meist nicht strikt linear und in zeitlicher Abfolge, sondern interdependent statt, also mit Rück- und Wechselwirkungen innerhalb der Phasen (vgl. Kline & Rosenberg 1986, 275; Bormann 2011, 49), bzw. zirkuläre Innovationsvorstellungen, also Innovation als soziales Geschehen (vgl. Bormann 2011, 51ff.). Des Weiteren lässt sich die *Imitation* von der Innovation abgrenzen; der Unterschied liegt im Markteintrittszeitpunkt; die Imitation ist zwar für das imitierende Unternehmen neu, sie erschließt aber keinen neuen Markt, sondern tritt in bereits existierende Märkte und weist große Ähnlichkeiten mit bereits etablierten Innovationen auf (vgl. Mes 2011, 12). Der Begriff Imitation wird meist für neue Technologien bzw. Verfahren verwendet; im Zusammenhang sozialer Kontexte nutzt bspw. Bormann (2011, 56) den Ausdruck „Kopierprozesse vermeintlich guter Praktiken, Taktiken, Strategien" durch die Akteure.

Es existiert eine Vielzahl von Definitionen und Interpretationen des Innovationsbegriffs je nach (wirtschafts-)wissenschaftlichem Blickwinkel (Hausschild & Salomo 2011, 3ff.). Exemplarisch folgt eine Auswahl:

*Tabelle 1: Definitionsvarianten von Innovation*

| **Autor** | **Definition** |
|---|---|
| Braun | „Innovationen sind revolutionäre Neuerungen vor dem Hintergrund unternehmerischer Tätigkeiten." (Braun 1991, 4) |
| Brockhoff | „Liegt eine Erfindung vor und verspricht sie wirtschaftlichen Erfolg, so werden Investitionen für die Fertigungsvorbereitung und die Markterschließung erforderlich, Produktion und Marketing müssen in Gang gesetzt werden. Kann damit die Einführung auf dem Markt erreicht werden oder ein neues Verfahren eingesetzt werden, so spricht man von einer Produktinnovation oder einer Prozessinnovation." (Brockhoff 1992, 28) |
| Hauschildt & Salomo | „Innovationen sind qualitativ neuartige Produkte oder Verfahren, die sich gegenüber einem Vergleichszustand ‚merklich' – wie auch immer das zu bestimmen ist – unterscheiden." (Hausschild & Salomo 2011, 4) |
| Rogers | „An Innovation is an idea, practice, or object that is perceived as new by an individual or other unit of adoption." (Rogers 2003, 12) |

| Autor | Definition |
|---|---|
| Sabisch & Tintelnot | „Innovation ist die Durchsetzung neuer technischer, wirtschaftlicher, organisatorischer oder sozialer Problemlösungen im Unternehmen.“ (Sabisch & Tintelnot 1997,45) |
| Damanpour | „Innovation is defined as adoption of an internally generated or purchased device, system, policy, program, process, product, or service that is new to the adopting organization.“ (Damanpour 1991, 556) |

Aufgrund des breiten Spektrums an Definitionen des Innovationsbegriffs werden im Folgenden zunächst wesentliche Klassifizierungsdimensionen zum Verständnis des Begriffs für diese Arbeit erläutert (vgl. z. B. Stahl & Schreiber 2003, 47; Brockhoff 1992, 9f.; Ils 2010, 23f.):

(1) Ergebnisorientierter, objektbezogener Innovationsbegriff
Aus der Ergebnisperspektive wird in der Literatur zwischen *Produkt-*, *Prozess-* und *Sozial*-bzw. *Organisationsinnovation* unterteilt, die jedoch aufgrund ihrer gegenseitigen Wechselwirkung nicht isoliert betrachtet werden. Bei der Produkt-, Technologie-, Dienstleistungs- und/oder Strategieinnovation unterscheidet man zunächst zwischen der Entwicklung und Vermarktung von Variationen, Differenzierungen und Diversifikationen, wobei nur bei der Diversifikation ein neuer Nutzen für neue Bedürfnisse entwickelt und befriedigt wird. Hierzu gehört auch die Erneuerung von Geschäftsmodellen, Branchen- und Marktstrukturen. Das Anbieten und Verwerten eines komplett neuen Produktes/Technologie/Dienstleistung in einem neuen Markt stellt die höchste Innovationsstufe dar. Bei der Prozessinnovation werden innerbetriebliche Abfolgen im Faktorkombinationsprozess verändert, um operative Kosten zu senken, um Leistungs- und Qualitätssteigerungen zu erzielen. Die Sozial- und Organisationsinnovation beinhaltet Veränderungen im Personalbereich, Sozialsystem bzw. in der Organisationskultur sowie Strukturveränderungen der Ablauf- und Aufbauorganisation. Insgesamt ist das Ziel von Innovation, die Wettbewerbs- und (Markt-)Leistungsfähigkeit einer Organisation zu festigen bzw. auszubauen (vgl. Mes 2011, 13ff.).

(2) Vorgangsbezogener, prozessualer Innovationsbegriff
Diese Perspektive betont die zeitliche Dimension des Innovationsbegriffs, Innovation als Prozess in mehrstufigen, wechselwirkenden Phasen. Dabei werden phasenspezifische Charakteristika und Anforderungen analysiert, damit Transparenz und eine Optimierung verschiedener Aufgabenstellungen,

Rollenverteilungen und Koordinationsbedarfe, also Planung und Kontrolle, entwickelt und implementiert werden können. Spätestens mit der Durchsetzung und Etablierung am Markt endet ein Innovationsprozess und die Innovation geht in ein routiniertes Alltagsgeschäft über (vgl. Mes 2011, 16ff.; Bormann 2011, 48ff.).

(3) Individueller, subjektbezogener Innovationsbegriff
Innovativität als Eigenschaft von Individuen und sozialen Kontexten. Darunter versteht man die systematische Bereitschaft und Fähigkeit, immer wieder Innovationen hervorzubringen, also innovativ zu sein (vgl. Mes 2011, 15; siehe auch Marinova & Phillimore 2003, 50f).

Neben den o. g. deskriptiv-analytischen Ansätzen zur Innovationsbegriffsbestimmung erweitern Rürup & Bormann (2013, 18ff.) bei der Untersuchung vorgangsbezogener, prozessualer sozialer Innovation im Bildungsbereich den Innovationsbegriff um eine heuristisch geprägte, mehr präskriptiv-normativ orientierte Begriffsverwendung bzw. -deutung, was insgesamt als Kontinuum verstanden werden soll (siehe Abbildung 1). Das Interesse liegt dabei auf dem handlungsorientierten Aspekt des *Innovierens*, also den Gestaltungs-, Design- und Optimierungsmöglichkeiten von Innovation, deren systematische Prozessorganisation sowie die Identifizierung möglicher Förderungsmaßnahmen, um Innovationspotenziale zu erhöhen und/oder auszuschöpfen.

*Abbildung 1: Unterschiedliche Deutungen des Innovationsbegriffs (Rürup & Bormann 2013, 19)*

| | Deskriptiv-analytisch |
|---|---|
| **Inhalt** | *Innovation* als Idee, Praxis, Objekt bzw. als Gegenstand, Anlass, Ergebnis eines Prozesses |
| **Prozess** | *Wandel* als in sozialen Konstellationen beständig stattfindende Veränderungsprozesse |
| | *Innovieren* als in sozialen Konstellationen zielgerichtet herbeigeführter Wandel |
| **Potential** | *Innovativität* als Eigenschaft (Bereitschaft und Fähigkeit) von Akteuren und sozialen Kontexten |

| Präskriptiv-normativ |
|---|
| *Innovieren* als strategische Gestaltung der Inhalte einer Innovation (Innovationsdesign) |
| *Innovieren* als zielgerichtete Gestaltung von Vorhaben und Prozessen der Veränderung in sozialen Konstellationen (Innovationsmanagement) |
| *Innovieren* als zielgerichtete Entwicklung und Erschließung von Innovationspotentialen |

Innovativität von Unternehmen und Organisationen gilt als wesentlicher Wettbewerbsfaktor innerhalb der wirtschaftswissenschaftlichen Literatur (vgl. z. B. Hauschildt & Salomo 2011; Mes 2011; Meier 2008; Baden-Fuller 1995; Subramanian &

Niklakanta 1996; Drucker 1993; Schumpeter 1911). Nach Solows Forschungsergebnissen bezüglich der Abhängigkeit zwischen technologischem Fortschritt und Wirtschaftswachstum gemäß dem Schumpeterschen Ansatz wird Innovativität hauptsächlich mit leistungsfähiger interner Forschungs- und Entwicklungsarbeit (F&E) in Verbindung gebracht (vgl. Rothwell 1994, 8; Solow 1957). Um dieses intern orientierte, geschlossene Innovationsverständnis aufzubrechen, empfehlen Nelson & Winter (1982), auch außerhalb der eigenen Organisation nach neuen Technologien Ausschau zu halten; von Hippel (1988) identifiziert vier wesentliche externe Quellen: Kunden/Lieferanten, Universitäten/Forschungseinrichtungen, Zulieferer und Konkurrenten sowie branchenfremde Unternehmen für Technologie und Wissen. Cohen & Levinthal (1991) bekräftigen zwar die Notwendigkeit einer internen starken Forschung und Entwicklung, allerdings auch, um externe Technologiepotenziale überhaupt zu erkennen, anzuwenden und im eigenen Interesse nutzbar bzw. verwertbar zu machen (*Absorptive Capacity*) (siehe Rosenberg 1990). Freeman (1991) weist eine positive Korrelation zwischen Entwicklungseinbindung externer Akteure und hoher Innovativität nach. Aber erst Chesbrough (2003) gelingt mit seinem *Open-Innovation-Ansatz* ein Paradig-ZOrganisation nach außen, Einbindung von Kunden, Kooperationspartnern etc. und Aufbau von strategischen Netzwerken, um Innovationsfähigkeit zu steigern, aber auch, um Innovationspotenziale zusätzlich durch andere am Markt zu verwerten (vgl. Ili 2010, 29ff.)[5]. Innovativität ist somit sowohl vom Humankapital (vgl. Romer 1994) als auch vom vorhandenen bzw. verfügbaren Wissen abhängig (vgl. Kline & Rosenberg 1986); Innovationserfolg verbessert den organisationalen Unternehmenserfolg (vgl. Subramanian & Niklakanta 1996).

Volkswirtschaftlich wachsen bestimmte Sektoren oder Branchen dann schneller als andere, wenn grundlegende Innovationen durch Wissens-Spillover die Zahl unternehmerischer Aktivität aufgrund von Nachahmung, Folgeinnovation oder auch Zulieferverflechtungen ansteigen lassen. Das Wachstum basiert auf sinkenden Stückkosten oder einer besseren Wettbewerbsfähigkeit (vgl. Meier 2008, 13). Innovationsnotwendigkeit aufgrund globalisierter Märkte und Produktivitätsdruck in allen Segmenten ist allerdings längst jenseits des industriellen Sektors mit ihrem gewerblichen Rechtschutz und ihrer Patentierungspraxis angekommen. Sowohl im Handel, in der Finanz-, der Informations- und Kommunikationswirtschaft, im Non-Profit-Bereich als auch im öffentlichen Verwaltungswesen gelten Innovation und Innovativität als erfolgskritisches Merkmal

---

5 Die Strukturmerkmale von *Open Innovation* gelten als Impulsgeber für *Open Government* (siehe Abschnitt 3.2.1, insbesondere Fußnote 35).

zum Überleben von Systemen oder Organisationen (vgl. Hauschildt & Salomon 2011, 11; Mes 2011, 21; siehe u. a. Meier 2008, Ili 2010, Drucker 1993, Porschen 2012). International und national wird politisch an erfolgswirksamen Rahmenbedingungen gearbeitet, um auf Makro-, Meso- und Mikroebene Innovation zu fördern. Innovation wird mehr und mehr als sozialer Prozess[6] verstanden, der weit über die technisch-ökonomische Perspektive eine gesellschaftspolitische Relevanz entwickelt (vgl. Kehrbaum 2009). Das Bundesministerium für Bildung und Forschung wirbt bspw. auf seiner Website mit dem Programm *Innovationsinitiative für Neue Länder*, das technologische, wissenschaftliche und wirtschaftliche Kompetenzen auf- und ausbauen helfen soll, um regional Innovationen und dadurch Wirtschaftswachstum und Beschäftigung zu erzielen (vgl. BMBF 2013a; BMBF 2013b; Kehrbaum 2009, 19ff.). Auf Organisationsebene sind die Führungskräfte die Träger des Innovationsbewusstseins im betriebswirtschaftlichen Sinne; sie verantworten und bewerten Projekte als innovativ oder nicht (vgl. Hauschildt & Salomon 2011, 19). Innovationen werden aber letztlich von Menschen vorangetrieben, die bspw. als Unternehmensgründer, Mitarbeiter, aber auch als zuständige Ansprechpartner externer Organisationen, wie Banken oder Behörden, Innovationsprozesse proaktiv oder destruktiv begleiten. Studien im Kontext der Innovations- und Entrepreneurship-Forschung belegen, dass individuelle Faktoren, die im Zusammenhang mit der Einzelperson stehen, und organisationale innovationsfördernde Strukturen einen erheblichen Einfluss auf Innovationsfähigkeit und Innovationserfolg haben. Innovativität gilt als spezifisches Merkmal von Entrepreneurship (vgl. Drucker 1993, 236; Zahra 1993b, 321; Stewart et al. 1998, 195; Deutschmann 2008, 49; siehe auch Goodale et al. 2011; Kuratko, Morris & Covin 2011; Camelo-Ordaz et al. 2012; Schönebeck 2010; Meier 2008; Windrum & Koch 2008; Burgelman 1984; Guth & Ginsberg 1990).

6 Sieht man Innovation als sozialen Prozess, so können nach Kehrbaum (2009) auf Grundlage methodologischer Bestandteile der Forschungspraxis der Grounded Theory drei Kategorien für die sozialwissenschaftliche Innovationsforschung gebildet werden: *Denken* im Sinne einer theoretischen Sensibilität als innovatorische Eigenschaft, die Analyse von Innovation als *Interaktion* sowie *Prozess*, womit die systematische prozessuale Betrachtung spezifischer Ereignisse innerhalb von Innovationsprozessen gemeint ist.

## 2.2 Herkunft, Abgrenzung und Bedeutung von Intrapreneuring

Das Phänomen *Entrepreneurship* als Basis für weiterführende Überlegungen zum *Intrapreneurship* wurde zunächst gesamtwirtschaftlich erkannt und funktional beforscht, bis erst später im 20. Jahrhundert eine betriebswirtschaftliche und personenorientierte und damit interdisziplinäre Annäherung stattfand, u. a. in der Soziologie, Psychologie und Pädagogik.

Schumpeter gilt als einer der Ersten, der die Unternehmerpersönlichkeit, den Entrepreneur, als separates und sowohl vom Manager, als auch vom Eigentümer als differierendes Forschungssubjekt etablierte (vgl. Claas 2006, 39). Zudem erweiterte Schumpeter den Begriff des Unternehmers auf alle Personen, die die Funktion des Unternehmers konstitutiv ausfüllen und trennte damit Kapital und Unternehmerfunktion. Demnach ist das Eigentum an der Unternehmung nicht mehr entscheidend für unternehmerisches Handeln und zum anderen impliziert eine Unternehmerfunktion nicht automatisch die Befähigung zum unternehmerischen Denken und Handeln. Schumpeter eröffnete mit diesem zu jener Zeit progressiven Ansatz die Möglichkeit und Notwendigkeit, eine übergeordnete Sicht des Entdeckens, Be- und Verwertens von Geschäftsgelegenheiten (*Business Opportunities*) und damit unternehmerisches Denken und Handeln auch für vorgegebene und abhängige Arbeitsstrukturen jenseits der ökonomischen Selbstständigkeit abzuleiten; dem erst später aufkommenden Konzept des Unternehmertums im Unternehmen bzw. dem Intrapreneur (vgl. Süssmuth Dyckerhoff 1995, 47f.). Heute zählt die Entrepreneurship-Forschung, innerhalb derer die Intrapreneurship-Forschung als Teil- bzw. Spezialgebiet etabliert ist, zu einer der jüngsten, aber stark wachsenden („Querschnitts"-)Disziplin im Bereich der Betriebswirtschaftslehre (vgl. z. B. Kraus & Gundolf 2008, 8, 19, 22; Klandt et al. 2008).

### 2.2.1 Die Rolle des Unternehmers in der ökonomischen Theorie

Die Person des Unternehmers spielt in den ökonomischen Theorien der Vorklassik und Klassik zwar eine wichtige, aber keine zentrale Rolle und wird in den Ausführungen und Systemen von bspw. Smith oder auch Marx stark vernachlässigt (vgl. Drucker 1993, 26f). Mit der Entstehung der modernen Mikroökonomie[7], der

7 Mit der Abkopplung und Professionalisierung der Wirtschaftswissenschaft von den Gesellschaftswissenschaften Mitte/Ende des 19. Jahrhunderts entstand der Trend den Unternehmer als Forschungsobjekt durch den Betrieb zu ersetzen und in abstrakten, mathematischen ökonomischen Modellen zu denken bzw. zu erklären (vgl. Ripsas 1997, 7).

Grenznutzenschulen[8] und der sich daraus entwickelnden Neoklassik verschwindet der Unternehmer ganz aus den theoretischen Überlegungen (vgl. Ripsas 1997, 7). Es bleiben lediglich die unterschiedlichen Funktionen und Begriffe des *Entrepreneurs* und des *Managers*; der Mensch wird in der Theorie bedeutungslos (vgl. Baumol 1986, 65). Nur so kann der Unternehmer als Teil des Faktors Arbeit störungsfrei in das konsistente, neoklassische Modell des vollkommenen Marktes einfließen (vgl. Kirchhoff 1994, 413; siehe auch Kihlstrom & Laffont 1979).

In der Reifephase der Neoklassik waren es parallel vor allem Schumpeter und Knight, die die Rolle des Unternehmers bzw. seine Funktion weiterhin makroökonomisch erforschen. Schumpeter, Vertreter der Post-Neoklassik, beschäftigt sich in seiner Publikation *Die Theorie der Wirtschaftlichen Entwicklung* (1911) ausführlich mit der wirtschaftlich heilsamen, dynamischen Funktion der kreativen Zerstörung des Marktgleichgewichts durch den innovativen Entrepreneur (vgl. auch Drucker 1993, 26f.). Knight, Vertreter der Neoklassik, vertieft vor allem die Funktion, dass der Unternehmer mit seinen Entscheidungen die (Markt-)Unsicherheit überwindet und damit das (Markt-)Risiko, die Arbitragefunktion, übernimmt. Der Erfolg eines Unternehmers liegt in der zur Entscheidung passenden Einschätzung und Bestimmung zukünftiger Entwicklung (vgl. Knight 1921). In seiner Arbeit finden sich viele Überschneidungen mit psychologischen Erklärungsmodellen, die er bewusst zum besseren Verständnis und zur besseren „Illustration“ der Unternehmerrolle einsetzte (vgl. auch Ripsas 1997, 32). Es gelang jedoch keine umfassende formale bzw. mathematische Darstellung unternehmerischen Handelns, was eine Akzeptanz innerhalb der Neoklassik verhinderte (Herbert & Link 1989, 48). Eine Integration durch Hinzunahme des Unternehmers als eigenständige wirtschaftliche Wirkungsgröße hätte das geschlossen-funktionierende Modell des neoklassischen Gleichgewichtssystems gesprengt (vgl. Ripsas 1997, 9). Auch in der deutschen Betriebswirtschaftslehre, z. B. bei Schmalenbach und Rieger, bleiben Unternehmer Randfiguren, die hauptsächlich als Kapitalgeber interessant sind (vgl. Aulinger 2003, 8f.). Gutenberg beschreibt zwar die wichtige Bedeutung des unternehmerischen Handelns, klammert die Person aber aufgrund des schwer

8 Die Grenznutzenschule entwickelte sich ab den 70er Jahren des 19. Jahrhundert als eine volkswirtschaftliche Denkrichtung, die bis etwa zum ersten Weltkrieg vorherrschte. Als die zentrale Idee für einen nationalökonomischen Systemaufbau galt der Nutzen eines Gutes aus subjektiver Wertschätzung und seiner Veränderungen; das Grenznutzenprinzip (vgl. Gabler Verlag).

antizipierbaren Verhaltens als „psychophysisches Subjekt" aus seiner Lehre aus (vgl. Gutenberg 1929, 40).

Gleichwohl existieren wissenschaftliche Ansätze, die den Unternehmer als eigenständige Größe in die Wirtschaftstheorie zu integrieren suchen; z. B. durch den als Wiederentdecker der Unternehmerfigur geltenden Casson. Zur Legitimation seiner Modellentwicklung nahm Casson, Vertreter der Post-Neoklassik, die rein rationale Profitmaximierungsmotivation des Entscheiders (Unternehmers) an und rechtfertigt dies damit, dass der Verlust an Realität durch den Zuwachs an Erklärungspotenzial ausgeglichen wird. Zwar ging auch er Anfang der 1980er bei seiner mikroökonomischen Beschreibung einer auf Modellen der Neoklassik basierenden Unternehmerfunktion – der Koordinationsfunktion – ausschließlich funktional vor, hielt aber daneben und separat die indikative Beschreibung der Person des Unternehmers, wie Persönlichkeitsmerkmale, für möglich und notwendig. Dies sei allerdings Aufgabe der Sozialwissenschaften und nicht der Ökonomie. Cassons Ansatz unterscheidet sich zu jener Zeit von anderen dadurch, dass für ihn der Unternehmer immer Individuum sein muss (und nicht Team, Betrieb oder Institution sein kann) und das Wesentliche, ökonomisch Wirkungsvolle und damit Relevante dieser Person im individuellen *Entscheiden* liege. Der Entscheider kann dabei sowohl angestellt als auch selbstständig agieren (vgl. Casson 1982) – d. h. Intra- bzw. Entrepreneur sein.

Neben Casson sind auch Kirzner oder Leibenstein zu nennen. Kirzner entwickelte die Marktprozesstheorie unter der veränderten Annahme eines homo agens, also eines nicht rein ökonomisch handelnden, sondern im Prozess handelnden Menschen, der Marktpotenziale sucht, erkennt und nutzt, um seine individuelle Situation zu verbessern. Kirzner beschreibt die Unternehmerfunktion (auch für Angestellte) rein funktional und nimmt keine indikative Erklärung in seiner Theorie auf (vgl. Kirzner 1973). Leibenstein entwickelte das X-efficiency-Modell, in dem zur Überbrückung von Marktineffizienzen innovatives und imitatives unternehmerisches Handeln zur zentralen Unternehmerfunktion deklariert wird (vgl. Leibenstein 1966; 1987).

Obwohl sich die einschlägige Forschung mittlerweile nicht mehr allein auf die formal-ökonomische Sichtweise beschränkt, liegt immer noch keine allgemein anerkannte Wirtschaftstheorie unter Einbindung personalen unternehmerischen Handelns bzw. des Phänomens des Entrepreneurship vor (vgl. Knuth & Schierz 2009, 37f.; siehe auch Deutschmann 2008, 40ff.; Oesterdiekhoff 2013; Schneider 2001). Die unterschiedlichen Unternehmertheorien pendeln zwischen der rein objektiven Betrachtung des Rationalismus der klassischen Nationalökonomie und einer monokausalen Psychologie, die das Subjekt in den Vordergrund rückt.

Bspw. lag für McClelland (1966) in der Leistungsmotivation die alleinige Basis unternehmerischen Erfolges und nationalen Wohlstandes begründet; unternehmerisches Handeln galt für ihn als Primat sozial-ökonomischer Entwicklung. Wirtschaftliche Armut resultiere im Umkehrschluss entsprechend aus niedriger Leistungsmotivation (vgl. McClelland 1966). Im Rationalmodell, das die objektiven Umgebungsbedingungen und Anreizstrukturen analysiert, wird unternehmerisches Handeln hingegen im Wesentlichen als Appendix wirtschaftlicher Anreizstrukturen abgebildet (vgl. Oesterdiekhoff 2013, 29; siehe auch Deutschmann 2008, 42).

In der jungen, rein mikroökonomischen Schwesterdisziplin, der Managementlehre, wird interdisziplinär geforscht und beschrieben; es wird dem Manager im Gegensatz zum Entrepreneur aber auch keine gesamtwirtschaftlich-relevante Kraft oder Wirkung attestiert. Die wirtschaftliche Relevanz der Unternehmerfunktion in Kombination mit der Trennung ökonomischer und verhaltenswissenschaftlicher Argumentationsketten erschwert eine integrierte Berücksichtigung in ein überzeugendes Theoriekonstrukt, das mathematische Modelle mit Beschreibungen von subjektivem Verhalten eines Individuums systematisch verbinden können müsste. Schneider (2001) empfiehlt bezogen auf den Unternehmerbegriff bei der Bildung einer betriebswirtschaftlichen Theorie der Unternehmung nach wie vor, den Fokus auf die Aufgaben bzw. Funktionen des Unternehmers zu richten und dabei von Erfahrungssachverhalten der Unsicherheit und ungleicher Wissensverteilung auszugehen. Es gilt nach wie vor: Der Unternehmer kann Person oder Institution sein, unternehmerisch bedeutet lediglich ein funktionales, ökonomisches Handeln (vgl. Aulinger 2003, 7; Ripsas 1997, 4, 49f; Oesterdiekhoff 2013, 23).

### 2.2.2 Entrepreneurship als Ausgangspunkt für Intrapreneuring-Konzeptionen

Die Grundlage der Überlegungen zum Intrapreneuring liegt in der ökonomischen Entrepreneurship-Forschung, die zunächst die Bedeutung des Entrepreneurs für die Gesamtwirtschaft analysierte und dabei unterschiedliche Funktionen des Entrepreneurs identifizierte. Für den Begriff Entrepreneur finden sich daher vielfältige Definitionen, die – abhängig vom Forschungsfokus – unterschiedliche Charakteristika und Attribute eines Entrepreneurs (komplementär) untersuchen (vgl. z. B. Draeger-Ernst 2003, 20; Schönebeck 2010, 14; Ripsas 1997, 55ff.; Schwehm 2007, 5ff; siehe auch Kraus & Gundolf 2008, 12f.; Fisher & Koch 2008).

#### *2.2.2.1 Entwicklung und Definitionen zum Konzept Entrepreneurship*

Der *Entrepreneur* wird im Deutschen als Unternehmer bzw. Firmengründer übersetzt, *Entrepreneurship* beschreibt Unternehmergeist bzw. Unternehmertum, manchmal auch Existenzgründung bzw. Selbstständigkeit.[9]

Diese Übersetzungsversuche sind schwach oder unzulänglich, um die weiter reichende Bedeutung des Begriffs zu veranschaulichen. Der Begriffsursprung des Entrepreneurs im Sinne der heutigen Verwendung findet sich beim französischen Militär des 17. Jahrhunderts und bezieht sich auf den Leiter einer Militärexpedition. Danach nutzte der irische Bankier Cantillon (1755) den Begriff Entrepreneur erstmals in wirtschaftlichen Zusammenhängen als einen Akteur, der wagnisorientiert Handel betreibt (Arbitrageur) (vgl. u. a. Sharma & Chrisman 1999, 12; Kraus & Gundolf 2008, 11). Diese Funktion der Risikoübernahme war der Kern seiner Definition von Unternehmertum. Der französische Ökonom Say erweiterte diese Definition Ende des 18. Jahrhunderts und beschrieb mit dem Begriff des Entrepreneurs den Spezialisten, der die real existierende Unsicherheit an unvollkommenen Märkten dadurch bewältigt, dass er im wirtschaftlichen Handeln Risiken eingeht und Produktionsfaktoren Wissen und Arbeit so kombiniert, dass der wirtschaftliche Erfolg erhöht werden kann (vgl. Mes 2011, 108; Malek & Ilbach 2004, 105ff; Spickschen 2005, 7; Ripsas 1997, 3).

Als der Klassiker in der ökonomischen Entrepreneur-Forschung gilt Schumpeter, der ebenfalls die neoklassische Theorie der vollkommenen Märkte kritisiert. Er beschreibt den Entrepreneur als eine Person, die Wissen lebendig werden lässt und aus Träumen Realität erschaffen kann, wobei die (wirtschaftliche) Leistung nicht in der Idee, sondern in der Durchsetzung der Idee liegt. Dies bedeutet allerdings nicht, dass grundsätzlich *Neues* erdacht oder kreiert werden muss. Wichtig ist Schumpeter, dass Entrepreneure für die Wirtschaft Innovatoren darstellen, deren Hauptfunktion und Aufgabenstellung in der (kreativen, schöpferischen) Zerstörung, Reformierung und Erneuerung von Produkten und Prozessen liegt – also in der Innovationsfunktion (vgl. Schumpeter 1911, 131; Stevenson & Jarillo 1990, 18; Malek & Ilbach 2004, 107; Kraus & Gundolf 2008, 12, 98f.).

Der personenunabhängige, funktionsbezogene Say-Schumpeter-Ansatz gilt als Grundlage aktueller Definitionen von Entrepreneurship (vgl. Schwehm 2007, 10). Es folgen darauf aufbauend personenorientierte und verhaltensorientierte

9 Wortstamm laut Duden: französisch Entrepreneur = Unternehmer, entreprendre = unternehmen, lateinisch pre(he)ndere = nehmen, ergreifen (vgl. Duden 2012, Stichwort Entrepreneur).

Ansätze, die die Relation von Charaktereigenschaften und unternehmerischen Verhaltensweisen analysieren sowie die Motivation von Entrepreneuren untersuchen (vgl. Spickschen 2005, 8 ff.; Harbrecht 2010, 22ff.). Die verhaltensorientierten Perspektiven und Definitionen sind die Basis für den im weiteren Verlauf dieser Arbeit thematisierten Transfer vom Entrepreneur zum Intrapreneur. Sie befassen sich mit den unternehmerischen Prozessen, die durch kreatives und initiatives Verhalten einer unternehmerisch handelnden Person bewirkt werden können (vgl. Süssmuth Dyckerhoff 1995, 56).

Leibenstein (1966) weitet die Debatte um den Entrepreneur auf unternehmerische Aktivitäten innerhalb bestehender Organisationen aus. Anders als Schumpeter sieht Leibenstein im Entrepreneur mehr den *Change Agent*, der die Lücke zwischen radikalem Entrepreneurship und Management schließen kann; der innerhalb von Organisationen mit kleinen Veränderungen bzw. Innovationen (geistige) Trägheit („*Slack*") erfolgreich bekämpft oder der solche extern am Markt oder bei Wettbewerbern entdeckt und als Möglichkeit (*Opportunity*) zur Markterschließung nutzbar macht.

Für Kirzner ist der Entrepreneur eine Person, die Marktlücken oder Marktversagen erkennt, nutzt und damit einen Markt wieder ausgleicht (vgl. Kirzner 1973, 14). Drucker (1986, 1987) fügt in den 1980er-Jahren den klassischen Überlegungen die personenbezogene Komponente des *Wahrnehmens von Gelegenheiten* hinzu. Eine erweiterte Sichtweise beschreibt Entrepreneurship als systematische Entwicklung einer Idee zur sukzessiven Marktumsetzung unter Nutzung von Markt- bzw. Geschäftsgelegenheiten (*Business Opportunities*). Für Drucker sind jedoch nur solche Existenzgründer auch Entrepreneure, deren Aktionen am Markt hinreichend Innovations- bzw. Veränderungswirkung hervorrufen (vgl. Drucker 1993, 20ff.). Stevenson aus der Harvard Business School erweitert die Definition um den Aspekt des Einfallsreichtums, der Entrepreneurship (*Entrepreneurial Management*) vom klassischen administrativen Management (*Business Administration*) unterscheidet, wobei Letzterem das innovative Moment fehle. Außerdem verfolge der Entrepreneur Gelegenheiten, ohne über die entsprechend notwendigen Ressourcen zu verfügen, die er bei Fremden mobilisieren müsse (vgl. Stevenson & Jarillo, 1990, 22ff.; siehe auch Stevenson 2000).

Bygrave & Hofer (1991) definieren den unternehmerischen (Gründungs-) Prozess (*Entrepreneurial Process*) als die Essenz von Entrepreneurship. Hierzu gehören alle Funktionen und Aktivitäten, die mit dem Erkennen und Ergreifen von Gelegenheiten, dem Durchsetzen von Ideen und der Erschaffung einer darauf aufbauenden Organisation zusammenhängen. Der prozessorientierte Ansatz konzentriert sich auf die unterschiedlichen Phasen einer Unternehmensgründung und integriert eine Zeitraumperspektive (vgl. Bygrave & Hofer 1991, 14; Carton, Hofer & Meeks 1998, 5; Bygrave & Zacharakis 2011, 48ff.).

Nach Hisrich & Peters (1989) lassen sich Entrepreneure in allen Berufen und Branchen finden – ob in der Bildung, im medizinischen Bereich, in der Forschung oder der Gerichtsbarkeit; in der Architektur, dem Ingenieurwesen, in der Sozialarbeit oder im Vertrieb, und zwar unabhängig davon, ob privatwirtschaftlich oder öffentlich organisiert. Hisrich & Peters (1989) definieren Entrepreneurship ebenfalls prozessual, aber die Person des Entrepreneurs und sein unternehmerisches Verhalten bleiben im Vordergrund:

> "Entrepreneurship is the process of creating something different with value by devoting the necessary time and effort assuming the accompanying financial, psychic, and social risks, and receiving the resulting rewards of monetary and personal satisfaction." (Hisrich & Peters 1989, 10)

Im Mittelpunkt der Entrepreneurship-Forschung steht lange Zeit die Untersuchung vieler eindimensionaler Einzelaspekte, wie bspw. die Gründungsentscheidung. Die Suche nach den Bestimmungsfaktoren für Entrepreneurship-Erfolg wurde erst ab den späten 1980er-Jahren ein zentrales Thema (vgl. Jacobsen 2003, 133). Als einer der Ersten versucht Gartner (1985), ein theoretisches, mehrdimensionales Strukturmodell für das Phänomen Entrepreneurship zu entwickeln, indem er unterschiedliche Entrepreneur-Typen und deren unterschiedliche Neugründungen zu kategorisieren und klassifizieren suchte, um diverse identifizierte Variablen für weitere Forschungsanstrengungen in einem verständlicheren Bezugsrahmen zu ordnen (vgl. Gartner 1985, 696ff.).

*Abbildung 2: A framework for describing new venture creation (Gartner 1985, 698)*

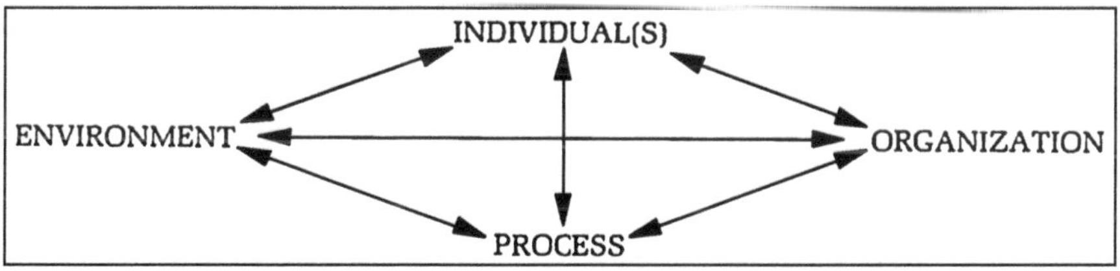


Gartner setzt sich zudem kritisch sowohl mit der Forschungsrichtung des *Trait-Approach* auseinander (in den Persönlichkeitseigenschaften von Personen liege die Ursache für ihre unternehmerischen Tendenzen) als auch mit der Forschungsrichtung des *Behavioral Approach* (das Verhalten von Personen und deren Kompetenzen seien ausschlaggebend für unternehmerische Initiative). Für ihn und seinen Kollegen Katz liegt Entrepreneurship weniger in der Person des Entrepreneurs begründet, sondern vielmehr *im Handeln* des Unternehmers. Dies beinhaltet die individuelle Intention, die Entwicklung organisatorischer Rahmenbedingungen und Ressourcenaktivierung sowie deren Verteilung (vgl. Katz & Gartner 1988). Denn nach Gartners Auffassung liegt das Phänomen von Entrepreneurship nur während der Phase der Unternehmensgründung vor und endet, sobald daraus eine Organisation aufgebaut wurde. Vormals Entrepreneure oder Marktteilnehmer, die ein bestehendes Unternehmen kaufen oder erben, sind somit keine Entrepreneure (vgl. Gartner 1988, 48ff., 57ff., 62ff.). Im Gegensatz dazu können nach Baumol (1993) theoretische Überlegungen und wissenschaftliche Forschungsmethoden (zu) wenig fundierte Kenntnisse über individuelles, situatives unternehmerisches *Handeln* ermitteln; es bleiben der Forschung lediglich Erkenntnisse über Attribute einer Person, die zu einer (erfolgreichen) unternehmerischen Initiative führen, sowie die Analyse des Umfeldes (vgl. Baumol 1993, 200ff.).

Covin & Slevin (1991) beschäftigen sich mit dem Entrepreneurship-Phänomen innerhalb etablierter Organisationen über die Individualebene hinaus mit der Mesoebene und konzeptionieren ein umfassendes (Verhaltens-)Modell, das die Wirkungen von interner, unternehmerischer (Gesamt-)Haltung (*Entrepreneurial Posture*) und deren Umsetzung für Erneuerung, Innovation und verbesserter Leistungsfähigkeit beschreibt, und definieren interdependente (Erfolgs-) Variablen aus drei Dimensionen (externe Umwelt, interne Organisations- und Individualebene), die direkt oder indirekt den (positiven) Zusammenhang zwischen organisationalem unternehmerischen Verhaltens und stabiler Leistungsfähigkeit bestimmen (mehr Information zum Modell siehe Abschnitt 2.2.4.).

Wennekers & Thurik (1999) gelingt auf makroökonomischer Ebene die Verbindung von Entrepreneurship und Wachstum, indem sie wachstumstheoretische Überlegungen mit weiteren Ansätzen aus verschiedenen Forschungsfeldern analysierten und in einen integrierten Bezugsrahmen überführten: historische Sicht auf Entrepreneurship, makroökonomische Sicht auf die Wachstumstheorie, Industriebetriebslehre/Industrielle Ökonomie (*Porters Competitive Advantage*), Evolutionsökonomie, Geschichte des Wachstums (*Rise and Fall of Nations*) sowie die Analyse von Managementliteratur auf Basis von Großunternehmen (Wennekers & Thurik 1999, 27ff.). Um Entrepreneurship mit Wachstum zu verbinden, wurden Interdependenzen der Mikro-, Meso- und Makroebene analysiert: Auf der Individualebene handelt der Entrepreneur alleine, in Teams oder Partnerschaften. Er braucht Ressourcen und Strukturen, was zur nächsten, der organisationalen Ebene führt, die es dem Entrepreneur ermöglicht, seine Ideen und Innovationen umzusetzen. Damit es zu dieser unternehmerischen Initiative auf Basis persönlicher Begabungen und Talente kommen kann, sind zudem kulturelle und institutionelle Bedingungen erforderlich, um die entscheidenden individuellen Einstellungen zur Erschaffung neuer Wirtschaftseinheiten und Märkte zu ermöglichen, woraus volkswirtschaftlich Wachstum, mehr Wettbewerb, aber auch Selektion entstehe (Wennekers & Thurik 1999, 49ff.).

Shane, Locke & Collins (2003) kritisieren den zwar erkenntnisreichen, aber zunehmend (statischen) makroökonomischen Blick der Forschung auf Erfolgsfaktoren bedingt durch Organisationen und externe Umwelten sowie die Auseinandersetzung mit der Suche und Identifikation von Marktgelegenheiten und deren unternehmerischer Umsetzung durch Entrepreneure. Sie befassen sich wieder stärker mit der Person des Entrepreneurs und mit der *unternehmerischen Motivation* als initialer Kraft jeglicher unternehmerischer Aktivität. Dieser Aspekt wurde wissenschaftlich zwar zuvor bereits als relevant für den Entrepreneurship-Prozess erachtet, doch die Integration in Entrepreneurship-Theorien wurde aufgrund unzureichender (empirischer) Analyse-Methoden der menschlichen Motivation vermieden (vgl. Shane, Locke & Collins 2003, 258, 263). Die Autoren fordern in ihrer Veröffentlichung dazu auf, Motivation als einen zentralen, aber dynamischen Individualfaktor für den Entrepreneurship-Prozess anders als bisher zu erforschen; sie entwickeln eine Art „road-map“ für zukünftige Forschungen durch kritisch-konstruktive Auseinandersetzung bisheriger Untersuchungs-Fehler und geben Anregungen, mit welcher Herangehensweise und welchen Methoden in Zukunft eine Integration der Entrepreneurship-Motivation gelingen könne (vgl. Shane & Locke & Collins 2003, 269ff., 276).

*Abbildung 3: Model of entrepreneurial motivation and the entrepreneurship process (Shane, Locke & Collins 2003, 274)*

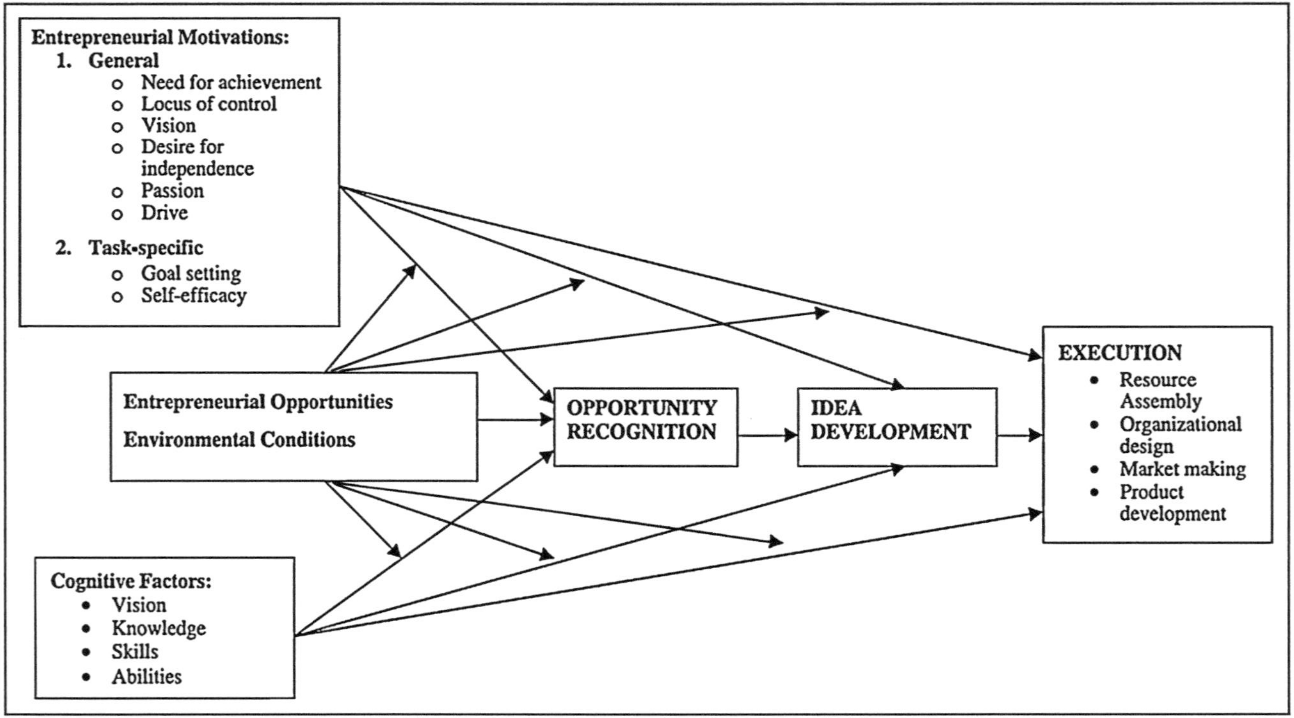

### 2.2.2.2 *Stand der Entrepreneurship-Forschung*

Die Wurzeln der Disziplin sind in der Auseinandersetzung mit der Unternehmerperson zu suchen. Diese kann, wie im vorigen Kapitel dargelegt, auf eine Forschungstradition bis ins 18. Jahrhundert zurückblicken. Die wissenschaftliche Auseinandersetzung hat sich dabei bislang hauptsächlich aus volkswirtschaftlicher Sicht (*was* passiert durch unternehmerisches Handeln), aus verhaltenswissenschaftlich-soziologisch-psychologischem Blickwinkel (*weshalb* handeln Individuen unternehmerisch) und aus betriebswirtschaftlichem Interesse (*wie* handeln unternehmerische Persönlichkeiten) dem Phänomen Entrepreneurship genähert (vgl. Kraus & Gundolf 2008, 8). Vor diesem Hintergrund beschäftigt sich die Entrepreneurship-Forschung immer noch damit, ihre Konturen zu schärfen; denn einerseits werden die Querschnittsfach-Methoden und -Strukturen anderer (Teil-)Disziplinen genutzt und gleichzeitig gibt es Bestrebungen, diese sowie weitere konkurrierende Ansätze in eigenständige Teilgebiete abzugrenzen (siehe auch Abschnitt 2.2.6). In der Literatur ist bisher sowohl wirtschaftshistorisch als auch bezogen auf den Gründungsprozess keine eindeutige Unterscheidung zur Unternehmertum-Forschung möglich; allgemein anerkannte Modelle oder einheitliche Theorien existieren nicht (vgl. z. B. Lang von Wins 2004, 8; Schulte & Tegtmeier 2009, 128; Kraus & Gundolf 2008, 8ff.; Fallgatter 2004).

Aktuelle dynamisch-ökonomische Ansätze beziehen sich auf die dargelegten Entwicklungen in Definition und volkswirtschaftlicher Funktionsbeschreibung von Entrepreneurship, basierend auf den (statischen) Ansätzen durch Cantillon Anfang des 18. Jahrhunderts. Dabei lassen sich drei intellektuelle Traditionen voneinander abgrenzen; der amerikanische Ansatz (Chicagoer Schule), initiiert durch Knight (1921), betont den *Faktor der Ungewissheit*, den es zu bewältigen gelte. Die Deutsche Schule, eingeleitet durch Schumpeter (1911), fokussiert den *Innovationsaspekt und* den (notwendigen) *Wandel* zur Stärkung der Wettbewerbsfähigkeit. Die Österreichische Schule (Kirzner 1973) beschäftigt sich hauptsächlich mit dem *Marktungleichgewicht als Basis für menschliches Handeln* (vgl. Hébert & Link 1989, 41). Diese Arbeit bezieht sich im weiteren Verlauf hauptsächlich auf den Fokus der Deutschen Schule. Die unterschiedlichen Ansätze demonstrieren die Vielseitigkeit der Forschungsrichtungen und auch das Ringen um die führende theoretische Position.

Low & MacMillan (1988) bemühten sich um eine Bündelung und (Neu-) Orientierung in der Entrepreneurship-Forschung und definierten sechs Kriterien, die die Entrepreneurship-Forschung zu klären habe (vgl. Low & MacMillan 1988, 140f.):

- Festlegung des spezifischen und längerfristigen *Ziels* der Forschungsarbeit: einheitliche Definition des Begriffs und Forschungsfeldes.
- Definition der *Theoretischen Perspektive*: Perspektiven der strategischen Adaption oder die des organisationssoziologischen Population Ecology-Ansatzes.
- Entscheidung, auf welchem spezifischen Phänomen der Forschungs-*Fokus* liegen soll: Persönlichkeitsmerkmale (Persönlichkeitstheorien), kulturelle Einflussfaktoren (*social Cultural Theories*) oder die Zuwendung zu Netzwerktheorien.
- Entscheidung, welche *Ebenen der Analyse* Berücksichtigung finden sollen; dabei empfehlen Low & MacMillan, folgende Ebenen (möglichst gleichzeitig) zu untersuchen: Individuum, Gruppe, Organisation, Industrie und Gesellschaft.
- Definition des *Zeitraums* (bzw. der Phasen) einer Unternehmensgründung, die wissenschaftlich relevant sein können.
- *Forschungsmethoden* festlegen. Hier empfehlen Low & MacMillan mehr Längsschnittuntersuchungen und eine Ausweitung von auf Theorien und Hypothesen testende Methoden.

Cunningham & Lischeron (1991, 46) identifizierten in der Entrepreneurship-Forschung sechs Denkschulen im Hinblick auf diverse unternehmerische Verhaltensweisen in unterschiedlichen Unternehmensphasen bzw. -prozessen: Schule des großen Mannes (Unternehmer-Idol mit angeborenem, intuitivem „sechsten Sinn“), Schule der psychologischen Charakteristika, klassische (Innovations-)Schule, Management-Schule, Führungsschule, Intrapreneur-Schule. Jede der Schulen fokussiert eine andere Facette unternehmerischen Verhaltens und leistet damit ihren Beitrag, den unternehmerischen Prozess und das komplexe Bild des Entrepreneurs besser zu verstehen (vgl. ebd., 47).

Auch Shane & Venkataraman (2000) veröffentlichten einen viel beachteten Aufsatz, um die Entrepreneurship-Forschung zu fokussieren und einheitlicher auszurichten. Für sie lag die Ursache für die zu diesem Zeitpunkt nach wie vor uneinheitliche Vorgehensweise darin, dass Entrepreneurship ausschließlich über das Wesen und das Handeln von Entrepreneuren versucht wurde zu definieren. Dabei wurde ein aus ihrer Sicht wesentlicher Aspekt außer Acht gelassen: die notwendige Co-Existenz von unternehmerischen Gelegenheiten (vgl. Shane & Venkataraman 2000, 218). Damit erweiterten sie das Feld der Entrepreneurship-Forschung um das Entdecken und die Nutzbarmachung von Gelegenheiten für mögliche zukünftige Güter und Dienstleistungen. Danach gilt es zu erforschen, wie und warum unternehmerische Gelegenheiten entstehen, welche Personenkreise diese wahrnehmen und welche Personen letztlich in der Lage sind, diese zu verwerten (vgl. ebd., 220ff.). Diese Thematisierung eröffnete der Forschung den Fokus von Unternehmensgründungen auch auf bereits bestehende

Organisationen auszuweiten, bis hin zum Verkauf von Wissen über Gelegenheiten an bestehende, etablierte Unternehmen (vgl. ebd., 224); der *Entrepreneurial Trait*-Ansatz wurde dadurch um den sogenannten *Entrepreneurial Rate*-Ansatz erweitert (vgl. Vecchio 2003, 305).

Aber erst Low (2001, 17) bescheinigte in seinem Artikel *The Adolescence of Entrepreneurship Research: Specification of Purpose* der Entrepreneurship-Forschung, aus den Kinderschuhen herausgewachsen zu sein. Die in den 1990er-Jahren stark ansteigende Anzahl wissenschaftlicher Artikel zum Thema in Entrepreneurship Journals[10], Veröffentlichungen zu einschlägigen Konferenzen, die curriculare Anbindung des Themas an Universitäten und Business Schools etc. demonstrierten signifikante Forschungsbemühungen. Low benannte vier grundlegende Strategien für die Entrepreneurship-Forschung, sich je nach Auswahl ihrer Themenschwerpunkte aufzustellen und das Phänomen Entrepreneurship zu handhaben (vgl. Aulinger 2003, 24ff; siehe auch Low 2001; Harms & Grichnik 2008):

- *Entrepreneurship als Unterstützung für die Lehre*: Bei dieser Strategie wird der Anspruch aufgegeben, das Phänomen und Themen aus dem Entrepreneurship-Bereich erklären zu wollen. Es geht hauptsächlich um praxisrelevanten Forschungsoutput und Gründungsberatung.
- *Entrepreneurship als Potpourri:* Die Entrepreneurship-Forschung dient als Sammelbecken für unterschiedlichste Fragestellungen zum Thema, die sich so interdisziplinär dem Forschungsobjekt nähert. Diese Vorgehensweise findet nach Low (2001) im internationalen Kontext der Entrepreneurship-Forschung den größten Zuspruch.
- *Entrepreneurship als Erweiterung der klassischen Disziplinen:* Primär wird nicht vom Forschungsprojekt ausgegangen, sondern Phänomene aus dem Bereich dienen der Erweiterung bestehender Fachdisziplinen, wie Finanzierung oder Organisation.
- *Entrepreneurship als eigenständiges Forschungsfeld*: Eine eigenständige Abgrenzung und Etablierung als Fachdisziplin durch konzeptionelle Frameworks und Theorien, die empirische Phänomene erklären und voraussagen, die von

10 In einer vergleichenden Studie bezogen auf Inhalte, Rankings und Wirkungskraft von Journalen, die sich periodisch mit dem Thema Entrepreneurship befassen, konnten in 2012 99 Journale identifiziert werden, die in englischer (94), deutscher (3), italienischer (1) oder französischer Sprache (1) veröffentlichen. Als international wichtigste Fachzeitschriften sind „Journal of Business Venturing" und „Entrepreneurship Theory and Practice" zu nennen; für Europa hat sich „Entrepreneurship & Regional Development" etabliert (vgl. Sassmanshausen 2012, 3ff.).

anderen Fachdisziplinen nicht behandelt werden. Bspw. wird die Beziehung zwischen dem *Individuum* und einer *Gelegenheit* nur in der Entrepreneurship-Forschung originär untersucht.

Mittlerweile ist Entrepreneurship als Lehr- und Forschungsbereich an deutschen (Fach-)Hochschulen angekommen (vgl. Klandt et al. 2008, 12). Allerdings ist dieser für Deutschland junge Forschungszweig nach wie vor um eine klare akademische Etablierung und Anerkennung bemüht (vgl. Harms & Grichnik 2008). Dies liegt an der eher traditionellen (deutschen) Auffassung einer akademischen (Studien-)Ausbildung im humanistischen Sinne mit häufig begrenzter Anwendungs- und Praxisorientierung, aber genau diese gelten als wesentliche Bezugspunkte in der Entrepreneurship-Lehre und Forschung. Außerdem fehlt den Lehrstühlen aufgrund ihrer organisatorischen Autonomie (Länderhoheit, Hochschulfreiheit) die interdisziplinäre Anbindung und Lehrangebote finden mit unterschiedlichen Curricula und unter uneinheitlichen Qualitätskriterien statt. Und auch die Überprüfungen und Vereinheitlichungsbemühungen der Hochschulbildung durch die Entwicklung des gemeinsamen europäischen Hochschulraumes (Bologna-Prozess) erschweren den Weg einer akademischen Institutionalisierung in Deutschland (vgl. Grüner 2008, 190; Klandt, Koch & Knaup 2005, 27; Moog 2005, 4).

Die deutsche, ökonomisch-intendierte Entrepreneurship-Forschung und Lehre beschäftigen sich sowohl mit der Person des Entrepreneurs als wirtschaftlicher Akteur im Gründungsgeschehen (Schaffens- und Innovationsaspekte, Managementaufgaben, Risikobereitschaft) als auch mit der funktionalen Ebene (Eigentümer-, Risiko-, Leistungs-, Wachstumsfunktion), der institutionellen Ebene (Branchen/Sektoren) sowie mit wirtschafts- und bildungspolitischen Rahmenbedingungen. Daneben werden die unterschiedlichen Erscheinungsformen vom Gründertum untersucht, wie bspw. der Unternehmer im Unternehmen (*Intrapreneur*), Unternehmensbeteiligte (*Multipreneurship*), Auchunternehmer (Personen, die sowohl abhängig beschäftigt als auch selbstständig arbeiten). Es lassen sich fachwissenschaftliche Konzeptionen mit dem Fokus auf erfolgreiche Unternehmensgründung von fachdidaktischen unterscheiden; die in erster Linie pädagogisch die individuelle Entwicklung der Gründerpersönlichkeit zum Ziel haben (siehe Kapitel 2.2.6.1) (vgl. Grüner 2008, 193f. sowie Klandt, Koch & Knaup 2005; Klandt 1999; Witt 2006, Braukmann & Koch 2002).

#### *2.2.2.3 Identifizierte Entrepreneurship-Einflussfaktoren*

Die internationale Forschung unterscheidet aktuell drei relevante Bereiche, die die individuelle Entscheidung einer Person, Entrepreneur zu werden, positiv beeinflussen: personalspezifische Faktoren, Rahmenbedingungen des externen Umfelds sowie ggf. spezifische Charakteristiken der Firma bzw. Organisation, in der die Person zum Zeitpunkt ihrer Entscheidung tätig ist (vgl. z. B. Lindenmann 2011, 25f.; Almus & Nerlinger 1999, 133, sowie Freytag & Thurik 2007) und die Spezifika der neuen Unternehmung in der Existenzgründungsphase (vgl. Jacobsen 2003, 88ff.; van Gelderen, Thurik & Bosma 2006, 320ff.).

Der erste Bereich der personalspezifischen Faktoren lässt sich folgendermaßen einteilen:

- *Demografische Merkmale,* wie bspw. Alter, Geschlecht, Nationalität, Familienstand (vgl. Freytag & Thurik 2007, 120; Blanchflower 2004, 27ff.),
- *Persönlichkeits- bzw. Verhaltenseigenschaften* (siehe Abschnitt 5.4.2.3) wie Leistungsstreben, Risikobereitschaft oder ausgeprägte Selbstwirksamkeitserwartung (vgl. McClelland 1961, 159ff., 205ff.; Rotter 1966, 609ff.; siehe auch Rauch & Frese 2007) oder der von Costa & McCrae (1992) entwickelte, breitere *Big Five*-Ansatz (*Extraversion, Conscientiousness, Agreeableness, Openness to Experience, Neuroticism*; vgl. McCrae & Costa 2008; Oboschonka 2013, 8), überdurchschnittliches Maß an Kreativität (vgl. Beattie 1999, o. S.; siehe auch Abschnitt 5.4.2.1) etc.
- vorwiegend intrinsische *Motivationfaktoren*, z. B. Streben nach (finanzieller) Unabhängigkeit oder Selbstverwirklichung (vgl. Shane, Locke & Collins 2003, 267ff.; Berthold & Neumann 2008, 240; Douglas & Shepherd 2002). Nach Schumpeters Auffassung (1911, 138, 141) liegen die Motive für unternehmerisches Verhalten vor allem in der Freude an sozialer Machtgestaltung, am schöpferischen Gestalten und am Erfolg bzw. Sieg über andere. Aufgrund der Vielfalt individueller Antriebskräfte konnten in Studien bislang jedoch noch keine validierten Motivationskategorien beschrieben werden, vor allem nicht solche, die signifikante Differenzen zwischen der Motivation von Angestellten zu Entrepreneuren darlegen (vgl. Lindemann 2011, 28; Carter et al. 2003, 29f.).

Wissenschaftlich untersucht wird vor allem das entrepreneuriale Verhalten (Fähigkeiten, Fertigkeiten, Wissen, Motivation, Kognition etc.) in Bezug auf die Nutzung und Verwertung einer Geschäftsgelegenheit und den daraus entstehenden Gründungs- und Start-Up-Prozess eines neuen Unternehmens, in der Regel die ersten sechs bis sieben Jahre. Das Hauptziel der Erforschung liegt im Versuch, entrepreneuriales Verhalten eines Individuums oder einer ganzen Gruppe erklären und voraussagen zu können, um letztlich Verhalten formbar zu machen, es verändern zu können, also kontrolliert zu steuern (vgl. Bird, Schjoedt & Baum 2012, 890).

Fallgatter (2004, 35ff.) kritisiert diesbezüglich den „methologischen Individualismus“, der soziale bzw. kollektive Prozesse, wie eine Unternehmensgründung, allein an individuellen Eigenschaften und Verhaltensweisen versucht zu erklären. Resultat sei eine große Menge heterogener empirischer Daten zu individuellen Einzelaspekten, deren Interpretation oft widersprüchliche Ergebnisse zu anderen Studien hinterlasse und die trotzdem in Summe kein ganzheitliches Erklärungsmodell für Entrepreneurship bilden könnten.[11] Bird, Schjoedt & Baum (2012) kamen aufgrund einer Metastudie ebenfalls zu dem Ergebnis, dass der Untersuchungsgegenstand, das entrepreneuriale Verhalten, nicht ausreichend klar und partialisiert definiert wird. Außerdem würden oft „ad hoc-Methoden“ angewandt, die zu mangelhaften Validierungen und Ergebnissen führten.

Zusammengefasst bedeutet dies, dass spezifische Persönlichkeitseigenschaften nicht als die einzig bestimmenden Einflussfaktoren für Entrepreneurship nachweisbar sind. Zwar können bestimmte Fähigkeiten, wie Risiken gut einzuschätzen und zu beherrschen oder Durchsetzungsfähigkeit und Selbstwirksamkeitsüberzeugung sowie Antriebskräfte wie der individuelle Wunsch nach Unabhängigkeit, Anerkennung und Leistungsbereitschaft, als entscheidungsrelevant und nach Unternehmensgründung im weiteren Verlauf auch als erfolgsrelevant gelten (vgl. Jacobsen 2003, 87; Lindenmann 2011, 25ff.). Aber sie sind es nicht per se, sondern immer nur bspw. in Kombination mit dem *Humankapital* des Entrepreneurs (Ausbildung, Branchenkenntnis, Erfahrung) (vgl. z. B. van Gelderen, Thurik & Bosma 2006, 320f.; Cooper, Gimento-Gascon & Woo 1994, 389; Audretsch & Keilbach 2004, 419, Roure & Maidique 1986, 304) sowie mit seinem direkten personalen *Gründungsumfeld* (Gründungsteam) wirksam (vgl. u. a. Kollmann, Herr & Kuckerts 2008, 653; Hellerstedt 2009; Chandler, Honig & Wiklund 2005, 706ff.; Harper 2008, 614ff.; Zolin, Kuckertz, & Kautonen 2011, 1097; Sonderegger 2010).

---

11 Im Zusammenhang mit den personalbezogenen Forschungsanstrengungen auf der Suche nach Faktoren, die als Determinanten für Entrepreneurship angesehen werden, kommt das Induktionsproblem zum Tragen: die Unmöglichkeit, aufgrund einer endlichen Zahl an empirischen Belegen eine tragfähige Theorie ableiten zu können (vgl. Hume 1997). Deshalb stellt Fallgatter der induktiven eine referenztheoretische Sichtweise gegenüber, eine Fundierung der Forschung auf paradigmatischer Ebene, die eine Anknüpfung an Referenztheorien erforderlich macht. Geeignet erscheinen ihm z. B. der ressourcenökonomische Ansatz, die Prinzipal-Agenten-Theorie oder die Transaktionskostentheorie (vgl. Fallgatter 2004, 36ff.).

Als Bestimmungsdeterminanten aus dem externen (regionalen) Umfeld werden einerseits soziokulturelle Bedingungen wie Bevölkerungs- und Bildungsstruktur, Sozial-, Verwaltungs- und Rechtssysteme von volkswirtschaftlichen Determinanten wie Konjunkturzyklen, Arbeitslosigkeit, Industrialisierungs- bzw. Technologiesierungsgrad etc. unterschieden, aber auch bspw. Standort und Branche (vgl. Lucky 2012, 326ff.; Kader et al. 2009, 156ff.; Audretsch, Bönte & Keilbach 2008, 691f.; van Gelderen, Thurik & Bosma 2006, 321f).

Der dritte relevante Bereich, der die Entscheidung, ein Entrepreneur zu werden, positiv beeinflusst, betrifft die Organisationsebene, und zwar sowohl das meist prägende Unternehmen, in dem die Person als Mitarbeiter zuvor arbeitete, als auch Prämissen in der Pre-Start-Up -Phase für das neue Unternehmen, das – meist in der gleichen Branche – gegründet werden soll. Bei der Identifikation von Beeinflussungsdeterminanten der vormals Arbeit gebenden Firma werden Modelle und Theorien anderer Teilgebiete der Wirtschaftswissenschaften genutzt: Z. B. geht die Prinzipal-Agent-Theorie davon aus, dass es dann zu Problemen in der Vertragsgestaltung bezogen auf die Rechte am geistigen Eigentum bzw. in der Honorierung der Leistung von Angestellten kommt, wenn diese an (höchst) innovativen Ideen und Forschungen arbeiten, speziell an solchen, die bahnbrechende Veränderungen bzw. für das Unternehmen lukrative, neue Geschäftsmodelle erwarten lassen (vgl. Hellmann 2007, 928f.). Basierend auf Mitarbeiter-Lerntheorien entwickelten Klepper & Sleeper (2005) ein Modell auf Grundlage von Daten aus der Laser-Industrie, welches davon ausgeht, dass ein etabliertes Unternehmen eine optimale Produktpalette für seinen (gesättigten) Markt bereitstellt und sich innovative Produktentwicklungen im eigenen Haus als wenig profitabel abzeichnen. Der lernende Mitarbeiter könne durch Neugründung eines Unternehmens und mit niedrigeren Kosten eine innovative Produktvariante des ehemaligen Arbeitgebers in einer für den ehemaligen Arbeitgeber unrentablen Marktnische erfolgreich etablieren (vgl. Klepper & Sleeper 2005, 1293). Gompers, Lerner & Scharfstein (2005) entwickelten zwei Prototypen, Typ „Xerox“ und Typ „Fairchild“, die auf unterschiedliche Art und Weise ihre (lernenden) Mitarbeiter an deren Neugründungen verlieren. Typ Fairchild steht für ein junges, innovatives und noch eher kleines Unternehmen, in dem die Mitarbeiter den unternehmerischen Gründungsprozess bereits miterleben, fundierte Gründungserfahrungen sammeln und dadurch inspiriert sind, selbst ein Unternehmen zu gründen. Mit dem Typ Xerox sind etablierte Großunternehmen gemeint, die aufgrund der eigenen Größe und verkrusteter interner Strukturen nicht in der Lage sind, radikale Veränderungen herbeizuführen. In diesem Fall verlassen die Mitarbeiter das Unternehmen, um selbst unternehmerisch tätig zu werden und dadurch ihre Ideen am Markt umzusetzen (vgl. Gompers, Lerner & Scharfstein 2005, 577ff.).

Ebenfalls auf Organisationsebene hat die Analyse der Pre-Start-Up Phase der potenziellen Neugründung (*Nascent Entrepreneurship*) bestimmende Faktoren für (erfolgreiches) Entrepreneurship identifiziert (van Gelderen, Thurik & Bosma 2006, 332ff.), die für die Entrepreneurship-Entscheidung relevant sind. So spielen Determinanten wie das Erkennen und Ergreifen von *Marktchancen* (*Entrepreneurial Alertness*, vgl. McMullan & Sheperd 2006, 133; Kirzner 1973; Dimov 2007) oder die Entwicklung der der daraus resultierenden, innovativen *Geschäftsidee* mit dem passenden, überzeugenden *Geschäftsmodell* (Markteintrittsstrategie, Finanzierung, Struktur-, Organisations- und Rechtsform, Netzwerkausgestaltung etc.) eine wesentliche Rolle (vgl. u. a. Georg & Bock 2011, 85ff.; Chwolka & Raith 2012; Jacobsen 2003, 87ff.; Ripsas 1997, 225; Faltin 2001, 131f.; Drucker 1993).

Die dargelegten Ausführungen machen deutlich, welche Vielfalt an – auch paradigmatischen – Vorentscheidungen für die Bearbeitung der Entrepreneurship-Felder erforderlich ist und für die Zukunft bestimmend sein dürften. Die Problematik der multifaktoriellen Kausalstruktur für die Wirkungsanalyse der interdependenten Einflussfaktoren als unabhängige Variablen und dem Ziel (Erfolgspotenzial) als abhängige Variable gilt nach wie vor als eine der größten methodischen Schwächen der Entrepreneurship-Forschung und führt zu Forderungen, nicht nur ihr Analysefeld, sondern auch ihr Instrumentarium zu optimieren (vgl. Schwehm 2007, 35f).

### 2.2.3 Annäherung an das Konstrukt Intrapreneuring – Intrapreneurship[12]

Bestehende Unternehmen oder Organisationen, vor allem wenn sie eine gewisse Größe erreicht haben, sind auf kreative Ideen und alternative Lösungsszenarien im Hinblick auf Vitalisierung und Erneuerung der eigenen Potenziale angewiesen. Dabei gilt es, Mitarbeiter mit den spezifischen Charakteristiken eines Entrepreneurs zu identifizieren und so zu stimulieren bzw. zu fördern, dass diese innerhalb der Organisation bleiben und ihr unternehmerisches,

12 In der deutschen Rechtschreibung findet sich der Begriff *Intrapreneuring* nicht, sondern nur *Intrapreneurship* (vgl. Duden 2012). Trotzdem wird in der deutschen wissenschaftlichen Literatur der Begriff *Intrapreneuring* oft synonym für *Intrapreneurship* verwendet (vgl. Spickschen 2005, 27 sowie Draeger-Ernst 2003, 22).

innovationsorientiertes Verhalten dort gewinnbringend einbringen (vgl. z. B. Draeger-Ernst 2003, 4; Antoncic & Hisrich 2001; Burgelman 1984; Guth & Ginsberg 1990).

Nach Pinchot (1988, 7) sind Intrapreneure …

> „[…],Träumer, die handeln'. Sie übernehmen die praktische Verantwortung für die Umsetzung von Innovationen innerhalb einer Organisation. Der Intrapreneur kann Schöpfer oder Erfinder sein, aber er ist immer der Träumer, der Ideen so realisiert, dass sie Gewinn bringen."

In der anglo-amerikanischen Literatur wurde dafür von Pinchot der Begriff des „Intra-preneuring" geprägt. Der Terminus selbst stammt von Pinchot und ist ein Kunstwort aus den Begriffen *Intracorporate* und *Entrepreneur*, die sich in Kombination auf das Thema *Internes Unternehmertum* beziehen (vgl. Pinchot 1988, 10; Franke 2004, 4).[13]

Stevenson & Jarillo (1990) sehen in der Abstrahierung des Entrepreneurship vom Phänomen der Neugründung die Grundlage für die erweiterte Forschungsperspektive zum Intrapreneurship. Die Intrapreneurship-Forschung hat einige Erkenntnisse zu den institutionellen Rahmenbedingungen und Einflussfaktoren in theoretische Modelle zusammengetragen (vgl. Schönebeck 2010, 26 ff.; siehe auch Abschnitt 2.2.4). In jüngerer Zeit wird die unternehmens- bzw. organisationsstrategische Frage diskutiert, ob und inwieweit durch ein Intrapreneurship eine verbesserte Wettbewerbsfähigkeit erzielt werden kann (vgl. Ireland, Covin & Kuratko 2009; siehe auch Abschnitt 2.2.5), und es gibt erste empirische Analysen zu konkreten Prozessabläufen und möglichen (Einführungs-)Hemmnissen, sowohl auf institutioneller als auch auf personaler Ebene (vgl. z. B. Schönebeck 2010; LMU Entrepreneurship Center 2014).

#### *2.2.3.1 Ursprünge und Systematisierung Internen Unternehmertums und Einordnung des Konzepts Intrapreneuring*

Die Anfänge in Europa lagen in einer *erfolgsbezogenen Vergütung*, welche sich ab Ende des letzten Jahrzehnts des 18. Jahrhunderts rekonstruieren lassen.

13 Manche behaupten, der Ursprung der Idee des *Intrapreneuring* von Pinchot stamme von Macrae (1976, 42), der folgendes veröffentlichte: „[…] successful big corporations should devolve into becoming confederations of entrepreneurs" (siehe auch Süssmuth Dyckerhoff 1995, 43). Macrae hat dies nicht bestätigt (vgl. http://www.intrapreneur.com/ MainPages/History/Dictionary.html; letzter Aufruf am 23.07.2014). Kanter nutzte den Begriff *Intrapreneurship* bereits 1983 (vgl. Sundbo 1997, 436).

*Mitunternehmertum* entwickelte sich dann im 19. Jahrhundert, in dessen zweiter Hälfte erstmals bei Kapitalgesellschaften Belegschaftsaktien an Mitarbeiter ausgegeben wurden und einzelne Unternehmen erste Konzepte zur Mitwirkung ihrer Angestellten im Rahmen einer innerbetrieblichen Mitbestimmung einführten. In den 1950er- und 1960er-Jahren wurden *betriebliche Partnerschaften* entwickelt, die den ökonomischen Erfolg einer Organisation durch erweiterte Mitwirkungsrechte bis hin zu Mitentscheidungen und Mitverantwortung steigern sollten (vgl. Wunderer 2006, 36). Bspw. bot die Firma Paul-Spindler-Werke KG allen Mitarbeitern ab einer einjährigen Betriebszugehörigkeit Mitunternehmerverträge an, deren Inhalte die Mitarbeiter sowohl an Gewinnen als auch an Verlusten beteiligten (vgl. Spickschen 2005, 15). Durch diese Modelle wurden Arbeitnehmer auch zu mehr Risikobereitschaft und zu eigener Weiterbildung bzw. Kompetenzerweiterung motiviert (vgl. Gaugler 1999, 7).

Das Konzept des *Product Champion* wurde Anfang der 1960er-Jahre durch einen Aufsatz von Schon (1963) populär. Der Product Champion wurde darin als die Person – Typ Einzelkämpfer – in einem existierenden Unternehmen beschrieben, die genug Autorität und Ansehen hat und sich mit dem internen Beziehungs- und Entscheidungsgeflecht eines Unternehmens gut genug auskennt, um eine organisationsbezogene, radikale Innovation durchsetzen zu können. Der Product Champion sei zudem risikobereit und nehme ein eventuelles Scheitern in Kauf (vgl. Greene, Brush & Hart 1999). Dieses Konzept wurde von Pinchot aufgenommen und zum *Intrapreneuring* weiterentwickelt (vgl. Spickschen 2005, 16f.).

Internes Unternehmertum hat im Wesentlichen drei Ziele: Aktivierung unternehmerischer Potenziale (Innovationsziel), Aktivierung individueller Potenziale (Leistungsziel) sowie die Gewinnung und Bindung von Arbeitnehmern (Recruiting bzw. Retention) (vgl. Spickschen 2005, 18ff.).

Dabei lassen sich Konzeptionen für Internes Unternehmertum in die Kategorien *Vitalisierung/ Strategic Renewal* und *Corporate Venturing*[14] differenzieren. Bei Ersterer initiiert die Unternehmensleitung Maßnahmen oder Projekte, die das bestehende Geschäft und die interne Struktur innovieren sollen. Ziel der zweiten Kategorie ist im Gegensatz dazu die Erschließung neuer Märkte oder die Entwicklung neuer Geschäftsmodelle und somit die Erschaffung neuer interner und/oder externer Geschäftseinheiten. Das interne Corporate Venturing

---

14 Venture bedeutet die organisatorische Neueinbettung einer unternehmerischen Aktivität innerhalb oder außerhalb der Gesamtorganisation (vgl. Süssmuth Dyckerhoff 1995, 59).

lässt sich weiterhin noch in Buttom-up (Initiative und Impulsgebung durch individuelle Mitarbeiter) und Top-down (Initiierung und Förderung durch die Unternehmensleitung) unterscheiden. Spickschen ordnet Intrapreneuring zur Kategorie Bottom-up Internal Corporate Venturing[15] (siehe Abbildung 4), während für Draeger-Ernst (2003) Intrapreneurship als Instrument/Konzept zur Vitalisierung einer Unternehmung wirkungsvoll einsetzbar erscheint (siehe auch Abschnitt 3.2.3).

*Abbildung 4: Systematisierung Internen Unternehmertums und Einordnung von Intrapreneuring (Spickschen 2005, 26)*

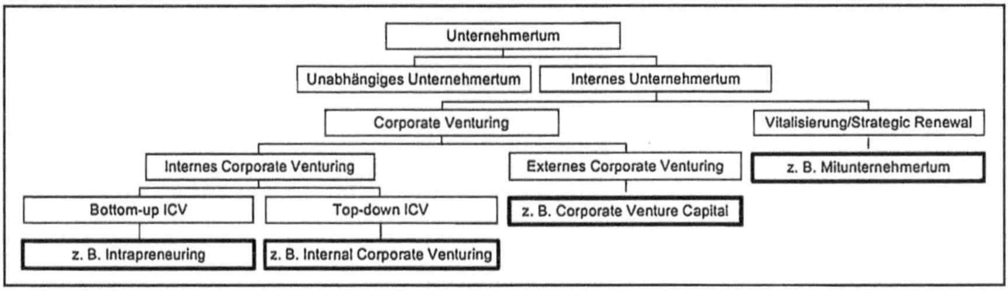


### 2.2.3.2 *Begriffsabgrenzung*

Es liegen unterschiedliche Ansätze vor, die sich mit dem unternehmerischen Verhalten von Mitarbeitern beschäftigen und dieses Phänomen unterschiedlich beleuchten. Deshalb existiert in der wissenschaftlichen Literatur eine Vielzahl an Begrifflichkeiten zur Beschreibung des innovativ-aktiven Mitarbeiters, der innerhalb einer Organisation ähnlich eines Entrepreneurs agiert, und zu den organisationalen Rahmenbedingungen, die ein solches Verhalten fördern. Alle Ansätze haben gemeinsam, dass die große Bedeutung unternehmerischer Aktivität durch Mitarbeiter für Innovationskraft, Wachstum und letztlich Überleben von (Groß-)Unternehmen herausgearbeitet und dargestellt wird (vgl. Draeger-Ernst 2003, 24; Süssmuth Dyckerhoff 1995, 41).

15 In der wissenschaftlichen Literatur werden teilweise die Konzeptionen Internes Unternehmertum (synonym: Mitunternehmertum) klar vom Intrapreneuring abgegrenzt (siehe Abschnitt 2.2.3.3).

*Tabelle 2: Begriffsverwendungen innerhalb des Themenfelds Intrapreneuring*

| **Begriffe** | **Verwendende Autoren (beispielhaft)** |
|---|---|
| (Internal bzw. Intra) Corporate Entrepreneurship | Gut & Ginsberg (1990); Jones & Butler (1992); Zahra (1993b); Ireland, Covin & Kuratko (2009); Goodale et al. (2011); Biniari (2011) |
| (Internal) Corporate Venturing | Burgelman (1983); Klein (2002); Kuratko et al. (2009); Mes (2011) |
| Intrapreneuring | Pinchot (1988); Süssmuth Dyckerhoff (1995); Frey, Kleinmann & Barth (1995) |
| Intrapreneurship | Rule & Irwin (1988); Harris & Harris (1985); Bitzer (1991); Antoncic & Hisrich (2001); Draeger-Ernst (2003); Korunka et al. (2009); Schönebeck (2010) |
| Mitunternehmertum (Internes Unternehmertum) | Neugebauer (1997); Spickschen (2005); Wunderer (2009) |

Neben dem hauptsächlich in der anglo-amerikanischen Literatur vorzufindenden Begriffs des *(Internal bzw. Intra) Corporate Entrepreneurship*, werden in deutschsprachigen Veröffentlichungen zum Thema die Termini *Intrapreneurship* und *Intrapreneuring* – oft synonym – verwendet (vgl. Draeger-Ernst 2003, 22f.) und zur spezifischen Beschreibung eines ganz bestimmten Typs eines innovativaktiven Mitarbeiters genutzt (vgl. Spickschen 2005, 27 ff; Wunderer 2006, 90). Für Fallgatter (2004, 25) bedeutet Intrapreneurship eigenverantwortliches „(Mit-)Unternehmertum" von Mitarbeitern auf allen hierarchischen Ebenen, um innerhalb etablierter Unternehmen eine Art „Revitalisierung" eingefahrener Strukturen und Prozesse zu etablieren. Das Konzept *Corporate Entrepreneurship* wird von Fallgatter dahingehend davon abgegrenzt, als dass es sich hierbei zwar um das gleiche Prinzip handele, allerdings nicht in originären, sondern in derivativen Neugründungen vollzogen werden solle.

Die unterschiedlichen Begriffe für dasselbe Phänomen demonstrieren die Uneinheitlichkeit und das Fehlen eines gemeinsamen Bezugsrahmens im Forschungsfeld Intrapreneurship, auch bezogen auf die Analyseebene bzw. den Untersuchungsgegenstand. D. h., die Verwendung einer der genannten Begriffe bietet keinen Rückschluss auf die verwendete Perspektive oder Definition (vgl. Schönebeck 2010, 18). Es lassen sich jedoch in ihrer kontextualen Nutzung in den letzten Jahren Tendenzen zur Abgrenzung feststellen, die der Beschreibung von Süssmuth Dyckerhoff (1995) entsprechen. Sie unterscheidet wie folgt: Der Begriff *Intrapreneuring* hat mehr Bezug zur organisationalen Ebene, d. h., er bezieht sich auf die Grundidee des Schaffens eines förderlichen Klimas für die Entstehung von Innovation innerhalb einer bestehenden Unternehmung, während mit dem Begriff *Intrapreneurship* mehr die Aspekte auf der Ebene des Individuums beschrieben werden. Für das Zusammenwirken beider Ebenen greift für Süssmuth Dyckerhoff wiederum der Begriff *Intrapreneuring*. Die Wortendung „-ing" deutet im Englischen auf das Prozessuale hin (vgl. Süssmuth Dyckerhoff 1995, 41).

Der Begriff *Intrapreneur* ist abgeleitet vom Begriff des Entrepreneurs, der selbstständiger Unternehmer ist und ohne Anordnungen von außen frei am Markt handeln kann. Auch hier wird synonym – vor allem in der angloamerikanischen Literatur – die Bezeichnung *Corporate Entrepreneur* verwendet (vgl. z. B. Biniari 2011, 143; Sharma & Chrisman 1999). Der Intrapreneur handelt unternehmerisch auf Mitarbeiterebene als nicht selbstständiger Unternehmer, d. h. selbstständig, proaktiv und eigenverantwortlich innerhalb vorgegebener Strukturen und Regelungen einer Organisation (vgl. Franke 2004, 4; Wunderer 2009, 33; Sharma & Chrisman 1999, 12; Kuratko et al. 2005).

In allen Forschungsansätzen gelten folgende Merkmale für Intrapreneurship: *Eigeninitiative*, *Erkennen und Nutzen bzw. Verwerten einer Gelegenheit* sowie *Innovation* und *Wertschöpfung*. Schönebeck (2010) entwickelte folgende prozessorientierte Definition für Intrapreneurship:

> „Intrapreneurship ist der Prozess, bei dem ein Organisationsmitglied oder eine Gruppe von Organisationsmitgliedern aus eigener Motivation heraus eine sich bietende Gelegenheit nutzt, um durch eine innovative Ressourcenkombination einen Mehrwert für die Organisation zu schaffen." (Schönebeck 2010, 21)

Diese prozessorientierte Definition bezieht sich auf die Verhaltensebene bestimmter Personen bzw. Personengruppen, die auf allen Organisationsebenen agieren können, selten anzutreffen sind und sich vor allem durch ihre Eigenmotivation ohne Rücksicht auf formale Positions- bzw. Aufgabenstellungen von anderen Organisationsmitgliedern unterscheiden (vgl. Schönebeck 2010, ebd.). Das Verhalten, das den Prozess von Intrapreneurship ausmache, wird durch die drei Determinanten *Proaktivität*, *Risikoübernahme* und *Innovativität* charakterisiert (vgl. Miller 1983, 771; Antoncic & Hisrich 2003, 9; Knight, 1997). Miller (1983) nutzt diese als Kennziffer für die Ausprägung von Intrapreneurship auf Organisationsebene. Aufgrund aufwendiger Forschungsmethoden wie Zeitreihenanalysen etc. wird diese meist nicht im Prozess erforscht, sondern lediglich am *Zustand* analysiert. Für die Zustandsbeschreibung dienen Begriffe wie *Entrepreneurial Posture*, *Entrerpreneurial Spirit* oder *Entrepreneurial Orientiation*, um anhand des Zustandes der Organisation das Maß an intrapreneurialen

Merkmalen Innovativität, Risikobereitschaft oder Proaktivität abzuleiten bzw. vice versa (vgl. u. a. Harris & Harris 1985, Osborne & Gaebler 1992; Moreno & Casillas 2008; Rauch et al. 2009). Für diese Arbeit wird der Prozess als das konstituierende Element von Intrapreneurship betrachtet, denn es geht um Veränderung bestehender Strukturen, d. h. um mögliche neue Ergebnisse in Form von Innovation bzw. strategischer Erneuerung im bestehenden (schulischen) Kontext.

Zur Differenzierung und Abgrenzung der beiden Konstrukte Entrepreneurship und Intrapreneurship ist zunächst erforderlich, die beiden wichtigsten Intrapreneurship-Forschungszugänge, den persönlichkeits- und den organisationszentrierten, zu beleuchten (vgl. Pearce, Kramer & Robbins 1997, 149; Korunka et al. 2009, 130; Soleimani & Shahnazari 2013)[16]. Der erste Zugang basiert auf der ursprünglichen Untersuchung der Persönlichkeitseigenschaften des Intrapreneurs, wie Leistungsmotivation, Risikobereitschaft, Kontrollüberzeugung, Innovationsorientierung; dessen Einstellungen und Motivationen, wobei Übereinstimmungen zwischen erfolgreichen Entrepreneuren und Intrapreneuren identifiziert werden konnten (vgl. z. B. Rauch & Frese, 2000; Luchsinger & Bagby 1987; Knight 1987; Soleimani & Shahnazari 2013). Laut Pinchot (1988, 56) lässt sich der Intrapreneur über folgende Charaktereigenschaften definieren: Erfindungsgeist, Fähigkeit, Teams aufzubauen, sehr gute Kenntnisse des Geschäftsfeldes, weniger politisches Geschick als höhere (Business) Manager, aber Führungsqualitäten, Fähigkeit, rasch (auch intuitiv) Entscheidungen zu treffen, Selbstmotivation und Erfolgsorientierung, Risikobereitschaft. In diesen Bereich der Forschung fällt außerdem die Wahrnehmung und Identifikation von Entrepreneuren bzw. Intrapreneuren und deren Unterstützung innerhalb bestehender Organisationen (vgl. Antoncic & Hisrich 2003, 7; siehe auch LMU Entrepreneurship Center 2014; o. J.).

---

16 Neben den beiden großen Forschungsströmungen hat sich ein weiterer Bereich gesondert auf die Gründung und Formierung neuer Corporate Ventures spezialisiert, der sich mit unterschiedlichen Typen von Ventures als entrepreneurialen Prozess beschäftigt und deren Auswirkungen auf das gemeinsame unternehmerische Umfeld (vgl. Antoncic & Hisrich 2003, 8; siehe auch Hisrich & Peters 1986; Burgelman 1983, 1984). Man bezeichnet einen solchen Gründungsvorgang als *Nascent Intrapreneurship;* im Gegensatz zum *Nascent Entrepreneurship*, bei dem ein unabhängiges, neues Unternehmen gegründet wird (vgl. Parker 2009, 2). Diese Forschungsrichtung wird zum weiteren Verständnis von Intrapreneuring für diese Arbeit als nicht relevant angesehen und deshalb nicht weiter ausgeführt.

Ein Unterscheidungsmerkmal zwischen Entrepreneurship und Intrapreneurship liegt in der Eigentümerstellung Ersterer, die dadurch Strategie und Politik festlegen können, andererseits aber auch das finanzielle Risiko im Falle des Scheiterns tragen müssen. Darüber hinaus können sie innerhalb gesetzlicher Rahmenbedingungen über Einkünfte ihrer Mitarbeiter entscheiden und müssen sich auch in der unternehmensrelevanten Umwelt bewähren. Der Mitarbeiter bzw. Intrapreneur hingegen trägt kein Kapitalverlustrisiko, riskiert allerdings bei einem Misserfolg seines Innovationsprojektes die eigene berufliche Karriere. Im Erfolgsfall können meist keine großen monetären Vorteile erzielt werden, denn diese unterliegen in der Regel innerbetrieblichen Vorgaben, die durch die Unternehmensleitung geschaffen werden (vgl. Hellmann 2007, 929; Korunka et al. 2009, 131). Ein Intrapreneur entscheidet sich unter Abwägung der Vor- und Nachteile bewusst für die Tätigkeit innerhalb einer Organisation und gegen ein unabhängiges Entrepreneurship, allerdings nur so lange er recht autonom seine Kreativität in Kombination mit Ressourcen und Sicherheit durch das (Groß-)Unternehmen leben kann (vgl. Frey, Kleinmann & Barth 1995, 1275; siehe auch Gompers, Lerner & Scharfstein 2005; Hellmann 2007).

Martiarena (2013) untersuchte in einer Erhebung die Ausprägungen der bekannten, identifizierten Determinanten bei dem Intrapreneur im Vergleich zum Entrepreneur. Dabei kategorisierte sie den *Intrapreneur*, den *„engagierten" Intrapreneur* (der z. B. ein Corporate Venture aufbaut, *nascent intrapreneurship*), den „normalen" *Mitarbeiter* und den *selbständigen Entrepreneur* und setzte diese in Bezug. Martiarena kam zum Ergebnis, dass der Intrapreneur dem „normalen", bezahlten Arbeitnehmer näher sei als dem unabhängigen Entrepreneur; der Intrapreneur sei gegenüber dem Entrepreneur weniger risikobereit, erwarte eine geringere, aber dafür sichere Vergütung und sei insgesamt mit einem geringeren „Set" an entrepreneurialen Fähigkeiten ausgestattet. Und obwohl der Intrapreneur oft ein höheres Bildungs- bzw. Humankapital mitbringe, übersähe er Geschäftsgelegenheiten; außerdem fehle ihm das Selbstvertrauen in seine eigenen Fähigkeiten, was ihn von einem (unabhängigen) Gründungsprozess abhält (*Nascent Intra-* bzw. *Entrepreneurship*)[17]. Nur der engagierte Intrapreneur

17 In einer weiteren empirischen Untersuchung von Parker (2009) werden Unterscheidungskriterien ermittelt, wann ein Nascent Intrapreneurship bzw. ein Nascent Entrepreneurship stattfindet; also ein unternehmensbezogenes Venture bzw. ein unabhängiges Unternehmen gegründet wird. Parker kommt zum Ergebnis, dass *Nascent Entrepreneurs* dann dazu tendierten, ihr Humankapital und Sozialkompetenz in die Gründung eines unabhängigen Unternehmens zu investieren, wenn die

tendiere in der Ausprägung der spezifischen entrepreneurialen Charakteristika zum Entrepreneur.

Der zweite, jüngere Forschungszugang, die Analyse der organisationalen und strukturgebenden Ebene, bietet ebenfalls Differenzierungsmöglichkeiten, da unternehmerischer Erfolg auch als Phänomen einer Organisation wahrgenommen wird und – abgesehen von Kleinstunternehmen – nicht mehr einem Individuum zugesprochen werden kann. Covin & Slevin (1991) argumentierten, dass die Leistungsfähigkeit eines Unternehmens sowohl durch die Organisation als Ganzes als auch – interdependent – durch die Individualebene generiert werde. Man kann Intrapreneuring bzw. Corporate Entrepreneurship somit als Summe aller Aktivitäten und Prozessen einer Organisation definieren, mit dem Ziel, die interne Innovationsfähigkeit und Risikobereitschaft zu erhöhen und proaktiv auf Umweltveränderungen reagieren zu können (vgl. Soleimani & Shahnazari 2013, 1309f; siehe auch Covin & Slevin 1991; Zahra 1993b). Intrapreneuring wird demnach sowohl über strategische, kulturelle, strukturelle als auch über personale Komponenten geformt (vgl. Frank 2006). Unternehmerische Haltungen werden dabei von Mitarbeitern soweit internalisiert, dass sie wie Unternehmer denken und handeln. Insofern liegt nicht mehr der initiale Unternehmer im Fokus, sondern alle Mitarbeiter, die als Mitunternehmer innerhalb interner organisationaler Rahmenbedingungen agieren. Neben fachlicher Kompetenz benötigen sie spezifische soziale Kompetenzen, um sowohl kooperations- und entscheidungsfähig als auch durchsetzungsstark zu sein (vgl. Korunka et al. 2009, 131; Wunderer 1999). Knight (1987) spezifiziert den *Intrapreneur*[18] folgendermaßen:

> „An Intrapreneur is a corporate employee, who introduces and manages an innovative project within the corporate environment, as if he or she were an independent entrepreneur." (Knight 1987, 285)

Ein Hauptfokus dieser Forschungsrichtung liegt in der Identifikation der Faktoren bzw. Charakteristiken, die eine entrepreneuriale Ausrichtung einer Organisation ausmachen bzw. ermöglichen (vgl. Drucker 1993; Stevenson & Jarillo 1990; Kuratko, Morris & Covin 2011).

---

Zielgruppe der direkte Kunde sei (B2C), während der *Nascent Intrapreneur* überproportional seine Marktgelegenheiten intern kommerzialisiere, wenn es sich um B2B-Geschäftsfelder drehe (vgl. Parker 2009). Mehr zum Thema siehe Lindemann (2011).

18 Eine Vielzahl von Definitionen zu den Begriffen Intrapreneur, Intrapreneurship und Intrapreneuring siehe Süssmuth Dyckerhoff (1995, 43f.).

### 2.2.3.3 *Intrapreneur versus Interner Unternehmer*[19]

Als *interner Unternehmer* werden hauptsächlich solche Mitarbeiter bezeichnet, die eine überdurchschnittliche Selbststeuerung und -organisation aufweisen und sich verstärkt und in hohem Maße eigenverantwortlich und innovativ an der Umsetzung von vorgegebenen Unternehmensstrategien beteiligen. Es gibt auch die Auffassung, dass Mitarbeiter-Gruppen im Team gemeinsam Innovationen hervorbringen (vgl. u. a. Sundbo 1997, 436; Sonderegger 2010). Auch Jobs (1985, o. S.) beschrieb Intrapreneurship als Teamarbeit: „The Macintosh team was what is commonly known now as intrapreneurship – only a few years before the term was coined – a group of people going in essence back to the garage, but in a large company". Ein solches Mitarbeiterverhalten zu initiieren und zu fördern, bleibt allerdings Aufgabe des Personalmanagements. Konzeptionen aus diesem Bereich dienen der Aktivierung unternehmerischer Potenziale in vorgegebenen Strukturen (vgl. Draeger-Ernst 2003, 22f.; Wunderer 2006, 51, 90).

Die Konzeptionen Entrepreneurship bzw. Intrapreneurship und Mitunternehmertum weisen folgende inhaltliche Überlappungen auf (vgl. Wunderer & Dick 2002, 373):

- Das Ziel von unternehmerischen Konzeptionen ist (Re-)Vitalisierung eines sozialen oder ökonomischen Systems (siehe auch Süssmuth Dyckerhoff 1995; Draeger-Ernst 2003; Abschnitt 3.2.3).
- Unternehmertum begründet sich durch die Verwirklichung von Innovation. Unternehmerisch handelnde Akteure gelten dabei als entscheidend.
- Unternehmerisch handelnden Menschen werden spezifische, dispositionelle Eigenschaften zugesprochen (siehe auch Abschnitt 5.4.2.3).

Doch auch wenn teilweise der Interne Unternehmer synonym dem Intrapreneur verwendet wird (vgl. Aff & Fortmüller 2006, 2), so werden in der einschlägigen wirtschaftswissenschaftlichen Literatur die dahinter stehenden Konzeptionen auseinandergehalten, z. B. durch den Ansatz, dass die Motivation der Intrapreneure weitestgehend intrinsisch verankert sei, während der Mitunternehmer sehr wohl von außen gelenkt und gefördert werden könne. Oder – durchaus komplementär – die Kategorisierung, der Intrapreneur selbst sei Innovations- bzw. Impulsgeber und handele im Zweifel auch gegen interne Widerstände (Buttom-up), während der Mitunternehmer in der Regel

---

19 Der Begriff *Interner Unternehmer* wird hier und weiterhin synonym zum Begriff *Mitunternehmer* verwendet.

unternehmensstrategiekonform agiere (Top-down) (vgl. Spickschen 2005, 27; Draeger-Ernst 2003, 22). Für Wunderer (2009; siehe auch Wunderer & Dick 2002, 370ff.) liegt ein Abgrenzungsmerkmal der beiden Konstruktionen in der unterschiedlichen Ausprägung der Sozialkompetenz. Der Interne Unternehmer benötige, neben den Verhaltenseigenschaften wie Autonomie und Eigensinnigkeit, die Ähnlichkeiten mit dem Intrapreneur aufweisen, als zweite Dimension zur Durchsetzung seiner unternehmerischen Ziele unbedingt Unterstützungs-, Kooperations- und Netzwerkfähigkeit. Sozialkompetenz wird zur Abgrenzung der beiden Konstrukte als „die entscheidend diskriminierende Schlüsselqualifikation" (Wunderer 2009, 37) bezeichnet. Ein weiteres Unterscheidungsmerkmal liegt darin, dass beim Intrapreneurship ein Organisationsmitglied bzw. eine Gruppe von Organisationsmitgliedern betrachtet wird. Das Konzept Internes Unternehmertum hat aber die Gesamtbelegschaft im Fokus und nicht nur ein einzelnes Team, welches besonders herausragt (vgl. Schönebeck 2010, 21f.). Dementsprechend bezeichnet Wunderer (2001, 194) ein umfassendes Intrapreneurship für alle Organisationsmitglieder als „co-(operative) intrapreneurship"; unter einer co-intrapreneurialen Entwicklung versteht Wunderer die Etablierung sozial-effektiver Prozesse zur organisationsweiten Förderung kooperierender Interaktionen im Hinblick und in Verantwortung für das Ganze.

Wunderer (2006) veröffentlicht in Analogie zu den von Pinchot (1988) entwickelten Leitsätzen für Intrapreneure Verhaltens- und Entwicklungsleitsätze für Interne Unternehmer. Ein Vergleich offenbart elementare Unterschiede der dahinter liegenden Konzeptionen:

*Tabelle 3: Die zehn Gebote für Intrapreneure (Pinchot 1988, 43)*

| | |
|---|---|
| 1. | Komme jeden Tag mit der Bereitschaft zur Arbeit, gefeuert zu werden. |
| 2. | Umgehe alle Anordnungen, die Deinen Traum stoppen können. |
| 3. | Mach alles, was zur Realisierung Deines Ziels erforderlich ist, unabhängig davon, wie Deine eigentliche Aufgabenbeschreibung aussieht. |
| 4. | Finde Leute, die Dir helfen. |
| 5. | Folge bei der Auswahl von Mitarbeitern Deiner Intuition, und arbeite nur mit den besten zusammen. |
| 6. | Arbeite solange es geht im Untergrund – eine zu frühe Publizität könnte das Immunsystem des Unternehmens mobilisieren. |
| 7. | Wette nie in einem Rennen, wenn Du nicht selbst darin mitläufst. |
| 8. | Denke daran – es ist leichter um Verzeihung zu bitten als um Erlaubnisiehe |
| 9. | Bleibe Deinen Zielen treu, aber sei realistisch in bezug auf die Möglichkeiten, diese zu erreichen. |
| 10. | Halte Deine Sponsoren in Ehren. |

*Tabelle 4: Verhaltens- und Entwicklungsleitsätze für Mitarbeiter als Mitunternehmer (Wunderer 2006, 90).*

| |
|---|
| 1. Arbeite auf Dauer nur für Aufgaben, Organisationen und mit Menschen, mit denen Du Dich insgesamt (noch) identifizieren kannst. |
| 2. Komme zur Arbeit mit der Bereitschaft, Dich freiwillig zu engagieren. |
| 3. Verstehe Probleme als Herausforderung und weniger als Bedrohung. |
| 4. Versuche ständig, bessere Problemlösungen in deiner Arbeit zu entwickeln. Verbessere dabei auch Deine mitunternehmerischen Schlüsselkompetenzen sowie die Deines Teamsiehe |
| 5. Konzentriere Dich auf Ergebnisse, insbesondere auf Nutzen für Deine Bezugsgruppen (z.B. Kunden) statt auf Inputsiehe |
| 6. Setze Deine Ziele – im Rahmen des Handlungsspielraums – möglichst eigenständig und selbstverantwortlich, aber strategie- und teamorientiert um. |
| 7. Arbeite langfristig kooperativ mit anderen Beteiligten zusammen. Verhalte Dich dabei so, wie Du selbst gerne behandelt werden möchtest. |

### 2.2.4 Intrapreneurship-Modelle

Folgt man Schönebeck (2010, 26), können die existierenden Intrapreneurship-Modelle nach Prozess- und Strukturmodellen differenziert werden. Hintergrund ist der Versuch, den grundlegenden Gedanken und die Dynamik des Unternehmertums nicht nur während einer Gründungsphase, sondern auch darüber hinaus dauerhaft in Organisationen zu verankern. Nachfolgend werden exemplarisch Modelle vorgestellt, die sich auf jegliche Organisationsform übertragen lassen, also auch auf den öffentlichen Sektor, und deren Grundgedanken als Basiswissen von nachfolgenden Forschern aufgegriffen und weiterentwickelt wurden; d. h., die jüngeren Konstruktionen bauen auf diesen Modellen auf und spezifizieren diese, wie bspw. den mit Intrapreneurship verbundenen organisationalen Lernprozess (vgl. z. B. Schönebeck 2010; Kreiser 2011; Dess et al. 2003; Ireland, Covin & Kuratko 2009).

(1) Prozessmodelle

Bei der begrifflichen Klärung von Intrapreneuring bzw. Intrapreneurship wurde dargelegt, dass Intrapreneurship einen internen Prozess beschreibt; Prozessmodelle intendieren eine theoretische Herleitung und Abbildung dieses Prozesses.[20]

20 Ein weiteres, vor allem in der Management- und Führungslehre vielbeachtetes Intrapreneurship-Modell stammt von Burgelman (1983), der auf Grundlage empirischer Ergebnisse eines Großunternehmens zu Aktivitäten einer neuen Geschäftseinheit den Internal Corporate Venturing Process auf organisationaler,

*Corporate Entrepreneurship Modell von Guth & Ginsberg (1990)*
Auf Grundlage einer Metaanalyse von neun auserwählten Forschungspublikationen umfasst und differenziert das Modell von Guth & Ginsberg (1990) zwei Arten von Intrapreneurship-Phänomenen und deren Prozesse: das Nascent Intrapreneurship, welches die Gründung innovativer neuer Geschäftseinheiten innerhalb einer bestehenden Organisationen beschreibt, sowie die Transformation und Entwicklung einer Organisation durch permanente, interne Erneuerungsprozesse. Im Modell werden als Bezugsrahmen folgende Beeinflussungsdeterminanten des Intrapreneurship definiert: externe *Umwelt*, wie Wettbewerb oder Technologie, *strategische Führungshaltung*, bspw. Werte und Verhaltensweisen; *Organisationsform*, wie interne Strukturen und Prozesse etc. und *organisatorische Leistungsfähigkeit*, also Effizienz, Effektivität und Zufriedenheit am Arbeitsplatz (vgl. Guth & Ginsberg 1990, 7f.). Intrapreneurship wird aus strategischer Management-Perspektive dargestellt.

*Abbildung 5: Intrapreneurship Prozessmodell von Guth & Ginsberg (1990, 7).*

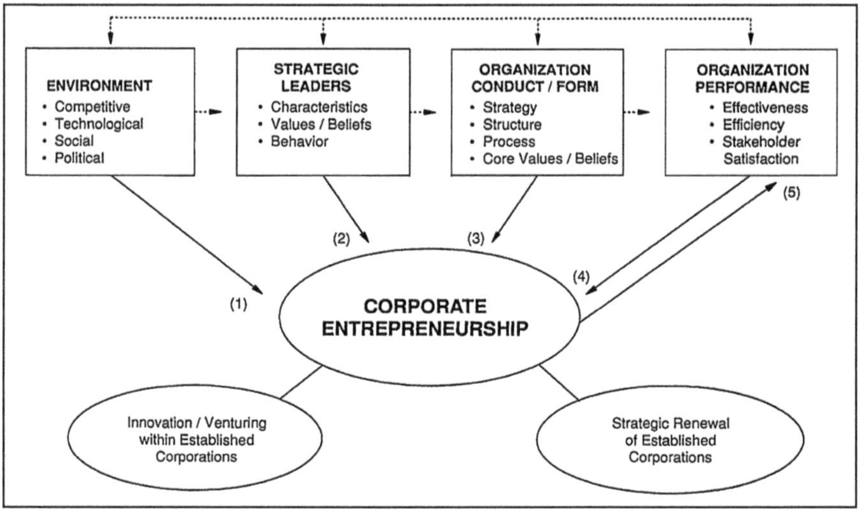


struktureller Ebene analysiert. Der Forschungsfokus liegt in der Modellierung des Intrapreneurship-Prozesses im Hinblick auf Gründung und Formierung neuer Corporate Ventures (Nascent Intrapreneurship). Die Individualebene sowie Einflussfaktoren wie Organisationskultur und -umwelt bleiben weitestgehend unberücksichtigt. Diese Forschungsrichtung ist für die Fragestellung dieser Arbeit nicht relevant.

Als Schwäche des Modells gilt, dass es einem Flussdiagramm ähnelt und sequenzielle Relationen zwischen den Faktoren und Intrapreneurship darstellt, außer für die Beziehung zwischen Intrapreneurship und organisatorischer Leistung. Auf die Darstellung möglicher Rückkopplungen und Wechselwirkungen zwischen den Faktoren und Intrapreneurship, aber auch innerhalb der Beeinflussungsfaktoren wird bewusst verzichtet, da dieses Muster lediglich als Basis für die Erklärung von Intrapreneurship in Bezug auf identifizierte Determinanten dienen soll und nicht als konkretes, multikausales Einfluss- und Wirkungsmodell: „Without getting into many possible multi-way interactions and feedback loops, we have identified five classes of inquiry into corporate entrepreneurship" (Guth & Ginsburg 1990, 7). Das begrenzt allerdings seine Aussagekraft, weil dadurch nur verhältnismäßig wenige Implikationen deutlich werden.

*Corporate Entrepreneurship Modell von Hornsby et al. (1993)*
Hornsby et al. (1993) entwickeln ein Modell zur Abbildung des *Corporate Entrepreneurship Process.* Als Grundannahme wird davon ausgegangen, dass sowohl organisationale als auch individuelle Charakteristiken für das Entstehen von Intrapreneurship erforderlich sind. Das Modell geht davon aus, dass aus einem ex- oder intern ausgelösten Ereignis (*Precipitating Event*) eine sich bietende Gelegenheit durch ein Organisationsmitglied bzw. eine Gruppe von Mitgliedern erkannt wird. Damit aus dieser Gelegenheit Nutzen gezogen werden kann, bedarf es organisationaler, förderlicher Rahmenbedingungen, die in Interaktion mit dem auslösenden Ereignis ein entrepreneuriales Verhalten auf Personalebene begünstigen können (Hornsby et al. 1993, 32ff.). Als solche werden *Management Support, Autonomy/Work Discretion, Rewards/Reinforcement, Time Availability* und *Organizational Boundaries* genannt. Auf der Individualebene werden zur Aktivierung einer entrepreneurialen Motivation die Eigenschaften *Risk-taking Propensity, Desire for Autonomy, Need for Achievement, Goal Orientation* sowie *Internal Locus of Control* vorausgesetzt, allerdings ohne diese näher zu spezifizieren. Dieses Prozessmodell beginnt bei dem Erkennen einer sich bietenden Gelegenheit, beschreibt die darauf basierende Entscheidung zu entrepreneurialen Handlungen, wie Planung und Vorbereitung, und endet mit der Implementierung, d. h. dem Durchsetzen einer Innovation durch Akquirierung notwendiger interner Ressourcen und Überwindung interner Barrieren.

Anzumerken ist auch bei diesem Modell, dass Hornsby et al. Intrapreneurship zwar als multidimensionales Phänomen beschreiben, das auf der Grundlage erfolgreicher Interaktionen beruht und nicht auf isolierten Ereignisse bzw. Handlungen (Hornsby et al. 1993, 35), die Interaktionsprozesse, Dependenzen und organisationale Strukturen aber nicht integriert sind.

*Abbildung 6: Intrapreneurship Prozessmodell von Hornsby et al. (1993, 31)*

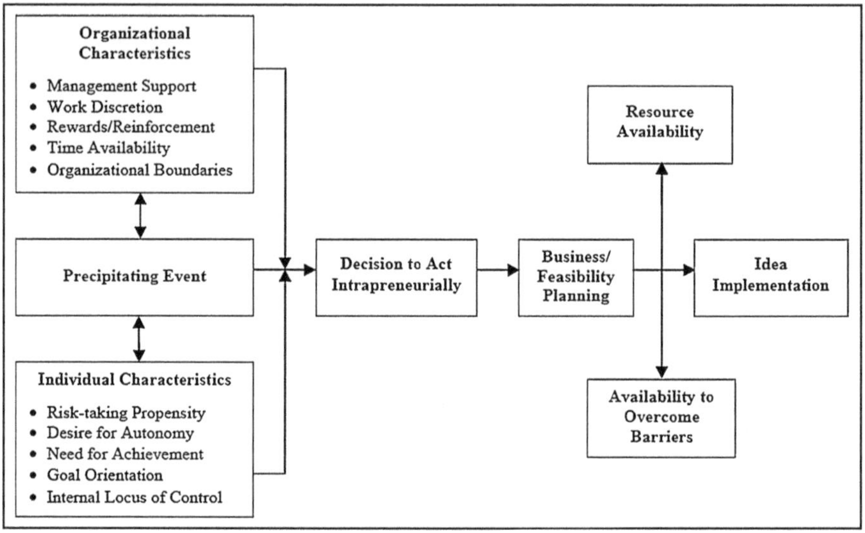


(2) Strukturmodelle

Die Strukturmodelle stellen auf Grundlage eines angenommenen statischen Zustands die Ausprägung entrepreneurialer Aktivitäten innerhalb einer Organisation dar. Dabei geht es hauptsächlich um die Identifikation von Einflussfaktoren, die eine hohe Ausprägung dieser Aktivitäten begünstigen, und um die Analyse der Auswirkungen dieses Zustands auf den Erfolg der Organisation.

*Intrapreneurship Modell von Covin & Slevin (1991)*

Das Modell von Covin & Slevin (1991) wurde auf Grundlage vorliegender Forschungsergebnisse entwickelt und beschreibt aus verhaltenswissenschaftlicher Perspektive das Phänomen Entre- bzw. Intrapreneurship in Bezug auf die unternehmerische Haltung (*Entrepreneurial Posture*) innerhalb größerer organisationaler Einheiten. Analysiert wird auf Organisationsebene, der Fokus liegt nicht in der Beschreibung von Neugründungen bzw. Etablierung innovativer, organisationstransformierender Projekte durch Teams oder Einzelmitglieder, sondern in der Leistungsfähigkeit bzw. im daraus resultierenden Erfolg als abhängige Variable. Unternehmenserfolg wird dabei als direkt messbarer wirtschaftlicher Erfolg in Form von Umsatzwachstum, Umsatz- und Kapitalrentabilität verstanden (vgl. Covin & Slevin 1991, 19).

Dargestellt werden Umfeld bedingte, organisationale, als auch individuelle Variablen, die die *unternehmerische Haltung* – als die entscheidende Determinante des Modells – beeinflussen und umgekehrt. Außerdem wirken all diese Faktoren auch indirekt auf den Erfolg. Die unternehmerische Haltung beschreibt das entrepreneuriale Verhalten auf organisationaler Ebene, charakterisiert durch folgende drei Verhaltensweisen (vgl. Covin & Slevin 1991, 10): *Risikofreudigkeit* des Top-Managements bezogen auf Investitionen und strategische Entscheidungen unter Unsicherheit, den Grad an *Innovativität*, also der Stärke und Häufigkeit von (Produkt-) Innovationen, und der Einstellung zur Technologieführerschaft sowie aus der *Proaktivität*, der „Pioneering nature", also tendenziell mit Konkurrenten initiativ bis aggressiv umzugehen.

Auf Organisationsebene wirken sowohl strategische Variablen (*Mission Strategy* und *Business Processes and Competitive Tactics*, vgl. Covin & Slevin 1991, 12ff.), als auch interne Variablen auf die unternehmerische Haltung. Diese bestehen den Autoren nach aus vier Determinanten (vgl. Covin & Slevin 1991, 14ff.):

- top-management values and philosophies,
- organizational resources and competencies,
- organizational culture,
- organizational structure.

Die im Modell integrierten externen Faktoren beinhalten generell-ökonomische, soziokulturelle, politische und ordnungspolitische Rahmenbedingungen, aber auch Sektor-spezifische Merkmale wie Technologiegrad einer Branche und das Ausmaß an Dynamik und Aggressivität im Wettbewerbsumfeld; allesamt haben positive bzw. negative Auswirkungen auf die unternehmerische Haltung einer Organisation. Rückwirkend – bspw. durch proaktives Verhalten – kann auf die äußeren Determinanten auch Einfluss genommen werden, allerdings in einem geringeren Maß (vgl. Covin & Slevin 1991, 11f.).

Die verhaltenswissenschaftliche Perspektive des Modells erlaubt die Beschreibung der Wirkungsbeziehungen der zuvor genannten Einflusskomponenten auf das auf Organisationsebene angesiedelte Konstrukt *Entrepreneurial Posture*, welches anhand organisationaler Aktionen gemessen werden kann, da Verhalten offenkundig und demonstrierbar sein sollen (vgl. Covin & Slevin 1991, 8).

*Abbildung 7: Intrapreneurship Strukturmodell nach Covin & Slevin (1991, 10)*

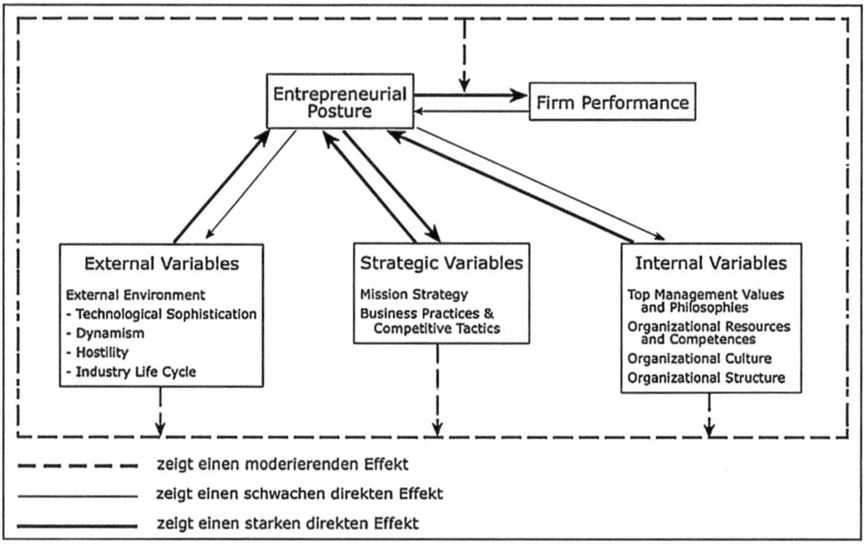


Eine Schwachstelle des theoretischen Modells liegt in der empirischen Überprüfbarkeit seiner Gültigkeit. Außerdem wird die Differenzierung in „Internal Variables“ und „Strategic Variables“ nicht begründet, Letztere könnte auch innerhalb Ersterer subsummiert werden. Außerdem wird die Rückkoppelung des Erfolges auf das Unternehmen und seine Strategie nicht berücksichtigt. Dennoch bietet das viel beachtete Modell mit seinem integrativen Analyseansatz und der vielschichtigen Beschreibung direkter und indirekter Wirkungen wertvolle Hinweise auf mögliche interne und externe Einflussdeterminanten und eignet sich somit zur Untersuchung von Intrapreneurship als Phänomen auf organisationaler Ebene (vgl. auch Schönebeck 2010, 35; Jacobsen 2003, 157f.).

### 2.2.5 Entrepreneuriale Orientierung: Intrapreneurship als Organisationsstrategie

In der organisationalen Praxis ist Intrapreneurship eher selten, meist als Zufallsereignis, anzutreffen (vgl. Schönebeck 2010, 40). Wenigen großen Unternehmen, darunter bspw. Apple, Goldman Sachs oder Robert Bosch, ist es bislang gelungen, Intrapreneuring als Zieldeterminante innerhalb ihrer Unternehmensstrategie zu entwickeln und zu etablieren (vgl. Schönebeck 2010, ebd.; Guldin 2012, 223), obwohl viele Global Player, wie bspw. innerhalb der Automobilindustrie Daimler, VW, BMW, Audi, daran arbeiten, ihre unternehmerische

Führungsprinzipien auf unterschiedlichen Ebenen und unternehmerisches Verhalten bzw. Mitgestaltung durch die Mitarbeiter fordern und fördern (vgl. Wunderer 2009, 33ff.).

Der Grund für den Bedarf an Intrapreneurship wird in den Auswirkungen der Globalisierung vermutet, die sowohl Wirtschaftsunternehmen als auch Organisationen des öffentlichen bzw. Non-Profit-Bereichs mit einer erhöhten Dynamik, strukturellen Brüchen und Diskontinuitäten aus und in ihrem externen Umfeld konfrontiert (vgl. z. B. Drucker 1993; Hauschildt & Salomon 2011, Mes 2011; Meier 2008). Diese Entwicklungen und Unsicherheiten stellen Risiken für die bestehenden (bürokratischen) Organisationsmodelle dar, deren Strategien auf der Annahme stabiler Rahmenbedingungen beruhen. Die auf (möglichst sichere) Planung und Vorhersage ausgerichteten, vorherrschenden Managementkonzeptionen und Führungsmodelle mit dem Ziel der Minimierung des Risikos wirken im Kontext kontinuierlichen Veränderungsdrucks und Flexibilitätsanforderungen kontraproduktiv, zumindest hemmend. Die evolutionäre Organisationsentwicklung, die sich durch Entwicklung von Lösungsstrategien zur Problembewältigung auf Grundlage interner Organisationserfahrung und innerhalb bekannter bzw. bewährter Verfahren und Praktiken vollzieht, gilt als nicht mehr ausreichend (vgl. Morgan 2002, 352ff.; Stockport 2000). Wissenschaftler fordern deshalb einen Paradigmenwechsel für die Organisations- und Managementlehre: vom rationalen Handeln (technokratisches Muster) zum flexiblen Verhalten bei Entscheidungen (humanistisches Muster) (vgl. Bleicher 2004, 25ff.). Ziel sei ein geplanter radikaler organisationaler Wandel durch Organisationstransformation, ein Bruch mit bestehenden Paradigmen und Anpassung der Organisationsphilosophie bzw. Mission, fundamentale Transformationsprozesse durch Innovationsmanagement als Kern eines Changemanagements, Promotion der Innovation durch alternative Organisations- und Managementmodelle, z. B. mithilfe des Konzepts Intrapreneuring (vgl. Bleicher 2004, 641; 658f.; Wunderer 2001; Zahra, Sapienza & Davidsson 2006).

Kann ein solcher Prozess geplant – also möglichst sicher – stattfinden? Mit bewährter Management-Logik auf Grundlage von Trendfortschreibungen und Analyse der Veränderungssignale des Organisationsumfelds werden zukünftige Rahmenbedingungen des organisationalen Umfelds prognostiziert, die als Basis für die Ziele für den geplanten organisationalen Wandel dienen sollen. Der Faktor Unsicherheit soll weiterhin möglichst ausgeschlossen bleiben; aber genau dieser Faktor erfordert die Transformationsanstrengungen und flexible, situative Anpassung, erfordert Erkennen und Nutzen von Gelegenheiten etc. Es zeichnet sich ab, dass die bisherige, sicherheitsorientierte Management-Strategie auf Basis von Planbarkeit und Vorhersagbarkeit keine Organisationsstrategie (mehr) ist, um den Herausforderungen adäquat und konstruktiv zu begegnen (vgl. Loch, Solt & Bailey 2008; Kuratko & Audretsch 2009, 2f.). Es gilt, Unsicherheit zuzulassen, anstatt sie zu vermeiden, mehr Risiken einzugehen und auch ein Scheitern als mögliches Resultat zu akzeptieren, *Improvisation* als Konvergenz von Konzipierung und Ausführung einer Aktivität als eine mögliche Alternative bzw. Ergänzung zur rationalen Planung zu diskutieren (vgl. McGahan et al. 2009, 5, 8, 12ff.; Pinchot 1988, 39; siehe auch Pesch 2011; Hill 2011; Drucker 1993; Greene, Brush & Hart 1999). Die Förderung von Intrapreneurship als Kernprozess bedeute nicht, Kontrolle und Steuerung durch die Unternehmensleitung aufzugeben (vgl. Schönebeck 2010, 45). Um die Angst vor Unsicherheit innerhalb einer Organisation zu überwinden, bedarf es aber Führungspersönlichkeiten, die visionär denken, die in ihrem Umfeld potenzielle Intrapreneure, Innovatoren in operativen Geschäftsfeldern erkennen und diese in wagnisorientierten Projekten nach allen Seiten unterstützen, damit sich eine entrepreneuriale Orientierung entwickeln und etablieren kann (vgl. Kuratko & Audretsch 2009, 6ff.; Hauschildt & Salomo 2011, 25ff.).

In der wissenschaftlichen Literatur zum strategischen Management wird in jüngerer Zeit eine Kombination zwischen strategischer, sicherer Planung durch die Organisationsleitung bei gleichzeitiger Steigerung interner Innovativität durch Dynamisierung organisationaler Kompetenzen unter dem Begriff *Dynamic Capability* diskutiert. Hintergrund ist die Idee, äußerer Dynamik mit innerer Dynamik zu begegnen, d. h. durch evolutionäre Anpassung, Veränderung und Rekonfiguration der Kompetenzen an die sich dynamisch entwickelnde Umwelt (vgl. Teece, Pisano & Shuen 1997; Zollo & Winter 2002; Yu Yuan Hung et al. 2010). Zahra, Sapienza & Davidsson (2006) sehen in dem Ansatz der Dynamic Capabilities die Basis, Intrapreneurship in die Organisationsstrategie zu integrieren; Intrapreneurship als strategisches Mittel, um das Managementkonzept Dynamic Capabilities zu erwirken (vgl. auch Kreiser 2011, Bouchard & Basso 2011). Ergebnisse aus der Intrapreneurship-Forschung weisen darauf hin, dass Intrapreneurship als strategisches Konzept im Sinne einer *entrepreneurialen Orientierung* genutzt werden kann, um sich durch kontinuierliche Veränderungsprozesse am Markt zu behaupten, ihre Leistungsfähigkeit zu erhöhen sowie Wettbewerbsvorteile zu erzielen (vgl. u. a. Kuratko & Audretsch 2009; Ireland et al. 2009; Lumpkin & Dess 1996; Dess, Lumpkin & McGee 1999; Simsek, Veiga & Lubatkin 2007).

Entrepreneuriale Orientierung bezeichnet die strategische Ausrichtung bezüglich unternehmerischer Aktivitäten und Entscheidungen innerhalb etablierter Organisationen. Sie ist abzugrenzen vom Entrepreneurship, das sich mit dem *Inhalt* essenzieller, unternehmerischer Aktivitäten und Entscheidungen bei einem Neu-Eintritt beschäftigt, also mit New Ventures, Eindringen in neue Märkte, Einführung neuer Produkte, Dienstleistungen, Prozesse. Entrepreneuriale Orientierung beschreibt hingegen, *wie* ein Neuzugang vollzogen wird, welche Prozesse, Praktiken etc. anzuwenden sind, um den avisierten unternehmerischen Neu-Eintritt umzusetzen (vgl. Lumpkin & Dess 1996, 136; Lumpkin & Dess 2001, 432; Dess, Lumpkin & McGee 1999). Unternehmerische Ausrichtung dient als Konzept zur Erklärung des unternehmerischen Verhaltens in einer Organisation und bildet die Basis für unternehmerische Entscheidungen und Aktivitäten, die innerhalb eines Kontinuums zwischen konservativ-sicherheitsorientiert bis hin zu innovativ-risikofreudig in Organisationen gelebt werden (vgl. Rauch et al. 2009, 736; Frank, Kessler & Fink 2010, 177).

In der Literatur wird entrepreneuriale Orientierung als mehrdimensionales Konstrukt beschrieben. Die meisten Studien beziehen sich auf die von Miller (1983) identifizierten (Schlüssel-)Dimensionen *Proaktivität, Risikofreudigkeit* und *Innovativität.* Miller (1983) definiert eine entrepreneuriale Organisation wie folgt:

> "An entrepreneurial firm is one that engages in product-market innovation, undertakes somewhat risky ventures, and is first to come up with ‚proactive' innovations, beating competitors to the punch." (Miller 1983, 771)

Venkatraman (1989) erweitert das Konzept und definiert die strategische Orientierung einer Organisation über sechs Dimensionen: *Proaktivität, Risikofreudigkeit, aggressives Wettbewerbsverhalten, Zukunftsorientierung, Tendenz zur kritischen Beurteilung und Tendenz zur Verteidigung.* Dess & Lumpkin (2005) extrahieren auf Basis einer Literaturanalyse fünf Dimensionen zur Beschreibung einer entrepreneurialen Organisation: *Autonomie, Proaktivität, Innovativität, Risikobereitschaft* und *aggressive Wettbewerbsorientierung.* Unter Autonomie wird das akzeptierte und kontrollierte, aber unabhängige Handeln organisationaler Einheiten bei der Verfolgung eines Geschäftskonzepts oder einer Vision bis zur Vollendung verstanden. Proaktivität bezeichnet die Fähigkeit der Organisation, Gelegenheiten zu erkennen, die sich aus der Antizipation der zukünftigen Nachfrage ergeben und diese proaktiv als möglichst Erster am Markt zu platzieren. Innovativität beschreibt die Bereitschaft, kreativ und experimentell Produkt-, Dienstleistungs- oder Prozess-Innovationen zu entwickeln. Als besonderes Merkmal einer entrepreneurialen Organisation gilt die wirtschaftliche Verwertung solcher Innovationen. Risikobereitschaft bedeutet, unternehmerische Entscheidungen unter Unsicherheit möglicher Konsequenzen zu treffen.

In der wissenschaftlichen Diskussion wird die Interdependenz innerhalb der dargelegten Dimensionen unterschieden. Einige Wissenschaftler, so Miller (1983, 780), sehen eine hohe Interkorrelation zwischen den drei Hauptdimensionen, sodass für ihn das Konstrukt entrepreneuriale Orientierung unidimensional wirkt, also als *ein* übergeordneter Faktor (vgl. Rauch et al. 2009, 764; siehe auch Covin & Slevin 1989, 1991, Wiklund & Sheperd 2005, Zahra 1993a); während andere Forscher davon ausgehen, dass jede Dimension auch separat wirkt und es sich deshalb um ein multidimensionales Konstrukt handelt. Außerdem verhindere eine Zusammenfassung aller Dimensionen eine adäquate Analyse verschiedener Organisationstypen (vgl. z. B. Lumpkin & Dess 1996, 150).

Innerhalb empirischer Forschungsarbeiten wird die entrepreneuriale Organisation als unabhängige Variable betrachtet; untersucht wird die Relation zu Indikatoren (als abhängige Variablen) des (meist finanziellen) Geschäftserfolgs, wie Umsatz, Rentabilität, aber auch Wachstum oder strategische Erneuerung. Die Ergebnisse attestieren einer entrepreneurialen Orientierung einen positiven Effekt auf den Geschäftserfolg, allerdings in unterschiedlicher und teilweise nicht signifikanter Ausprägung (vgl. u. a. Antoncic & Hisrisch 2001; Wiklund & Shepherd 2005; Rauch et al. 2009; Zahra 1991). So zeigen manche Forschungsergebnisse nur kontextual eine positive Wirkung (vgl. Covin & Slevin 1989); es gibt sogar Hinweise, dass sich eine entrepreneuriale Orientierung unter gewissen Umständen negativ auf den Erfolg einer Organisation auswirken kann, z. B. bei Organisationen in einem relativ stabilen Umfeld mit geringem Markt-Potenzial und wenig Wettbewerb (vgl. Frank, Kessler & Fink 2010, 191). Die Folgerungen vieler Forschungsergebnisse sind zudem vor dem Hintergrund zu betrachten, dass die positiven Resultate bezüglich des Einflusses von entrepreneurialer Orientierung nur bei überlebenden Organisationen untersucht werden, die risikoreich und kapitalaufwendig in ihrer strategischen Orientierung handeln; gescheiterte Organisationen werden somit nicht berücksichtigt (*Survivor Bias*) (vgl. Wiklund & Sheperd 2005, 87f). Es existieren aber auch positive Forschungsergebnisse, die sich mit den nicht-finanziellen Auswirkungen entrepreneurialen Orientierung befassen, wie bspw. Förderung der Innovativität, Innovation und strategische Erneuerung (vgl. Guth & Ginsberg 1990, 7; Baden-Fuller 1995), Kompetenzentwicklung und strategische Positionierung (vgl. Ireland, Covin & Kuratko 2009, 34), Erkenntnisgewinn zukünftiger Einnahmequellen (vgl. McGrath, Venkataraman & MacMillan 1994) und Strategieveränderung (vgl. Burgelman 1983).

Modelle und Studien, die Merkmale einer entrepreneurialen Organisation untersuchen, analysieren die Wirkungsweise entrepreneurialer Orientierung anhand der Organisationsebene, der Ebene des Top-Managements und der Ebene der Organisationsmitglieder (vgl. Covin & Slevin 1991; Dess & Lumpkin 2005; Lumpkin & Dess 1996; Miller 1983). Diese Dreiteilung führt nach Ireland, Covin & Kuratko (2009, 21ff.) zu Vermischungen und/oder problematischen, unklaren Zuteilungen von Merkmalen zu einer Ebene. Exemplarisch wird nachfolgend das Modell einer entrepreneurialen Organisation von Ireland, Covin & Kuratko (2009) vorgestellt, das durch Integration der verschiedenen Analyseebenen die genannte Problematik versucht aufzulösen und bestehende Erkenntnisse zusammenzufügen. Das Modell unterscheidet dabei ebenfalls die drei Analyseebenen Organisation, Top-Management und Organisationsmitglieder, aber postuliert Interdependenzen zwischen den Voraussetzungen, den Faktoren der Corporate Entrepreneurship Strategie und den Auswirkungen dieser Strategie (Ireland, Covin & Kuratko 2009, 24). Als Voraussetzungen für eine Corporate Entrepreneurship Strategie werden die *External Environmental Conditions* definiert, wie starker Wettbewerb oder Fragmentierungs- und Umwandlungstendenzen am Markt. Die *Individual Entrepreneurial Cognitions* repräsentieren die individuellen Kognitionen der Organisationsmitglieder in Form von Meinungen, Einstellungen und Werten, die im Vorfeld entrepreneurialer Verhaltensweisen auftreten. Die Architektur wird durch die Faktoren Kultur, Struktur, Anreizsystem und Kompetenzen charakterisiert, die positiven Einfluss auf die Corporate Entrepreneurship Strategie haben. Als Konsequenz werden organisationale Kompetenzen aufgebaut, die der Organisation ermöglichen, in ihrem Marktsegment eine ökonomisch wertvolle und nachhaltige Position zu erwirken.

*Abbildung 8: An Integrative Model of Corporate Entrepreneurship Strategy (Ireland, Covin & Kuratko 2009, 24)*

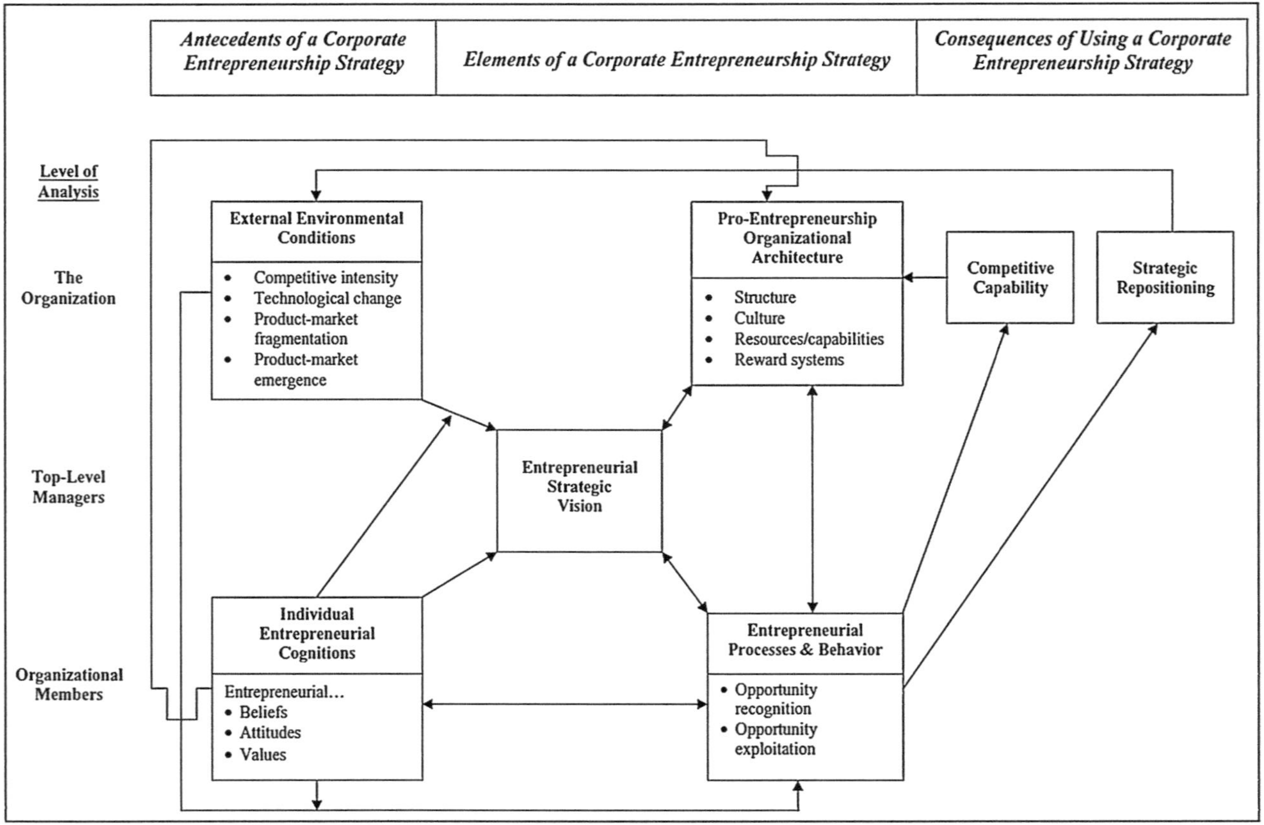

### 2.2.6 Relevante Entrepreneurship-Teilgebiete

Innerhalb des Feldes Entrepreneurship haben sich diverse Forschungsspezialgebiete entwickelt, die sich mit dem Phänomen Unternehmertum in bestimmten, abgegrenzten Kontexten bzw. Bereichen befassen und unterschiedliche Ziele verfolgen (vgl. z. B. Aulinger 2003, 29ff.).[21] Nachfolgend werden die für diese Arbeit relevanten Teilgebiete vorgestellt, die zur Klärung der Ausgangsfrage, ob das Konstrukt Intrapreneurship auf Schulleitung übertragbar ist, beitragen. Hierzu gehört die Fragestellung, ob und inwieweit personale entrepreneuriale Fähigkeiten und Kenntnisse erlernt bzw. trainiert werden können (*Entrepreneurship-Education*), Entrepreneurship/Intrapreneurship als Phänomen im öffentlichen Segment (*Public Entrepreneurship*) sowie vorliegende Erkenntnisse bezogen auf Entrepreneurship/Intrapreneurship im Bildungs- bzw. Schulbereich (*Educational Entrepreneurship*).

#### *2.2.6.1 Entrepreneurship-Education*

*Entrepreneurship Education* und das *Training* unternehmerischen Handelns ist in erster Linie darauf ausgerichtet, Menschen auszubilden, die ein neues Unternehmen gründen wollen, also eine wirtschaftspädagogische Aufgabe. Sie umfasst alle Bildungsmaßnahmen zur Entwicklung „entrepreneurialer" Werte, Haltungen und Kompetenzen sowie Qualifikationen, die zur Gründung eines

---

21 So existiert in der fachwissenschaftlichen Literatur bspw. der *Cultural Entrepreneurs* (oder auch *Culturepreneur*, vgl. Lange 2007), der innerhalb der Kreativwirtschaft unternehmerisch tätig ist und künstlerisches Denken sowie Kultur als innovativen Faktor in wirtschaftliche Prozesse initiiert; die Hauptmotivation ist durch Liebe und Leidenschaft für Kunst geprägt (vgl. Klamer 2011, 146f. sowie Morandi 2010; Mavella 2010). Auch *Ökounternehmertum* (*Ecopreneurship, Ecological Entrepreneurship*) beschreibt eine Form von innovativer Unternehmensgründung mit ökologischen Aspekten bzw. Auswirkungen. Dabei geht es weniger um Ziele wie nachhaltige Ressourcen-Nutzung, den Umweltschutz oder Themen wie Ökobilanz oder Öko-Audit, mit denen sich das Öko-Management beschäftigt, als vielmehr um das Aufdecken bzw. Nutzen von Marktschwächen. Der *Öko-Entrepreneur* setzt innovative Geschäftsideen in von ihm neu entdeckten (Nischen-)Märkten um, z. B. Transport von wertlos erscheinenden Abfällen an einen Ort, wo sie als Ressource oder Rohstoff genutzt werden könnten, oder die die Verwertung von Bio-Gasen (vgl. Wagner 2009, 128f). Begriffe wie „Bio-Entrepreneurship" oder „Chemical-Entrepreneurship" beziehen sich auf spezifische Entrepreneurship-Inhalte aus unterschiedlichen Fachgebieten (hier Biotechnologie bzw. Chemie) und stellen keine eigenständig untersuchte Form von Entrepreneurship dar.

Unternehmens führen können; also die Vermittlung von Fachwissen, Fähigkeiten und Fertigkeiten, die für eine erfolgreiche Unternehmensgründung und Unternehmensführung als erforderlich erachtet werden (vgl. Kempel 2008, 3; Fayolle 2009, 3; Ripsas 1997, 231).

Auf Nachfrage von Studenten eröffnete die Harvard Business School den ersten Lehrgang für Entrepreneurship in 1947, wahrscheinlich aufgrund der schwierigen wirtschaftlichen Situation in den USA nach Zusammenbruch der Militärindustrie. Aber erst in den 1970er-Jahren nehmen das Interesse und das Angebot von unternehmerischen Ausbildungsformen an vorwiegend US-amerikanischen Universitäten drastisch zu. Vermutet wird, dass die Ursache hierfür an der steigenden Zahl von Selbstständigen und Neugründungen in Kombination einer neuartigen Verbreitung des Themas Entrepreneurship durch populär werdende Printmedien mit ökonomischen Inhalten lag, die das gesellschaftliche Unternehmer-Bild des vormals ‚egoistischen, illoyalen Ausbeuters' in eine positive Entrepreneur-Figur verändern halfen, die kreativ und innovativ neue Arbeitsplätze schafften (vgl. z. B. Vesper & Gartner 1997, 406f.; Katz 2003; Kuratko 2005). Im deutschsprachigen Raum verlief die Entwicklung von Entrepreneurship Education deutlich langsamer, die konstruktive Wahrnehmung der Thematik und der Ausbau von Entrepreneurship-Professuren begannen erst in den 1990er-Jahren (vgl. Weber 2012, 3; Creuznacher 2008, 5ff.; Schmude, Welter, F. & Heumann 2008).[22]

Insgesamt verzeichnen Entrepreneurship Education und Trainingsprogramme weltweit einen enormen Zuwachs an Universitäten und Hochschulen (vgl. Katz 2003; Kuratko 2005), Regierungen unterstützen diesen Prozess sowohl durch direkte oder indirekte Gründungsfinanzierungsprogramme für potenzielle Unternehmer oder existierende Kleinunternehmen als auch durch Investitionen im Ausbau des Bildungsangebotes (vgl. Martin, McNally. & Kay 2013, 212; Beckmann 2009, Weber 2012, 3). Dieser Trend ist auf die Erkenntnis zurückzuführen, dass Entrepreneurship bzw. Unternehmertum eine zentrale Rolle für Wirtschaftswachstum und Beschäftigung einnehmen kann (vgl. Shane & Venkataraman 2000; Kuratko 2005, 578; Weaver, Dickson & Solomon 2006, 113), sowie der Vermutung, dass durch Entrepreneurship Education mehr oder weniger gute bzw. geeignete Unternehmertypen herangebildet und gefördert werden können (vgl. u. a. Gorman, Hanlon & King 1997; Souitaris, Zerbinati &

22 Laut einer Studie des Förderkreis Gründungs-Forschung gibt es im Jahr 2008 in den Ländern Deutschland, Österreich, Schweiz und im Fürstentum Liechtenstein insgesamt bereits 363 Hochschulen mit Ausbildungsangeboten für angehende Unternehmer, sowie 87 erfasste Entrepreneurship-Professuren (vgl. Klandt et al. 2008).

Al-Laham 2007, Martin, McNally. & Kay 2013; Luca, Cazan & Tomulescu 2012, McClelland 1961).

Basis ist die Annahme, dass Entrepreneurship gelehrt und erlernt werden kann. Aus pädagogisch-psychologischer Sicht kann davon ausgegangen werden, dass unternehmerisches Handeln lehr- oder zumindest förderbar ist, unterstellt man, dass Lernprozesse neue oder veränderte Handlungs- und Verhaltenskompetenzen bei intrinsisch lernmotivierten Individuen bewirken können (vgl. Ripsas 1997, 233; Fayolle & Gailly 2008, Braukmann & Schneider 2007; Creuznacher 2008). Diese Grundvoraussetzung wird kontrovers diskutiert; denn wie bereits in den vorliegenden Ausführungen beschrieben, liegt in der Persönlichkeitsstruktur eines Entrepreneurs eine der wichtigsten Einflussfaktoren für unternehmerisches Verhalten (vgl. Porschen 2012; siehe Abschnitt 5.4.2.3), die kaum, wenn überhaupt, durch äußere Ausbildungsprozesse beeinflussbar sind (vgl. Politis 2005, 417; Fisher. & Koch 2008, 2; siehe auch Bank 2010, 7ff.). Forschungsergebnisse weisen darauf hin, dass die meisten Lernprozesse im unternehmerischen Kontext aufgrund eigener (praktischer) Erlebnisse bzw. Erfahrungen stattfinden (vgl. Politis 2005, 399; Sullivan 2000, 161, siehe auch Morris et al., 2012). Vor allem die konsequenten Vertreter des „Trait-Approach" halten Entrepreneurship Education für problematisch (vgl. Dickson & Solomon 2006, 124). Auch Fallgatter (2004, 40) hinterfragt kritisch jeglichen Versuch, Unternehmereigenschaften und -befähigungen in einer Art Ausbildung vermitteln zu wollen, zumindest solange, wie die Wissenschaft mit sich widersprechenden empirischen Befunden zur Person des Unternehmers und mit unklaren und uneinheitlichen Unternehmertypenbildungen zu kämpfen hat. Nach seiner Ansicht lässt sich kein potenziell erfolgreicher Unternehmertyp beschreiben oder gar im Vorfeld erkennen – wie kann dann aber eine Lehre angeboten werden, die genau dies als ihr primäres Ziel definiert.

Eine andere, pragmatische Sichtweise wird z. B. bei Drucker (1993) deutlich. Für ihn gibt es nichts „Magisches" oder „Mysteriöses" an Entrepreneurship; es sei weder Wissenschaft noch Kunst, sondern einfach ein praktischer Bereich („*It is a practice.*", Drucker 1993, Preface viii), der auf gewissen Kenntnissen als Mittel zum Zweck basiere, und deshalb erlernbar. Und für Plaschka & Welsch (1990) ist aufgrund der allgemein akzeptierten wirtschaftlichen Notwendigkeit von Unternehmensneugründungen die Fragestellung, ob Entrepreneurship Education überhaupt möglich sei oder nicht, schlicht obsolet; relevant seien nur die Fragen nach dem Curriculum und den Lehr-Lernstrategien.

Gorman, Hanlon & King (1997) kamen anhand einer Metaanalyse zum Ergebnis, dass Indikatoren darauf hinweisen, Entrepreneurship sei lehrbar; zumindest aber hat Entrepreneurship Education eine positiv unterstützende, ermutigende

Wirkung auf potenzielle Neugründer. Auch die Studie von Souitaris, Zerbinati & Al-Laham (2007) ergab positive Effekte von Entrepreneurship Programmen auf die unternehmerische Haltung und die Entwicklung von entrepreneurialen Fähigkeiten der teilnehmenden Studenten. In einer weiteren Metastudie zum Forschungsfeld von Weaver, Dickson & Solomon (2006, 127ff.) wurde allerdings der exploratorische Charakter, die Beschäftigung mit Querschnittserhebungen mit zu wenig experimentellen Kontrollen kritisiert, wodurch die Aussage- und Beweiskraft der generell im Ergebnis auf positive Zusammenhänge zwischen Entrepreneurship Education und entrepreneurialer Aktivität kommenden Studien limitiert sei.

Unger et al. (2011) gelingt das Aufzeigen einer (kleinen) generellen Beziehung zwischen Humankapital (Bildung allgemein, Erfahrung, Wissen, Fähigkeiten) und dem Erfolg eines Entrepreneurs. Die Größe des Humankapitalvermögens eines Unternehmers habe bspw. Einfluss auf seine Fähigkeiten, neue Geschäftsideen bzw. -gelegenheiten zu entdecken und auszubauen oder nützliche Ressourcen (Finanzen, Mitarbeiter, Netzwerke) besser zu akquirieren. Offen bleiben in dieser Studie das Ausmaß bzw. die Größenordnung der Verbindung sowie die Frage nach den Umständen, unter welchen das Humankapital mehr oder weniger eng an Erfolg geknüpft werden könne. Martin, McNally & Kay (2013) untersuchen darauf aufbauend den immer noch unklaren Aspekt, ob überhaupt und inwieweit eine spezielle Unternehmerausbildung (positive) Auswirkungen auf das Unternehmer-relevante Humankapital oder unternehmerische Ergebnisse (*Entrepreneurial Outcome*) haben kann (vgl. Martin, McNally & Kay 2013, 214). Ihr Resultat ergab eine signifikante positive Beziehung zwischen Entrepreneurship Education und Training und Entrepreneurship-bezogenen Humankapitalvermögen sowie unternehmerischer Leistungsfähigkeit, wobei bei akademischen Bildungsangeboten eine stärkere Beziehung als bei Trainingsangeboten nachweisbar sei. Praktische Verwertbarkeit dieser Studienergebnisse sehen die Forscher in der bestätigenden Nachricht an Regierungen, Universitäten und sonstigen Ausbildungseinrichtungen, die viel in die Entwicklung von Entrepreneurship Education-Programmen investiert und denen nun eine bessere Entscheidungsbasis für künftige Projekte vorliege (vgl. Martin, McNally & Kay 2013, 212).

Jahrzehnte nach Beginn der Diskussion, ob, was und wie das Phänomen Entrepreneurship unterrichtet werden solle, kam Weber (2012) bei einer Evaluierung und Analyse der unternehmerischen (entrepreneurialen) Absichten von Entrepreneurship-Studenten zu dem Ergebnis, dass an Business-Schools, Hochschulen und Universitäten bislang keine Entrepreneure „produziert" würden; den Studenten werden Information über Entrepreneurship bereitgestellt sowie entrepreneuriale Fähigkeiten und Fertigkeiten vermittelt. Durch das so generierte Fachwissen sowie durch Selbsterziehung bzw. Selbstreflexion könnten die Studenten am Ende bewusster entscheiden, ob sie selbstständiger Unternehmer werden wollen (oder können) oder ob sie es bevorzugten, ihre neuen entrepreneurialen Fähigkeiten in etablierten Organisationen (Intrapreneurship) zu entfalten. Die gelebten Ziele von Entrepreneurship Education sind demnach die Entwicklung bzw. der Ausbau von unternehmerischen Fähigkeiten sowie eine Bestärkung bzw. Entmutigung Einzelner, einen eigenständigen Unternehmensgründungsprozess zu wagen.

#### *2.2.6.2 Public Entrepreneurship*

Ostrom (1965) beschäftigt sich in seiner Dissertation *Public Entrepreneurship: A Case Study in Ground Water Basin Management* als einer der Ersten mit der Idee, das Konzept Entrepreneurship auch auf die öffentliche Bereitstellung von Gütern und Dienstleistungen zu übertragen und Möglichkeiten aufzuzeigen, wie Individuen auch in staatlich geführten Institutionen Marktgelegenheiten erkennen und Innovationen zur Verbesserung der Versorgung der Gesellschaft erwirken.

Bereits Schumpeter (1942, 263) beschreibt (Public) Entrepreneurship und entrepreneuriale Techniken im öffentlichen Bereich zur Durchsetzung vor allem politischer Interessen als genauso notwendig, um staatliche Strukturen zu erneuern, wie für den privaten Sektor, um erfolgreich Märkte zu kreieren bzw. neue Marktanteile zu erkämpfen. Nach Schnellenbach (2007, 184f.) versteht Schumpeter unter dem *Puplic Entrepreneur* eine Person, die politische Innovationen und Paradigmenwechsel zur Lösung politischer Themen und Probleme favorisiert und unterstützt, allerdings ohne genaue Vorstellungen, wie Alternativen auf der Institutionsebene aussehen könnten oder umsetzbar seien. Es geht vielmehr um Veränderung der öffentlichen Meinung und Haltung, um politische Richtungswechsel möglich zu machen. Als Beispiel gelten die Initiierung und politische Bewegung in Südafrika, um das Apartheit-System aufzubrechen (vgl. Kuratko, Morris & Covin 2011, 127). Darauf bezogen unterscheidet Schnellenbach (2007, 185) zusätzlich den *Political Entrepreneur*, der die entrepreneurialen Ideen auf politischer Ebene in konkretisierter Form präsentiert, z. B. innerhalb von Wahlkampagnen, und ergänzend den *Policy Entrepreneur*, der Erneuerungen direkt in die Strukturen und Regelwerke der öffentlichen Verwaltungen umsetzt. Bei Baez & Abolafia (2002) nennt sich das auf den öffentlichen Sektor übertragene Konzept *Bureaucratic Entrepreneurship* und der dort agierende Intrapreneur wird als *Institutional Entrepreneur* bezeichnet. Dieser Akteur hat das Potenzial für institutionellen Wandel bezogen auf organisatorische Arrangements auf Verwaltungsebene, indem er Gelegenheiten in Form von neuen

Informationen, neuen Technologien oder auch Veränderungen in Verwaltungsrichtlinien wahrnimmt und diese strategisch und lösungsorientiert nutzbar macht, um bürokratisches Routineverhalten zu unterbrechen und zu verbessern. Der entsprechende Prozess wird von Baez & Abolafia (2002, 528ff.) in die Phasen des *Keying, Improvising* oder *Reprising Change* unterteilt; die Aktionen sind dabei abhängig vom Kontext und den lokalen Bedingungen.

Auch für Drucker (1993, 177) ist das Konzept Entrepreneurship nicht nur für den Wirtschaftsbereich geeignet, sondern auch gemäß eines utilitaristischen Ansatzes für alle *Public-Service*-Institutionen essenziell, wie bspw. das Gesundheits- und Bildungswesen, Regierungsbehörden, Verbände oder auch Wohltätigkeitsorganisationen. Gegner des Konzeptes Public Entrepreneurship verurteilen die Idee mit der Begründung, dass Staatsdiener eine hohe Verantwortung und in erster Linie in Rechenschaft zum Bürger handeln müssen, im Sinne einer pflichtenethischen Grundhaltung[23]. Unabhängige und „negative" entrepreneuriale Eigenschaften bzw. Verhaltensweisen wie ‚Tunnelblick', sich nicht an Regeln halten oder hohe Risikobereitschaft gelten für den öffentlichen Sektor als nicht angemessen (vgl. z. B. deLeon & Denhardt 2000, 92; Terry 1998, 197f; Brinkmann & Dörre 2006).

Bei dem Konzept Public Entrepreneurship ergibt sich grundsätzlich das Problem, dass in diesem Segment der (personelle) Profitanreiz fehlt, eine wichtige wirtschaftliche Determinante für individuelles entrepreneuriales Verhalten. Um diese Hürde zu überwinden, betont Casson (1982; 2005; Casson & Rose 1997) in seiner Theorie, dass die wesentlichen Kriterien für unternehmerisches Handeln (*Entrepreneurial Behavior*) in der Entscheidungsfähigkeit unter Unsicherheit sowie im Wandel der Eigentumsstruktur von Ressourcen des öffentlichen Sektors lägen. Die Rolle eines Entrepreneurs im öffentlichen Dienst sei die eines *Optimizing Agent*, der seine Umwelt beobachtet und analysiert und Mitarbeiter durch individuelle Anreize lockt, um entrepreneuriale Motivation auszulösen. Boyett

---

23 Unter *Pflichtenethik* (bzw. Deontologie), die Basis des öffentlichen Rechts und des Verwaltungshandelns, versteht man Rechte und Pflichten des Staates gegenüber seinen Bürgern und umgekehrt. Priorität haben streng vorgegebene Regelungen vor individuell erzielbaren Resultaten. Ein Verfahren kann zwar ohne Sinn und unnötig sein, aber trotzdem sittlich, und damit politisch legitimiert. Und nur dies gilt als Voraussetzung zur Optimierung allgemeiner Wohlfahrt. Damit erhält das Demokratie- und Rechtsstaatsprinzip auf politisch-administrativer Ebene ein stärkeres Gewicht als das *Prinzip der Nützlichkeit* (Utilitarismus), also dem Leistungs- und Wirtschaftsstaatsprinzip, welches das Privatrecht und die Neue Institutionenökonomie dominiert (vgl. Schedler & Proeller 2006, 24f.).

(1997) erweitert die Grundlage für entrepreneuriales Verhalten im öffentlichen Sektor durch den Faktor *Ownership of Resources* und definiert Public Entrepreneurship wie folgt:

> "Entrepreneurship occurs in the public sector where there is an uncertain environment, a devolution of power, and at the same time re-allocation of resource ownership, to unit management level. It is driven by those individuals, particularly susceptible to the "manipulation" of their stakeholders and with a desire for a high level of social 'selfsatisfaction', who have the ability to spot market opportunities and who are able through follower 'manipulation' to act on them." (Boyett 1997, 90)

Bei Mack, Green & Vedlitz (2008, 235) wird der *Public Entrepreneur* vage und weitreichend definiert; darunter können jede gewählte Amtsperson, jeder Verwaltungsangestellte und Non-Profit-Manager oder auch jeder ehrenamtliche Bürger, dem von außen maßgebliche Beteiligung an innovativen Modifizierungsprozessen des öffentlichen Sektors attestiert wird, verstanden werden. Im Kontext eines enger definierten Forschungsrahmens wird Entrepreneurship als Ergänzung und auf Basis der Implementierungsideen privatwirtschaftlicher Management-Strategien und Führungsprinzipien auf öffentliche Unternehmungen bzw. Verwaltungseinheiten untersucht, mit der Annahme, dass auf dieser Grundlage aktives unternehmerisches Mitarbeiterverhalten wahrscheinlicher wird und dadurch der gewünschte organisationale Wandel beschleunigt und gestärkt werden könne (vgl. Morris & Jones 1999, Nutt & Backoff 1993). In weiteren Veröffentlichungen wird dem *Public Entrepreneur* auch die Fähigkeit zugesprochen, mit gegebenen bzw. gekürzten öffentlichen Mitteln oder Ressourcen alternative Ideen und/oder innovative Wege zur Aufrechterhaltung des öffentlichen Dienstes umzusetzen (vgl. Markley & Macke 2002; Maibauer 2006, 42f.; Teske & Schneider 1994, McGahan et al. 2009).

Die Übertragung von Entrepreneurship als adäquates Konzept für staatliche Strukturen und Aufgaben wird je nach Fokus und Verständnis von Entrepreneurship unterschiedlich begründet. Versteht man Entrepreneurship *funktional* als das Erkennen und Nutzen bzw. Verwerten von *Profit Opportunities* (Klein 2008; Shane & Venkataraman 2000), so werden diese *Opportunities* bei McGahan et al. (2009, 3f.) simplifiziert in *„a better way of doing things"*; Profit wird – gemessen und referenziert zu Marktpreisen – als ein objektiver Ertrag bzw. Gewinn definiert, nachweisbar in buchhalterischen Daten. Ausgehend von dieser Konzeptualisierung, liegt der Profit eines Public Entrepreneurship in einer verbesserten Erfüllung staatlicher Aufgaben. Der *Public Entrepreneur* deckt Lücken zwischen aktueller und potenzieller Leistungsfähigkeit auf, entwickelt Lösungen und investiert verfügbare Ressourcen in Veränderungsprozesse zur Leistungssteigerung im sozialen und gesellschaftlichen Interesse.

Nach Knight (1921) entstehen die größten wirtschaftlichen Rückflüsse im privatwirtschaftlichen Bereich dann, wenn erfolgreich in Märkte *unter nicht berechenbarer Unsicherheit* (vollkommene Unsicherheit bzw. auch Entscheidung unter Ungewissheit) investiert wird, was oft den Aufbau neuer Organisationen oder Organisationsformen bedarf, begleitet von Experimentierphasen, Rückschlägen und Lernprozessen. Nimmt man das Entrepreneurship-Konzept von Knight als Grundlage, das vor allem den entrepreneurialen Aspekt der Entscheidung unter Unsicherheit herausarbeitet (im Gegensatz zur *Entscheidung unter berechenbarer Unsicherheit*: Entscheidung unter Risiko), so kann dies, übertragen auf ein Public Entrepreneurship, zur Erkenntnis führen, dass bahnbrechende Innovationen im öffentlichen Bereich nur etabliert werden können, wenn Investitionsentscheidungen unter Unsicherheit gewagt werden (vgl. McGahan et al. 2009, 5f.); auch wenn nach North & Alt (1990, 6) die Hauptaufgabe öffentlicher Institutionen in Gesellschaften genau darin verankert liegt, nämlich den Faktor Unsicherheit weitestgehend zu reduzieren und eine stabile (nicht notwendigerweise effiziente) Struktur für menschliche Interaktion zu bieten. Denn auch öffentliche Institutionen unterliegen der Notwendigkeit, Wandel zuzulassen und zu integrieren (vgl. ebd.); *„[T]he agent of change ist the individual entrepreneur …“* (North & Alt 1990, 83; siehe auch ebd., Kapitel 9, 10).

Ein weiterer Ansatz findet sich bei Kuratko, Morris & Covin (2011). Folgt man den Autoren, so kann Entrepreneurship, konzeptualisiert als *Prozess*, in allen Organisationsformen und -typen auftreten, auch in Non-Profit-Organisationen oder im öffentlichen Sektor. Der Prozess wird durch einen *entrepreneurialen Event* bzw. Auslöser angestoßen, wodurch Innovationsbedarf sichtbar werde. Dieser würde von *entrepreneurialen Agenten* (in Form eines Individuums oder auch einer Gruppe) erkannt und durch Kreation eines neuen Produktes, einer neuen Dienstleistung, eines neuen Prozesses oder einer neuen (Geschäfts-)Einheit konstruktiv aufgegriffen, d. h., Erneuerung wird entwickelt und durchgesetzt. Voraussetzung sei eine organisationsinterne und individuell positive *Haltung* zu kreativer Veränderung und der Wunsch, Gelegenheiten bzw. Möglichkeiten verantwortungsvoll anzunehmen und kreativen Wandel umzusetzen. Der Prozess beinhaltet daneben eine Reihe von notwendigen Aktivitäten (Verhalten), wie die Identifikation und Evaluierung eines entrepreneurialen Events (Gelegenheit), die Erarbeitung eines Business-Plans, die Akquise benötigter Ressourcen, die Implementierung und Anwendung bis zur Erreichung des gewünschten Ziels. Neben der entrepreneurialen Haltung und dem entrepreneurialen Verhalten werden bei Kuratko, Morris & Covin (2011) drei wichtige Dimensionen herausgearbeitet, die auch für den öffentlichen Dienst gelten: *Originalität*, *Risikofreude* und *Initiative*. Die Wissenschaftler definieren Public Entrepreneurship folgendermaßen:

> "Public sector entrepreneurship is the process of creating value for the citizens by bringing together unique combinations of public and/or private resources to exploit social opportunities." (Kuratko, Morris & Covin 2011, 128)

Im öffentlichen Sektor existieren – wie bei Großunternehmen generell – formalisierte Hierarchien, etablierte Interessengruppen mit konkurrierenden Anforderungen und fest verwurzelte Kulturen, detailliert regulierte Prozeduren für Arbeitsabläufe, Macht- und Sicherheitsansprüche leitender Angestellter gepaart mit vergleichsweise rigiden Überwachungssystemen, die die Finanzen kontrollieren, die Kosten zuordnen und umlegen, budgetieren und Mitarbeiterleistungen bewerten. Die Angestellten im öffentlichen Bereich machen sich Gedanken und Sorgen bezüglich interner Veränderungsprozesse, vielmals ohne das mögliche positive Resultat zu berücksichtigen. Sie sind abhängig beschäftigt, von ihnen initiierte und gestaltete Innovationen „gehören" ihnen nicht und werden wenig oder nicht gebührend wertgeschätzt. Auf der anderen Seite ist ihr Arbeitsplatz verhältnismäßig sicher, sie haben Zugang zu Ressourcen, ohne ein persönliches (finanzielles) Risiko eingehen zu müssen (vgl. Kuratko, Morris & Covin, 2011, 124; Teske & Schneider 1994, Sadler 2000, 36; Nutt & Backoff 1993, 300ff.). Daneben weisen staatliche Organisationen[24] gewisse einzigartige Charakteristiken auf, die sie von anderen Arbeitsumgebungen differenzieren und die für Entrepreneurship als Prozess zusätzliche Herausforderungen darstellen (vgl. Sadler 2000, 28ff.). Diese begründen aber vielleicht sogar eine gewisse Notwendigkeit zur Veränderung in Richtung entrepreneurialer Orientierung (vgl. Kuratko, Morris & Covin 2011, 124):

24 Die öffentlichen Verwaltungen in Europa sind vom Organisationstyp als Bürokratien konzipiert und organisiert. Unter einer Bürokratie versteht man staatliche Organisationsformen, deren Strukturen sich nicht am Markt orientieren, sondern den im Bürokratieansatz von Weber (1922) identifizierten Charakteristiken folgen (vgl. Schedler & Proeller 2006, 17). Diese bestehen vor allem aus strenger Kompetenzordnung, dem Prinzip der Amtshierarchie und des Instanzenzuges, die Amtsführung beruht auf dem Grundsatz der Schriftlichkeit und der Trennung zwischen Amt und Person, die spezialisierte Amtstätigkeit setzt Fachschulung voraus, ein Amt wird hauptberuflich ausgeführt und die Aufgabenerledigung erfolgt nach klar vorgegebenen Regeln (vgl. Weber 1922, 650f.). Das Bürokratiemodell von Weber gilt vom Grundsatz nicht nur für den öffentlichen Sektor, sondern auch für private (Wirtschafts-)Organisationen (vgl. Deckert 2006, Fußnote 10). Mehr Informationen zum Auf- und Abbau von Bürokratien siehe Bull (2005).

- das Fehlen der Profitorientierung. Es gelten soziale und/oder politische Ziele;
- wenig Bezug zu wirtschaftlichem Verhalten, Kostenreduktion oder Einsparungspotenziale innerhalb der Behörde;
- die Mittel werden indirekt und unkontrolliert durch Steuerzahler bereitgestellt und nicht direkt von einem (zufriedenen) Kunden oder Auftraggeber;
- der eigentliche „Kunde" der Organisation ist schwer zu identifizieren, da oft mehrere öffentliche Anliegen und Aufgaben innerhalb einer Behörde bzw. Institution bearbeitet werden;
- öffentliche Dienstleistungen haben Auswirkungen auf andere Bereiche; Angestellte haben eine hohe Verantwortung für indirekte Konsequenzen ihrer Arbeitsergebnisse;
- Tätigkeitsfelder werden durch die Öffentlichkeit und den Wählerkreis besonders überwacht; Abläufe etc. müssen nach außen transparent gestaltet werden, Entscheidungen sind mit unterschiedlichen Interessengruppen im Konsens zu treffen;
- Risiko- bzw. Belohnungsabwägungen werden durch die Angst, (weitreichende) Fehler zu machen, bestimmt.

Osborne & Gaebler (1992) forderten für den öffentlichen Sektor mehr *entrepreneurialen Spirit*, um im öffentlichen Sektor Bürokratie und hierarchische Ordnungsinstanzen abzubauen und zu dezentralisieren, den Fokus auf die Ergebnisse (Output-orientiert) zu lenken, internen und externen Wettbewerb zu fördern, Arbeitsprozesse entsprechend neu aufzubereiten sowie kontinuierliche Verbesserungssysteme zu installieren, wie Qualitätsstandards für Dienstleistungen durch partizipatives Management, Buttom-up-Reformen und Motivationsprogramme. Außerdem gilt es, den Mitarbeitern auf allen Ebenen mehr Handlungsfreiheit einzuräumen, um sie für innovative Lösungen bezogen auf die Bedürfnisse und Probleme ihrer *Kunden* zu öffnen, kurz: entrepreneuriales Verhalten zu wecken und zu stärken.

Mack, Green & Vedlitz (2008) erforschten den entrepreneurialen Prozess im öffentlichen Sektor anhand empirischer Daten aus zwei regionalen Netzwerken im Gesundheitswesen bei gemeinsamer Einführung von Telemedizin (kommunale Krankenhäuser, Gesundheitsämter, öffentliche Universitäten sowie ein paar privat organisierte Mediziner und Kliniken). Der Fokus lag auf Erkenntnisgewinn bezüglich personaler sowie situativer Merkmale von Mitarbeitern/Akteuren, um prognostizieren zu können, wer sich in seiner Region zum renommiertesten Public Entrepreneur für diese Inhalte entwickeln könne bzw. würde. Identifiziert wurden personale Attribute, die vor allem einen fachlichen Bezug zum Thema abbilden, wie *Berufstätigkeit im medizinischen Bereich* und *bereits vertraut mit Telemedizin.* Interessanterweise ergaben allgemein-personale Indikatoren wie Alter, Geschlecht, Bildungsgrad keine statistische Signifikanz. Im Bereich der situativen Attribute bildeten *die beratende Tätigkeit im Gesundheitswesen* oder auch die *regionale Präferenz* eine positive Korrelation für von außen vermutetes entrepreneuriales Potenzial. Zusammenfassend kamen die Wissenschaftler zum Ergebnis, dass ein Public Entrepreneurship (vor allem unter dem Aspekt einer Kooperation des öffentlichen mit dem privaten Sektor) in demokratischen Strukturen nicht schädlich wirke, sondern hilfreich für eine verbesserte Ressourcennutzung und zur Eindämmung von Machtmissbrauch durch einzelne Staatsdiener sei.

McGahan et al. (2009) beschäftigen sich mit einer wirtschaftlich orientierten Organisationsform für Public Entrepreneurship mit der Intention, staatliche Verwaltungsprozesse im öffentlichen Interesse effizienter und effektiver zu gestalten und entsprechend zu verändern – allerdings ohne normative Legitimationsüberprüfung. Es geht um die Frage, inwieweit bereits die Grundprinzipien der Organisationsverwaltung – ob staatlich oder privat organisiert – zur Erfüllung sozialer und öffentlicher Aufgaben beitragen bzw. ob und wie Organisationen des öffentlichen Dienstes so strukturiert werden können, dass sie innovativ, experimentell und kreativ im und für das öffentliche Interesse agieren können – mit Wissen um das Risiko, dass Entrepreneurship auch fehlschlagen bzw. scheitern kann. Hierzu sei nach McGahan et al. (2009, 8, 12ff.) vor allem eine kollektive Mobilisierung und Aktivierung individueller Leistungspotenziale notwendig, erzielbar durch eine beiderseitige Öffnung und Kooperation des Privat- und öffentlichen Sektors (siehe auch Mack, Green & Vedlitz 2008, 237).

Eine Form von Public Entrepreneurship spiegelt sich im Trend der letzten Jahre in den Privatisierungsbemühungen und Auslagerungen staatlicher Aufgaben in die Privatwirtschaft (vgl. z. B. Klein et al. 2009, 4; McGahan et al. 2009, 2; Kuratko, Morris & Covin 2011, 127; Sadler 2000, 25f.; Nutt & Backoff 1993, 303). Die Regierungen in den westlichen Staaten bemühen sich seit den 1990er-Jahren, den öffentlichen Sektor zu reformieren (vgl. OECD 1995a; 1995b; 2005). In Deutschland existieren unterschiedliche Privatisierungsmodelle bzw. -stufen; so können Organisationseinheiten von öffentlich-rechtlichen Auftraggebern in Handlungs-oder Organisationsformen des Privatrechts (z. B. einer GmbH oder AG) ausgelagert werden, allerdings weiterhin unter staatlicher Kontrolle (*formelle Privatisierung*), wie bspw. die Umwandlung der Deutschen Bundesbahn und der Deutschen Reichsbahn in die Deutsche Bahn AG. Möglich ist aber auch eine komplette Verlagerung der Aufgabenerfüllung in den privaten Sektor, oft durch Veräußerung öffentlicher Unternehmen oder Vermögen an private Investoren (*materielle*

*Privatisierung*). Des Weiteren existieren noch Mischformen[25], bei denen der öffentliche Sektor nach außen die Aufgabenverantwortung trägt, umgesetzt werden diese allerdings von privaten Unternehmungen bspw. im Rahmen von Konzessionen oder Dienstleistungsaufträgen, bspw. im Schienenpersonennahverkehr (*funktionale Privatisierung*) (vgl. Kühling & Schreiner 2011, 113; Hesse, Lenk & Rottmann 2009).

Hill (2011) sieht in den aktuellen deutschen Verwaltungsmodernisierungsanstrengungen vor allem die Chance auf Mobilisierung personaler Talente und Potenziale im öffentlichen Dienst; denn – so könnte man kurz gefasst sagen – nicht Organisationen verändern, sondern Menschen. Strategien, wie bürokratische Regeleinhaltungen und Leistungsorientierung sind bei relativ stabilen Verhältnissen angemessen; für den dynamischen gesellschaftlichen Wandel – im Sinne Schumpeters *schöpferischen Zerstörung* – braucht es innovative Ansätze, die Emergenz fördert und Resilienz zulässt. Ein zukünftiges, handlungsfähiges Verwaltungsdesign erfordert nach Hill (2011) eine aktive, kombinierte Organisations- und Personalentwicklung, um das Spannungsfeld des öffentlichen Anspruchs nach gleichbleibender, verbindlicher Auftragserfüllung mit der gebotenen Innovationsorientierung und einem flexiblen Management unter Unsicherheit und Risiken auszutarieren. Es gilt, durch organisationale und personale Lernprozesse professionell Handlungskompetenzen auch bei offenen Sachverhalten zu entwickeln bzw. auszubauen und umzusetzen bzw. anzuwenden sowie ein Klima für aktives unternehmerisches Denken und Verhalten (*Entrepreneurship*) zu etablieren. Die Umgestaltung beinhaltet vor allem neue Anforderungen an Führungskräfte, die sinnstiftend und wertschätzend Orientierung bieten und eine motivierte Haltung gegenüber den System-Veränderungsprozessen einnehmen müssen. Eine solche Transformationskompetenz der Führungskräfte im öffentlichen Sektor muss zudem legitimiert werden, damit Transparenz, Einbeziehung und Rechenschaftslegung gesichert werden (vgl. Hill 2011, 4).

#### *2.2.6.3 Educational Entrepreneurship*

Für den (öffentlichen) Bildungsbereich wird Entrepreneurship als mögliche Konzeption vorwiegend im angloamerikanischen Raum unter dem Begriff

---

25 Hierzu zählt die *Public Private Partnership* (PPP) – oder deutsch *Öffentlich-Private Partnerschaft* (ÖPP) – eine formalisierte und längerfristig angelegte Zusammenarbeit zwischen privaten und öffentlichen Stellen zur gemeinsamen Erbringung einer öffentlichen Aufgabe. Auch hier existieren verschiede Formen, z B. Konzessions-, Betreiber-, Kooperations- oder Kombinationsmodelle (vgl. Kühling & Schreiner 2011, 113, Hesse, Lenk & Rottmann 2009).

*Educational Entrepreneurship* vor allem auf Schulebene untersucht und diskutiert. Als Begründung gilt der rapide gesellschaftliche Wandel und die damit verbundene erhöhte Unsicherheit, unter der Schule auf allen Ebenen agieren und entscheiden muss, um ihren öffentlichen Auftrag an Bildung und Ausbildung zeitgemäß erfüllen zu können (vgl. z. B. Hess 2007; Boyett & Finlay 1993, Gerstner et al. 1994; Drucker 1993). Zwar ist das öffentliche Schulsystem keinem existenziellen Wettbewerb ausgesetzt und muss keinen finanziellen Profit erwirtschaften, aber es besteht bei Stagnation die Gefahr, dass sowohl die Relevanz als auch die Legitimation durch die Öffentlichkeit infrage gestellt werden (vgl. Eyal & Inbar 2003, 221f.).

Das Konzept *Educational Entrepreneurship* wird von Kourilsky & Henschke (2003) für die öffentliche oder privat organisierte Schulbildung prozessorientiert definiert:

> "... applying the skills and attidudes inherent in entrepreneurial thinking and the entrepreneurial process to archieve innovative and sustainable impact and reform with respect of the social mission ..." (Kourilsky & Henschke 2003, 117)

Der *Educational Entrepreneur* wird als eine im Bildungsbereich tätige Person beschrieben, die Bildung unternehmerisch organisiert und innovative Ideen zur Veränderung und Verbesserung von Lehre und Lernen visioniert und initiiert (*Catalytic Agent*). Dabei begründet sich seine Motivation auf soziale Ziele und er agiert meist im öffentlichen Sektor, also mit limitierten Mitteln. Soll eine Idee oder ein Konzept eine weitere Verbreitung in den (öffentlichen) Bildungsstrukturen erlangen, so wird zusätzlich ein unterstützendes *Entrepreneurial Development Team* um den Educational Entrepreneur notwendig, um die favorisierten Veränderungen zu erwirken bzw. zu implementieren (vgl. Kourilsky & Henschke 2003, 118; Leisey & Lavaroni 2000, 28).

Trim (2003) platziert Educational Entrepreneurship innerhalb des Stakeholder-Modells[26] und sieht die Basis für entrepreneuriales Verhalten vor allem in strategischen Partnerschaften innerhalb der privat organisierten und öffentlichen höheren Schul- bzw. Weiterbildungslandschaft. Gelingt eine vertrauensvolle,

---

26 Der Stakeholder-Ansatz versucht eine Organisation in ihrem gesamten sozio-ökonomischen Kontext (intern sowie extern) zu erfassen und die Bedürfnisse der unterschiedlichen Anspruchsgruppen in Einklang zu bringen. Dabei wird ein Interessenpluralismus angenommen, d. h. in Entscheidungsprozessen einer Organisation sind auch die Interessen und Bedürfnisse anderer Gruppen (*Set of Shareholders*) zu integrieren. Im öffentlichen Bereich wird von einem erweiterten *Set of Shareholders* ausgegangen (vgl. Brignall & Modell 2000).

loyale Zusammenarbeit ‚auf Augenhöhe', so können Bildungsinstitutionen ihre Reichweite ausbauen, neue Bildungsmarktzugänge und Produkt- bzw. Technologie-Entwicklungsmöglichkeiten erschließen, potenzielle Einnahmequellen identifizieren und damit die institutionelle Unabhängigkeit in einem bestimmten Marktsegment erhalten bzw. festigen.

Hess (2007, 22) definiert Educational Entrepreneurship pragmatisch und knapp als *Prozess der gezielten Innovation zur Verbesserung der Produktivität oder Qualität.* Im Zuge internationaler Reformarbeit in Richtung verstärkter Output-Orientierung und erhöhter Rechenschaftslegung öffnet sich der öffentliche Bildungssektor sukzessive den in den Wirtschaftswissenschaften entwickelten Konzeptionen, Strategien und Werkzeugen für effektives und effizientes Handeln. Für Hess (2007) ist die Zeit gekommen, unternehmerisches Verhalten und Entrepreneurship als Konzept auf den Schul- und Bildungsbereich zu übertragen, auch gegen die Front traditionsanhängiger, risikoscheuer Vertreter eines lange Zeit funktionierenden bürokratisch organisierten Bildungssystems. Hess sieht im Educational Entrepreneurship kein neues, alternatives, feststehendes Modell für Schule, sondern eine Möglichkeit, sich dem zunehmend schneller werdenden gesellschaftlichen Wandel mit einer geeigneten (entrepreneurialen) Haltung zu stellen – mit dem Ziel, flexibler, dynamischer, empfänglicher mit den damit verbundenen Herausforderungen umzugehen und in Zukunft angemessene öffentliche Schulbildung bereitstellen zu können. Um ein solches entrepreneuriales Umfeld entwickeln zu können, müssen nach Hess (2007) die gesetzlichen Barrieren reduziert, öffentliches und/oder privates Wagnis- bzw. Beteiligungskapital für *Educational Start-ups* akquiriert werden. Außerdem bedarf es einer *Human Capital Pipeline*, um talentierte, engagierte und energetische Menschen für die Aufgabenstellungen im Bildungssektor zu gewinnen. Hierzu gehören u. a. ein einfacherer Zugang in den öffentlichen Dienst, attraktive Arbeitsbedingungen und (monetäre) Incentive-Modelle (vgl. Hess 2007).

## 2.3 Zwischenfazit

Innovation und Innovativität bilden die Grundlage überlebender bzw. erfolgreicher Systeme, ob privatrechtlich oder öffentlich-rechtlich organisiert; beide gelten als spezifische Merkmale des Konstrukts Entrepreneurship, und zwar sowohl auf Personal- als auch auf Organisationsebene. Auch für den Bildungssektor wird wissenschaftlich und politisch ein Mehr-Bedarf an Innovation und Innovativität konstatiert (vgl. u. a. Fend 2008; Seitz & Capaul 2007; Dubs 2004; Thom, Ritz & Steiner 2002). Innovativität wird zunächst als personale Eigenschaft einem Individuum zugesprochen, das in Kombination mit weiteren Fähigkeiten,

Fertigkeiten und Kompetenzen wie Risikofreudigkeit oder Durchsetzungsvermögen zum *Typ Unternehmer* klassifiziert wird. Denn erst das *unternehmerische Handeln* kann aus einer Erneuerung bzw. Idee eine verwertbare Innovation am Markt etablieren und dadurch optimalerweise Mehrwert erwirken. Die relativ junge betriebswirtschaftliche Forschungsdisziplin Entrepreneurship greift das Phänomen des unternehmerischen Handelns auf individueller und organisationaler Ebene auf – in Abgrenzung zu ihrer Schwesterdisziplin, der Managementlehre – und entwickelt unter den grundlegenden Charakteristiken, die das Phänomen Entrepreneurship beschreiben, diverse spezifische entrepreneuriale Forschungsrichtungen mit entsprechenden Erklärungsmodellen. Das Konstrukt Intrapreneuring bzw. Intrapreneurship dient speziell zur Beschreibung und Identifikation für unternehmerisches, risikoaffines Handeln in etablierten Organisationen – auch innerhalb und für die strategische Weiterentwicklung des öffentlichen Sektors. Intrapreneurship lässt sich von verwandten Konzeptionen, wie dem Modell des *Internen Unternehmertums*, abgrenzen und spezifizieren. Dadurch wird Intrapreneurship als personenorientierter (Schul-)Führungsansatz diskutier- und adaptierbar (siehe auch Kapitel 5). Die Voraussetzung für eine praktische Implementation des Konstrukts, nämlich die Möglichkeit einer personalen Förderung entrepreneurialer Fähigkeiten durch Aus- bzw. Weiterbildung, scheint zumindest in Ansätzen empirisch erforscht, allerdings mit zu erwartenden bescheidenen Ergebnissen in Form von bestenfalls „entrepreneurialer Mitarbeiter" – anstatt engagierter Intrapreneure.

Insgesamt wirkt die hauptsächlich im anglo-amerikanischen Raum angesiedelte Entrepreneurship-Forschung zwar als ein vielfältiges, aber dennoch relativ unstrukturiertes Forschungsgebiet mit unterschiedlichen Bereichen und uneinheitlichen Forschungsmethoden. Das Ergebnis sind Spezialisierungen und eine jeweils durch das Interesse aus der Domäne geleitete Verknüpfung mit dem Phänomen des Entrepreneurs (vgl. Schmude, Welter & Heumann 2008, 296f.). Die empirischen Ergebnisse je nach Forschungsinteresse sind dementsprechend singulär zu bewerten und schwer auf größere Zusammenhänge oder Forschungsfragen zu adaptieren. Dadurch entsteht eine Vielzahl von Erklärungsversuchen über das jeweils untersuchte Teilgebiet; ein strukturiertes, fokussiertes Gesamtbild und klare Forschungsausrichtung wollen bislang nicht gelingen (vgl. Kraus & Gundolf 2008, 13; Aulinger 2003, 16, 38ff). Eine Vielzahl von Metastudien versucht immer wieder, genau diese Lücke zu schließen.

Einige Arbeiten, die sich mit der Definition von Entrepreneurship befassen, suggerieren, dass, je nach Auslegung des Begriffsinhalts, so gut wie jeder Mensch, der sich „irgendwie unternehmerisch verhält", als Entrepreneur bzw. Intrapreneur bezeichnet werden kann (vgl. Martiarena 2013; Mack, Green & Vedlitz

2008, 235; Schwehm 2007, 168). Auch die Interpretationen von Ursprungsmerkmalen aus marktwirtschaftlicher Sicht werden je Modell bzw. Teilgebiet reduziert, simplifiziert und angepasst. Aus dem Begriff der *Geschäftsgelegenheit* wird, adaptiert auf den öffentlichen Sektor, bspw. eine *mögliche Profitgelegenheit*, und daraus dann aus *unternehmerischem Handeln „a better way of doing things“* (vgl. McGahan et al. 2009, 3). Eine solch weit gefasste Definition unterstellt, dass wirklich überall Gelegenheiten existieren, „besser zu handeln“. Das Konstrukt und die Idee von Entrepreneurship – so scheint es – werden, vielleicht wegen ersehnter oder erhoffter Ergebnismöglichkeiten, auf jeglichen Bereich übertragen bzw. übertragbar gemacht; dadurch wirkt es unklar, verwässert, entkräftet.

Im deutschsprachigen Raum wird hauptsächlich der Gründungsprozess bei Neugründungen erforscht, meist auf Grundlage amtlicher Statistiken, bei deren originärer Datenerfassung noch nicht einmal das Phänomen Entrepreneurship ein Bestandteil ist. Die daraus resultierenden Ergebnisse sind allgemein und unspezifisch; sie scheinen primär zum Verschlagworten des Begriffs zu dienen, um (politisches) Interesse für Wirtschaftsförderungsprogramme bzw. um Forschungsgelder zu akquirieren (vgl. Schwehm 2007, 167; Papagiannidis et al. 2011). Intrapreneurship, entrepreneuriale Orientierung und die für diese Arbeit relevanten Teilgebiete Public Entrepreneurship und Educational Entrepreneurship scheinen bislang auf relativ wenig Forschungsinteresse zu stoßen, betrachtet man die geringe Anzahl an Veröffentlichungen zu den Themenschwerpunkten im deutschsprachigen bzw. kontinental-europäischen Raum (vgl. Schmude, Welter & Heumann 2008, 300; Sassmanshausen 2012, Papagiannidis et al. 2011; Kraus & Gundolf 2008).

Ungeachtet dessen steigt das internationale und nationale wirtschafts- und gesellschaftspolitische Interesse an Entre- bzw. Intrapreneurship nach wie vor. Die Gründe hierfür liegen in den Auswirkungen der globalen Dynamik der Weltmärkte, die nicht nur Veränderungsdruck auf die Wirtschaftssysteme und deren Akteure ausüben, sondern auch neue Steuerungsmodelle und Alternativen für öffentliche Sektoren und Bereiche fordern. Mit dieser Ausgangslage beschäftigt sich das folgende Kapitel 3.

# 3. Ausgangslage für Intrapreneurship in Deutschland

Im vorangegangenen Kapitel wurden die spezifischen Merkmale, die Bedeutung und unterschiedliche Ansätze zur Beschreibung und Erklärung des Phänomens Entre- bzw. Intrapreneurship auf Makro-, Meso- und Mikroebene erläutert. Die Ausführungen verdeutlichen, dass theoretische Konzeptionen und Überlegungen nicht mehr nur für ein privatwirtschaftliches und privatrechtliches Umfeld bestimmt sind, sondern unter Berücksichtigung bestimmter Voraussetzungen auch auf andere Organisationsstrukturen und -formen übertragen werden. Nachfolgend wird auf dieser Grundlage die aktuelle wirtschafts- und gesellschaftspolitische Haltung zu Entre- bzw. Intrapreneurship in Deutschland dargestellt und eine mögliche Verwertungsmöglichkeit des Konstrukts Intrapreneurship im Rahmen aktueller Verwaltungsreformarbeit für den öffentlichen Sektor analysiert.

## 3.1 Das wirtschaftspolitisch indizierte Interesse am Entre- bzw. Intrapreneur

In den 1950er-/1960er-Jahren waren sowohl Nord-Amerika als auch West-Europa in ihren wirtschaftlichen Strukturen durch hohe Konzentrationen und Konglomerate geprägt; es war das Zeitalter der Massenproduktion, mit dem Ziel, Skalenerträge und Verbundeffekte zu generieren. Mitte der 1970er-Jahre stagnierte die Wachstumsphase; gleichzeitig revolutionierten die Informations- und Kommunikationstechnologie das standardisierte Vorgehen an den Märkten. Industrielle Strukturen mit ihren großen Gesellschaften veränderten sich; kleine, flexible und schlanke Unternehmen konnten sich etablieren und arbeitsintensive wirtschaftliche Aktivitäten in Länder mit niedrigen Faktorkosten auslagern. Für Audretsch & Thurik (2001, 270) bedeutete dieser Wandel die *Verschiebung von der gemanagten zur entrepreneurialen Wirtschaft*, als ein Effekt der Globalisierung.

Angeregt durch die Arbeiten von Kirzner (1973) und Casson (1982), die den Unternehmer als eigenständige Größe in die Wirtschaftstheorie zu integrieren versuchten (siehe Abschnitt 2.2.1), und beeinflusst durch den internationalen Paradigmenwechsel in Richtung angebotsorientierter Wirtschaftspolitik beschäftigte sich vorwiegend die angloamerikanische Wirtschaftswissenschaft verstärkt mit dem Unternehmertum. Gemäß der traditionell eher handlungsorientierten Business Administration und ähnlich der Managementlehre wurde hauptsächlich durch empirische Studien zur Person des Unternehmers und dessen Qualifikation und Persönlichkeitsmerkmale versucht, sich systematisch *Innovation* und *Entrepreneurship* zu nähern (vgl. Ripsas 1997, 3; Drucker 1993).

Auch im deutschsprachigen Raum öffnete sich ab den 1970er-Jahren die (mikro-)ökonomische Wissenschaft den Sozial- und Verhaltenswissenschaften; Entscheidungs- und Verhaltenstheorien wurden fester Bestandteil der Forschung. An der Hochschule in St. Gallen entstand parallel ein systemorientierter, betriebswirtschaftlicher Ansatz, der nicht nur die Funktionsweise wirtschaftlicher Systeme mit ihren Wechselwirkungen auf Nachbarsysteme zu erklären suchte, sondern auch Interesse an der Veränderbarkeit (Gestaltbarkeit) entwickelte, um aktuelle oder antizipierbare wirtschaftspolitische Entscheidungsproblematiken besser lösen zu können (vgl. Aulinger 2003, 10). Aufgrund des weltweit stagnierenden Wirtschaftswachstums entstanden jedoch hauptsächlich Forschungseinrichtungen, die sich mit den Bedingungen und Wirkungen von Innovation beschäftigten (siehe Abschnitt 2.1), und auch die (lernende) Organisation wurde zum spannenden Forschungsfeld (vgl. z. B. Aulinger 2003, 9ff; Bormann 2011; Bleicher 2004; Morgan 2002). Doch trotz der engen Verbindung zu Innovation und Innovativität wurden der Entrepreneur und unternehmerisches Handeln weiterhin als eigenständiges Forschungsgebiet vernachlässigt (vgl. Schmude, Welter & Heumann 2008).

Seit ca. 1985 war auch in den Volkswirtschaften der ehemaligen Europäischen Gemeinschaft der zweifache wirtschaftspolitische Paradigmenwechsel angekommen; einerseits die Abkehr von der keynesianisch-geprägten Nachfragepolitik, die eine staatliche und private Nachfragestimulation favorisiert, mit einer Hinwendung zur Förderung und Verbesserung der Angebotsbedingungen auf Seiten der Wirtschaft. Die Wirtschaftspolitik übernahm nicht mehr allein die Funktion eines Wettbewerbshüters in Form von Regulierungen und Einschränkungen unternehmerischer Freiheit, sondern sah ihre Funktion auch in der eines Wegbereiters für unternehmerische Chancen (vgl. Beckmann 2009, 35). Zudem galt ein neuer Wirtschaftsliberalismus, der für einen reduzierten, reformierten und „schlanken" Staat eintrat (vgl. Lampert & Bossert 2004, 97f.).

Ein verstärktes politisches Interesse in der Europäischen Gemeinschaft am Thema Entrepreneurship und eine neue wirtschaftspolitische Zielrichtung lassen sich seit den 1990er-Jahren beobachten. Es werden weniger Unternehmen und mehr Kooperationen zwischen Unternehmen und Forschungseinrichtungen sowie einzelne Entrepreneure unterstützt. Der Wandel von staatlicher Regulierung hin zu Stimulierung unternehmerischen Handelns wird sukzessive vollzogen. Diese wirtschaftspolitische Verschiebung wird auch als *Entrepreneurship-Politik* bezeichnet (vgl. Beckmann 2009, 21) und soll den Entrepreneurship-Prozess als

Ganzes fördern, von der Wahrnehmung unternehmerischer Chancen bis hin zur Realisierung innovativer Geschäftsideen (vgl. ebd., 25, 31).

Aber erst 1998 und im Zusammenhang mit der Euphorie um die New Economy, der daraus entstehenden Kapitalisierungsdynamik am damaligen Neuen Markt und dem damit einhergehenden Gründerboom entstand an der European Business School in Oestrich-Winkel der erste Entrepreneurship-Lehrstuhl in Deutschland (vgl. Klandt et al. 2008, 22; Aulinger 2003, 3). Zu diesem Zeitpunkt hatte die Entrepreneurship-Forschung im anglo-amerikanischen Raum bereits gute zwei Dekaden an Forschungsarbeit geleistet, allerdings ohne gemeinsam oder einheitlich vorzugehen, auf die die deutsche Wissenschaft zurückgreifen konnte. Die Untersuchung von unternehmerischem Handeln als Angestellter einer Organisation, dem Intrapreneurship, entwickelte sich als ein Teilforschungsgebiet, welches zwar als „spannend", aber noch (zu) wenig erforscht gilt (Kraus & Gundolf 2008, 21) und dessen Existenz und Förderungspotenzial sowohl für die Privatwirtschaft als auch für den öffentlichen Sektor (Public Entrepreneurship) zunehmend analysiert und diskutiert werden (vgl. Drucker 1993 14; Kraus & Gundolf 2008, 12 sowie McGahan et al. 2009b; Heinrichs & Marschall 2009).

Im sogenannten *Grünbuch Unternehmergeist in Europa* deklarierte 2003 die Europäische Kommission die Entrepreneurship-Förderung als einen wesentlichen Baustein der europäischen Wirtschaftspolitik. Entrepreneurship (*Unternehmergeist*) wurde als Motor für Innovation, Wettbewerbsfähigkeit, Beschäftigung und Wachstum beschrieben (vgl. Kommission der Europäischen Gemeinschaften 2003, 6f.); Intrapreneurship (*Unternehmergeist, der sich in bestehenden Unternehmen entwickelt*) galt als „ein effizientes Mittel zur Entwicklung unternehmerischer Aktivitäten", die ansonsten unverwirklicht blieben (vgl. ebd., 24). Lundström, Almerud & Stevenson (2008) legten mit ihren Ergebnissen aus einer vergleichenden Studie zu staatlichen Maßnahmen in Europa dar, dass die politische Stimulierung von entrepreneurialen Aktivitäten und Innovationsprojekten als eine der wesentlichen Aufgaben der Wirtschaftspolitik in vielen Ländern Europas angesehen wird. Entrepreneurship-Politik wurde dabei wie folgt definiert (vgl. Lundström, Almerud & Stevenson 2008, 10):

> "Entrepreneurship Policy is primarily concerned with creating an environment and support system that will foster the emergence of new entrepreneurs and the start-up and early-stage growth of new firms."

Entrepreneuriale Aktivitäten bzw. Prozesse finden im Rahmen eines systemischen Umfelds statt, das sich aus gesetzlichen, gesellschaftlichen, institutionellen, politischen und gesellschaftlichen Faktoren zusammensetzt. Verheul et al. (2001) unterscheiden für eine aktive Entrepreneurship-Politik bspw. zwischen

Faktoren der Angebotsseite (Arbeitsmarktperspektive) und Nachfrageseite (Produktmarktperspektive) und deren beiderseitige Wirkung auf Individuen, die die Entrepreneurship-Dynamik in einer Volkswirtschaft prägen. Die Angebotsseite beinhaltet Bevölkerungscharakteristika, demografische Gegebenheiten, individuelle Fähigkeiten und Ressourcen sowie die individuelle Haltung gegenüber beruflicher Selbstständigkeit. Die Angebotsseite ist durch kulturelle und institutionelle Rahmenbedingungen beinflussbar. Die Nachfrageseite bezieht sich auf das Vorhandensein potenzieller Geschäftsgelegenheiten am Markt. Faktoren sind hier bspw. der Grad der wirtschaftlichen und technologischen Entwicklung. Verheul et al. (2001, 25) bestimmten fünf Möglichkeiten verwaltungspolitischer Intervention, um identifizierte Determinanten für entrepreneuriale Aktivitäten zu stimulieren:

> "G1. Government intervention on the demand side of entrepreneurship; influencing the number and type of entrepreneurial opportunities.
>
> G2. Government intervention on the supply side of entrepreneurship; influencing the number and type of potenzial entrepreneurs.
>
> G3. Government policies aimed at influencing the availability of resources, skills and knowledge of individuals. These policies generally deal with the input factors of entrepreneurship, i.e., labor, finance and information.
>
> G4. Government policies aimed at influencing the preferences, i.e., values and attitudes, of individuals.
>
> G5. Government policies (directly) aimed at the decision-making process of individuals. Given certain opportunities and individual characteristics, this type of government intervention directly influences the risk-reward profile of entrepreneurship."

Andere Ansätze in der Literatur unterscheiden zwischen makrosozialen- und mikrosozialen Umfeld-Faktoren (vgl. Beckmann 2009, 29f.). Mikrosoziale Determinanten wie Bildungsstand, Familienstand etc. bestimmen die individuelle Entscheidung, unternehmerisch zu handeln. Zu den von Gesellschaft und Politik beeinflussbaren makrosozialen Faktoren gehören gesetzliche und institutionelle Regulierungen, aber auch technologische oder wirtschaftliche Faktoren. Auch gesellschaftliche Werte und Normen beeinflussen entrepreneuriale Aktivitäten; so können sich bspw. ‚harte' gesetzliche Konsequenzen bei Unternehmensinsolvenzen oder eine geringe Fehlertoleranz innerhalb von Organisationen hemmend auf potenzielle unternehmerische Aktivitäten auswirken.

Entrepreneurship, immer in Verbindung mit Innovation, gilt als entscheidend für ökonomische Entwicklung und Leistungsfähigkeit und wird als treibende Kraft für Wettbewerbsfähigkeit, Beschäftigung und Wachstum innerhalb globalisierter Wirtschaftssysteme angesehen (vgl. z. B. Oboschonka et al. 2013, 4;

Hotz-Hart & Rohner 2014; Wennekers & Thurik 1999; Audretsch, Bönte & Keilbach, 2008). Nach Audretsch (2003) müssen sich Hochlohnländer wie Deutschland im Globalisierungsprozess auf wissensbasierte, innovative und entrepreneuriale Aktivitäten konzentrieren, damit gleichzeitig ein stabiles Lohnniveau mit hoher Beschäftigung sichergestellt werden kann. Denn die Aneignung von Wissen setzt absorptive Fähigkeiten voraus und beschränkt sich auf ein relativ kleines Gebiet um die Wissensquelle; d. h., der Faktor Wissen kann nicht so einfach global verlagert werden. *Knowledge-Spillover* gilt als zentrale Quelle für unternehmerische Chancen und Entrepreneurship (vgl. Audretsch & Keilbach 2008). Zudem ändert sich in modernen Gesellschaften der Arbeitsbegriff an sich. Unter Arbeit verstand man früher mehr oder weniger die Abarbeitung von Anweisungen und Regelungen in hierarchisierten Umgebungen. Heute dient das Ergebnis einer Arbeit oft nicht mehr nur dem originären Organisationszweck, sondern ist im Kontext und in Relation anderer Arbeiten innerhalb in- und externer Beziehungsstrukturen einzuordnen. Neben der weiterhin wichtigen Bearbeitung von etwas beinhaltet Arbeit daher eine neue (Prozess-)Qualität zur mitlaufenden Überwachung und Bearbeitung ihrer selbst bezüglich Änderungen, Neueinschätzungen oder Kommunikation. Nach Priddat (2010, 216) stellt dieser Aspekt ein entrepreneuriales oder intrapreneuriales Moment für Arbeit per se dar. Die Aufgabe der Politik liegt daher auch in der Förderung von Wissensgenerierung und Wissenstransfer, sowohl für den kommerziellen als auch für den öffentlichen Bereich, damit eine effektive Verbindung zwischen Investitionen in Bildung, Forschung und Entwicklung einerseits und Wirtschaftswachstum andererseits kreiert und etabliert werden kann.

Lundström & Stevenson (2005) identifizierten auf Grundlage einer europäisch angelegten Untersuchung länderspezifische und regionale Unterschiede in der staatlichen Förderung von Entrepreneurship-Prozessen und entwickelten daraus ein Rahmenmodell mit vier Typen wirtschaftspolitischer Ansätze (vgl. Lundström & Stevenson 2005, 117f.):

- *E-Extension Policy*: Hierbei handelt es sich um keine spezifische Entrepreneurship-Strategie, sondern um eine Erweiterung der bestehenden Mittelstandsförderung um einzelne Entrepreneurship-Aspekte. Dieser Ansatz dominiert in den USA, Schweden und Australien.
- *Niche Policy*: Maßnahmen für bestimmte Nischen, hauptsächlich wissensintensive Entrepreneurship-Aktivitäten unter Einbindung von Universitäten. Meist werden Programme aufgesetzt, die unterrepräsentierte oder benachteiligte Personengruppen unterstützen, wie bspw. Frauen oder junge Menschen mit Migrationshintergrund.

- *New firm creation Policy*: Strategische Neugründungsförderung zur Reduktion der Kosten und des Zeitaufwands bei Unternehmensgründungsprozessen. Außerdem liegt hier ein Fokus auf dem Abbau unterschiedlichster regulativer und verwaltungsbedingter Barrieren, sodass viele unterschiedliche Ministerien bei der Umsetzung der Gründungsförderung mit einbezogen werden.
- *Holistic Policy*: Bei diesem umfassenden Ansatz sind alle Politikbereiche (inkl. Bildungspolitik) auf die Gestaltung von Entrepreneurship-förderlichen Rahmenbedingungen ausgerichtet und er vereint alle drei zuvor genannten Ansätze.

Die deutsche Entrepreneurship-Politik kombiniert Elemente des E-Extension-Typs mit der Nischenpolitik (vgl. Beckmann 2009, 38). Die auf Bundes-, Länder- und Lokalebene offerierten klassischen personenbezogenen Gründungsförderungsprogramme lassen sich in günstige Finanzierungsangebote (bzw. auch in Form von nicht-rückzahlbaren Zuschüssen) und meist kostenfreie Beratungsleistungen unterteilen. Ziel der Maßnahmen ist ein erleichterter Markteintritt für Unternehmensgründer, die sich mit einer bereits existierenden Idee bzw. Innovation selbstständig machen wollen. Seit Mitte der 1990er-Jahren existieren Förderungsprogramme zum Aufbau von wirtschaftlichen Cluster- und Netzwerkstrukturen zur Stimulierung und Stärkung regionaler Entrepreneurship-Dynamik, z. B. das Berliner *Cluster IKT, Medien, Kreativwirtschaft* oder das *Maritime Cluster Norddeutschland*.[27] Einige Programme werden auch vom Bundesministerium für Bildung und Forschung (BMBF) initiiert, die Zuteilung erfolgt oft in Rahmen von Wettbewerben, bspw. der *Cluster-Wettbewerb BioIndustrie2021*[28]. Zudem existieren wissensbasierende Fördermaßnahmen – oft im universitären Umfeld –, um eine Innovationsidee bis zur Marktreife entwickeln zu können, also eine Unterstützungsleistung in der entrepreneurialen Phase vor dem Markteintritt.[29] Auch bietet bspw. die Bundesagentur für Arbeit eine Selbstständigkeitsförderung durch Überbrückungsgeld für Arbeitslose oder bestimmte Angebote für Frauen. Das Deutsche Institut für Wirtschaftsforschung

27 Mehr Informationen zum Berliner Cluster siehe http://www.berlin.de/sen/wirtschaft/abisz/cluster_kmk.html. Mehr Informationen zum Maritime Cluster Norddeutschland siehe http://www.maritimes-cluster.de/. Letzter Aufruf am 18.07.2014.

28 Mehr Informationen zum Cluster-Wettbewerb BioIndustrie2021 siehe http://www.bmbf.de/de/1121.php?hilite=Cluster +Initiative. Letzter Aufruf am 18.07.2014.

29 Mehr Informationen siehe bspw. BMBF-Initiative Hightech Strategie für Deutschland, http://www.bmbf.de/ de/19870.php#Aus Ideen schneller Innovationen machen. Letzter Aufruf am 18.07.2014.

veröffentlicht Indikatoren-basierte Innovationsreporte zur Feststellung und Bewertung des Innovationsverhaltens und -potenzials. Es werden Innovationswettbewerbe für Weiterbildungsorganisationen, Schulen und Betriebe initiiert und auf dem deutschen Bildungsserver wurde ein Innovationsportal eingerichtet, das regional, national und international wegweisende Modellprojekte, bildungspolitische Maßnahmen und Akteure erfasst (vgl. Bormann 2011, 17f.; Bildungsserver 2014).

Die jüngsten internationalen und europäischen Wirtschaftskrisen und die damit verbundenen wirtschaftspolitischen, privatwirtschaftlichen und staatlichen Herausforderungen lassen vermuten, dass in Deutschland eine zunehmend umfassendere, strategische Ausrichtung von Entrepreneurship-Politik etabliert werden könnte. Denn einem entrepreneurialen Wirtschafts- und Verwaltungssystem wird unterstellt, dass es den rasant verändernden wettbewerblichen Umweltveränderungen wirkungsvoller begegnen und darüber hinaus nationale Wettbewerbsvorteile im Hinblick auf die Globalisierung erwirken kann (vgl. u. a. Beckmann 2009; Audretsch, Bönte & Keilbach, 2008; Lundström, Almerud & Stevenson 2008; Kraus & Gundolf 2008).

## 3.2 New Public Management – Basis für Intrapreneurship im öffentlichen Dienst

Aufgrund des negativen Wirtschaftswachstums ab Ende der 1960er-Jahre und der damit einhergehenden reduzierten Staatseinnahmen der westlichen Industrienationen wurde, parallel zur Wiederentdeckung des Entrepreneurs, eine „Sanierung" und Modernisierung von öffentlichen Verwaltungen angestrebt. Die treibenden Kräfte waren die wirtschaftsliberalen Regierungen der USA und Großbritannien unter politischer Führung von Reagan und Thatcher. Dementsprechend entstanden an den angloamerikanischen Forschungseinrichtungen erste Konzeptionen auf Basis privatwirtschaftlicher Managementtechniken[30] für effizientere Verwaltungen, welche unter dem Oberbegriff des New Public Managements weltweit und terminologisch einheitlich als eine Art „Gesamtbewegung" der Verwaltungsreform bekannt wurden (vgl. Schedler & Proeller, 2006, 5).

30 Die grundsätzliche Aufgabenstellung für das Management ist die Existenzsicherung und Stärkung der Wettbewerbsfähigkeit einer Organisation. Zu den klassischen Managementfunktionen gehören Zieldefinitionen (Visionen), Planung, Durchsetzung, Organisation, Motivation und Kontrolle (vgl. Schierenbeck 2003, 95f.).

### 3.2.1 Neue Steuerungsansätze im öffentlichen Sektor

Seit den 1980er-Jahren prägt das Reformmodell des New Public Managements in unterschiedlichen Modellvarianten international die wissenschaftliche Auseinandersetzung und die (unterschiedliche) Implementationspraxis, um tradierte Strukturen und Allokationsprinzipien der Bürokratie zu überwinden (vgl. OECD 1995a; 1995b; 2005). Die aktuellen Reformprogramme sind – nach einer erneuten Reformbewegung in den 1990er-Jahren auch als *Better Regulation* bezeichnet – stärker holistisch und qualitativ orientiert; sie zielen auf eine bessere Wirkung anstatt auf anfänglich fokussierte generelle Normenreduktion (vgl. OECD 2008; Denker 2008).[31] Die neue Ausrichtung verfolgt nicht nur eine an Kosten-Nutzen-Kriterien ausgerichtete Erhöhung der Effizienz, die vor allem wirtschaftlichen Interessen dienen soll, sondern strebt auch nach Effektivität im öffentlich-staatlichen Interesse. Also eine weitreichendere, verbesserte Regulierungswirkung und -qualität (Impact) und langfristig-systemische Problemlösung (Outcome) bezogen auf unerwünschte Nebenwirkungen der Reformen (vgl. Denker 2008, 1ff.). Die meisten der 30 OECD-Mitgliedsstaaten orientieren heute ihre Programme zur Regulierungsreform an diesen Empfehlungen (vgl. Denker 2008, 1).

Um das vielschichtige Konstrukt von Staat und Verwaltung verstehen, erklären und gestalten zu können, bedarf es nach Reichard (2007, 25) mindestens vier Analyseebenen: Legalität, Legitimation, Effizienz und Effektivität. Wissenschaftlich hat sich daraus die *Governance-Forschung* entwickelt, die interdisziplinär und fakultätsübergreifend arbeitet (u. a. Politik-, Sozial-, Verwaltungs-, Rechts- und Wirtschaftswissenschaften) (vgl. u. a. Holtkamp 2010; Schuppert 2011; Reichard 2007). Der Schwerpunkt liegt in der Erforschung neuer Handlungskoordination für bestimmte Verwaltungszweige, die besser als die traditionellen Konzepte von legalistischer Planung und Steuerung in hierarchisierter zur Bewältigung kollektiver Probleme und zur Produktion öffentlicher Güter und Dienstleitungen moderner Gesellschaften geeignet sind. Es geht dabei nicht nur um eine ökonomisierte Sicht der Leistungsprozesse öffentlicher Verwaltungsstrukturen, sondern auch um eine kritische Auseinandersetzung mit einer veränderten, schwindenden gesellschaftlichen Akzeptanz und Legitimität für jegliche Regelungsbereiche (u. a. Verwaltung, Politik, Rechtsprechung, Wirtschaft, Medien, Religion oder Bildung) und deren Regelungsebenen, von lokal bis international (vgl. Grande & May

31 Der Ursprung dieses Paradigmenwechsels liegt in den OECD Policy-Empfehlungen zur Verbesserung der Regulierungsqualität von 1995, welche erste internationale Regulierungsprinzipien formulierten (vgl. OECD 1995b) sowie dem Ministerreport von 1997, der Erfolgsmethoden und einen Aktionsplan enthält (vgl. OECD 1997).

2009, 7, Eichhorn 2007, 111). Die Verwaltungswissenschaft unterscheidet heute die ergebnisorientierte *managerialistische* von der *legalistischen* Verwaltungskultur, die beide – je nach Verwaltungsebene und Verwaltungszweig – in Deutschland Anwendung finden: die klassische Inputorientierung und Regelsteuerung innerhalb der Ministerialverwaltung, Outputorientierung und Prozesssteuerung in der kommunalen Daseinsvorsorge, zu dem auch der Bildungssektor zählt (vgl. König & Reichard 2007, Vf.). *Managerialismus* bedeutet zunächst die Adaption privatwirtschaftlicher Modelle sowohl für die öffentliche Verwaltung als auch für öffentliche Unternehmen (vgl. Edeling 2007, 65; Buschhoff 2008, 16). Zu einer managerialistischen Verwaltung zählt auch das Menschen- bzw. Rollenbild des Entrepreneurs (vgl. Schedler 2007, 94; Osborne & Gaebler 1992).

Die verschiedenen New Public Management-Ansätze werden von vielen Theorien beeinflusst, die das System von außen (Institutionsökonomik) und von innen (Managerialismus) beleuchten (vgl. Eichhorn 2007, 118). Als die beiden wichtigsten Theorien der jeweiligen Perspektive gelten die *Public Choice Theorie* und die Ansätze des *Public Management* (vgl. u. a. Schedler & Proeller 2009; Holtkamp 2008; Banner 2008).[32] Entsprechend dem *Public Choice*-Paradigma wird die aus der Institutionenökonomie stammende Theorie rationaler Entscheidungen (Homo Oeconomicus) auf Ziel- und Mittelentscheidungen sowie Anreizstrukturen politischer oder öffentlicher Institutionen adaptiert. Es wird angenommen, dass auch im politisch-administrativen Umfeld alle, auch verbeamtete Akteure, Nutzenmaximierer seien, die zielorientiert und zweckrational handelten. Der Fokus der Public Choice-Theorien liegt auf den Folgen individuell vernünftigen Handelns, das auf kollektiver Ebene kontraproduktive oder paradoxe Folgen nach sich ziehen kann; denn Bürokratien produzieren nicht wohlfahrtsoptimal, sondern es geht auch um individuelle Budgetmaximierung oder Rentenstreben (*Rent Seeking*), d. h. Ausnutzung von Macht- oder Informationsvorteilen (vgl. Schedler & Pröller 2009, 48). Das interdisziplinäre Forschungsfeld *Public Management* untersucht den öffentlichen Sektor im Hinblick auf eine effiziente sowie effektive Gestaltung der Verwaltungsführung (Verwaltungsmodernisierung) (vgl. Reichard 2007, 26ff.). Die Ansätze des Public Management verfolgen hauptsächlich eine Implementierung moderner Managementstrukturen zur Leistungsoptimierung des öffentlichen Sektors; es geht insbesondere um die Fragen nach geeigneten Methoden und Techniken (vgl.

---

32 Neben der Public-Choice-Theorie existieren weitere institutionenökonomische Theoriezugänge, wie die Transaktionskostentheorie, Property Rights-Theorie und die Principal-Agent-Theorie. Als Zugänge aus dem Managerialismus gelten weiterhin der Universalistische Ansatz und der Ansatz der Öffentlichen BWL (vgl. Eichhorn 2007).

Schedler & Proeller 2006, 48ff). In den Public Management-Konzeptionen gilt das Innovationsmanagement, also die gezielte Förderung und Generierung von Innovationen im öffentlichen Sektor, als zentraler Reformansatz (vgl. Thom & Ritz 2008, 119ff; siehe Abschnitt 3.2.2).

Eine der bekanntesten Beschreibungen des New Public Managements stammt von Hood (1991), der aus verschiedenen Konzeptionen und Ansätzen sieben zentrale Elemente zum New Public Management herausarbeitet:

*Tabelle 5: Doctrinal components of New Public Management (nach Hood 1991, 4f)*

| Doctrine | Meaning | Typical justification |
|---|---|---|
| *Hands-on professional management* | Visible managers at the top of the organisation, free to manage by use of discretionary power. | Accountability requires clear assignment of responsibility, not diffusion of power. |
| *Explicit standards and performance measures.* | Goals and defined targets which are specific, measurable, achievable, relevant and timed. | Accountability means clearly stated aims; efficiency requires a, hard look' at objectives. |
| *Emphasis on output controls.* | Resource allocation and rewards are linked to performance. | Need to stress results rather than inputs and procedures. |
| *Shift to disaggregation of units in the public sector.* | Disaggregate public sector into corporatised units of activity, organised by products, with devolved budgets. Units dealing at arm's length with each other. | Make units manageable; split provision and production, use contracts or franchises inside as well as outside the public sector. |
| *Shift to greater competition by the introduction of market disciplines in the public sector.* | Move to term contracts and public tendering procedures. | Rivalry via competition as the key to lower costs, better standards and more innovation in product design. |
| *Stress on private-sector styles of management practice.* | Move away from traditional public service ethic to more flexible pay, hiring, rules, etc. | Need to apply ‚proven' private sector management tools in the public sector. |
| *Stress on greater discipline and economy in resource use.* | Cutting direct costs, raising labour productivity, limiting compliance costs to business. | Need to check resource demands of the public sector, and do "more with less". |

Im internationalen Kontext haben sich zwei typologische Reformansätze des New Public Managements entwickelt, basierend auf ordnungspolitischen Grundmodellen: das *Marktmodell* und das *Neue Steuerungsmodell* (NSM), auch *Staatsmodell* bezeichnet. Konstituierende Elemente beim Marktmodell sind Privateigenturm an Produktionsmitteln, umfassende Autonomie der Wirtschaftssubjekte und Koordination von Angebot und Nachfrage durch den Preis. Das Staatsmodell zeichnet sich durch Staatseigentum, geringe Autonomie der Wirtschaftssubjekte und Koordination von Angebot und Nachfrage durch Hierarchie aus. Bei den Modellen handelt es sich um Idealtypen, also um die beiden Pole eines Kontinuums. New Public Management kann als ein Versuch verstanden werden, das traditionelle Staatsmodell in Richtung Marktmodell zu verschieben, indem den Verwaltungseinheiten mehr Autonomie gewährt wird und gewisse Wettbewerbselemente eingeführt werden (vgl. Mäder 2008, 18f.). Die wohl wesentlichste Veränderung liegt allerdings in der Neugestaltung der Steuerungsabläufe innerhalb der Verwaltungseinheiten, von einer Inputsteuerung in eine wirkungsorientierte Outputsteuerung; d. h., Steuerungsgegenstand sind weniger die Mittel, sondern die Leistungen bzw. die Erreichung von Zielen (vgl. Schedler & Proeller 2006, 131f.). Das NSM hat sich in weiten Teilen Deutschlands gegenüber dem *Marktmodell* durchsetzen können und kann als deutsche Version des internationalen Modernisierungstrends verstanden werden. Darin werden mehr Effizienz und Effektivität in öffentlichen Verwaltungen und eine erhöhte Autonomie in der Bewältigung öffentlicher Verwaltungsarbeit angestrebt (die Politik entscheidet, *was* gemacht werden soll, die Behörde über das *wie*) mit einem externen Controlling (vgl. Wittmann 2007, 208f.; Deckert 2006, 43).[33]

Die ersten praktischen Anwendungen nach New Public Management-Modellen fanden international seit Anfang der 1980er-Jahre statt, im deutschen Raum begannen die Reformen ca. eine Dekade später und haben mittlerweile alle Verwaltungsebenen des öffentlichen Sektors erfasst (vgl. Buschhoff 2008, 1). Vorreiter ist vor allem die kommunale Ebene; im Jahr 2010 galten 92 Prozent aller Kommunen als reformaktiv, 76 Prozent orientierten sich ganz oder in Teilen am NSM (vgl. Bogumil 2010, 5). Positive Ergebnisse werden in Performanz-Verbesserungen wichtiger Leistungsparameter wie erhöhte Serviceorientierung und Verfahrensschnelligkeit attestiert[34], allerdings sind die

33 Daneben existieren weitere Varianten, wie bspw. in der Schweiz das *Modell der Wirkungsorientierten Verwaltungsführung* oder in den Niederlanden das *Tilburger Modell* (vgl. Schedler & Proeller 2009; Holtkamp 2008; Banner 2008). Mehr Information zu unterschiedlichen New Public Management-Modellen und ihren Ansätzen siehe Lüder & Streitferdt (2007).

34 Insgesamt werden Datenqualität und Ergebnisse von Leistungsmessungen innerhalb von Verwaltungen eher kritisch bewertet. Es wird angenommen, dass die erhobenen Daten nicht immer die realen Bedingungen wiedergeben (vgl. Kuhlmann 2011, 162). Yang (2009) untersuchte den Aspekt der wahrgenommenen Ehrlichkeit bei der

Transaktionskosten hoch, es gibt keine nachweisbare erhöhte Wirtschaftlichkeit, das Verwaltungshandeln ist transparenter, nicht jedoch die politisch-administrative Steuerung, die Mitarbeitermotivation ist tendenziell aufgrund von Leistungsverdichtung und Personalabbau gesunken und teilweise werden Reformmaßnahmen wieder zurückgeführt, z. B. bei Privatisierungen (vgl. Bogumil 2010, 5; siehe auch Holtkamp 2010, 171f., Wißmann 2011, 2f.). Insgesamt, resümiert Bogumil (2010, 7) sei eine theoriegetreue Adaption privatwirtschaftlicher Erfahrungswerte für den öffentlichen Sektor nicht realisierbar und New Public Management sei kein „universelles Modernisierungskonzept", sondern eher eine Art Medizin, die nach einer sorgsamen Diagnose punktuell und in Maßen heilsam wirken könne.

Die Grundprämissen des New Public Managements liegen nach Schedler & Proeller (2006, 51ff.) im grundsätzlich optimistischen, lernfähigen Menschenbild – auch bei Vertretern von Politik und Verwaltung. Außerdem in der Notwendigkeit von Staat und Verwaltung; aber auch in der Erkenntnis, dass die zu lösenden Probleme Effizienz und Effektivität aufgrund Knappheit der verfügbaren Finanzressourcen und nicht Legalität oder Legitimation sind, dass mehr Wettbewerb zu mehr Effizienz und Effektivität führt als Planung und Steuerung und dass rationales Public Management möglich ist. Diese Annahmen können analog als Basis für ein eigenständiges – oder auch nur ergänzendes – Steuerungsinstrument, einem Intrapreneurship-Konzept für den öffentlichen Dienst gelten.

Da eine Einführung neuer Steuerungsmodelle des New Public Management, aufbauend auf den Funktionsbereichen der betriebswirtschaftlichen Managementlehre und deren ökonomischer Perspektive, im öffentlichen Sektor grundsätzlich als möglich gilt, erscheint es sinnig zu überprüfen, inwiefern auch die Erkenntnisse der jüngeren Schwesterdisziplin, der Entrepreneurship-Forschung konstruktiv für eine Weiterentwicklung und Stärkung des öffentlichen Dienstes nutzbar gemacht werden können. Theoretische Konstrukte können dabei sowohl die positiven als auch die negativen Erfahrungswerte aus den New Public Management-Umsetzungen nutzen, um ein realistischeres Modell und ein erfolgversprechenderes Vorgehen zu konstruieren. Überraschenderweise befasst

Berichterstattung öffentlicher Organisationen basierend auf Umfragedaten aus Taiwan. Die Ergebnisse zeigen, dass unterstützende externe und harmonische interne Umgebungen die Beteiligung von Interessengruppen und die Innovationskultur verbessern, was wiederum ein ehrliches Performanz-Reporting fördert (vgl. Yang 2009). Mehr zum Thema Messung und Vergleich von öffentlichen Verwaltungsleistungen in Europa siehe Kuhlmann (2011).

sich innerhalb der Entrepreneurship-Forschung nur eine relativ kleine Gruppe von Forschern mit dem Bereich des *Public Entrepreneurship* (siehe Abschnitt 2.2.6.2.) und stellt einen Zusammenhang von Unternehmertum und öffentlicher Verwaltung her. Entrepreneurship gilt zwar grundsätzlich als Mittel, um Leistungsfähigkeit zu verbessern, auch im öffentlichen Sektor (z. B. Osborne & Gaebler 1992), aber da sich New Public Management primär auf die verbesserte Erbringung von Dienstleistungen konzentriert, wird das Konstrukt Entrepreneurship eingeschränkt in Bezug auf die Leitungsebene zur Durchsetzung neuer Richtlinien und Verfahrensweisen betrachtet (vgl. Meynhardt & Diefenbach 2012, 762). Der Fokus liegt auf den Rahmenbedingungen der institutionellen Ebene; unternehmerisches Handeln auf Mitarbeiterebene wird bislang kaum diskutiert oder gar analysiert (Schönebeck 2010, 9f; Knuth & Schierz 2009, 35). Ein wesentlicher Grund dafür liegt auf normativer Ebene; es sind Befürchtungen, dass durch Entrepreneurship bspw. Regelverstöße, unangebrachter Wettbewerb und eigennütziges Mitarbeiterverhalten begünstigt werden, es also zu gesellschaftlich inakzeptablen nachteiligen Auswirkungen auf demokratische Verwaltungssysteme kommen könnte (vgl. z. B. deLeon & Denhardt 2000; Terry 1998; Brinkmann & Dörre 2006).

Ein prominenter Versuch, die unternehmerischen Initiativen von New Public Management mit den weitreichenden normativen Funktionen öffentlicher Organisationen in der Gesellschaft in Einklang zu bringen, wurde von Moore (1995) mit seinem Konzept *Creating Puplic Value* präsentiert. Für Moore ist Public Value für den öffentlichen Sektor das, was für die Privatwirtschaft Shareholder Value bedeutet. Es geht um die Schaffung von Gemeinwohlwert (Public Value) als langfristige Ausrichtung und Maßstab für das Handeln von und innerhalb öffentlicher Institutionen mit der Folge gesteigerter Wertschöpfung durch Behörden und öffentliche Verwaltungen, aber auch positive (subjektive) Wertschätzung durch die Öffentlichkeit. Die Ideen des New Public Managements werden dabei erweitert, so setzt sich das Konzept auch mit den immer wieder kritisierten „Managerialismus“ des New Public Managements und seinen auf objektivierter betriebswirtschaftlicher Messbarkeit zugespitzten Ansätzen bezüglich Management-Effizienz auseinander und integriert die Vielfalt der betroffenen, kreierten oder zerstörten sozialen Werte durch (unternehmerisches) Verwaltungshandeln. Der Wertschöpfungsansatz bildet dabei den Rahmen für ein Public Entrepreneurship, das als Instrument zur Steigerung des Gemeinwohlwertes genutzt werden kann (vgl. Meynhardt 2008). Eine Public Value-Perspektive erlaubt die Verbindung zum Entrepreneurship aufgrund der komplexen sozialen Herausforderungen und der unklaren Abgrenzung von Politik und Exekutive. Die Schaffung von Public Value erfordert nach Meynhardt &

Diefenbach (2012, 762) nicht nur ein effizientes Management, sondern auch einen proaktiven Ansatz, um angemessen Regeln fest- und umzusetzen, die weitreichende sozialen Folgen implizieren. Ein Public Value Management (PVM) benötigt entrepreneuriales Verhalten, um Gelegenheiten zu erkennen, Kooperationen zwischen Bürgern und anderen Institutionen zu erleichtern und um neue Ideen zu implementieren, die besser den gesetzlichen Auftrag erfüllen. Der Faktor von Risiko und Unsicherheit, der dem Entrepreneurship-Konzept innewohnt, kann durch politische Prozesse gesteuert werden, die Gesetze auf den Weg bringen und dadurch Legitimation erwirken können. Von einem New Public Management – über Good Governance[35] – zu einem Public Value Management, denn „[N]ach dem ‚schlanken' und dem ‚aktivierenden' Staat wird jetzt der ‚wertschöpfende' Staat gebraucht, der Werte für die Gemeinschaft schafft." (Hill 2006, 83). Public Value stellt nach Meynhardt (2008, 458f.) zwar kein neues Paradigma im engeren Sinne dar, aber es bietet wichtige Anregungen zur Weiterentwicklung von New Public Management, um die Gemeinwohlorientierung wieder mehr zu stärken.[36]

Meynhardt & Diefenbach (2012) analysieren die entrepreneuriale Orientierung des mittleren Managements auf Grundlage von Daten der Bundesagentur für Arbeit unter dem Aspekt der Reformbemühungen nach New Public Management und PVM. Konsistent zu den Ergebnissen aus Studien, die Intrapreneurship und entrepreneuriale Orientierung in der Privatwirtschaft untersuchen (u. a. Hornsby, Kuratko & Zahra 2002, Kuratko et al. 2005), bestätigt auch diese Studie im öffentlichen Sektor, dass folgende Voraussetzungen, abgeleitet aus der betriebswirtschaftlichen Organisationslehre im Privatsektor, positiven Einfluss auf das Ausmaß entrepreneurialer Orientierung in Abteilungen erwirken:

35 Unter dem Begriff *Good Governance* wird vor allem der Qualitätsaspekt von Steuerung und Koordination der Zusammenarbeit und Entscheidungsfindung verschiedener gesellschaftlicher Gruppen in gesellschaftlich-relevanten Fragen diskutiert (vgl. Hill 2006, 81). Good Governance möchte Demokratie, Sozial- und Rechtsstaatlichkeit verknüpfen und durch Politikbeteiligung der Zivil- und Privatwirtschaft neue gesellschaftliche Potenziale erschließen (Clement et al. 2010, 8). Als qualitative Fortsetzung gilt *Open Government*, das das Verhältnis des öffentlichen Sektors mit seiner Umwelt auf drei aufeinander aufbauenden Stufen (Transparenz, Partizipation und Kollaboration) weiterentwickeln will. Dabei wird Open Government als generelles Prinzip postuliert (vgl. Heine & Proske 2012; Hilgers 2012). Mehr zu Governance-Ansätzen siehe Schuppert (2011) sowie Holtkamp (2010).

36 Mehr zum Versuch einer Integration „normativer" und „empirisch-wirtschaftlicher" Perspektive bezogen auf den öffentlichen Sektor siehe Bozeman & Moulton (2011).

- *Management Support* beschreibt die Beachtung und Bedeutung, die das Management der Förderung von Ideen der Mitarbeiter zukommen lässt.
- *Work Discretion* bedeutet autonome und freie Entscheidung über den eigenen Arbeitsablauf und Toleranz gegenüber Fehlern.
- *Resource Availability* meint die Verfügbarkeit von Ressourcen für innovative Aktivitäten im Hinblick auf Kapital, Zeit und Personal.

Des Weiteren wurde für die Untersuchung von Meynhardt & Diefenbach (2012) aus dem Kontext der New Public Management-Literatur erforscht, ob sich die Einführung von Management-Kontrollsystemen (MCS), speziell die beiden Aspekte der *Fokussierung auf Leistungskennzahlen* (KPI Focus) und *Verschwommenheit der Ziele* (Goal Ambiguity), negativ auf eine entrepreneuriale Orientierung auswirken. Dies konnte nicht nachgewiesen werden. Zum Dritten konnten zwei Hypothesen, die auf PVM-Ansätzen beruhen, im Hinblick auf eine positive Auswirkung auf entrepreneuriale Orientierung bestätigt werden: die Wahrnehmung und das Handling der Vielzahl von Erwartungen interner und externer (lokaler) Anspruchsgruppen, deren Integration kreative Leitungskräfte bedarf, und deren Amtszeit in der Position/Abteilung.

### 3.2.2 Innovationsmanagement zur Neugestaltung öffentlicher Institutionen

Innovativität und Innovation wird als erfolgskritisches Merkmal zum Überleben von Systemen oder Organisationen in modernen Gesellschaften angesehen (siehe Abschnitt 2.1). Das gilt auch – oder erst recht – für das Staatswesen, das neben anderen vor allem zwei Aufgaben zu erfüllen hat: Einerseits muss es wirtschaftliche und gesellschaftliche Interessen regeln, koordinieren oder moderieren, zum Zweiten ist der Staat selbst gegenüber seinen Bürgern in der Rolle des Leistungserbringers, zumindest des Leistungsbestellers. Damit die Legitimation dieser Aufgaben gegenüber der Bürgerschaft erhalten bleibt, müssen auch die Träger der öffentlichen Aufgabenbereiche möglichst produktiv und innovativ kontinuierlich den zeitgemäßen Veränderungen begegnen und nach Verbesserungen suchen. Unter *Politikinnovationen* werden Erneuerungen in der politischen Vorbereitung und Programmformulierung aufgrund politischer bzw. gesellschaftlicher Interessen zur Problemlösung verstanden, die aus neuen Gesetzen, Verordnungen oder Beschlüssen resultieren. *Verwaltungsinnovationen* zur veränderten Leistungserbringung oder -wirkung entstehen auf Ebene organisationaler Steuerung in Verwaltungsstellen oder anderer öffentlicher Institutionen. Sowohl Politik- als auch Verwaltungsinnovationen können strategische Bedeutung erlangen, sofern sie prinzipielle Veränderungen des Zwecks einer Institution hervorbringen.

Innovationen in Politik und Verwaltung sind unerlässlich zur Stärkung der Wettbewerbs- und Kooperationsfähigkeit gegenüber anderen Staaten, Organisationen und Privatinstitutionen sowie zur Einflussnahme bzw. Steuerungsfähigkeit auf wirtschaftliche und gesellschaftliche Umsysteme (vgl. Thom & Ritz 2008, 123f.; 133f.; Drucker 1986, 1987). Aber auch aus dem Sozialstaatsprinzip, dem Gleichheitsgebot und dem Rechtsstaatsgrundsatz folgen Gestaltungsaufgaben des Gesetzgebers und Konkretisierungs- und Umsetzungsaufgaben für die Verwaltung in wirkungs- und gemeinwohlorientierter Form. Eine Vielzahl von Rechtsnormen zielt ausdrücklich auf Reformen ab, wie die Gleichstellungsaufträge der Verfassung (Art. 3 Abs. 2 S. 2, Art. 6 Abs. 5 GG), die Staatsziele, wie der Schutz der natürlichen Lebensgrundlagen auch in Verantwortung für zukünftige Generationen (Art. 20 Abs. 1 und Art. 20a GG), die Gesetzgebungsaufträge zur Konkretisierung und Gestaltung zentraler Rechtsinstitute (z. B. Art. 12 Abs. 1 S. 2, Art. 12a Abs. 2 S. 3, Art. 14 Abs. 1 S. 2 GG) sowie Gewährleistungsnormen (bspw. Art. 87e Abs. 4, Art. 87f Abs. 1 GG) und nicht zuletzt auch das „Recht auf gute Verwaltung“, welches in Art. 41 der Grundrechte-Charta der Europäischen Union verankert liegt (vgl. Bull 2008, 47f.; Hill 2007, 189f.).

Innovationen sind nach Pleschak & Sabisch (1996) allerdings nur dann erfolgreich, wenn „sie nicht zufälligen Charakter tragen, sondern systematisch vorbereitet und durchgesetzt werden und wenn die einzelnen Innovationsprozesse richtig aufeinander abgestimmt sind“ (ebd., 39). Aus diesem Grunde gilt die gezielte Förderung von Innovation durch ein *Innovationsmanagement*[37] generell als Schlüsselkomponente für Planung, Organisation und Implementation strategischer Vitalisierungs- und/oder Veränderungsprozesse auf Mikro-, Meso- und Makroebene. Dies gilt auch in Bezug auf die Struktur- und Steuerungsreformen im öffentlichen Sektor (vgl. z. B. Hilgers 2012; Hill 2011; Thom & Ritz 2008; Denker 2008; Nutt & Backoff 1993).

---

37 In der Literatur wird Innovationsmanagement vom Forschungs- und Entwicklungsmanagement und Technologiemanagement differenziert und ist sowohl strategisch als auch operativ angelegt. Forschung und Entwicklung beschreibt die systematisch durchgeführte kreative Arbeit, um neues Wissen zu generieren (Forschung) sowie dessen Nutzung bzw. Verwertung für neue Anwendungen oder Lösungen. Das Technologiemanagement umfasst Bereiche wie Sicherung der eigenen Technologiepotenziale, aber auch Nutzungsentscheidungen für Technologien bzw. Make-or-Buy-Entscheidungen, um technologische Wettbewerbsfähigkeit zu stärken. Management von Technologien ist dann Bestandteil von Innovationsmanagement, wenn es sich um die Einführung neuer Technologien oder deren neuartige Verwendung handelt (vgl. Hauschildt & Salomo 2011, 28f.).

Bleicher (2004, 649) definiert Innovationsmanagement aus strategischer Sicht wie folgt:

> „Innovationsmanagement umfasst die laufende Verbesserung aller Vorgänge und das fokussierte kreative Schaffen und Durchsetzen von Veränderungen durch die Gestaltung und Lenkung der Unternehmensentwicklung[.]" – bzw. Organisationsentwicklung.

Innovation als sozialer Prozess zielt auf Wandel ab und ist zunächst unabhängig vom Gegenstand, der einer Neuerung unterliegen soll. In der Praxis fehlen weniger die schöpferischen Ideen (Inventionen) und die daraus entwickelten Veränderungsvorschläge (vgl. Bleicher 2004, 646ff.). Die größte Gefährdung für den Innovationserfolg liegt in der Etablierung bzw. Implementierung, die durch Verhaltensweisen gehemmt werden, um Altbewährtes zu sichern. Bleicher (ebd.) unterscheidet diesbezüglich auf Organisationsebene den Systemwiderstand, den er auf fehlende strategische Führungsfähigkeiten zurückzuführt, und die Systemträgheit, die sowohl personale als auch infrastrukturelle Trägheitskomponenten umfasst, wie Ausbildungsstand der Mitarbeiter, Routine oder Bequemlichkeit. Die genannten Verhaltenswiderstände und die Trägheit können offen oder versteckt, konstruktiv und destruktiv, von Einzelpersonen oder auch von Gruppen auf unterschiedlichen Ebenen ausgeübt werden. Im öffentlichen Sektor sind nach Thom & Ritz (2008, 124ff.) die systemimmanenten Hemmungsfaktoren besonders ausgeprägt. Vor allem das individuelle Innovationspotenzial verkümmere in der Berufstätigkeit relativ schnell aufgrund der routine- und regelgebundenen Amtskultur (vgl. Thom & Ritz 2008, 119).

Neben den strategischen Voraussetzungen wie anspruchsvollen, aber erreichbaren Ziel- und Wertekatalogen sowie einfachen, dezentralisierten Organisationsstrukturen, die partizipative Prozesse ermöglichen, wird als wichtiger Erfolgsfaktor für Innovationsprozesse in der Literatur die Unternehmens- bzw. Organisationskultur genannt, die Innovationen hemmen oder fördern kann (vgl. u. a. Ernst 2003; Hauschildt & Salomo 2011; Gerlach 2003, Thom & Ritz 2008). Bedeutsam ist, ob Innovationen im gelebten Wertesystem einer Organisation einen hohen Stellenwert haben oder nicht (vgl. Kieser 1986). Auch für den öffentlichen Sektor gilt, dass durch Integration eines Innovationsmanagements und Legitimation für innovatives Agieren Werte und Einstellungen der bisherigen Kulturprägung verändert werden können, um Innovationen zur Erreichung strategischer und gesellschaftspolitischer Ziele möglich zu machen. Durch ein Innovationsmanagement können zwar keine Innovationen generiert werden, es dient jedoch als Führungsinstrument zur Förderung und zum Ausbau geeigneter Rahmenbedingungen für erfolgreiche Innovationsprozesse (vgl. Thom & Ritz 2008, 119f.). Eine wesentliche Aufgabe des Innovationsmanagements liegt somit auch im organisationalen Durchsetzen prinzipieller Veränderungen der Organisationskultur bezogen auf neue Technologien, neue Produkte, Organisationsformen, Führungssysteme etc. (vgl. Bleicher 2004, 648ff.; Gemünden & Hölzle 2011a).[38]

Um Innovationen durchzusetzen, bedarf es Innovatoren zur Initiierung, die zum einen ressourcenbezogene, kreative, kognitive Leistung (Invention) erbringen, und zum anderen Innovatoren, die führungsbezogen und konfliktregulierend Widerständen bei der Implementierung begegnen, die sich in Organisationen und ihrem Umfeld der Erneuerung entgegenstellen (vgl. Damanpour & Schneider 2009, 497). Dazu werden für den operativen Managementbereich individuelle *Promotoren* benötigt, die zunächst die Voraussetzungen zur Promotion einer Innovation schaffen (vgl. Hauschildt & Salomo 2011, 125; Bleicher 2004, 656). Hauschildt & Salomo (2011, 125ff.) unterscheiden in ihrem Promotorenmodell Bezug nehmend auf Witte (1973) zwischen dem *Fachpromotor*, der über Experten-Wissen verfügt und dessen Aufgabe darin besteht, die Hürde des „Nicht-Wissens" durch Lehren und Lernen zu überwinden, und dem *Machtpromotor*, der aufgrund seiner (hohen) Position im Unternehmen über die notwendigen personellen, zeitlichen, finanziellen, organisatorischen Ressourcen verfügt und der die Barrieren des „Nicht-Wollens" hierarchisch oder durch Schaffung von Anreizen bewältigt. Beide Akteure arbeiten eng zusammen und wirken gemeinsam auf ihr Umfeld ein („Gespann"). Zusätzlich im Team wird bei komplexen Veränderungen oder in größeren Organisationen mit Bezug auf Hauschildt & Chakrabarti (1988) noch der *Prozesspromotor* auf mittlerer Management-Ebene benötigt („Troika"), der das „Nicht-Dürfen" auf organisatorischer und administrativer Ebene durch Kommunikation und Interaktion beseitigt. Innovationen erfolgen aber zunehmend in Kooperation mit externen,

38 Die Frage der Gestaltbarkeit von Organisationskulturen wird wissenschaftlich strittig diskutiert. Vertreter des Methaphern-Ansatzes (Organisationen *sind* Kulturen) gehen nur von einer bedingten Gestaltbarkeit aus. Organisationskultur dient als Perspektive zum Verständnis der kollektiv-sozialen Konstruktion organisatorischer Wirklichkeit (vgl. Morgan 2002). Die Vertreter des Variablen-Ansatzes (Organisationen *haben* Kulturen) gehen davon aus, dass Organisationskultur nur eine von mehreren Variablen ist, die eine Organisation ausmachen. Organisationskultur wird als homogen und damit typisierbar angesehen und angenommen, dass Kultur durch Führung grundsätzlich aktiv veränderbar ist. Nach diesem Ansatz zeichnet sich eine innovationsfördernde Organisationskultur u. a. durch folgende Kennzeichen aus: Fehlertoleranz, Freiräume für Kreativität, Unterstützung innovativer Akteure, Gelegenheit zu informeller Kommunikation, Netzwerkbildung und Weiterbildung (vgl. Kieser 1986; Behrends 2003; Gerlach 2003). In dieser Arbeit wird vom zweiten Ansatz ausgegangen.

autonomen Partnern wie bspw. Kunden, Lieferanten, Beratern, Forschungseinrichtungen.[39] Die o. g. Promotoren mit ihrem hierarchisch angelegten Potenzial vor allem durch den Machtpromotor wirken nur bedingt nach außen; in solchen Beziehungsstrukturen bedarf es des Weiteren des *Beziehungspromotors*, der durch partnerspezifische Machtquellen und Leistungsbeiträge Barrieren in der Zusammenarbeit mit externen, autonomen Partnern überwinden kann. Nach Gemünden & Walter (1995) existieren innerhalb inter-organisationaler Zusammenarbeit vier Barriere-Arten:

- „Nicht-voneinander-Wissen",
- „Nicht-Miteinander-Zusammenarbeiten-Können" (sprachliche, räumliche, psychische, soziale, interkulturelle Distanzen),
- „Nicht-Miteinander-Zusammenarbeiten-Wollen" (Motiv-, Einstellungswiderstände),
- „Nicht-Miteinander-Zusammenarbeiten-Dürfen" (politische, sittliche oder weltanschauliche Normen könnten verletzt werden).

Sieht man Innovation als einen dynamischen Veränderungsprozess, bewährt sich das Promotorenmodell als Rollenmodell. Die Rollen sind dabei nicht unbedingt personenabhängig, die Rollen des Macht-, Fach-, Prozess- und Beziehungspromotors sollten jedoch in jeder Phase des Verlaufs besetzt sein, damit eine den komplexen Prozess gefährdende Übergewichtung der einen oder anderen Rolle ausgeschlossen bleibt (vgl. Gemünden & Hölzle 2011b). Promotoren sind im Gegensatz zu anderen Organisationsmitgliedern initiativ und fördern Innovationen aktiv und nachhaltig. Die Aktivitätsgrad von Promotoren ist abhängig von ihrer Persönlichkeit, vom Motivationspotenzial der Innovation und wird auch von der Art der Promotorenrolle bestimmt (vgl. Gemünden & Hölzle 2011b).

In diesem Zusammenhang wird in der Literatur bspw. der *Product Champion* (vgl. Schon 1963) aufgrund der notwendigen Eigenschaften als mögliche Besetzung des Promotors einer Innovation in Erwägung gezogen (Gemünden & Hölzle 2011c). Der Product Champion wirkt aber als Einzelkämpfer und übernimmt alle Promotorenrollen auf einmal, was in einer kleinen Organisation unter Umständen funktionieren kann, aber trotz allem eine große Abhängigkeit von dieser Person erwirkt. In größeren Strukturen, wie dem öffentlichen Sektor, erscheint das Konzept Intrapreneurship als Weiterentwicklung des Product Champion-Konstrukts durch Pinchot (1988, vgl. Spickschen 2005, 17) als

39 Siehe hierzu auch die Konzeptionen *Open Innovation* (siehe Abschnitt 2.1) sowie *Open Government* (siehe Abschitt 3.2.1).

mögliche Besetzung der Promotorenrollen besser geeignet, da durch Intrapreneurship vorhandene innovative Leistungsfähigkeit stimuliert und ausgebaut werden kann und dieses zudem im Team realisiert wird (siehe Abschnitt 2.2.3). Auch Klein (2002) und Spickschen (2005) sehen in einer gezielten und verbesserten Nutzung des entrepreneurialen Potenzials (Intrapreneurship) die Möglichkeit, Innovationsbarrieren in Organisationen auf Individualebene zu kompensieren.

Innovationsmanagement unterstützt den nachhaltigen Wandel der Organisationskultur als Basis und Rahmen einer prinzipiellen Steigerung organisationaler Innovativität, was auch im Zuge neuer Verwaltungsentwicklungs- und Steuerungsmodellen angestrebt wird (vgl. u. a. Hilgers 2012; Hill 2011; Thom & Ritz 2008). Gerlach (2003) untersucht in diesem Zusammenhang Intrapreneurship als Konzept zur Einführung *nachhaltig*-innovativer Aktivitäten (*Sustainopreneurship*). *Sustainability Intrapreneure* bezeichnet Akteure, die zur Organisationsentwicklung im öffentlichen, privaten oder gemeinnützigen Sektor agieren und Nachhaltigkeitsinnovationen[40] initiieren und umsetzen. Gerlach unterscheidet dabei zwischen Intrapreneuren, die innerhalb der Organisation Innovationsprozesse durch interne Zusammenarbeit fördern, und *Interpreneuren*, die externe Kooperationen und Netzwerke aufbauen, um Innovationsprozesse voranzutreiben. Gerlach nutzt das oben beschriebene Promotorenmodell zur weiteren Spezifizierung von Sustainability Intra- und Interpreneuren, indem sie die Sustainopreneurship-Ebene und die Promotoren-Ebene in Relation setzt mit dem Ergebnis, dass die Rollen der Macht-, Fach- und Prozesspromotoren den Rollen von Sustainability Intrapreneuren entsprächen, und die Rolle des Beziehungspromotors könne durch den Sustainability Interpreneur besetzt werden. Folgt man Gerlach, so sind Unternehmenskultur (verstanden nach dem variablen Ansatz, siehe Fußnote 38), Innovativität, Sustainability Intrapreneure und Nachhaltigkeitsinnovationen in einem Beziehungsgeflecht vielfach miteinander verknüpft und beeinflussen sich gegenseitig:

---

40 Nach Gerlach (2003) beinhaltet *Nachhaltigkeit* unter normativen Gesichtspunkten eine ökonomische, eine ökologische und eine soziale Dimension, die sich gegenseitig beeinflussen und deshalb zur nachhaltigen Entwicklung von Unternehmen bzw. Organisationen und deren Stakeholdern integrativ betrachtet werden sollten. Unter dem Begriff *Nachhaltigkeitsinnovation* versteht Gerlach (2003, o. S.) „die Initiierung und Implementierung einer neuen Idee, Verfahrensweise oder eines neuen Produktes innerhalb eines Unternehmens, die jeweils dazu beitragen, die ökonomische, soziale und ökologische Leistung des Unternehmens zu steigern."

*Abbildung 9: Beziehungsgeflecht Innovativität und Sustainopreneurship (Gerlach 2003, o. S.)*

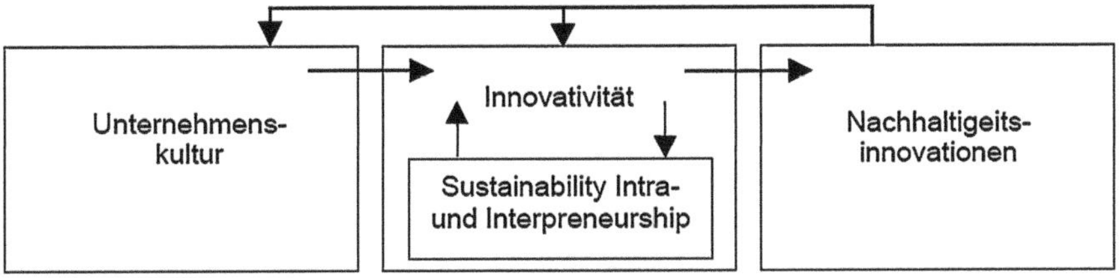


### 3.2.3 Intrapreneurship – mögliches *Leitbild*[41] des New Public Managements

Für Schedler & Proeller (2006, 51ff.) liegen die Grundlagen des New Public Managements, wie bereits genannt, im lernfähigen Menschenbild, aber auch in der Erkenntnis und der Notwendigkeit staatlicher Verwaltungssysteme, durch mehr Wettbewerb und einer Stärkung unternehmerischen Denkens und Handelns vorhandene Probleme mit mehr Effizienz und Effektivität zu lösen. Kurz: Ein rationales Public Management ist möglich, legal und legitim. Diese Annahmen können als Basis dienen, um ein Intrapreneurship-Konzept für den öffentlichen Dienst als eigenständiges – oder auch nur ergänzendes – Steuerungsinstrument zu entwickeln. Die wesentliche Schnittstelle der New Public Management-Modelle mit dem Intrapreneurship-Konstrukt liegt im Aspekt der Innovation bzw. im *Innovationsbedarf* im Sinne Schumpeters. Soll mehr Innovationsgeist und unternehmerisches Denken und Handeln innerhalb einer (öffentlichen) Verwaltung etabliert werden, so bietet sich das Intrapreneurship-Konzept als mögliches Leitbild für innovative, abhängig Beschäftigte zur Organisationsentwicklung an (vgl. Brinkmann & Dörre 2006, 121ff; Braun 2001, 120).

Durch den ausgeprägten Aspekt der Innovationsgenerierung bei gleichzeitiger Humanfokussierung sieht Draeger-Ernst (2003, 45ff.) im Konzept Intrapreneurship ein wichtiges strategisches und umfassendes Instrument zur langfristigen, nachhaltigen *Vitalisierung* bzw. Revitalisierung von Organisationen. Der Vitalisierungsgedanke im evolutions-systemtheoretischen und betriebswirtschaftlichen Kontext basiert auf dem nicht unumstrittenen Verständnis von Organisation als offener, lebendiger Organismus bzw. soziales System mit interaktiven und

---

41 *Leitbild* wird hier im Sinne Bleichers (2004, 102) verwendet: Leitbilder dienen der *Sinngebung*, *Sinnvermittlung* und vor allem der *Sinnfindung* durch Tätigwerden für ein nutzenproduzierendes soziales System.

reziproken Wechselwirkungen innerhalb eines existenten in- und externen Beziehungsgefügesss und ist in Analogie ausgerichtet auf Kräftigung, Erneuerung bis hin zur Transformation für eine erfolgreiche zukunftsorientierte Existenzsicherung der Organisation. Darunter fallen wie beim *Change Management*[42] bspw. Restrukturierungs- und Deregulierungsprozesse, aber darüber hinaus auch der Ausbau organisationaler Lern- und Entwicklungsfähigkeit sowie Innovationskraft, die optimalerweise integrativ durch Aktivierung und Nutzung von Mitarbeiterpotenzialen auf allen Ebenen gestaltet und realisiert werden (vgl. Draeger-Ernst 2003, 9ff.). Auch für den öffentlichen Bereich gilt die Re-Vitalisierungsidee zur Veränderung und Stabilisierung tradierter Arbeitsverhältnisse innerhalb der sozial- und verhaltenswissenschaftlichen Reformdebatte als relevant (vgl. Greif 2008; Koch, Conrad & Lorig 2011, 3). Für Draeger-Ernst (2003, 46ff.) liegt der Kern jeglicher Vitalisierungsprozesse im Mensch selbst, also im Organisationsmitglied. Nur dieser „produziert", verstärkt und vermittelt durch seine Innovativität und Innovationsbereitschaft Vitalisierungsimpulse, die über rein Effektivitäts- und Effizienz-orientierte Restrukturierung- bzw. Reorganisation hinausgehen. Intrapreneurship wird definiert als die zunächst aus eigeninitiierten und selbstorganisatorischen Prozessen hervorgehende Entwicklung und Umsetzung von Innovationen innerhalb bestehender Organisationen auf Basis unternehmerischen Verhaltens von Mitarbeitern auf allen Hierarchieebenen. Ein solches Verständnis von Intrapreneurship als Instrument zur Innovationsförderung unterscheidet sich von technisch geprägten Ansätzen zum Management von Innovationsprozessen und nutzt Talent und Kreativität der Mitarbeiter (vgl. Draeger-Ernst 2003, 288). Draeger-Ernst (2003, 49) favorisiert dabei allerdings nicht den punktuellen „Einzel-Intrapreneur" oder intrapreneuriale Mitarbeiter-Inseln auf hierarchisch mittleren oder höheren Ebenen. Für sie

42 Change Management, normativ als Aufgabe, bedeutet das Management einer geplanten organisatorischen Veränderung, um eine nachhaltig bessere Erfüllung des Auftrages der Institution bzw. der daraus abgeleiteten Ziele zu erreichen. Unter Change Management als Prozess (deskriptiver Begriff) versteht man den Wandlungsprozess, der durch Mitglieder des Managements oder andere Akteure (z. B. durch die Belegschaft oder Außenstehende) initiiert und umgesetzt werden (vgl. Online-Verwaltungslexikon unter http://www.olev.de/c/cm.htm. Letzter Aufruf am 18.07.2014). Für manche Autoren gehört die Idee der Vitalisierung bzw. Re-Vitalisierung als untergeordneter Bereich zum Change Management, das sich in Restrukturierung (Veränderung von Strukturen, Prozessen, Systemen), Reorientierung (neue strategische Positionsbestimmung), Revitalisierung (Veränderung der Ressourcen, Fähigkeiten und Kompetenzen) und Remodellierung (Veränderungen der Werte und Einstellungen, Kulturwandel) einteilen lässt (vgl. Greif 2008, 130f.).

kann die organisationale Fähigkeit zum Umgang mit Wandel und diskontinuierlichen Veränderungen nur durch eine grundsätzlich belegschaftsweite Förderung von internem unternehmerischem Denken und Handeln erreicht werden, um notwendiges organisationales Lernen zu aktivieren (z. B. mehr Verständnis für den Markt oder Kundenanforderungen), was zu neuem Organisationswissen führt, das wiederum interne Veränderungsprozesse auslöst bis hin zur Möglichkeit, aktiv externe Umwelten zu beeinflussen. Die Einführung eines integrativen Intrapreneurship-Konzepts erfordert nach Draeger-Ernst (2003, 117ff.) eine normative (also organisationskulturelle), eine strategiebezogene und eine strukturelle Ausgestaltung der Organisation einerseits und direkt Humanressourcen aktivierende Personalmanagementmaßnahmen, die die Fähigkeit und Bereitschaft unternehmerischen Verhaltens positiv beeinflussen können.

Solche organisationale Veränderungen betreffen das Aufgaben- und Tätigkeitsfeld vieler Organisationsmitglieder, was – je nach Veränderungsgrad und Dynamik – mehr oder weniger Verunsicherung und versteckte oder offene Kritik bis zu Widerstand bei den Organisationsmitgliedern auslöst. Zudem sind Veränderungsprozesse zwar bis zu einem gewissen Grad antizipier-, plan- und beeinflussbar, aber nicht vollkommen vorhersehbar. D. h., das Management von Veränderungen bedeutet auch ein Management von Ungewissheit und Restrisiko (vgl. Greif 2008, 127f., Gemünden & Kock 2008). Weick & Suttcliff (2003, 177ff., 185ff.) halten es jedoch für möglich, Ungewissheit zielgerichtet und erfolgreich zu managen, indem die Führung vorausschauend und achtsam auf mögliche Probleme reagiert, verbunden mit der Weiterentwicklung individueller und organisationaler Handlungsfähigkeit sowie mit der Förderung flexibler Entscheidungsstrukturen und Lernprozesse, die einen konstruktiven Umgang mit Ungewissheit erlauben. Das Konstrukt Intrapreneuring beinhaltet auch diesen Aspekt (siehe Abschnitt 2.2.3.2). Eine in diesem Sinne gelebte Intrapreneurship-Kultur im deutschen öffentlichen Dienst wäre allerdings das Gegenteil vom traditionellen Bürokratiemodell Webers (1922) (vgl. Brinkmann & Dörre 2006, 142). Denn Aufgabe und Grundlage des öffentlichen Sektors ist der Vollzug der Staatsgewalt mithilfe der Gesetzgebung. Dies bedeutet kompetentes Handeln nach verbindlichen, vorgegebenen Regelungen innerhalb klar definierter und eingeschränkter Kompetenzbereiche. Eine gewisse Fehlertoleranz, vor allem in außenwirksamen Tätigkeiten, gibt es rechtlich für Staatsbedienstete nicht und allein der Begriff *Beamter* beschreibt für gewöhnlich den Gegensatz eines Intrapreneurs, der bis zu einem gewissen Grad eigenständig (und eigensinnig) innerorganisatorisch unternehmerisch denkt und handelt (vgl. Battis 2009, 11f.). Allerdings verläuft mittlerweile keine eindeutig definierbare Grenze mehr zwischen Privatwirtschaft und öffentlicher Verwaltung; es gibt Privatunternehmen, die vom Staat mit quasi hoheitlichen Aufgaben betreut sind, es gibt profitorientierte Betriebe im staatlichen Besitz und Mischformen (vgl. Knut & Schierz 2009, 30f.). Der Wunsch nach einer zunehmenden Privatisierung bleibt ungebrochen und damit der Bedarf an veränderten Regulierungsformen und Bürokratieabbau (vgl. Battis 2009, 16), auch wenn die aktuelle deutsche Rechtsprechung dieser Bewegung rechtlich Schranken auferlegt. So hat bspw. das Bundesverfassungsgericht 2011 in seinem Urteil die Bindung an die Grundrechte von gemischtwirtschaftlichen Unternehmen im Falle von *Fraport* gestärkt und klar definiert: *„Von der öffentlichen Hand beherrschte gemischtwirtschaftliche Unternehmen in Privatrechtsform unterliegen ebenso wie im Alleineigentum des Staates stehende öffentliche Unternehmen, die in den Formen des Privatrechts organisiert sind, einer unmittelbaren Grundrechtsbindung.“* (BVerfG 2011, Leitsatz 1)[43]

Die knappe finanzielle Situation der öffentlichen Haushalte (Bund, Länder, Kommunen) erfordert generell eine (schonende) Veränderung und effektive Neugestaltung des Ressourceneinsatzes. Die meisten Behörden müssen seit Jahren den gleichen Arbeitsaufwand mit sinkender Beschäftigtenzahl und – relativ neu – service- bzw. kundenorientiert erledigen; gefordert ist schlicht eine einfache, schnelle, bürgerfreundliche Verwaltung (vgl. Lück 2011, 34). Es gilt dabei allerdings zu beachten, dass der Kernauftrag von bürokratischen Verwaltungen bislang nicht die Befriedigung der Bürger, sondern die Einhaltung der Gesetze und seiner Regeln darstellt. Verändern sich Verwaltungen in kundenorientierte bzw. kundenfreundliche Institutionen, muss die Aufmerksamkeit diesbezüglich erhöht werden, ohne die Gesetzesbefolgungsarbeit dabei zu vernachlässigen. Diese Doppelorientierung führt für die Mitarbeiter zu einem erhöhten organisationalem Stress (vgl. Priddat 2010, 193f.). Konzepte und Gedanken des New Public Managements zur Verwaltungsmodernisierung, wie bspw. die elektronische Verwaltung (*E- Government*), verändern zusätzlich die Anforderungen an die Beschäftigten der öffentlichen Arbeitgeber. Bei Stellenneubesetzungen werden – wie in der freien Wirtschaft – neben der Fachkompetenz auch alle Soft Skills erwartet und öffentliche Fortbildungsinstitutionen reagieren durch Weiterbildungsangebote, z. B. zum Changemanagement (vgl. BMI 2013b; 2007; Lück 2011, 7f.). Die Wettbewerbs- und Überlebensfähigkeit der staatlichen Institutionen in einer Zeit zunehmender Privatisierung, veränderter (Dienstleistungs-) Anspruchshaltung moderner Bürger und unter dem Druck internationaler Standortkonkurrenz erfordert für die zukünftige Umsetzung der öffentlichen

---

43 Als „beherrschend“ gelten nach BVerfG (2011) mehr als 50 Prozent öffentliches Anteilseigentum am gemischtwirtschaftlichen Unternehmen (vgl. Wißmann 2011).

Aufgaben einen Paradigmenwechsel: Entwicklung und Förderung unternehmerischer Kompetenzen wie Risikobereitschaft, Innovationsgeist, Eigenverantwortung im Arbeitsalltag der Mitarbeiter der öffentlichen Verwaltung (vgl. Braun 2009, 47ff.).

Die Schnittstellen der unterschiedlichen Tätigkeitsfelder sind fließend und die moderne Verwaltungsaus- und weiterbildung des Bundes strebt eine erhöhte Eigenverantwortlichkeit und effektives, effizientes Handeln ihrer Mitarbeiter an, wie in der Dienstvereinbarung der Bundesverwaltung BMI, DBB und DGB „... für Innovationen, Fortbildung und Führungskräfteentwicklung der Bundesverwaltung" vom 5. Oktober 2007 vereinbart wurde. Dort wurde u. a. Folgendes aufgeführt (BMI, DBB & DGB 2007, 2f.):

- *„Der öffentliche Dienst braucht eine innovationsfreundliche Verwaltungskultur."*
- *„Die wichtigste Ressource des öffentlichen Dienstes ist sein Personal. Eine zukunftsorientierte Verwaltung ist nur zu erreichen, wenn die Beschäftigten ihre Ideen und Erfahrungen einbringen und Veränderungsprozesse im Rahmen einer kooperativen Führung mit-gestalten können."*
- *„Die Leistungsstärke der Verwaltung hängt von eigenverantwortlich handelnden Beschäftigten ab.[...]"*

Darauf aufbauend versucht das *Gesetz zur Neuordnung und Modernisierung des Bundesdienstrechts* (Dienstrechtsneuordnungsgesetz – DNeuG) vom 5. Februar 2009, durch die Einführung des Leistungsprinzips und der Leistungsbesoldung die Wettbewerbsfähigkeit des Bundes als Arbeitgeber einerseits und die Leistungsfähigkeit des öffentlichen Dienstes andererseits zu stärken und auf Personal(führungs)ebene mehr Eigenverantwortung, Motivation und Leistungsbereitschaft zu fördern. Außerdem wurde ein Personalwechsel aus der Wirtschaft in die öffentliche Verwaltung zur Förderung der Mobilität zwischen den Sektoren vereinfacht (vgl. BMI 2013a; Bundesgesetzblatt 2009).

Neben den Veränderungen in der Personalpolitik des Bundes arbeiten auch die Länder und Kommunen an Reformansätzen, um das personelle Leistungspotenzial in den Verwaltungen zu stärken bzw. zu erhalten und Errungenschaften der Privatwirtschaft auch im öffentlichen Sektor zu etablieren. Leitsätze, wie *konkurrieren statt privatisieren* oder *unternehmensähnliche Führungs- und Organisationskultur* (vgl. Andersen, Beck & Selle 2004; Bogumil 2002, 11), drücken den Willen zur verstärkten unternehmerischen Kompetenzentwicklung ihrer Mitarbeiter aus. Intrapreneurship bzw. der (behutsame) Ausbau eines Klimas für Intrapreneuring wird als eine Möglichkeit erachtet, mehr unternehmerische Kompetenz auf Verwaltungsebene zu etablieren und damit die inneren Strukturen zur effektiven und effizienten Bewältigung zukünftiger Aufgaben zu reformieren (vgl. Roller 2009, 162f.; Lück 2011, 9). Auch für Braun (2009, 47ff.) eignet sich das Konstrukt *Intrapreneurship als Leitbild eines New Public Management*. In seinem gleichnamigen Artikel präsentiert Braun eine Konzeption für Intrapreneurship in der öffentlichen Verwaltung. Eine Umsetzung des Konzepts ist für Braun weniger ein Führungs- und Organisationsproblem; wesentlich schwieriger realisierbar – weil aus seiner Sicht schwer steuerbar – sei der notwendige kulturelle Wandel zu einem innovationsgeneigten und innovationsfähigen Organisationsklima innerhalb öffentlicher Institutionen (vgl. Braun 2009, 60). Untersuchungen des New Public Managements zeigen dementsprechend, dass innovatives Mitarbeiterverhalten und wettbewerbsfähige Leistungen vorwiegend in Bereichen der öffentlichen Verwaltung anzutreffen sind, die sich bereits als markt- bzw. wettbewerbsorientierter Dienstleister verstehen. Klassische Verwaltungsbeamte jedoch, die Dienst nach Vorschrift und Absicherung bevorzugen, blockieren eher neuartige Serviceleistungen, neue Verfahren und fürchten Veränderung (vgl. Braun 2009, 57).

Bitzer (1991, 22) stellt die tradierte bürokratische, innovationsfeindliche Verwaltungskultur einer Intrapreneurship-Kultur am Beispiel von Entscheidungsprozessen bei Innovationspotenzialen gegenüber:

*Tabelle 6: Verwalter vs. Intrapreneur (nach Bitzer 1991, 22)*

| **Der Verwalter fragt sich:** | **Der Intrapreneur fragt sich:** |
|---|---|
| Welche Ressourcen unterstehen mir?<br>Welche Struktur bestimmt die Beziehung unserer Organisation zum Markt?<br>Wie kann ich den Einfluss anderer auf meine Leistung minimieren?<br>Welche Möglichkeit ist am geeignetsten? | Wo bietet sich eine neue Möglichkeit?<br>Wie kann ich sie nutzen?<br>Welche Ressourcen benötige ich dazu?<br>Wie erhalte ich diese Ressource?<br>Welche Struktur ist am geeignetsten? |

Unternehmerisches Denken und Handeln im öffentlichen Sektor auf Individualebene werden wissenschaftlich bislang (zu) wenig beachtet (vgl. Hill 2011). Die Forschungsfelder des *Public Management* beschränken sich meist auf ein optimiertes operationales Management der institutionellen Verwaltungsebene; und auch Veröffentlichungen zum *Public Entrepreneurship* (siehe Abschnitt 2.2.6.2) beschäftigen sich bislang kaum mit dem strategischen Aspekt des Erwerbs bzw. der möglichen Auswirkungen unternehmerischer Kompetenzentwicklung der Mitarbeiter im öffentlichen Dienst (vgl. McGahan et al. 2009), obwohl das Forschungsfeld *Entrepreneurship Education* (siehe Abschnitt 2.2.6.1) dies für den allgemeinen Wirtschaftssektor bereits erforscht und an deutschsprachigen Hochschulen zunehmend Lehrangebote offeriert werden, die sich jenseits der betriebswirtschaftlichen Managerfunktionen verstärkt mit der selbstständigkeitsorientierten Ausbildung beruflicher Handlungskompetenzen für unternehmerisches Verhalten beschäftigen (vgl. Knut & Schierz 2009, 35; Klandt et al. 2008). Dabei ist die Hochschul-Entrepreneurship-Ausbildung nicht ausschließlich auf die Gründung einer Unternehmung gerichtet, sondern schließt das unternehmerische Handeln innerhalb bestehender Organisationen mit ein. Dies bedeutet, dass Intrapreneurship in der (internationalen) akademischen Ausbildung bislang bestenfalls als *eine* untergeordnete Form von Entrepreneurship vermittelt wird und eine Intrapreneurship-Ausbildung im deutschsprachigen Raum nur im Zuge der Begrifflichkeit der *Kultur der Selbständigkeit*[44] diskutiert wird (vgl. Schulte 2009, 185ff.).

Eine Untersuchung des Instituts für Fortbildung und Verwaltungsmodernisierung von Studierenden an der Fachhochschule für öffentliche Verwaltung, Polizei und Rechtspflege (FHöVPR) aus 2007 ergab, dass die Motivation, eine Tätigkeit im öffentlichen Dienst anzustreben, hauptsächlich im individuellen Sozialisationsprozess[45] begründet liegt. Tradierte Einstellungen und Handlungsmuster, wie hohes Sicherheitsdenken, große Anpassungsfähigkeit, Regelorientiertheit und eine gewisse Autoritätshörigkeit, bestimmen – wenn auch häufig unbewusst – die Haltung bezüglich einer Berufswahl im öffentlichen Sektor. Heinrichs (2008, 120) fordert demnach, dass eine *Intrapreneurship Education* (vor allem im öffentlichen Sektor) die Studierenden dort abholen sollte, wo sie mit ihren Voraussetzungen und ihrem „kulturellen Budget" stehen. Es existieren erste Ansätze, unternehmerisches Denken und Handeln für (künftige) Angestellte des öffentlichen Dienstes an Verwaltungshochschulen zu trainieren, allerdings ohne fundiertes wirtschaftsdidaktisches und pädagogisches Fundament (vgl. Schulte 2009, 189).[46]

---

44 *Kultur der Selbständigkeit* gilt seit den 1990er Jahren als personalpolitischer Begriff einer (notwendigen) Gegenbewegung zur *Kultur der abhängig Beschäftigten*, die als Beschreibung für den größten Teil der (deutschen) Gesellschaft und deren fehlenden – aber für einen wirtschaftlichen Aufschwung notwendigen – Eigenschaften wie Initiative, Handlungs- und Verantwortungsbereitschaft oder Risikofreude ausdrücken sollte (vgl. Schulte 2009, 187).

45 Unter Sozialisation versteht man den Wandel vom biologischen Sein in ein kulturelles Sein, u. a. geprägt durch Familie, Peer-Group, Schule und Arbeit (vgl. Heinrichs 2008, 120).

46 So wurde von Knut & Schierz ein Lehrkonzept für eine einsemestrige Lehrveranstaltung und Erfahrungsbericht mit dem Titel „Unternehmerische Kompetenzentwicklung für die Öffentliche Verwaltung" mit dem Ziel veröffentlicht, Verständnis für unternehmerische Aufgaben in der öffentlichen Verwaltung zu entwickeln und

Neben den bereits beschriebenen strategischen Herausforderungen im öffentlichen Sektor bezogen auf einen gewünschten sukzessiven Kulturwandel für mehr Innovationsoffenheit sowie eine unternehmerische Arbeitshaltung auf allen Ebenen kommen auf operationaler Ebene bislang fehlende Motivations- bzw. Leistungsanreizmodelle für den öffentlichen Dienst hinzu, um verwaltungsinterne Instrumente wie bspw. ein Betriebliches bzw. Öffentliches Vorschlagswesen (ÖVW), Qualitätszirkel oder Kontinuierlicher Verbesserungsprozess (KVP) erfolgreich zu implementieren (vgl. Thom & Ritz 2008, 146ff.). Die in der Privatwirtschaft etablierten materiellen und immateriellen Anreizsysteme sind nur bedingt oder gar nicht auf das Staatswesen übertragbar. So ist zum Beispiel der Erfolg einzelner Abteilungen oder Mitarbeiter schwierig zu definieren bzw. abzuleiten, da die Aufgabenstellungen vielschichtiger sind und Messvariablen, wie bspw. finanzielle Kennziffern, fehlen. In der privaten Wirtschaft können Leistungsanreize mit einzelnen Mitarbeitern in Verschwiegenheit und mit einem größeren Handlungs- bzw. Verteilungsspielraum ausgehandelt oder angeboten werden, die Personalpolitik öffentlicher Arbeitgeber muss aufgrund unterschiedlicher öffentlicher Anspruchsgruppen transparent sein und beruft sich auf die notwendige Einhaltung ihres begrenzten Budgets. Dies führt in der Realität zu Neid, Missgunst, destruktiver Konkurrenz oder sogar zum bewussten Leistungsabbau bei nicht prämierten Angestellten im öffentlichen Dienst, vor allem auf Grundlage begrenzter Sanktionsmechanismen. Untersuchungen zu eingeführten Leistungsanreizsysteme für mehr Wirtschaftlichkeit, Effektivität und höhere Mitarbeiterzufriedenheit auf kommunaler Ebene haben bspw. ergeben, dass die negativen Auswirkungen bezogen auf die gesamte Belegschaft bei punktuellen, materiellen Leistungsprämien höher ausfallen können als der tatsächlich erwirkte Leistungsaufbau durch motivierte Mitarbeitern (vgl. Mezger o. J.; Jochmann-Döll & Tondorf 2004). Thom & Ritz (2008, 416) schlagen deshalb für den öffentlichen Sektor den gezielten (strategischen) Aufbau eines erweiterten Personalmanagements vor, vom Personalstandswesen zur Mitarbeiterförderung mit modernisierten Personalinstrumentarien und mehr direkter, interaktioneller Personalführung.

---

die individuelle Gestaltungsmöglichkeit und -funktion zur Veränderung und Neu-Strukturierung von Verwaltung zu schärfen (vgl. Knut & Schierz 2009). Heinrichs (2008, 119ff.) sieht im (Plan-)Spiel ein geeignetes Mittel für Aus- und Weiterbildung im öffentlichen Sektor, um durch den Spielfaktor und die damit einhergehende Abtrennung der Realität gezielter auf unbewusste Einstellungen in Richtung Selbständigkeit, Risikofreude, Kreativität wirken zu können (vgl. Heinrichs 2008, 119ff.).

Lück (2011, 40ff.) differiert Chancen und Hindernisse durch das Umsetzen von Intrapreneuring in der öffentlichen Verwaltung sowohl für die Personal- als auch die Institutionsebene. Nachfolgend wird eine zusammengefasste und teilweise erweiterte Darstellung seiner Ergebnisse vorgestellt:

*Tabelle 7: Chancen und Hindernisse durch Intrapreneuring (in Anlehnung an Lück 2011, 40ff.)*

| **Chancen** | **Hindernisse** |
|---|---|
| Positive Imageentwicklung der Verwaltungsinstitution, sowohl nach innen als auch nach außen. | Bürokratisch notwendige Mechanismen sowie verwaltungsimmanente Rahmenbedingungen (z. B. Anzahl Normen und Regelungen) bleiben trotz negativer Auswirkungen auf das Intrapreneuring erhalten und müssen in das Konzept positiv integriert werden. |
| Steigerung der Motivation und Qualifikation der Mitarbeiter. Dies führt zu einem höheren Stellenwert der Mitarbeiter, steigert die Arbeitszufriedenheit und die Produktivität. | Angst, Überforderung oder Bequemlichkeit der Mitarbeiter sind durch qualifizierte Führung zu überwinden. Konzept des Intrapreneuring kann nur gelingen, wenn alle Hierarchieebenen dieses proaktiv umsetzen (Top-down-Ansatz). |
| Mehr Arbeitsgestaltungsfreiheit hat positive Auswirkungen auf die individuelle Work-Life-Balance. | Personaler Widerstand in Einzelfällen oder in gruppendynamischen Prozessen birgt die Gefahr von Arbeitsstau und -hemmung. |
| Kollegiales Miteinander und vertrauensvolle Zusammenarbeit zwischen Mitarbeitern und Führungskräften. Zudem aktive Mitgestaltung der Mitarbeiter an Veränderungsprozessen und dadurch höhere Akzeptanz für Fortentwicklung. Dies führt zu mehr Anpassungsfähigkeit und Wettbewerbsfähigkeit der Organisation. | Führungskräfte sind nicht bereit oder in der Lage, Verantwortung abzugeben und unternehmerisches Engagement und Innovationsgeist zu fördern. |
| Höhere Personalbindung an die Verwaltungsinstitution und dadurch weniger Fluktuation. | Keine oder unzureichende Anreiz- bzw. Belohnungssysteme und fehlende Fehlertoleranz wirken kontraproduktiv und festigen ein tradiertes, passives Denken und Handeln beim Verwaltungspersonal. |

Um eine Intrapreneurship-orientierte Verwaltung zu initiieren und mittel- bzw. langfristig zu etablieren, sind vor allem die Bereiche des Personalmanagements, der Aus- und Weiterbildung und des Wissensmanagements sowie die Kommunikationsstrukturen gefordert (vgl. Lück 2011, 61ff.):

- zielgerichtete personalwirtschaftliche Maßnahmen, wie Coaching, Mentoring, Job-Enlargement, Job-Enrichment, Job-Rotation, Bildung teilautonomer Gruppen, Teambildung, Abbau von Hierarchien, flexible Arbeitszeiten, Arbeitszeitkonten;
- Training von selbstständigem, selbstorganisiertem Denken und Handeln, Entwicklung und Förderung von Kreativität und Innovationsgeist sowohl in der Ausbildung als auch in der (verbindlichen) Weiterbildung. Verzahnung der Fortbildungsmaßnahmen mit dem Changemanagement;[47]
- teambildende, kommunikationsfördernde Maßnahmen in Workshops oder Projektarbeit, auch abteilungs- bzw. behördenübergreifend. elektronische Datenbanksysteme (intern und extern).

Untermauert werden die vorherigen Ausführungen durch eine empirische Analyse von Schönebeck (2010) zu Barrieren und Widerständen strategischer Intrapreneurship-Konzeptionen in Organisationen, die aussagt, dass hemmende Einflüsse im Intrapreneurship-Prozess durch folgende organisationale und personale Faktoren hervorgerufen werden (können) (vgl. Schönebeck 2010, 207ff.):

- eine nach innen gerichtete, unflexible, kurzfristig angelegte *Organisationskultur*,
- eine zu stark oder zu schwach formalisierte *Organisationsstruktur*,
- eine fehlende oder zu geringe Unterstützung der *Führung*,
- fehlende (individualisierte) bzw. falsche Anreizstrukturen,
- kollektiver oder individueller Widerstand gegen Veränderungen.

Die Konstrukte *Barrieren* (be- oder verhindernde organisationale Rahmenbedingungen) und *Widerstände* (be- oder verhinderndes individuelles bzw. kollektives Verhalten) dienen als konzeptioneller Analyserahmen. Als *Organisationskultur*

---

47 Um die gewünschten Veränderungsprozesse innerhalb der Bundesverwaltung auszulösen, hat das Bundesministerium des Innern u. a. in seinem Umsetzungsplan 2009 zum Fortschrittsbericht zum Regierungsprogramm „Zukunftsorientierte Verwaltung durch Innovation“ eine Fortbildung zur besseren Steuerung des *Ideenmanagement* angeboten (vgl. BMI 2009, 58). Auch bietet die Bundesakademie für öffentliche Verwaltung neben der fachlichen und EDV-orientierten eine Reihe von Fortbildungen zur Kompetenzentwicklung in den Bereichen Verhalten, Personalführung und -entwicklung an (vgl. www.bakowv.bund.de).

wird die Menge von gemeinsamen, verbindlichen Grundannahmen der Organisationsmitglieder definiert. Daraus abgeleitet können auf Intrapreneurship Individualismus vs. Kollektivismus, interne vs. externe Orientierung, Flexibilität sowie Lang- und Kurzfristorientierung unterschieden werden, die sich je nach Ausprägung Konzept-hemmend auswirken können. Bezogen auf die *Organisationsstruktur* haben eine stark ausgeprägte Zentralisierung sowie eine geringe oder sehr starke Formalisierung der Organisation negativen Einfluss auf die Entwicklung von Intrapreneurship. Die *Führung* kann über Anreize die Akzeptanz und Unterstützung für Intrapreneurship positiv beeinflussen, wenn diese individuell zugeschnitten hauptsächlich die intrinsische Motivation stärken, z. B. individuelle monetäre Leistungsprämien, interessante Aufgaben und Projekte, ausreichender Ressourcenzugriff (Schönebeck 2010, 147ff.; 207).

*Abbildung 10: Einflussfaktoren auf den Intrapreneurship-Prozess (Schönebeck 2010, 205)*

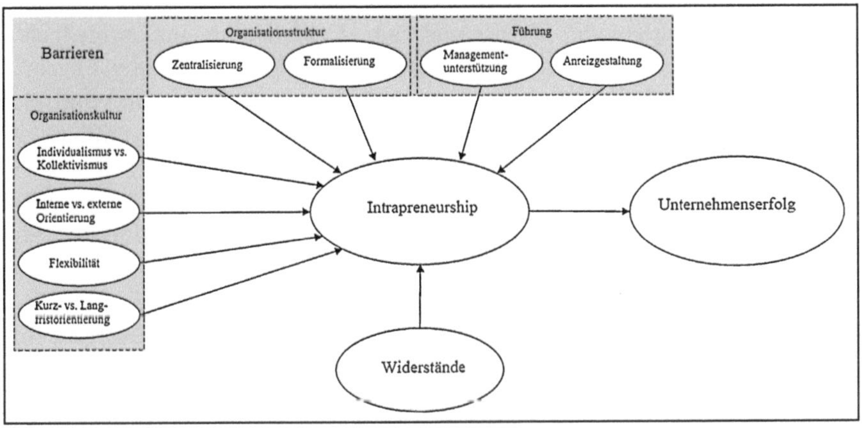


Die o. g. Studie beruht auf Daten zu privatwirtschaftlichen Unternehmen. Nach den o. g. Ausführungen ist zu vermuten, dass die dort identifizierten Faktoren in hemmender Ausprägung für einen Intrapreneurship-Prozess in öffentlichen Institutionen noch ausgeprägter sein könnten (vgl. Thom & Ritz 2008, 119, 124ff.). Eine wesentliche Voraussetzung für ein mögliches Intrapreneurship-Konzept im öffentlichen Dienst liegt demnach in der sukzessiven organisationalen Verwandlung einer tendenziell erneuerungsfeindlichen Einrichtung – gekennzeichnet durch Dienst nach Vorschrift, Absicherungsdenken usw. –, ausgelöst und vorgelebt durch das Top-Management der öffentlichen Verwaltung (Top-down-Ansatz) und im weiteren Verlauf durch Stärkung von Bottom-up-Initiativen (vgl. Braun 2009, 54ff.; Roller 2009, 163ff.).

## 3.3 Zwischenfazit

Die aktuelle Ausgangslage in Deutschland, bezogen auf eine positive wirtschafts- und gesellschaftspolitische Haltung zu Entre- bzw. Intrapreneurship, sowie die Anstrengungen bereits vollzogener und weiterführender, mehr auf das Gemeinwohl gerichteter qualitativer Verwaltungsreformarbeit innerhalb des öffentlichen Sektors im Hinblick auf durch die Governance-Forschung entwickelte neue Steuerungsmodelle und die Empfehlungen der OECD (vgl. OECD 1995a; 1995b; 2005) haben auf konkreter Steuerungs- und Koordinierungsebene des deutschen Staatswesens Akzeptanz zu Veränderungen in Richtung mehr (wohlfahrtsorientierter) Effizienz und Effektivität initiieren können. Dazu zählen bspw. der Wandel der Staatsbilder vom aktiven über den schlanken zum aktivierenden, regulierenden oder Gewährleistungsstaat, die zunehmende Bedeutung von Netzwerken, Netzwerkmanagement, Verhandlungssystemen und Koproduktion öffentlicher Güter und Dienstleistungen, neue Aufgabenverteilung zwischen Staat, Wirtschaft und (selbstorganisierende) Zivilgesellschaft, Kombination unterschiedlicher Steuerungsformen und -instrumente, dezentrale Problemverarbeitung, Bürokratieabbau, Internationalisierung bzw. Europäisierung von Politikfeldern und Verwaltungen (vgl. Jann 2009, 495). Governance-Konzeptionen werden mittlerweile auf alle Handlungsebenen angewandt, von der globalen bis zur lokalen Ebene und auf eine Vielzahl gesellschaftlicher Regelungsbereiche (vgl. Grande 2012, 565). Dabei geht es Top-down in erster Linie um eine intentionale Umgestaltung der Regelungsstrukturen als problemlösende Voraussetzung, um institutionenveränderndes Handeln zu erwirken (vgl. Haus 2010, 469; Schuppert 2011, 78f.). Dies erlaubt eine theoretische Überprüfung möglicher zukunftsorientierter, entrepreneurialer Gestaltungsszenarien für den öffentlichen Sektor.

Kritiker der Reformmodelle im Public Management befürchten eine Form von „ökonomischen Imperialismus". Steuerungstheoretiker beobachten einen Verlust der Steuerungskraft des Staates durch Dezentralisierung und Privatisierung. Die Machtverhältnisse werden durch die Reformen verändert, was zu Personalspannungen führt. Systemiker bezweifeln darüber hinaus, dass das theoretische Konstrukt überhaupt in die Praxis überführt werden kann, denn dafür müssten alle vorausgesetzten theoretischen Annahmen der Realität entsprechen. Es gibt empirische Reformanalysen, die die Auswirkungen wirkungsorientierter Verwaltungsführung auf institutioneller Ebene zu beurteilen suchen. Das Hauptproblem liegt nach Buschhoff (2008) dabei allerdings in unklaren Kausalitäten. Denn auch bei einem Nachweis größerer Veränderung gewählter Input-Indikatoren über ein längeres Zeitfenster fehlt der eindeutige Zusammenhang, dass diese ausschließlich durch die Reformen des New Public Managements erzielt wurden. Buschhoff kritisiert zudem, dass das Ziel der Modernisierung, mehr Transparenz in einem ergebnisorientierten, nachvollziehbaren Verwaltungshandeln, bereits in den Einführungsprojekten der Verwaltungsmodernisierung nicht eingehalten wurde und keine auswertbaren Resultate vorliegen. Damit sei eine Kosten-Nutzen-Analysen der Reforminvestitionen nicht möglich (vgl. Buschhoff 2008; siehe auch Scheller & Proeller 2006, 281ff.; Bogumil & Kuhlmann 2006, 367f.; Blanke et al. 2011).

Als größte Herausforderung und aus vielerlei Hinsicht problematisch erscheint die kulturelle Umgestaltung auf Basis der Annahme, dass Institutionen neben ihrem formalen Regelwerk zur Gewährleistung prozeduraler Rationalität und Verlässlichkeit, Rechtsstaatlichkeit, Standards etc. auch informelle Normen und Werte entwickeln und durchsetzen können und dass diese für das Verhalten der Akteure mindestens so wichtig sind wie die formellen Regelungen und Anreize (vgl. Jann 2009, 491f.). Eine Grundvoraussetzung, um das Konzept Intrapreneurship – auch in gemäßigter Form einer entrepreneurialen Orientierung – als Instrument im öffentlichen Dienst etablieren und verwerten zu können, liegt in der Gestaltung einer innovationsfreundlichen und unternehmerischen Verwaltungskultur bei gleichzeitiger Wahrung institutionsrelevanter Regelungen, die auf allen Hierarchie-Ebenen Mitarbeiter um- und erfassen kann. Dazu gehört u. a. eine grundsätzliche Bereitschaft der Führung zur Abgabe von Macht und Verantwortung, eine konstruktive Fehlerkultur, offene interne Organisationskommunikation, ein modernes Personalmanagement mit wirksamen und verzahnten Anreiz- und Controllingsystemen, überdurchschnittliche und aufgabenadäquate Persönlichkeitsprofile öffentlicher Angestellter und nicht zuletzt eine ganzheitliche Legitimation und Abstimmung aller vorstehenden Punkte. Zusammengefasst lässt sich sagen, dass es bislang keine erforschten Aus- und/oder Weiterbildungskonzepte zur Qualifizierung und Förderung innerbetrieblichen unternehmerischen Denkens und Handelns gibt, vor allem nicht zugeschnitten auf eine Belegschaft im öffentlichen Dienst, obwohl Bedarf an unternehmerischer Kompetenz in der öffentlichen Verwaltung konstituiert wird (vgl. Lück 2011; Heinrichs & Marshall 2009). Und auch bestehende Praktiken aus der Privatwirtschaft lassen sich nicht einfach adaptieren, denn der öffentliche Sektor hat Errungenschaften, wie Transparenz, auf Demokratie basierende Gesetzgebung oder Einheitlichkeit, auf die auch eine moderne Gesellschaft nicht verzichten will (vgl. Knut & Schierz 2009, 29; Johannisson 2009, 137f.).

Brinkmann & Dörre (2006) kritisieren aus soziologischer Perspektive, die ansteigende Diskussion in Deutschland um das Intrapreneurship-Konzept sei Ausdruck und Leitbild des Phänomens der Marktgrenzenverschiebung zu einem marktzentrierten Paradigma auf Organisationsebene und habe sogar das

Potenzial eines „paradigmatischen Rollenvorbilds". Intrapreneurship hat in seinem theoretischen Konstrukt viele Schnittstellen zum innerorganisatorischen Konzept der *Internal Markets*[48] und stellt für Brinkmann & Dörre eine spezifische Form organisationaler Markzentrierung dar. Intrapreneurship bilde somit eine (un-)mögliche Kombination aus dem Besten des Unternehmertums mit den Vorteilen des Arbeitnehmers (vgl. Brinkmann & Dörre 2006, 137ff.). Auch Wiendieck (2008, 33) bemerkt für den öffentlichen Sektor, dass die „euphemistische Formel vom Intrapreneur" die Tatsache verdeckt, dass die gewünschte Flexibilisierung durch das Konstrukt gerade nicht mit Souveränität und Autonomie des Selbstständigen einhergehe, sondern eine erhöhte individuale Verfügbarkeit verlange und Planbarkeit reduziere und daher mehr mit Unsicherheit für den Einzelnen als mit Freiheit verknüpft sei. Aber gerade der Staat als Arbeitgeber hat in seiner Vorbildfunktion und nicht zuletzt aufgrund rechtlicher Vorgaben eine besondere Fürsorgepflicht gegenüber seiner Personalressource, die es zu erhalten und zu pflegen gilt (vgl. Bull 2008, 51). Diese und andere Problematiken für das Personal sollten für eine aus organisationaler Sicht grundsätzlich möglichen – wenn auch langwierigen – Einführung von Intrapreneurship antizipiert und mit entsprechenden Lösungsalgorithmen versehen werden. Ob und in welcher Form eine entrepreneuriale Verwaltungskultur in rechtlicher oder normativer Hinsicht mit einem legitimierbaren Staatsauftrag vereinbar sein kann, bleibt in der politik- und verwaltungswissenschaftlichen Diskussion bislang weitestgehend unbeantwortet (vgl. Haus 2010, Hill 2011), soll aber auch für den weiteren Verlauf dieser Arbeit nicht im Fokus stehen.

Nachfolgend werden die Auswirkungen der zuvor beschriebenen Reformen in Bezug auf den Bildungs- bzw. Schulsektor erörtert und das Konzept Intrapreneuring als mögliches Instrument zur Modernisierung des Schulwesens diskutiert.

---

48 Das Konzept *Organizational Internal Markets* entstand Anfang der 1980er Jahre aus der US-amerikanischen Debatte bezüglich einer japanischen überlegenen Konkurrenz, die auch einem innerorganisatorischem Wettbewerb zugeschrieben wurde. Die Idee basierte auf einer Entbürokratisierung innerhalb von Organisationen durch das Einführen von (möglichst freien) Marktmechanismen zur Koordination, Kontrolle und Steuerung. Das Konzept reagierte mit seinem internen Wettbewerbsaufbau und der Output-Orientierung auf sinkendes Kontrollvermögen der Leitungsebenen in komplexer werdenden Unternehmensprozessen und -strukturen sowie auf den ansteigenden Innovationsdruck von Organisationen, der Anschluss zum Intrapreneurship-Konzept (vgl. Brinkmann & Dörre 2006, 137ff.). Mehr Information siehe Halal (1993).

# 4. Entwicklung eines Bezugsrahmens: Innovation durch Ökonomisierung der Schulbildung

Unter Ökonomisierung eines staatlich mindestens mitfinanzierten gesellschaftlichen Teilsystems, wie des Gesundheits-, Kunst- oder Bildungssystems, versteht man den Vorgang, dass aufgrund von Knappheit oder Fehlentwicklungen Werte und Orientierungen, die generalisiert und oft kritisch bewertet mit kapitalistisch geprägter Wirtschaft verbunden sind, in diese Subsysteme übertragen werden und dort auf realer Ebene Wirkung zeigen (vgl. Schimank 2008, 220). Für Hardorp (1998) beinhaltet Wirtschaftlichkeit jedoch mehr als nur eine berechenbare Verengung auf Kosten-Nutzen-Relation, Gewinnstreben, Shareholder Value oder rationales Handeln, sondern er versteht darunter auch den sozialen und pädagogischen Aspekt des „werteschaffenden Füreinandertägigseins" (vgl. ebd., 176). D. h., Menschen und Organisationen regeln ihr Füreinandertätigsein durch gegenseitige Beauftragung und (oft geldwerte) Abrechnung, und das unabhängig davon, ob aus egoistischer oder altruistischer Motivation heraus. Hardorp skizziert Zusammenhänge zwischen Wirtschaftlichkeit, Selbstverwaltung (*Schule als Unternehmen*) und pädagogischem Handeln und betrachtet Schule auch – neben anderen Funktionen – als eine Art gesellschaftliche Vorleistung („Investition höherer Art", vgl. Hardop 1998, 179), deren Abrechnung erst viel später in Form von konkreten Wertschöpfungsleistungen erbracht wird.

Einflüsse und Beiträge aus anderen wissenschaftlichen Bereichen können für die primär erziehungswissenschaftlich geprägte Diskussion über Schulentwicklung von großer Bedeutung sein, da sie die verengten pädagogischen und unterrichtsbezogenen Überlegungen durch neue Impulse erweitern (vgl. Fingerle 2008, 13). Z. B. hat der aus der Soziologie stammende strukturell-funktionale Ansatz zum Bildungssystem vorher nicht beachtete Zusammenhänge von intendiertem und nicht-intendiertem Lernen sowie der Unterscheidung zwischen sozialen und persönlichen Strukturen aufgedeckt; d. h., das pädagogisch-erziehungswissenschaftliche Spektrum konnte auch auf Schule in ihrer gesellschaftlichen Funktion erweitert werden (vgl. ebd.). Bei Fend (1980, 7) wurde die gesellschaftliche Doppelfunktion von Schule bzw. schulischer Sozialisationsprozesse in Form von Reproduktion der Gesellschaft einerseits und das Heranbilden von Persönlichkeit andererseits klar herausgearbeitet. Dabei versteht Fend unter Funktionen gesellschaftsrelevante Beiträge, die zur Aufrechterhaltung und

Handlungsbefähigung sozialer Systeme unabdingbar sind. Daraus folgten für Politiker Aufgabenstellungen, die sie aus ihrer Gestaltungsverantwortung umsetzen müssten (vgl. Fend 2006, 50).

Rechtlich wird diese politische Verantwortung aus Art. 7 Abs. 1 GG in der staatlichen Aufsicht über das gesamte deutsche Schulwesen inklusive privat organisierter Schulen[49] abgeleitet, wobei der Begriff *Schule* allerdings nicht definiert wird. Entgegen der traditionellen Interpretation eines *formal-organisatorischen* Schulbegriffs ist nach Brosius-Gersdorf (2012, 403ff.) der verfassungsrechtliche Begriff der Schule *funktional* an die Aufgabe der Bildung von Kindern, Jugendlichen (und Erwachsenen) gekoppelt, nicht aber an formal-organisatorische Merkmale. Demnach

> „[...] sollte unter Schule jede Form der Vermittlung von Bildung und bildungsbezogener Erziehung verstanden werden, die geeignet und erforderlich ist, um Kinder zu selbstbestimmten und verantwortungsbewussten, in die soziale Gemeinschaft integrierten Bürgern zu entwickeln und ihre Teilhabe an Ausbildung, Studium und Beruf sicherzustellen." (Brosius-Gersdorf 2012, 405)

Eine solche funktionale Deutung des verfassungsrechtlichen Begriffs der Schule werde dem gesellschaftlichen Wandel besser gerecht und erleichtere innovative Veränderungen der Schulstrukturen (vgl. Brosius-Gersdorf 2012, 409). Dieser Arbeit wird dementsprechend der funktionale Schulbegriff unterlegt.

Unter *Schule* werden in den nachfolgenden Ausführungen grundsätzlich alle Schulformen in Deutschland subsumiert. Dazu zählt auch das berufliche

---

49 Privatschulen haben im deutschen Bildungswesen eine geringere Bedeutung als in anderen Staaten. Zwar garantiert Art. 7 GG das Recht auf Gründung von privaten Schulen, jedoch unter Auflagen für die staatliche Anerkennung. Falls Privatschulen zu vergleichbaren Schulabschlüssen führen, werden sie als so genannte *Ersatzschulen* anerkannt und erhalten finanzielle Mittel für Lehrpersonal, Unterhalt und Verwaltung zum großen Teil vom Staat. Privatschulen werden meist aus weltanschaulichen oder pädagogischen Beweggründen eingerichtet und nehmen trotz ihrer quantitativen Marginalstellung im Bildungssystem wegen ihrer reformpädagogischen Ausrichtung oft eine Vorreiterrolle ein (vgl. Brosius-Gersdorf 2012). Experten fordern als eine Strategie zur Einführung von mehr Wettbewerb im deutschen Schulwesen explizit eine Ausweitung an öffentlich finanzierten Privatschulen. Die Idee entspringt dem New Public Management; dabei geht es um mehr Trennung zwischen den staatlichen Funktionen, hier bspw. die Gewährleistung einer Grundbildung für alle, und der Erbringung der Leistung, die auch durch private Träger vollzogen werden können. Die Hoffnung liegt in leistungsfördernden Effekten wie mehr Wettbewerb, höhere Innovationsbereitschaft und nachfrageorientierte Bildungsangebote (vgl. Brosius-Gersdorf 2012, 392; Bellmann 2007, 59; VDP o. J.).

Schulwesen, das heterogen unterschiedliche Formen von Bildungsangeboten an Jugendliche und junge Erwachsene offeriert mit dem Anspruch, allgemeine mit beruflicher Bildung sowie Persönlichkeitsentwicklung mit Qualifizierung zu verbinden, und damit mehrere gesellschaftlich relevante Funktionen erfüllen muss. So werden Berufsvorbereitung, berufliche Grundbildung, Berufsausbildung in dualer Form mit betrieblichen Partnern oder in Vollzeit angeboten und dabei in Deutschland mehr als 340 verschiedene Berufe ausgebildet (vgl. Bliem, Schmid & Petanovitsch 2014, 39). Daneben existieren Berufsfachschulen, Fachoberschulen und berufliche Gymnasien, die alternativ zum allgemeinen Bildungssystem auf weiterführende Bildungsanschlüsse vorbereiten. Auch kann das berufliche Schulwesen unter bestimmten Bedingungen Maßnahmenträger für die Agentur für Arbeit oder andere Bildungsanbieter aus der Weiterbildung sein (vgl. Clement 2010, 63). Als Schlüsselmerkmale dualer Berufsausbildung werden enge Kooperation von Staat und Wirtschaft, Lernen im Arbeitsprozess, gesellschaftliche Akzeptanz allgemeinverbindlicher Standards, Qualifizierung von Berufsbildungspersonal sowie institutionalisierte Berufsbildungsforschung angesehen (vgl. Berufsbildungsbericht 2014, 154). Insbesondere die berufliche Schulbildung in Deutschland unterliegt einem erhöhten Veränderungs- und Legitimationsdruck aufgrund leistungsschwacher Absolventen allgemeinbildender Schulen, Lehrstellenmangel und fehlende Ausbildungsbetriebspartner bei gleichzeitiger Ausweitung von Bildungsgängen außerhalb des dualen Bildungssystems, um eine ungebrochene Anschlussfähigkeit im Bildungssystem zu gewährleisten (vgl. Wolf 2012, 583; Clement 2010, 63, Berufsbildungsbericht 2014; 5f.; 9, Beirat der Berliner Senatsverwaltung für Arbeit, berufliche Bildung und Frauen 1999, 24f.).

Im deutschen Bildungssystem hat sich eine rechtlich-administrative Steuerung in weitgehend staatlicher Trägerschaft etabliert, die in einer hierarchisch gestalteten Beamtenstruktur eingebunden ist, angefangen bei den Pädagogen auf praxisbezogener Schulebene bis zur ministeriellen Ebene der Verwaltungsbeamten, darunter viele Juristen und politisch engagiertes Personal. Dementsprechend gilt das deutsche Schulwesen als stark formalisiert und verfahrensorientiert: Staatlich gesteuert werden die Rechtsgrundlagen für alle Verfahren und Operationen auf Schul- und Unterrichtsebene, wie bspw. die Lehrerausbildung, die Programmsteuerung durch kanonisierte Inhalts-, Ziel- und Prüfungsanforderungen, die Leistungskontrollen für Berechtigungen zum Besuch weiterführender Schulen oder die Ressourcensteuerung (Lehrkräfte, Sachausstattung). Selbst das Unterrichtsgeschehen wird hochgradig reguliert; so gibt es bspw. Regelungen für Benotung oder Vorschriften für Hausaufgaben (vgl. Fend 2008, 101). Innovationen in Form neuer Visionen bezüglich der Steuerung des Schulwesens beziehen sich vor diesem Hintergrund hauptsächlich auf Verfassungsänderungen (vgl. Wißmann 2012), um die enorme Anzahl staatlicher Regulierungen in Bezug auf den Handlungsspielraum der Einzelschule zu reduzieren, damit diese durch mehr (unternehmerische) Freiräume in ihrer Autonomie und Verantwortung für die einzelschulische Gestaltung verbesserter Lernmilieus – und damit besserer Schulleistungen – gestärkt werden (vgl. Aktionsrat Bildung 2010a; Ebener & Pätzold 2010, 265; Zlatkin-Troitschanskaia 2007, 67).[50] Konkret solle das Schulsystem entstaatlicht und sukzessive in eine erhöhte Markt- und Wettbewerbssituation überführt werden. Dieser Innovationsprozess wird in der Literatur auch als *Ökonomisierung von Schule* oder *neoliberale Schulreform* bezeichnet (vgl. Lohmann 2010, 1f.). Neben den Politik- und Verwaltungswissenschaften befassen sich weitere (erziehungs-)wissenschaftliche Bereiche mit den Veränderungsprozessen im (deutschen) Schulwesen. So nutzt bspw. die *ökonomische Bildungsforschung* (Bildungsökonomie) das Instrumentarium der Wirtschaftswissenschaften (Volks- und Betriebswirtschaftslehre), um alle formalen, nicht-formalen und informellen Bildungsvorgänge auf gesellschaftlicher, institutioneller und individueller Ebene zu analysieren. Zentrale Aspekte sind die Steuerung und Produktion der verschiedenen Bildungsinputs (allokative Analyse) sowie die Verteilung von Bildungsoutputs und -outcomes (distributive Analyse) (vgl. Hummelsheim & Timmermann 2010, 94). Im deutschsprachigen Raum unterscheidet man zudem die Subdisziplinen *Schulentwicklungs*forschung, die zu ergründen versucht, *wie* man zu einer guten Schule gelangt, und *Schuleffektivitäts*forschung, die mithilfe der Empirie ermitteln möchte, *was* eine gute Schule ausmacht (vgl. Bonsen, Bos & Rolff 2008, 11).

50 Im Rahmen des politikwissenschaftlichen, Akteur-zentrierten Steuerungsansatzes wird zwischen Steuerungsfähigkeit des Steuerungssubjektes und Steuerbarkeit von Steuerungsobjekten differenziert. Überträgt man diesen Ansatz auf die Steuerung des Schulwesens, so stellt sich die Frage, ob das Schulsystem Steuerungsakteur (respektive Steuerungssubjekt) oder Adressat politischer Steuerung (respektive Steuerungsobjekt) ist. Die neuen politikwissenschaftlichen Steuerungstheorien unterscheiden diese beiden Grundtypen in *Planungszentrierter Steuerung* mit deterministischem Steuerungsverständnis (z. B. Input- oder Outputsteuerung auf der Bildungssystemebene für das Schulwesen) und *Selbststeuerung*, die endogene Perspektive (das Schulsystem wird auf der Meso- und Mikroebene durch interne Prozesse gesteuert) (vgl. Zlatkin-Troitschanskaia 2007, 67ff.).

## 4.1 Schulreform als Innovationsprozess

In den Beiträgen zur Schulreform ist der Innovationsbegriff allgegenwärtig und en vogue, der das Neue, das Andere und natürlich implizit das Bessere versprechen soll. Dabei wird Innovation in seiner Grundidee an verschiedene Begriffe gekoppelt und transportiert, wie bspw. Reform, Entwicklung, Modernisierung, Transfer, Wandel, Implementation, Umstrukturierung etc. (vgl. Rürup & Bormann 2013, 15f.). Auch für Fullan (2007) liegt der Motor von Schulentwicklung im Transfer von Innovation; die Innovation kann dabei nach seiner Sicht aus dem System selbst generiert oder von außen vorgegeben werden.[51] Goldenbaum (2013, 151) definiert Schulinnovation wie folgt:

> „Schulinnovationen als sozial-gesellschaftliche Innovationen stellen neue, zielgerichtete, intendierte und geplante Maßnahmen dar, die Veränderungen bzw. Verbesserungen im schulischen Bildungssystem […], in der Einzelschule […] und/oder in sozialen Interaktionen […] herbeiführen (sollen)."

Innovationen sind dabei materielle oder nicht materielle Artefakte (Produkte bzw. Prozesse), die eine absolute oder relative Neuheit für die Schule darstellen (vgl. Goldenbaum 2013, 157). Die aktuellen Herausforderungen der Schulentwicklung im Sinne einer Schulsystemreform liegen weniger in der Förderung eigenständiger innerschulischer Innovationsprozesse, sondern hauptsächlich darin, die neuen leistungs- und ergebnisorientierten bildungspolitischen Ziele und Handlungsvorstellungen auf Schulebene im Abgleich individueller Interessen der unterschiedlichen Anspruchsgruppen vor Ort zu transferieren bzw. zu implementieren (vgl. Rürup & Bormann 2013, 27).

Daraus ergibt sich zunächst die Frage, wie sich Innovationen in Systemen verbreiten (lassen). Um Diffusion im deutschen Schulsystem zu verstehen, eignet sich das heuristische Konzept von Rogers (2003/1962) zur Innovationsdiffusion in sozialen Systemen als Grundlage (vgl. Holtappels 2013; Rürup 2007; Bormann 2011). Für Rogers (2003, 12) bedeutet Innovation ganz allgemein *„an idea, practice, or object that is perceived as new by an individual or other unit of adoption"*. Rogers Interesse liegt auf den Prozessen der sozialen Verbreitung einer bereits vorhandenen Innovation, die als etwas Exogenes zu verstehen ist.

---

51 Deutsche Implementationsforscher wie Dalin (1999) oder Rolff (2007) nehmen eine eher skeptische und ablehnende Haltung gegenüber der Möglichkeit ein, extern vorgegebene Innovationskonzeptionen erfolgreich an Schulen etablieren zu können. Nach ihrer Sichtweise ist Innovation abhängig von internen Bedürfnissen, gekoppelt an von außen kommende Anforderungen. Wenn beides zusammen fällt, kann ein konstruktiver Dialog Innovationsprozesse auslösen (vgl. Koch 2011, 45).

Die Grundlage wird in der Phase der individuellen Adoption gebildet, auf die eine Phase der sozialen Diffusion folgt. Innovation gilt als Auslöser weiterer Veränderungen. Rogers (2003, 15f.) unterscheidet fünf Attribute, anhand derer Innovationen differenziert und in ihrer Verbreitungstauglichkeit für potenzielle Adaptoren eingeschätzt werden können:

- *Relative Advantage*: Wie weitreichend ist der relative Vorteil gegenüber dem Bisherigen (z. B. mehr Gewinn oder Effizienz, Steigerung des sozialen Ansehens)?
- *Compatibility*: Vereinbarkeit mit bestehenden Normen, Erfahrungen und Bedürfnissen.
- *Complexity*: Wie leicht oder schwer verständlich oder erlernbar scheint eine Neuerung?
- *Triability*: Inwieweit kann eine Neuerung auch schrittweise oder unter Vorbehalt eingeführt werden?
- *Observability*: Wie offensichtlich ist das Ergebnis einer Neuerung?

Die Verbreitung von Innovation in sozialen Systemen wird von Rogers (2003, 11) grundsätzlich als direkter bzw. indirekter Informations- bzw. Kommunikationsprozess identifiziert, dem möglicherweise Handlungen einer Innovationsakzeptanz durch potenzielle Adaptoren folgen. Rogers (2003, 207f.) unterscheidet dabei kosmopolitische und lokale Kommunikationskanäle, denn Systemmitglieder kommunizieren auch außerhalb des Systems. Daraus folgt, dass zielführende Maßnahmen für Innovationsdiffusion sowohl direkt im System verortet werden können (lokal) als auch außerhalb (kosmopolitisch). Übertragen auf den Schulsektor bedeutet dies, dass Neuerungen sowohl direkt als auch indirekt, horizontal und vertikal auf allen Schulsystemebenen, aber auch außerhalb, z. B. durch die Kanäle der Öffentlichkeit, kommuniziert werden müssen. D. h., die Vernetzung innerhalb des Schulwesens ist elementar (vgl. Berkemeyer, Bos & Kuper 2010). Gräsel & Fussangel (2010) untersuchten in dem Zusammenhang das Verhältnis von Kooperation und Innovation auf Einzelschulebene und innerhalb von Netzwerken im Schulsystem und bestätigten auf Grundlage US-amerikanischer Schuleffektivitätsforschungsdaten die hohe Bedeutung eines wahrgenommenen Kooperationsnutzens der Akteure für erfolgreiche Innovationsprozesse. Außerdem ist der Faktor Zeit im Modell von Rogers relevant; denn davon ist abhängig, ob und wie schnell eine Neuerung wahrgenommen, akzeptiert und evtl. angenommen wird. Deshalb klassifiziert Rogers anhand des Zeitpunkts der potenziellen Übernahme einer Innovation fünf verschiedene Innovationsadaptionstypen, die nach dem Grad ihrer Risiko- bzw. Anpassungsbereitschaft, sozialem Status und Respekt, den sie genießen, sowie ihrer Kreativität differenziert werden. Er unterscheidet *Innovative* (risikobereit, sozial stark vernetzt), *Meinungsführer* (experimentierfreudig, starke Position im System), *Mitglieder des frühen Hauptfelds* (gut vernetzt, abwartend), *Mitglieder des späten Hauptfelds* (skeptisch) und *Nachfolger* (traditionalistisch; vgl. Rogers 2003, 282ff.). Zusätzlich relevant für Innovationsdiffusion in sozialen Systemen ist nach Rogers, wie schnell und intensiv die Informationsvermittlung stattfinden kann; also welche Kommunikationsstrukturen und -medien existieren. Systemmitglieder mit ähnlichen Eigenschaften, bspw. im Hinblick auf ihren sozialen Status oder Bildungsstand, beschleunigen i. d. R. zusätzlich Innovationsdiffusion. Zum anderen wird aber auch ein gewisses Maß an Unterschiedlichkeit dann als förderlich angesehen, wenn sich aus den Unterschieden verfestigte Rollen (Meinungsbildner, Nachfolger) in den interpersonalen Kommunikationsbeziehungen ergeben. Rogers (2003) differenziert dementsprechend die Struktur, die Normen sowie den Einfluss von Meinungsbildnern und Change Agents als Merkmale eines sozialen Systems, die – neben der Substanz der zu verbreitenden Neuerung an sich – für Innovationsdiffusion relevant sind. Meinungsbildner (Promotoren) verweisen auf bestimmte Rollen in der systeminternen interpersonellen (lokalen) Kommunikation, Change Agents dienen hingegen systemexterner (kosmopolitischer) Interessen, die aktiv die Systemmitglieder zu beeinflussen suchen.

Folgt man diesem Beschreibungsansatz von Rogers, bedeutet dies, dass die Merkmale eines sozialen Systems, wie bspw. der Grad seiner Innovativität, durch spezifische strukturelle und soziale Umgestaltungsmaßnahmen interaktive Kommunikationsbarrieren reduzieren können, z. B. durch die Etablierung oder den Ausbau bestimmter Kommunikationsarenen und Beobachtungsnetzwerke oder durch veränderte Rollenbeziehungen zwischen Systemmitgliedern. Intrapreneuring ließe sich durch die dem Konstrukt innewohnenden Schnittstellen mit den Diffusion begünstigenden Faktoren im Modell von Rogers, wie Innovations- und Leistungsorientierung, Führungs- und Kooperationsfähigkeit, aber auch Durchsetzungskraft (vgl. Korunka et al. 2009, Wunderer 2009) unterstützend als ein Barriere reduzierendes Instrument (auf Schulebene) nutzbar machen, um Diffusionsprozesse zu beschleunigen.

Rogers (2003, 105ff.) selbst nennt einige Kritikpunkte für Diffusionsmodelle, z. B. das durch ex-post-Studien verursachte Ungenauigkeitsproblem aufgrund von fehlerhaften Erinnerungen oder auch die Zuschreibung der Verantwortung für das Scheitern von Innovationen auf Personen anstatt auf Systeme. Auch haben empirische Überprüfungen der Thesen von Rogers dargelegt, dass die Attribute einer Innovation in ihrer Bedeutung von den potenziellen Adaptoren unterschiedlich gewichtet werden und dass der Einfluss von Triability kaum nachweisbar ist. Außerdem verläuft der Entscheidungsprozess für eine mögliche Innovationsübernahme nicht parallel, sondern sequenziell; dies führt dazu, dass bei einer kompletten individuellen Überprüfung aller Attribute die Übernahmewahrscheinlichkeit sinkt, da meist das individuell als wichtigstes Attribut angesehene (oft der relative Vorteil) bereits ausschlaggebend für eine Übernahmeentscheidung sein kann (vgl. Rürup 2007, 60f.). Problematisch erscheint Bormann (2011, 64) auch das Konzept der Adoption, das dazu dient, die Qualität der Integration von Innovation zu beschreiben. Die Grundlage ist dabei die Annahme einer ungebrochenen individuellen Adaption, die mehr auf Assimilation denn auf Akkommodation ausgerichtet ist. Aus vielfältigen Erfahrungen mit komplexen Innovationsimplementationen im öffentlichen Bereich ist nach Oelkers & Reusser (2008, 235) aber bekannt, dass die Basisakteure politisch intendierte Neuerungen nicht einfach übernehmen, sondern oft nur partiell und selektiv wahr- und annehmen, eine nachhaltige Integrationstiefe bleibt aus. Im Modell von Rogers fehlt zudem die Relevanz des Vorwissens für den Aneignungsprozess auf das kognitiv aufwendige Erfordernis der De- und Rekontextualisierung von Innovationen und der Aspekt, dass es sich bei der Aneignung einer Innovation um einen in wechselseitigem Austausch zwischen den Systemebenen und nach Maßgabe vielfältiger Voraussetzungen erfolgenden individuellen und kollektiven Anpassungsprozess bzw. um einen mehrstufigen, adaptiven Lern- und Entwicklungsprozess handelt (vgl. Bormann 2011, 64; Oelkers & Reusser 2008, 235; Fend 2008, 26ff.).

Nachfolgend wird zunächst aufbauend auf den Erkenntnissen zur Diffusion in sozialen Systemen das deutsche Bildungssystem in seinem Aufbau dargestellt, um dessen Diffusionsstrukturen zu veranschaulichen. Die grundsätzliche Ausübung der staatlichen Gesetzgebungsbefugnisse und die Erfüllung bzw. Verwaltung der staatlichen Aufgaben im Schulwesen obliegen nahezu ausschließlich den Ländern, die politisch, administrativ und organisatorisch unterschiedliche Steuerungsformen und Rahmenbedingungen aufweisen (vgl. KMK 2007, 32). Die Ständige Konferenz der Kultusminister der Länder (KMK) dient auf nationaler Ebene als gemeinsame Steuerungsstelle, die die Länderpolitiken zu koordinieren versucht, und ist die zentrale bildungspolitische Behörde des allgemein bildenden und beruflichen Schulwesens in Deutschland. Gesteuert wird die KMK über politische Mehrheitsverhältnisse; ihre Beschlüsse haben aufgrund des Föderalismusgesetzes zunächst den Charakter von Empfehlungen, gekoppelt an die politische Verpflichtung der zuständigen Minister, sich für die Umsetzung in verbindliches Landesrecht einzusetzen. Die rechtliche Umsetzung der Beschlüsse erfolgt in den einzelnen Ländern durch Verwaltungshandeln, Verordnungen oder Gesetze mit Beteiligung der Landesparlamente im Rahmen des Gesetzgebungsverfahrens (vgl. KMK 2007, 44; Fend 2008, 103 ff.). Kritisiert wird bei diesem Verfahren, dass die Beschlüsse oftmals nur in einem sehr langwierigen Prozess und Harmonisierung der Länderinteressen unter hoher Kompromissbereitschaft und keineswegs im Konsens durchgerungen werden können (vgl. Träger 2005, 22ff.). Die Planung und Organisation des gesamten Schulwesens obliegt somit den Kultusministerien (als oberste Schulaufsichtsbehörde) und ihren nachgeordneten Schulbehörden. Zum Gestaltungsbereich der Länder gehören die organisatorische Schulstrukturierung sowie die inhaltliche Festlegung der Ausbildungsgänge und der Unterrichtsziele. Die durch Schulgesetze vorgegebenen Bildungsziele werden durch die landesspezifischen Lehrpläne konkretisiert. Die Schulaufsicht der Länder umfasst sowohl die Rechtsaufsicht, die Fachaufsicht als auch die Dienstaufsicht über die Lehrer an den öffentlichen Schulen (vgl. KMK 2007, 56). Die Lehrerschaft und Elternschaft verfügen über keine effektiven Mitwirkungschancen außerhalb medialer Beeinflussung der öffentlichen Meinung bzw. durch Einflussnahme der Vertreter der Gewerkschaften (vgl. Fend 2008, 105). Es wird vermutet, dass dieses föderalistische System erkennbare (negative) Konsequenzen für die Konditionen der Qualitätsentwicklung und die nationale Qualität pädagogischer Prozesse und Ergebnisse habe (vgl. Böttcher & Rürup 2007, 153f.).[52]

Aufgrund dieses föderalistischen Aufbaus des Schulsystems in Deutschland ist der Weg einer Schulreform über zentralisiert gesteuerte, rechtlich bindende Vorgaben eines Bundesgesetzgebers ausgeschlossen. Damit besteht für Deutschland zur Etablierung von bildungspolitischen Innovationen nur die Möglichkeit, die notwendigen Diffusionsstrukturen durch ein Innovationszentrum horizontal zu verbreiten. Die Handlungskoordination kann dabei entweder auf der Grundlage struktureller Äquivalenzen oder durch die Kohäsion der Bundesländer erfolgen. Als entsprechende Koordinations- und Diffusionsinstitutionen ist insbesondere die KMK zu nennen, aber auch bundesweit agierende Interessensverbände (vgl. Rürup 2007, 36f.). Koordinationsanstrengungen für verbindliche länderübergreifende Anpassungen in den Reformbemühungen sind allerdings kaum zu verzeichnen, d. h. Top-down verlaufende Abstimmungsprozesse vertikaler Politikintegration sind eher selten. Als neuer Trend in der deutschen Bildungspolitik kann dagegen sowohl eine engere Zusammenarbeit zwischen (Landes-)Politik und Wissenschaft durch die Ausweitung von mit öffentlichen Mitteln finanzierte Forschungs- und Entwicklungsprogrammen und den Ausbau evidenzbasierter bildungspolitischer Steuerung als auch eine Verbesserung der direkten Kommunikation der Bundesländer beobachtet werden,

52 Mehr Information zu Problemen, Reformen, Perspektiven des deutschen Föderalismus siehe Härtel (2012).

die eine länderübergreifende Bündelung und mehr Dynamik länderspezifischer Entwicklungen erwirkt. Dies bedeutet, Bildungsreform in Deutschland entspricht einer dezentral-kumulativen Entwicklung durch Innovationsdiffusion; Innovationen entstehen meist „on the bottom" bzw. Bottom-Up. Die Entwicklungen des deutschen Schulsystems beruhen also auf föderalem Wettbewerb (vgl. Rürup 2007, 39f.; 44ff.; Bormann 2011, 22ff.). Rürup (2007, 52f.) geht davon aus, dass die daraus resultierende Innovationsdynamik entweder durch verstärkte parteipolitischer Konkurrenz – was zu einem Verdrängungswettbewerb führt – oder aufgrund eines intensiveren Austauschs neuer Ideen in Form von konzeptueller Diversifikation und Koordination erreicht werden kann. Rürup (2007) untersucht diesbezüglich, wie sich Schulreform anhand des konkreten Fallbeispiels der nationalen Verbreitung der Idee „Schulautonomie" im föderalen Wettbewerb vollzog. Dabei identifiziert er für diesen Kontext im deutschen Schulwesen sowohl Strukturen von Ideen- als auch Verdrängungswettbewerb; die Ergebnisse der Regressionsanalyse legen dar, dass sowohl parteipolitische als auch regionale Diffusionsstrukturen existieren, die sich in Abhängigkeit der Neuerung variabel erweisen. Gedeutet wird dies als Zeichen einer flexiblen, zwischen Verdrängungs- und Ideenwettbewerb wechselnden Reformdynamik, die allerdings gegenüber massenmedial-kosmopolitischen Wirkungsgraden zurückbleibt. Dieser horizontal verlaufenden Politiktransfers innerhalb der deutschen Bildungspolitik ist in genereller Form in der erziehungswissenschaftlichen Innovationsforschung, in der bildungspolitischen Netzwerkforschung[53] bzw. in den deutschen Governance-Analysen allerdings noch nicht ausreichend erforscht und gilt als dringliches Forschungsfeld für die Bildungspolitikforschung (vgl. Rürup 2007, 367).[54] Es geht dabei u. a. um die allgemeine Klärung folgender Fragen (vgl. Bormann 2011, 29, 37ff.): Welche Akteure sind mit welchen Intentionen an Innovationen beteiligt, welche Interdependenzen sind zu beachten, welches Wissen bringen sie auf welche Weise in Innovationsprozesse ein und wodurch entsteht Relevanz des eingebrachten Wissens? Inwieweit hat die Interpretation einer Innovation Einfluss auf deren Integration und *Dissemination*, also eine flächendeckende Verbreitung bis auf Einzelschulebene? Unter Dissemination wird im Bildungssektor die gesteuerte und zielgerichtete

53 Mehr Informationen zur Innovationslogik von politischen und sozialen Netzwerken siehe Schubert & Dehling (2010).

54 In den USA hat im Gegensatz zum deutschsprachigen Raum die wissenschaftliche Teildisziplin der *Policy-Diffusion-Research* eine lange Tradition, die sowohl die Interaktionen als auch die Systemmerkmale der Kommunikationskanäle zwischen den Bundesstaaten umfassend erforscht und reflektiert (vgl. Rürup 2007, 96ff.).

Verbreitung einer Innovation auf das Gesamtsystem verstanden. Dissemination gilt als Bedingung und kritischer Teilprozess von Innovation, um eine spätere Adaption und Verstetigung auch auf den Ebenen, die nicht an den Innovationsentwicklungsprozessen im Ursprung beteiligt waren, zu erreichen. Es wird davon ausgegangen, dass eine Verbreitung nur dann gelingen kann, wenn lokale Rahmenbedingungen berücksichtigt werden, die auf die Einschätzung des Neuen einwirken. Das Ziel ist, einen „Dauerprozess" zu etablieren und Erfahrungswerte so aufzubereiten, dass sie auf das Bildungssystem zurückwirken (vgl. Bormann 2011, 64f.).

Nach Koch (2011, 56) geht Dissemination in der Umsetzung nicht weit genug, denn diese meint nur die Identifizierung und Bewertung transferwürdiger und transferfähiger Innovation, z. B. durch Ergebnisse aus Modellversuchen der Bildungsforschung. Soll eine Einzelschule eine Innovation, die sich außerhalb entwickelt hat, lediglich rezipieren, so wird dieser Innovationstransfer in der deutschsprachigen Schulentwicklungsforschung als *Implementation* bezeichnet. Fullan (2007) beschäftigt sich seit Anfang der 1980er-Jahre mit Veränderungsprozessen im Schulwesen und den Bedingungen, die Innovationstransfer (Implementation) auf Ebene der Einzelschule begünstigen. Demnach ist für einen erfolgreichen Transfer von Innovation zum Beispiel wichtig, dass diese sowohl von der übergeordneten Schulverwaltung als auch von der Schulleitung befürwortet wird; außerdem sollten gute Rahmenbedingungen und Unterstützung durch externe Berater den Lehrkräften und Schulpersonal helfen, die Innovation konstruktiv anzunehmen und umzusetzen. Für Fullan (2007) handelt es sich beim *Educational Change* (Innovationstransfer) um einen mehrstufigen Schulentwicklungsprozess; er modelliert und beschreibt die Phasen der Initialisierung, Implementierung und Institutionalisierung, der je nach Veränderungsgehalt mehrere Jahre beanspruchen kann.

Aufbauend auf der Konzeption von Fullan (2007) untersucht Koch (2011) Innovationstransfererfolge bzw. -effekte anhand Modellversuchsevaluationsdaten der Schulentwicklungsforschung. Dabei wurden auch die Aspekte von *Transferfähigkeit* einer Innovation bzw. Innovationsproduktes, Wirkungen externer Beratungsleistungen und auch Netzwerkaktivitäten analysiert. Als Attribute transferfähiger Innovationsprodukte nennt Koch (2011) u. a., dass Transfererfolg dann höher sei, wenn das Innovationsprodukt einfach zu verstehen und handhabbar ist sowie keine komplexen Veränderungen in Schule notwendig macht; außerdem sollten Innovationen an einen bestehenden Bedarf in Schule anknüpfen und vorteilhaft für möglichst vielschichtige Problembehandlungen sein. Koch (2011) identifizierte weiterhin, dass Innovationsprodukt-bezogene Netzwerke den externen Transfer von Innovation begünstigen und dass die Rolle der

Schulleitung für Transfer elementar ist. Insgesamt gilt ein von außen initiierter Innovationstranferprozess als nicht vollständig lenk- bzw. beherrschbar; schulinterne Anpassungen können die beabsichtigte Intention einer Innovation verändern oder sogar verhindern. D. h., das Transferergebnis auf Einzelschulebene kann sich anders darstellen oder wirken als aus Sicht der Schulentwicklung mit der ursprünglichen Innovationsidee oder deren Potenzial beabsichtigt war. Zur verbesserten Steuerbarkeit von Innovations- und Transferprozessen in Schule empfiehlt Koch (2011, 253) aus diesem Grund die Entwicklung und Einführung von prozessbegleitenden Transferqualitätskontrollmechanismen.

Dies bedeutet für die Schulreform, dass eine wirksame Innovationssteuerung gewünschte Neuerungen nicht wie bislang durch Regularien und Vorschriften im System Top-down transferieren kann; sie muss lokal die schuleigenen Entwicklungs- und individuellen Aneignungsprozesse so lenken, gestalten und kontrollieren, dass aus der ursprünglichen Innovationsidee auch die intendierten Ergebnisse resultieren (können). Hierzu bedarf es neben des externen Anstoßes durch Anforderungen, Anreize und Unterstützung vor Ort Innovationsbereitschaft, Visionen und Ziele, ein zielbezogenen Leitungs- und Innovationssteuerungshandeln sowie Kenntnis und Anwendung eines Innovationsmanagements (vgl. Holtappels 2013, 65).

In einem theoretischen Rahmenmodell der Implementation von Innovation an Einzelschule geht Goldenbaum (2013, 157ff.) davon aus, dass vor allem die schulorganisatorischen Faktoren *Programm*, *Person*, *Struktur* und *Kultur* das Gelingen bzw. Scheitern von Innovationsimplementationen beeinflussen. Dem Modell unterliegt eine organisationstheoretische, systemische Sichtweise; Schule wird als Organisationseinheit konzipiert, deren zentrale Elemente Programm, Personal, Struktur durch Entscheidungen gestaltet werden. Nur die Organisationskultur mit ihren informellen Charakteristiken entzieht sich weitestgehend einer direkten Steuerbarkeit, was für die Implementation von Innovation als hinderlich erachtet wird, aus schulpädagogischer Sicht allerdings ein zentraler Erfolgsfaktor sein kann. D. h., die o. g. Prämisse Person im Modell umfasst dementsprechend weniger die psychologischen Bedingungen und Haltungen des Schulpersonals, sondern fokussiert formale Kriterien, die die Auswahl und den Einsatz der Personalien betrifft. Es wird davon ausgegangen, dass Personalentscheidungen rational nach Fähigkeiten, Kompetenzen, Eigenschaften, Erfahrungen etc. eines Bewerbers getätigt werden. Wenn also die Auswahl einer Personalie und deren Funktion auf Einzelschulebene positiven Einfluss auf Implementation von Neuerungen haben kann, so ergeben auch dieser Aspekt und Perspektive eine weitere Legitimation zur Überprüfung, ob das Konstrukt Intrapreneurship aus organisationstheoretischer Sicht für Schulentwicklung nutzbar sein kann (oder gemacht werden kann), um relevante Akteure auf und für Einzelschulebene zu identifizieren, auszuwählen und einzusetzen und/oder mithilfe von speziellen entrepreneurialen Aus- und Weiterbildungsprogrammen für Schlüsselpositionen an Schule die notwendige personelle Entwicklung an Schule aktiv zu gestalten.

## 4.2 New Public Management im Schulwesen

Konzepte aus dem Umfeld des New Public Managements befassen sich mit der Modernisierung des Steuerungsmodells, die – dem Subsidiaritätsprinzip entsprechend – die Vorteile einer Selbststeuerung des Schulwesens für das System nutzbar machen soll. Dabei geht es um eine Reorganisation im Rahmen einer staatlichen Gesamtverantwortung und Kontrolle und weniger um „ressourcenintensive Unterstützungsleistungen" (vgl. Fend 2011, 6). Organisation von Schule soll mittelfristig nachhaltig verändert, Schulentwicklung als permanenter Prozess etabliert werden. Die Promotoren stammen dabei aus verschiedenen Bereichen wie aus der Bildungspolitik, Schulaufsicht oder Wirtschaft und sind dementsprechend unterschiedlich motiviert (bessere Leistungsergebnisse, effektivere Ressourcennutzung, internationaler Wettbewerb etc.) und verfolgen unterschiedliche Interessen, sowohl in der Veränderungstiefe als auch in der Reichweite gewünschter Reformergebnisse (vgl. Ebner 2010, 267). Konkret bedeutet dies den Wandel von einer Input- zu einer Outputsteuerung mit staatlich verteilten Budgets, gekoppelt an vorgegebene Zielvorgaben, deren Verwendung und Verantwortung der Einzelschule obliegen. Für die Verwaltung und Administration der strukturell-organisatorischen Makro- und Mesoebene entwickelt sich daraus ein neues Controlling zur Steuerung der Einhaltung der gegenseitigen Leistungsvereinbarungen mit der Ebene der Schule (vgl. z. B. van Buer 2007; 2005). Als eine Maßnahme zur Stärkung der Weiterentwicklung des Bildungssystems soll eine gemeinsam von Bund und Ländern erstellte kontinuierliche Bildungs- und Berufsbildungsberichterstattung in Deutschland dazu beitragen, mehr Transparenz und Offenheit zu ermöglichen. Das Ziel ist die Bereitstellung relevanter Informationen, die zur Gestaltung und Steuerung des deutschen Schulwesens notwendig sind. Damit richtet sich die Bildungsberichterstattung sowohl an die Politik und Schulverwaltung als auch an die interessierte Öffentlichkeit (vgl. u. a. Rürup, Fuchs & Weishaupt 2010; Autorengruppe Bildungsberichterstattung 2008, 2010, 2012, 2014; BMBF 2012, 2014). Grundsätzlich gilt es, die Prozessverantwortung im Bildungssystem zu dezentralisieren und die staatliche Schulaufsicht auf Ergebniskontrollen zu beschränken, damit durch eine Verantwortungsverlagerung auf untere Handlungsebenen eine effektive

Qualitätssicherung[55] bei adäquatem Mitteleinsatz effizienter gestaltet werden kann (vgl. Aktionsrat Bildung 2010a). Es geht dabei in erster Linie nicht um eine Kostenreduktion, sondern *„[…]das New Public Management will einzig und ohne Systemänderung die Verwaltungstätigkeit wirksamer gestalten.“* (Dubs 2005, 456). Das Ziel von New Public Management ist die sukzessive Veränderung eines staatsbürokratisch organisierten Schulwesens – als Mehrebenensystem – in eine Dienstleistungsorganisation, für die die Kundenzufriedenheit der Einzelschulen zum Kernkriterium der Qualitätsentwicklung wird. Bildung als Service am Bürger – allerdings unter Wahrung der demokratisch legitimierten Funktionszuschreibungen an die Schule und mit Rückkoppelungsinstrumenten für die Schulaufsicht (vgl. u. a. Ebener & Pätzold 2010, 265f; Zlatkin-Troitschanskaia 2007, 78; Fend 2008, 108, 199, van Buer & Wagner 2007).[56]

---

55 Heid (2007) diskutiert die Frage, was unter *Qualität von Schule* überhaupt verstanden werden kann. Für ihn ist Qualität das Resultat einer Sachverhaltsinterpretation, die nach Beurteilungskriterien abgeleitet wird. Diese wiederum entstammen individueller oder kollektiver Interessen. Bei der Beurteilung von Schule können diese kulturell, politisch oder ökonomisch geprägt sein, deren Ziele divergieren und die miteinander konkurrieren. Qualität von Schule kann entsprechend nur das messbare Maß dafür sein, ob das durchgesetzte Gewünschte und Angestrebte im Ergebnis be- bzw. erwirkt werden kann. Qualität dient damit lediglich zur Überprüfung der Zweckbestimmung von Schule und ist keine eigenständige Größe.

56 Noch einen Schritt weiter gehen Vertreter *marktorientierter Ordnungsmodelle*, die eine ökonomisch ausgerichtete Reorganisation des Bildungswesens fordern. Solche Konzepte führen zu einem Paradigmenwechsel, weg von staatlicher Monopolstellung des Bildungsangebotes zu einem gesellschaftspolitischen Ordnungsmodell, ausgerichtet an der Freiheit des Individuums. Es ist der Grundgedanke der freien Marktwirtschaft, der auf die individuelle Entscheidungsfähigkeit bei möglichst vielen Angeboten hinsichtlich des höchsten Nutzens vertraut, was in Summe zu einem allgemeinen Nutzen führe und den Fortschritt stärke. Deshalb sei dieses freiheitliche Modell auch auf andere gesellschaftliche Bereiche, wie das Bildungswesen, zu erweitern. Angebot und Nachfrage im neuen Paradigma des so entstehenden „freien“ Bildungsmarktes würden über Marktmechanismen etabliert, also Regulierung über den Preis. Die radikalste Variante entspricht dem *neoliberalen Modell*, in dem der Staat so wenig Einfluss wie möglich auf das Bildungswesen nimmt; im abgeschwächten, *ordoliberalen Modell* würde der Staat die Rahmenbedingungen festlegen, um dem Bildungsmarkt ein möglichst gutes Funktionieren zu ermöglichen. Es gibt kein Land auf der Erde, das sein Bildungswesen ausschließlich privat organisiert. Aber es gibt Erfahrungen aus Systemen, die mehr privaten Wettbewerb zulassen, wie bspw. die USA. Das Ergebnis zeigt, dass gute Schulen sich die intellektuell und motivational besonders begabten Schüler aus zahlungskräftigen Elternhäusern aussuchen (vgl. Fend 2008, 108f.).

### 4.2.1 Schulmodelle im Kontext des New Public Managements

Altrichter, Brüsemeister & Wissinger (2007, 11) fassen drei zentrale Begriffe der interdisziplinär sozialwissenschaftlich angelegten Governance-Forschung zusammen: das *Mehrebenensystem* sowie *Akteur-* und *Handlungskoordination* (siehe auch Fend 2008). Diese Perspektive erweitert nach ihrer Meinung die Analysemöglichkeiten der Entwicklungen um das Steuerungsgeschehen und erleichtert eine Verbindung der unterschiedlichen Ansätze der Disziplinen. Aus den daraus resultierenden Ideen haben sich sowohl in der Theorie als auch in der Praxis unterschiedliche Auffassungen und Modelle über eine (teil-)autonome Schule entwickelt. In den folgenden Ausführungen werden zunächst theoretische Schulmodelle präsentiert, die eine Integration der Erkenntnisse der New Public Management-Forschung anstreben. Vorgestellt werden drei Modelle, die aus unterschiedlichen wissenschaftlichen Blickrichtungen (Personal- und Public Management, Wirtschaftspädagogik sowie Institutionsökonomik) neue Steuerungsansätze für das Schulwesen abbilden.[57]

Thom & Ritz (Organisation, Personal und Public Management) veröffentlichten im Jahr 2000 ein leistungs- und wirkungsorientiertes Führungskonzept, in dem drei Kernelemente des New Public Managements aufgegriffen und auf den öffentlichen Sektor adaptiert werden: die Führungsbereiche Innovations-, Organisations- und Personalmanagement („IOP-Modell", vgl. Thom & Ritz 2008, 39ff.). Im Jahr 2002 adaptieren Thom & Ritz das IOP-Modell auf den öffentlichen Schulsektor. Im Zuge der Modernisierungsintentionen geht es den Autoren um die Gestaltung einer *effektiven Schulführung* auf Einzelschulebene durch einen integrativen Führungsansatz, der Schule als ein soziales Gesamtsystem berücksichtigt und erste Ansatzpunkte liefert, wie den Problemen des Strategie-, Struktur- und Kulturwandels auf der jeweiligen Steuerungsebene aus betriebswirtschaftlicher Sicht begegnet werden könne. Ein aufeinander abgestimmte Innovationsmanagement umfasst dabei die Personengruppen der Lehrkräfte, Schulleitungen, Bildungsverantwortlichen und die Elternschaft, damit ganzheitliche Bildungsprozesse, veränderte Arbeitsorganisation und -inhalte

57 Als Beiträge zu einer allgemeinen Schulentwicklungstheorie siehe „Einführung in die Theorie der Schulentwicklung", Rahm (2005); „Schulentwicklungstheorie: Ein Beitrag zum schulentwicklungstheoretischen Diskursiehe", Esslinger-Hinz (2006); „Neue Theorie von Schule", Fend (2006); „Studien zu einer Theorie der Schulentwicklung", Rolff (2007); „Die Architektur einer Theorie der Schulentwicklung – Voraussetzungen und Strukturen", Maag Merki (2008). Mehr Information zum Thema Schulentwicklung als soziale Konstruktion siehe Buchmann (2009).

bis auf Unterrichtsebene und stärkere Selbstkontrolle bis zum Schüler etabliert werden könnten. Innovationsprozesse an Schulen sind im Falle eines Scheiterns auch mit sozialen Risiken verbunden; deswegen empfehlen Thom & Ritz (2002), Innovationsaktivitäten arbeitsteilig und integrativ auf mehreren Steuerungsebenen zu begleiten, damit die Akzeptanz von Neuerungen sowohl politisch, gesellschaftlich als auch von den unmittelbar betroffenen Akteuren (Lehrer, Schüler, Eltern) gestärkt werden kann. Für den Schulbereich fordern Thom & Ritz Innovationen zur Erneuerung der Sachziele (Inhalte, Lehrpläne, Ausbildungsgänge), Verfahrens- bzw. Prozessinnovationen für schulische Leistungserstellung (z. B. Kooperation mit externen Partnern) und Sozialinnovationen, die sich fachorientiert oder beziehungsorientiert positiv auf die Mitglieder innerhalb von Schule auswirkten. Zur organisatorischen Gestaltung auf Einzelschulebene empfehlen Thom & Ritz (2002) die (formelle) Einbindung der Anspruchsgruppen Lehrer, Schüler und Eltern für zeitweilige Zusammenarbeit in flexiblen Gruppen. Außerdem sollte Schulleitung (am besten nach dem auf persönliche Autorität und Integrität aufgebauten Leadership-Konzept) alle schulisch-administrativen Prozesse effizienter organisieren, wofür allerdings angemessene formale und hierarchische Strukturierung des Schulbetriebs notwendig seien sowie eine angemessene Flexibilität innerhalb der Organisationsstrukturen des öffentlichen Schulbereichs. Außerdem bedürfe es der Entwicklung einer schülerzentrierten Schulkultur zur Optimierung der Ausbildungsprozesse im Hinblick auf die Ausbildungsziele sowie mehr Verbindungen und Überschneidungen zwischen den unterschiedlichen Bildungsangeboten, um fachorientierte Spartenorganisation aufzubrechen. Dabei werden im Modell Kernprozesse für die Schulführung definiert:

- *Kernprozess Schulleitung* mit der Schnittstelle zu übergeordneten Behörden,
- Kernprozess Schulunterricht,
- *Kernprozess Schülerbegleitung* mit Schnittstelle zu den Eltern sowie
- *Kernprozess Spezialprojekte*, der unter Mitwirkung aller Anspruchsgruppen zur Schulentwicklung beitragen sollte.

Das dritte Element des IOP-Modells gilt der Personalführung. Hier sehen die Autoren primär die Notwendigkeit von systematischen motivations- und qualifikationsaufbauenden Personal-Maßnahmen von Lehrkräften und Schulleitung, aber auch Entscheidungsbefugnisse bei Personalauswahl. Das IOP-Schulführungskonzept von Thom & Ritz (2002) bietet zwar strategisches Managementwissen anhand unterschiedlicher Instrumentarien, jedoch keine ganzheitliche Konzeption oder eigenständige Theoriebildung, nach der sich praktische, einzelschulrelevante Probleme bzw. Herausforderungen im Mehrebenensystem des Schulwesens nachhaltig lösen lassen. So wirken bspw. die empfohlenen

Management-Maßnahmen in den unterschiedlichen IOP-Bereichen punktuell und nicht in der Tiefe und ihrer Konsequenz spezifiziert. Die Einbettung der Einzelschule in das Gesamtsystem, Interdependenzen und Interaktionen zwischen betrieblicher und verwaltungspolitischer Ebene werden nur rudimentär abgebildet. Allerdings lag das von den Autoren selbst erklärte Ziel der Konzeption „nur" im skizzierten Aufzeigen der Situation und ihrer Handlungsfelder, damit die betroffenen Akteure erfassen, dass zur Gestaltung einer effektiven Schulführung umfassende Veränderungen notwendig sind. Es sollte als Ausgangslage für weitere Schulführungsforschung dienen (vgl. Thom & Ritz 2002, 33).

Der Wirtschaftspädagoge Dubs (2005, 255ff.) entwickelt auf Grundlage des New Public Managements ein mögliches Gesamtkonzept für teilautonom geleitete Schulen. Basis der Überlegungen ist ein marktwirtschaftlich orientiertes Modell zur Ausgestaltung einer umfassenden Autonomie auf Einzelschule-Ebene nach US-amerikanischem Vorbild, welches Eigenständigkeit sowohl bezüglich der Organisation (inkl. „Akquise"), des Lehrplanes als auch der Finanzen vorsieht. Gefahren sieht Dubs allerdings in einer möglichen Benachteiligung von Kindern, deren Eltern den Schulmarkt nicht überblicken (können), im Angebot pädagogischer Modeerscheinungen ohne qualitativen Bildungsmehrwert, um Schüler zu gewinnen, und eine mögliche Unterwanderung der Bildungsinhalte mit fundamentalistischen Ideen. Die Lösung sieht Dubs (2005) in einer rechtlich verankerten Teilautonomie auf Einzelschulebene, die klar Aufgabenstellungen, Kompetenzen und Verantwortungsbereiche der Schule und der Schulaufsicht definiert. Damit folgte er dem Anliegen der New Public Management-Ansätze, die eine Aufteilung der strategischen und operationalen Führung zwischen den Systemebenen empfehlen. Die Makroebene, also Ministerien des Bundes- bzw. der Bundesländer, hätten Verantwortung für die strategische Führung im Gesamtrahmen ihres Hoheitsgebietes, der mittleren Ebene obläge die Umsetzung der strategischen Führung an den Einzelschulen, die Einzelschule sei für die operative Führung zuständig. So könnte die Organisationsverantwortung voll durch die Einzelschule übernommen werden, die Finanzierung der Investitions- und Betriebskosten durch die staatliche Vergabe von Globalbudgets reguliert sein und eine erweiterte Autonomie in Personalfragen etabliert werden, die die Personalwahl der Schule überlässt, allerdings mit Genehmigungs- oder Rückweisungsrecht und Besoldungszuordnung durch zuständige Behörden. Bei der curricularen Ausgestaltung der Unterrichtszeit empfiehlt Dubs (2005) je hälftig einen verbindlichen staatlichen Minimallehrplan in Kombination mit einem eigenen, individuellen Schullehrplan. Als Instrumente der strategischen Führung durch übergeordnete Behörden nennt Dubs (2005) Zielvorgaben mittels Leistungsauftrag bzw. -vereinbarung mit regelmäßiger Überprüfung, Finanzbudgets evtl. mit Indikatoren und Benchmarks, Metaevaluation und extern konzipiertem Qualitätsmanagement. Instrumente der operativen Führung sind die eigenständige Leitbild- bzw. Profilentwicklung, Budgetierungs- und Controllingprozesse sowie Qualitätssicherung durch interne Evaluationen (z. B. Vergleichsarbeiten) (vgl. Dubs 2005, 463ff.). Bildungspolitisch folgert Dubs aus seinem Ansatz, dass eine Veränderung eines zentralistisch gesteuerten Schulsystems in teilautonome Einzelschulen – neben dem politischen Erwirken der unabdingbaren Legitimation durch gesetzliche Verankerung und den verwaltungstechnischen Voraussetzungen – auch in der Verwirklichungsphase eine große Herausforderung für alle Akteure auf allen Ebenen darstellt:

> „Diese Anpassung wird umso weniger gelingen, je mehr dieser Innovationsprozess punktuell abläuft, d.h. dieser Umbau ohne Bezug auf ein Gesamtkonzept und ohne Blick auf notwendige Veränderungen bei allen Beteiligten erfolgt." (Dubs 2005, 473f.)

Dubs (2005) befasst sich in seinem Modell inhaltlich detailliert mit möglichen Aufgabenverteilungen und -stellungen, aber auch mit den damit verbundenen notwendigen Anpassungs- und Umsetzungsprozessen innerhalb der Systemebenen, z. B. durch die Entwicklungen eines Beispiel-Budgetprozesses für ein Globalbudget oder auch eines Muster-Ablaufplans (inkl. Checkliste) für den Einführungsprozess der teilautonom geleiteten Schule durch die zuständige Schulbehörde (vgl. Dubs 2005, 465ff. bzw. 475ff.). Die Stärke des Modells liegt in der Integration aller Systemebenen und im Anbieten funktionsorientierter Lösungsansätze. Es beinhaltet allerdings weniger die für einen solchen New Public Management-orientierten Innovationsprozess notwendigen sozialen Aspekte der systeminternen kulturellen Veränderung, z. B. ein Innovationsmanagement, ein Personalführungskonzept, Kommunikationsstrukturen und -strategien, aber auch die Einbindung der Anspruchsgruppen Eltern und Schüler. Diese werden jedoch bereits für die Einzelschulebene innerhalb der gleichen Veröffentlichung im „Modell zur Führung einer Schule" für die Bewältigung des Schulalltages aufgegriffen und diskutiert, welches auf der Grundlage des neuen St. Galler Management-Modells nach Rüegg-Stürm (2002) beruht (vgl. Dubs 2005).[58]

Bishop & Wößmann (2001) entwickeln aus institutionenökonomischer Sicht ein vereinfachtes Grundmodell zur *Education Production*, in dem das Erziehungs- bzw. Bildungssystem im Wesentlichen auf der Basis *einer* Prinzipal-Agent-Beziehung zwischen den beiden Akteuren Regierung und Schüler reduziert und analysiert wird. In dieser minimalistischen Form soll das Modell

---

58 Seitz & Capaul (2007) haben eine Adaption des neuen St.Galler Management-Modells (Rüegg-Stürm 2002) für den Schulsektor entwickelt, das *St.Galler Schulmodell.*

dazu dienen, den für die Wissenschaftler wesentlichen Punkt zu demonstrieren: die Auswirkungen der Bildungseinrichtungen auf die Leistungsanreize der Schüler – und damit letztlich auf die Qualität der Schulbildung. Im Modell reflektiert die Regierung als Prinzipal das öffentliche Interesse und entscheidet auf Basis der Schulkosten. Der einzige Agent ist der Schüler, dessen Leistungen und Anstrengungen als Input in den „Bildungsproduktionsprozess" (*Educational Production Process*) fließen und der andere Interessen als die Öffentlichkeit verfolgt. Die Leistungsanreize werden bei beiden durch die vorherrschenden institutionellen Strukturen des Schulsystems beeinflusst. Die Entscheidungen anderer Akteure (Lehrer, Eltern, Schulleiter, Verwaltung) bilden exogene Variablen des Modells, die als Determinanten für die Effektivität der Ressourcennutzung und zur Priorisierung einer qualitativen Verbesserung des Schulsystems im politischen Prozess in eine *Bildungsproduktions*-Funktion einfließen. Die Grundidee des ökonomischen Modells für den Schulsektor liegt in der Annahme, dass rational handelnde Akteure die Differenz zwischen ihrem individuellen Nutzen und ihren individuellen Kosten (Nettonutzen) maximieren. Die Schulqualität wird als Funktion der Bildungskosten und der Schülerleistungen definiert. Der Schüler verhält sich so, dass er für sich den maximalen Nettonutzen aus dem staatlich finanzierten Bildungsangebot generiert. Alle Entscheidungen betreffen bestimmte Institutionen des Schulsystems und diese reagieren auf Veränderungen in der institutionellen Struktur. D. h., die rationalen Entscheidungen der Schüler und der Regierung bestimmen die Schulbildungsqualität; Institutionen beeinflussen diese Entscheidungen durch die Veränderung der Anreize für die Akteure. Mithilfe des Modells werden Realanalysen auf Grundlage der Daten aus Schulleistungsuntersuchungen vorgenommen, um die Auswirkungen von Bildungseinrichtungen auf effektiven und effizienten Ressourcengebrauch zu untersuchen. Forschungsergebnisse bzw. -interpretationen anhand Prinzipal-Agenten-Modelle der Bildungsproduktion zeigen auf, dass externe Leistungsstandards Anreize für verbesserte Schülerleistungen darstellen können (vgl. Betts 1998), weil sie den Schülern selbst, aber auch den Eltern, Lehrern und möglichen Arbeitgebern das relative individuelle Leistungsvermögen aufzeigen (vgl. Wößmann 2006, 430). Eine weitere Schlussfolgerung aus den Analysen ist, dass Bildungseinrichtungen in staatlichen Schulsystemen, die wettbewerbsorientiert Wahlfreiheit und Rechenschaft erzeugen, auch zu besseren Schülerleistungen führen. Denn diese Institutionen kreieren auch Anreize für ihr Lehrpersonal, die vorhandenen Ressourcen ergebnisorientiert einzusetzen, also hohe Lernleistungen fördern (vgl. Wößmann 2006, 420). Insgesamt sieht Wößmann (2008, 812) Leistungssteigerungspotenziale für den Schulsektor in mehr Einzelschulautonomie in Verbindung mit Rechenschaftslegung. Wößmann (2007) weist allerdings auch darauf hin, dass die Analysen der Daten aus internationalen Schülerleistungstests zeigen, dass ein Mehr an selbstständiger Entscheidungsgewalt von Schulen noch lange kein Garant für bessere Schulergebnisse darstellen, sondern dass diese sich sowohl positiv als auch negativ auf den Schulbetrieb und entsprechend auf die Leistungen der Schüler auswirken können.[59] Kritiker von Prinzipal-Agenten-Modellen der Bildungsproduktion äußern Bedenken, dass die theoretische Grundlage, der Mensch sei rationaler Agent und agiere auf Basis von Kosten-Nutzen-Analysen, nicht tief genug die aktuellen sozialpsychologischen Herausforderungen abbilden könne. Außerdem sei die Reduktion im Modell von Bishop & Wößmann (2001) auf nur eine wesentliche Prinzipal-Agent-Beziehung zwischen Regierung und Schüler zu einfach, um daraus fundierte Schlussfolgerungen über die tatsächlich existierende komplexe Vernetzung verschiedenster Prinzipal-Agent-Beziehungen im Schulwesen abzuleiten (vgl. Altrichter & Rürup 2010, 134f.).

Innerhalb dieser unterschiedlichen Konzeptionen des New Public Managements lassen sich jedoch gemeinsame Ziele und Instrumente herleiten (vgl. Ebner 2010, 269f.; Ladner, Lienhard, Ritz & Steiner 2003):

- Wirkungs- und Leistungsziele,
- Kosten- und Effizienzziele,
- Dezentralisierungsziele,
- Flexibilitätsziele,
- Führungsziele,

59 Wößmann (2007, 111) nennt folgende Beispiele aus den Ergebnissen bisheriger Forschung: Meist positiv wirken sich Entscheidungsfreiheiten bezüglich Lehrprozesse, Auswahl und Kauf der Lehrmittel sowie Auswahl neuer Kollegen innerhalb eines vorgegebenen Personalbudgets aus. Ein negativer Zusammenhang liegt zwischen selbständiger Entscheidungsgewalt bezüglich der Festsetzung der Höhe des eigenen Schulbudgets und den Leistungen ihrer Schüler. Wößmann empfiehlt entsprechend pragmatisch eine einfache Kombination aus vorgegebenen Budgets und Lehrstandards, in denen allerdings die Schule selbständig entscheiden könne. In dem Instrument externer Prüfungen sieht Wößmann (2008, 822) Möglichkeiten, negative Leistungseffekte der Schulautonomie, die sich in Ländern ohne externe Prüfungen ergeben, in positive Effekte zu verändern, so nennt er die eine schulindividuelle Kopplung der Lehrergehälter an die Ergebnisse zentraler Prüfungen. Entscheidungsträger hätten damit Anreize, ihre Autonomie effektiv zur Förderung der Schülerleistungen einzusetzen. Zudem können auch Vorteile von überlegenem lokalen Wissen genutzt werden, weil die Schulleitung vermutlich besser als übergeordnete Stellen wissen, welche ihre Lehrer wirklich gute Lehrarbeit leistet.

- Transparenzziele,
- Kulturziele (Kundenorientierung sowie Lern- und Innovationsfähigkeit).

### 4.2.2 Die Umsetzung neuer Steuerungsansätze

In der Educational Governance-Forschung[60] und in den Kultusadministrationen wurden neue Steuerungskonzepte für Schule erarbeitet, um Handlungen und Entscheidungen hervorzurufen, die schulische Akteure auf allen Ebenen orientierend beeinflussen. Dabei setzte man auf Kontextsteuerung, d. h. sowohl eine planungszentrierte, deterministische Steuerung, um die staatlichen Ziele im Bildungssystem durch Rahmenbedingungslegung und Kooperationsbeziehungen verankert zu halten, als auch Selbststeuerung und Eigendynamik als Grundlage zur Initiierung und (Aus-)Gestaltung von Innovationsprozessen (vgl. Rürup & Bormann 2013). Damit war und ist die Hoffnung verbunden, dass die Reformen nicht nur oberflächlicher Natur sind, sondern die Bildungsorganisation kulturell zu verändern, und baut auf die Kompetenz und Motivation ihrer Organisationsmitglieder (vgl. Koch 2011, 37; Ebner & Pätzold 2010, 265). Bislang existiert im föderalistisch-geprägten deutschsprachigen Schulsystem zwar noch nicht „das neue Steuerungsmodell", aber nach Altrichter & Maag Merki (2010, 34f.) zeichnen sich deutliche Konvergenzen ab, die sie in drei Kernbereiche zusammenfassen:

- *Mehr Schulautonomie*: Umverteilung von Entscheidungsrechten von übergeordneten Verwaltungen zugunsten der Einzelschule im Sinne einer Dezentralisierung von Kompetenzen.
- *Verbetrieblichung der Einzelschule*: Initiativen zur Stärkung der einzelschulischen Steuerungs- und Entwicklungsfähigkeit.
- *Einzelelemente evidenzbasierter Bildungspolitik*: Politisch legitimierte und wissenschaftlich unterstützte zentrale Festlegung von Zielen, wie *Bildungsstandards*[61] und Qualitätsrahmen, die den unteren Ebenen des Schulsystems vorgegeben werden und deren Erreichung durch bspw. *Lernstandserhebungen*[62] oder *Schulinspektionen*[63] überprüft wird.

---

60 Mehr zum Thema Educational Governance-Forschung siehe Rürup & Bormann (2013).

61 Mehr zum Instrument *Bildungsstandards* siehe Zeitler, Asbrand & Heller (2013) sowie Maag Merki (2010).

62 Mehr zum Thema *Lernstandserhebungen* siehe Maag Merki (2010) sowie Köller (2007).

63 Die Bezeichnungen für das Instrument *Schulinspektion* (Berlin) variieren in den Bundesländern. So nennt man es in Thüringen „externe Evaluation", in Brandenburg

Grundsätzlich existieren mittlerweile im internationalen Kontext zwei typologische Ansätze zum New Public Management (siehe Abschnitt 3.2.1): Im Hamburger Schulgesetz hat bspw. das Marktmodell Einzug gehalten (§ 85a HmbSG), welches verstärkt die Privatisierung öffentlicher Funktionen favorisiert (vgl. Wittmann 2009, 204; 206). Das Berliner Schulgesetz von 2004 orientiert sich am zweiten, wirkungsorientierten Ansatz, dem Neuen Steuerungsmodell, das mehr Autonomie bürgernaher öffentlicher Verwaltungsbereiche bei gleichzeitigen Vorgaben und *Rechenschaftslegung*[64] durch ergebnisorientierte Evaluation fordert. Mit der Einführung der Berliner Schulgesetzreform wurde eine erweiterte einzelschulische Verwaltungsautonomie für Schul- und Unterrichtsorganisation in rechtlicher, finanzieller, personalwirtschaftlicher und curricularer Hinsicht (§§ 7, 10 SchulG Berlin 2004) bei einer gleichzeitigen Implementierung interner und externer Kontrollinstrumentarien (§ 9 SchulG Berlin 2004) zur Qualitätssicherung und Evaluation umgesetzt (vgl. Wittmann 2009, 203f.). Diskutiert werden weiterhin ökonomische Ansätze und mögliche Maßnahmen zur Entwicklung und Förderung einer unternehmerischen Haltung auf Schulleitungsebene (*Schulmanagement*) und ein an privatwirtschaftlichen Konzeptionen orientiertes Personalmanagement (vgl. Wittmann 2009, 177; 203ff.; Terhart 2010; Huber, Ahlgrimm & Gördel 2007).

Die Umsetzung in der Praxis bedeutet, dass viele Aufgabenstellungen von der Steuerungs- und Verwaltungsebene an Einzelschule in Form von „Handlungsfeldern" delegiert werden, die diese dann zusätzlich zum Kerngeschäft Schulbildung bewältigen müssen (vgl. Ebner 2010, 267; siehe auch Heinrich 2007; Rürup & Heinrich 2007). Zum Beispiel wurde die Problematik, wie Bildungspolitik und die Schulaufsicht mit geeigneten Steuerungsmaßnahmen soziale Brennpunkte verhindern können, in den Verantwortungsbereich der Schule transformiert, die

---

„Schulvisitation" oder in Nordrhein-Westfalen „Qualitätsanalyse". Mehr zum Thema siehe Lambrecht (2013), Bos et al. (2007) sowie Kotthoff & Böttcher (2010).

64 Wößmann (2007, 111) weist darauf hin, dass mehr Selbstständigkeit an Schulen auch opportunistisches Verhalten begünstigt. D. h. Schulen könnten unbeobachtet eigene Interessen verfolgen, die nicht unmittelbar auf die Verbesserung der Leistung abzielen, z. B. eine bessere Arbeitsausstattung für Lehrer finanzieren oder deren Arbeitslast verringern. Die Modellierung einer zielgerichteten Rechenschaftslegung ist demnach ein wesentlicher Bereich der neuen Steuerungsansätze und wird mit einem Maßnahmen-Mix aus bspw. Schulprogramm mit Einflussrechten der Schulaufsicht, externe Evaluation, zentrale Lernstandserhebungen, Schulinspektionen, Bildungsstandards, Qualitätsindikatoren umgesetzt (vgl. Rürup 2007, 202). Mehr Informationen zum Thema *Rechenschaftslegung* bzw. Rechenschaftspflicht siehe Aktionsrat Bildung (2010a, 26f.) sowie van Buer (2007).

dann zwar nicht selbstbestimmt, aber in Selbstverantwortung die Fragen nach erzieherischen, disziplinierenden und sozialpädagogischen Maßnahmen für den Umgang mit schwieriger Klientel (z. B. Mediation, Streitschlichter) beantworten und etablieren mussten (vgl. Heinrich 2007, 63f.).[65] Den Hintergrund dieses Verfahrens sieht Heinrich (2007, 65) dadurch begründet, dass für Makro- und Mesoebene[66] weiterhin eine Möglichkeit von Kontrolle gegeben sein muss. D. h., Kontrolle und Regelbefolgung werden über Definitionsmacht bestimmt. Die Einzelschule erhält zwar einen Autonomiezuwachs und damit Verantwortung, aber die Bildungspolitik bestimmt in welchen Bereichen, wann und in welcher Form. Ähnlich verhält es sich auch bspw. mit der Anweisung zur teilweise genehmigungspflichtigen Schulprogrammarbeit[67], die als ein Steuerungsinstrument für mehr Schulautonomie propagiert dafür sorgen soll, dass jede Schule ihre internen Personalressourcen mobilisiert und ein individuelles Profil bezüglich ihrer Schulpolitik, Schulkultur, Schulpädagogik und ihres Schulbildungsangebotes etc. zur Abgrenzung und Differenzierung erarbeitet – und hoffentlich lebt sowie kontinuierlich weiterentwickelt; in der Außenwirkung eine Art Imageaufbau für einen intendierten mehr wettbewerbsorientierten „Schulmarkt“ (vgl. Altrichter & Eder 2004; Heinrich 2007). Unter dem daraus entstehenden Phänomen von Schulprofilierung verstehen Altrichter, Heinrich & Soukup-Altrichter (2011,

---

65 Die Rütli-Hauptschule in Berlin-Neukölln wurde durch einen offenen Brandbrief an die Senatsverwaltung für Bildung, Wissenschaft und Forschung in Berlin im Februar 2006 national bekannt. Darin hat das Lehrerkollegium die Realitäten der Rütli-Schule veröffentlicht, die einen geregelten Schulbetrieb nicht mehr ermöglichten. Außerdem wurde darin gefordert, dass perspektivisch die Schulform Hauptschule zugunsten einer neuen Schulform mit neuer Zusammensetzung aufgegeben werden solle (vgl. Pick 2007).

66 Das deutsche Schulwesen lässt sich in Anlehnung an Fend (2008) in drei Handlungsebenen unterteilen. Als Makroebene wird die strukturell-organisatorische Ebene bezeichnet, die die Rahmenbedingungen des Systems vorgibt. Hier sind die Exekutive, also das bildungspolitische Handeln, und die verschiedenen Administrationsebenen angesiedelt; sie gilt als verantwortlicher Initiator für die Steuerung aller Ebenenübergreifenden Reformprozesse. Der Begriff der Mesoebene bezeichnet die Ebene der Einzelschule; sie beschreibt den Ort, an dem Schule stattfindet, an dem sich alle Akteure in ihren hierarchischen Rollen und Funktionen in den organisatorischen Alltagsprozessen real begegnen. Als Mikroebene gilt die Ebene der pädagogischen Lehrarbeit, des Unterrichts, der Lehr-Lern-Arrangements mit den beiden Akteurgruppen Lehrer und Schüler.

67 Mehr Informationen zum Thema *Schulprogramm* siehe van Buer & Köller (2007) sowie van Buer & Hallmann (2007).

12) den intentionalen Prozess der Schulentwicklung, „mit dem die Akteure einer Schule versuchen, das bestehende Profil dieser Schule – vor allem ihre unterrichtlichen und außerunterrichtlichen Angebote und ihre pädagogische Identität – weiterzuentwickeln". Neben den bekannten Reformschulen, die Schulprofilierung ganzheitlich und bereits lange vor den Veränderungen im Bildungssektor praktiziert haben (z. B. die Glockseeschule in Hannover oder die Laborschule Bielefeld; vgl. z. B. Negt 2014), versuchen sich die meisten Schulen des öffentlichen Bildungssektors über die Entwicklung von Portfolios mit einer oder mehreren attraktiven Profilklassen zu füllen, durch die ein positives Ansehen der Schule aufgebaut und um Schüler geworben werden kann. Dabei geht es den Einzelschulen auch um Positionierung innerhalb der Schulstruktur, wie z. B. die Schulform, von der die erzielbaren Abschlüsse bzw. Berechtigungen und damit auch die Klientel abhängen und um andere bildungsverwaltungsabhängigen Entscheidungen zu beeinflussen, wie Größe, Lage oder Ausstattung der Schule (vgl. Altrichter & Rürup 2010, 139f.). Als Vorreiter gelten die kaufmännischen und gewerblichen Schulen, die – aufgrund der bereits zuvor dargelegten Mehrfachfunktion – intensiv nach Gestaltungsoptionen suchen, um eine bessere Integration des Berufsschulwesens in die relevanten Märkte zu erlangen (vgl. Clement 2010, 66). So können berufliche Schulen bspw. aufgrund der revidierten Fassung des Berufsbildungsgesetzes (2005) und in Abstimmung der Rechtsordnung der jeweiligen Landesregierung (BBiG §43(2)) anerkannte Ausbildungsberufe in Ermangelung dualer Ausbildungsbetriebe selbst vollzeit-schulisch ausbilden (*Schulberufe*). Einige Bundesländer, wie bspw. Berlin oder Nordrhein-Westfalen, gehen diesbezüglich noch weiter, indem hierzu parallel und doppeltqualifizierend in einer Zweitprüfung noch die Fachhochschulreife erzielt werden kann (vgl. Clement 2010, 67, KMK 2009, Senatsverwaltung für Inneres und Sport Berlin 2012; Landesinstitut für Schule NRW 2004). Ein weiterer Ansatz, die Berufsbildung besser in andere gesellschaftliche Bereiche auf kommunaler Ebene zu integrieren, wird von der Arbeitsgemeinschaft *Weinheimer-Initiative*, bestehend aus 13 Mitgliedskommunen und unter Mitwirkung des Bundesministerium für Bildung und Wissenschaft, proklamiert. Es geht um die Vision und Etablierung einer dauerhaften, lokalen Verantwortungsgemeinschaft für Berufsbildung, bestehend aus regionalen Vertretern von Schulen, Betrieben, der Agentur für Arbeit, Jugendarbeitsträgern etc. Der Fokus liegt auf Verbesserung des Übergangs von Schule in die Arbeitswelt, dabei sollen fachpolitische und gesetzliche Rahmenbedingungen die kommunale Koordinierung bei einer Weiterentwicklung der kommunalen Praxis unterstützen (vgl. Freudenberg Stiftung 2014; 2007). Ein Risiko des Modells wird in der Überforderung der Gemeinschaft gesehen, die etwas erwirken will bzw. soll, was anderen Akteuren zuvor nicht gelungen

war; Kritiker sehen die Gefahr, dass das Engagement im Spannungsfeld kultureller, sozialer und ökonomischer Vorstellungen und Interessen letztlich im Palliativen enden könnte (vgl. Clement 2010, 69). Alternativ ist die Idee der ökonomisch aktiven beruflichen Schule als eine Art regionaler Entwicklungsagentur entstanden, die neben der klassischen Schultätigkeit als kommunales Kompetenzzentrum wie ein Dienstleister in Bildungsangelegenheiten agiert und Marktbedingungen simuliert. Dies beinhaltet den Verkauf von Fort- und Weiterbildung an Wochenenden oder in Abendveranstaltungen an kleine und mittelständische Betriebe, Vermietung von Räumlichkeiten und Equipment, Technologietransfer sowie bspw. den Verkauf von in der Schule entwickelter Produkte; d. h. eine Angebotserweiterung für den quartären Bildungssektor. Dadurch sollen die Sach- und Personalressourcen von beruflicher Schule effektiver und marktgerecht genutzt werden. Der dadurch entstehende Zusatzertrag verbleibt an der Schule als erhöhtes Investitionspotenzial zu deren weiteren Entwicklung (vgl. Beirat der Berliner Senatsverwaltung für Arbeit 1999, 27; Clement 2010, 69f.). Auch das Bundesministerium für Zusammenarbeit (BMZ) hat Bildung, insbesondere die Berufsbildung, mit der Formulierung ihres Bildungsstrategiepapiers 2010-2013 fest verankert (vgl. BMZ 2012; 11). Darunter postuliert eines von zehn Zielen bspw., dass unternehmerische Potenziale mehr zur Qualifikation genutzt werden sollen, unterstützt durch Fortbildungsangebote für verantwortliches Unternehmertum und unternehmerischen Denken und Handeln (vgl. BMZ 2012, 16).

Heinrich (2007, 291ff.) beschreibt innerhalb der Veränderungsprozesse einen Perspektivenwandel von einer *autonomiebasierten* Schulreform in den 1990er-Jahren hin zu einer für ihn riskanten *evaluationsbasierten* Steuerungspolitik, weil sie auf der Mikroebene auf verminderte Zustimmung und Akzeptanz stößt (siehe auch Dedering 2010, 2012). Auch Bastian (2007, 59f.) warnt vor einer beobachtbaren Tendenz von *Fremdsteuerung zu Selbststeuerung*, die zu Zwangsimplementierung von mehr Autonomie führe und dadurch mit suboptimalen bzw. unerwünschten Ergebnissen aus den Reformvorgaben zu rechnen sei. Nicht nur für die Lehrerschaft, sondern auch für die Schulleitungen, die innerhalb der Reformarbeit als *Transformational Leaders* auf Schulebene aufgewertet werden, ergeben sich daraus neue zusätzliche Belastungen, Einschränkungen ihrer individuellen Freiräume und Herausforderungen, bspw. in Form einer neuen interdependenten Handlungskoordinationsanforderung, um die delegierten Aufgabenstellungen vermittelnd zwischen den organisationsinternen und -externen Ansprüchen umsetzen zu können. Dabei liegen bislang wenig bis keine fundiert-empirischen Kenntnisse vor, dass durch neue Steuerungsinstrumentarien die gewünschten positiven Effekte nachhaltig auf Schulebene erwirkt werden können, wie z. B. durch Schulprogrammarbeit eine professionelle

Verhaltensänderung der Akteure auf breiter Einzelschulbasis erzielt werden soll (vgl. Heinrich 2007, 258f.; van Buer & Köller 2007).[68]

Schmid, Hafner & Pirolt (2007) veröffentlichen ihre Ergebnisse einer vergleichenden Analyse der Reformprozesse der Schulgovernance-Systeme in einigen PISA-Teilnehmerländern. Dabei kategorisieren sie drei Steuerungsregime-Typen (siehe Abbildung 11) anhand spezifischer Charakteristika und ordnen deskriptiv-empirisch hergeleitet die Vergleichsländer, die vor Governance-Reformen meist klassisch bürokratisch organisiert waren.

*Abbildung 11: Charakteristika schulischer Steuerungsregime (Schmid, Hafner & Pirolt 2007, 1)*

| Steuerungstyp | Bürokratie-/Quality Control Typ | Effizienztyp | Legitimitätstyp |
|---|---|---|---|
| Dominantes Steuerungsprinzip | Weisung | Wettbewerb | Partizipation |
| Steuerungsmedien | Regeln, Recht, Hierarchie | Konkurrenz, Markt, Anreize, Ressourcen | Verantwortlichkeit |
| Steuerungsziel | Funktionsfähigkeit | Effizienz | Kooperation |
| Organisationsprinzip | Hierarchie, Arbeitsteilung, horizontale Tätigkeitsbereiche – vertikale Verantwortlichkeiten (d.h. Verantwortlichkeit nimmt nach „oben" zu) | Markt zwischen gleichgestellten Anbietern (Schulen) mit gleichem / standardisiertem Angebotsspektrum („Schul-Bildung") | Koordination, Regulation zwischen unterschiedlichen Akteuren und Institutionen |
| Stärken | Resistenz gegen kurz- und mittelfristige soziale, wirtschaftliche und politische Tendenzen<br>Im Idealfall: klare und berechenbare Abläufe und Prozesse (Legalitätsprinzip) | Bereits kurzfristig Steigerung von Effizienz in der Inanspruchnahme von Ressourcen<br>„Kundenbeziehung" zwischen Schülern / Eltern und Schule | Hohe Integrationsfähigkeit relevanter Stakeholder, Akteure und Institutionen |
| Schwächen / Problembereiche | Bürokratieversagen, X-Ineffizienz, geringe Flexibilität, Baumolsche Kostenkrankheit | Marktversagen | Hohe Koordinationskosten, Intransparenz |

68 Am Beispiel von implementierter Schulprogrammarbeit untersucht Heinrich (2007) die Governance-theoretische Fragestellung zur Transformation von Autonomievorstellungen in der evaluationsbasierten Steuerung und sucht nach Klärungsansätzen, weshalb die Mikroebene verhalten auf diese Reformmaßnahmen reagieren (siehe auch van Buer & Köller 2007). Dabei formuliert und analysiert Heinrich (2007, 292ff.) eine *Reduktionsthese*, die besagt, dass die Handlungsfreiheiten der Lehrer insgesamt durch evaluationsbasierte Steuerungsmaßnahmen reduziert werden. Belege dafür sieht er bspw. in der Reduzierung der Autonomie der Zielbestimmung von Lehrern oder in der Nötigung zur Rechenschaftslegung ohne „Ausgleich" der investierten Arbeitszeit. Zum anderen formuliert Heinrich (2007, 292, 298ff.) eine *Optionenthese*, die aussagt, dass durch die Top-down forcierten und zum Teil durch Definitionsmacht eingeforderten Maßnahmen auf Schulebene das Bewusstsein für deren Optionen und Potenziale schwindet. Als Optionen beschreibt Heinrich (2007) z. B. in der Corporate Identity als Zugewinn für die Lehrerschaft oder unterschätzte Autonomieräume innerhalb der Vorgaben.

Interessanterweise verbleiben nur Deutschland und Österreich – auch nach engagierten und ernsthaften Reformbemühungen – in der Kategorie Bürokratie-Typ/Quality Control-Typ. Von den Autoren wird vermutet, dass ein zu enger Reformspielraum und eine (zu) zögerliche Haltung gegenüber einem tiefgreifenden Umbau schulischen Verwaltungshandelns zugrunde liegen (vgl. Schmid, Hafner & Pirolt 2007, 1).

Der Aktionsrat Bildung überprüfte in seinem Jahresgutachten 2010 die unterschiedlichen juristischen, psychologischen und organisatorischen Voraussetzungen einer Deregulierung und untersuchte das bereits umgesetzte Verhältnis von Regulierung und Eigenverantwortung (Grad der Schulautonomie) der einzelnen Bundesländer. Die Ergebnisse waren so unterschiedlich wie die Anzahl der Länder. Dem Land Berlin wurde im Vergleich in den Bereichen *Finanzwesen* und *Personalwesen* insgesamt ein hoher Autonomiegrad bescheinigt; Einzelschul-Selbstständigkeit in Bezug auf *Organisation und Verwaltung* aber wurde nur mit einem mittleren Autonomiegrad bewertet. Der speziell für diese Arbeit interessante Aspekt von einer Ausweitung der Schulmanagement-Befugnisse für die Schulleitung in allen für die Einzelschule relevanten Bereichen konnte nicht bescheinigt werden („Autonomiegrad niedrig", „kaum erweitert") (vgl. Aktionsrat Bildung, 2010b, 12 ff).

In einer Berliner Schulleiterbefragung aus dem Jahr 2009 gaben die Teilnehmer in Bezug auf die Schulgesetzreform in 2004 vorgenommene Erweiterung schulischer Gestaltungsspielräume zwar durchgehend positives Feedback, allerdings wurden diese neuen Gestaltungspotenziale als deutlich unzureichend bewertet; 68 Prozent der Schulleiter gaben an, dass sie sich in ihrer Leitungsrolle durch staatliche Regularien beschränkt fühlen, und 72 Prozent waren der Auffassung, generell über zu wenig Entscheidungsbefugnisse verfügen zu können (vgl. Thiel & Thillmann 2009, 9). Insgesamt ergab die Befragung zudem, dass sich viele Berliner Schulleiter weniger bürokratische Kontrolle, dafür aber mehr Vertrauen von Seiten der Schulaufsicht wünschten, aber auch eine verbesserte und damit ausreichende Unterstützungsleistung von übergeordneter Stelle. Außerdem wurde ein Mangel an finanziellen und personellen Ressourcen beklagt (vgl. Thiel & Thillmann 2009, 28).

Ob die Innovationen durch Ökonomisierung der Schulbildung letztlich wirklich zu einer Reduktion regelorientierten Verhaltens (und nicht nur zu einer Verschiebung bürokratischer Strukturen) und somit zu verbesserter Leistungsfähigkeit führen und ob es vor allem gelingen wird, über die verschiedenen Ebenen hinweg ein systematisches Unterstützungssystem im Sinne eines vertrauensvollen Teamgeistes für konstruktive Einzelschulentwicklung zu kreieren, scheint davon abzuhängen, ob prinzipiell der pädagogischen Arbeit vor Ort

Vorrang vor der Verwaltung eingeräumt werden kann (vgl. u. a. Fend 2008; Bastian 2007; Rosenbusch 2007). Um dieses Ziel zu erreichen, sollten eindeutig abgrenzbare Verantwortungsbereiche von den übergeordneten Verwaltungsstellen zur Mikroebene delegiert und auch rechtlich realisiert werden (vgl. Fend 2008).

Wißmann (2012, 319ff.) befasst sich insbesondere mit den tatsächlichen rechtlichen Veränderungen aus den bisherigen Reformmaßnahmen. Aus dem zentralen Reformansatz von mehr *Eigenständigkeit der Schule*, zu dem sich mittlerweile fast alle Bundesländer in unterschiedlichem Ausmaß in ihrer Schulgesetzgebung entschlossen haben,[69] kann nach wie vor nicht von einer Selbstverwaltung der öffentlichen Schule im eigentlichen Rechtsinn ausgegangen werden. Denn rechtliche Selbstständigkeit liegt im Bereich staatlicher Verwaltung dann vor, wenn ein eigenständiger Rechtsträger eine bestimmte öffentliche Aufgabe zwar unter gesetzlicher und staatlicher Direktive und Aufsicht, aber in eigenständiger Verantwortung übernimmt. Dies müsste sich aber sowohl institutionell in der organisatorischen Abbildung von „Selbstverwaltung" als auch inhaltlich im Maß tatsächlicher Selbstbestimmung über bspw. Unterrichtsinhalte jenseits schulaufsichtlicher Reichweite abbilden. Die aktuellen Bestimmungen der Länder zielen aber nicht darauf, dass die einzelne Schule zu einem eigenen Rechtsträger wird, der eigene Aufgaben wahrnimmt, sondern gewünscht ist nur eine relative Selbstständigkeit in der Ausführung der gesetzlich übertragenen Aufgaben als nicht- (bzw. teil-)rechtsfähige öffentliche Anstalt, die rechtsrelevant handelt (z. B. durch Ausstellung von Zeugnissen als Verwaltungsakt). Und auch der teilweise geforderte systemische Steuerungswechsel bezogen auf eine rechtliche Einschränkung der Schulaufsicht in Richtung einer reinen Rechtsaufsicht ist nicht oder nur partiell verwirklicht. Nach wie vor greifen im Konfliktfall Eingriffsbefugnisse bezüglich Beschwerden und Widersprüche und die Einzelschulen sind an Weisungen vorgesetzter Behörden in Fach-, Rechts-, und Dienstaufsichtsfragen gebunden ohne die grundsätzliche Möglichkeit, diese verwaltungsgerichtlich überprüfen zu lassen. Verändert und erweitert wurden aber die Zielstellungen und die Befugnisse der Schulaufsichtsbehörden. Durch die Einführung des Instruments der Schulprogramme in Zusammenhang mit den Bildungsstandards hat die Schulaufsicht einen begleitenden und ggf. genehmigungspflichtigen Anteil am Einzelschulprozess, was als Zwischenelement zu den bereits vorher existenten Steuerungsinstrumenten der Lehrpläne und

69 § 7 I 1 BbgSchulG; § 7 II BlnSchulG; § 127 I HSchG; §§ 39a I, 52 II SchulG M-V; § 32 I NSchG; § 3I NRWSchulG; § 23 I RPSchulG; § 17 II SaarSchuG; § 1 III 1 SaSchulG; § 24 I SchulG LSA; § 3 I 1 SHSchulG; § 40b I 1 ThürSchulG (vgl. Wißmann 2012).

Unterrichtsvorgaben anzusehen ist. Hinzu kommen Schulinspektionen und externe Evaluationen. D. h., die Schulaufsicht ist mittlerweile zusätzlich rechtlich ausdrücklich zur einzelschulischen Qualitätssicherung und Entwicklung verpflichtet (vgl. Ennuschat 2012, 342ff.).

Das Mischverhältnis von eigenen Entscheidungsbefugnissen und extern aufgestellten, verbindlichen Regeln ist bislang noch nicht gefunden. Denn zu viel Eigenverantwortung kann den Fokus vom Lehren und Lernen in Richtung zeit- und sitzungsintensiver Planungen verschieben, was zu Überforderung und destruktiven internen Verstrickungen führen kann. In Summe gilt es abzuwägen, mit welchen positiven Wirkungen, aber auch mit welchen Risiken die Gewährung von mehr Autonomie verbunden ist und mit welchen Entscheidungsbefugnissen die Schulen gut bedient und mit welchen sie überfordert wären (vgl. Wittmann 2007, 216; Fend 2008, 204).

Im Zuge der Implementation neuer Steuerungsmodelle haben sich in den letzten Jahren im pädagogischen Schulalltag teilweise starke Veränderungen ergeben, aber inwieweit kann man von *Ökonomisierung der Bildung* sprechen? Großmann (2010) untersucht, ob eine Verwendung der Terminologie für die Berliner Schullandschaft zutreffend sei. Als Basis wird die Existenz eines potenziellen „Berliner Bildungs-‚Marktes'" im ökonomischen Sinne analysiert (vgl. Großmann 2010, 8ff.). Dieser sei, so resümierte Großmann, trotz aller implementierten und diskutierten Deregulierungsmaßnahmen nach New Public Management nicht vorhanden, bestenfalls ein „Quasi-Markt" (vgl. Großmann 2010, 50ff.). Denn entscheidende Grundsätze des neoliberalen Marktmodells sind im untersuchten Berliner Schulwesen nicht gegeben; so ist beispielsweise Schulbildung kein homogenes Gut, es existiert kein Marktpreis, die Bildungsanbieter unterliegen nach wie vor staatlichen Vorgaben und die Bildungsnachfrager unterliegen zum größten Teil einer Schulpflicht (vgl. Großmann 2010, 50ff.). Es stellt sich die Frage, ob die bisher auf den Weg gebrachten Maßnahmen nach den Konzeptionen des New Public Managements ausreichen, um das Schulwesen nach ökonomischen Kriterien und mithilfe (adaptierter) Techniken aus der Management-Forschung effizienter und effektiver gestalten zu können.[70]

70 Es geht in dieser Arbeit nicht um eine normative Positionierung bezüglich der kontrovers debattierten Frage, ob der sich vollziehende Paradigmenwechsel vom Humboldtschen Bildungsideal zu einer im ökonomischen Sinne optimierten Bildungsprozessgestaltung aus soziokultureller und pädagogischer Perspektive erstrebenswert ist oder nicht. Mehr Information siehe Krautz (2007) oder Negt (2014).

## 4.3 Zwischenfazit

Das deutsche Schulsystem ist auf allen Handlungsebenen in Bewegung gekommen. Eine systematische Innovationsforschung im deutschsprachigen Raum zum Transfer von Innovationen im Schulsystem steckt in den Anfängen (vgl. Koch 2011, 21) und ist hauptsächlich auf die Begleitung und Evaluation konkreter Reformprogramme ausgerichtet; eine fundierte theoretische Durchdringung von Veränderung und Innovationsprozessen in Form einer Innovationstheorie im Bildungssektor gilt immer noch als Desiderat (vgl. Rürup & Bormann 2013, 16f.). An der deutschen schulbezogenen Innovationsforschung wird von Rürup (2013) weiterhin kritisiert, dass nur der gesteuerte Top-down-Verlauf beobachtet und analysiert wird. Eigenständige und von der Verwaltungsadministration unabhängige Schulentwicklungsanstrengungen und ihre Ergebnisse auf der Einzelschulebene (Bottom) bleiben weitestgehend im Dunkeln, würden nicht erfasst, analysiert, systematisiert und verwertbar gemacht (vgl. Rürup 2013). Es sei noch nicht einmal klar, ob solche überhaupt vorhanden seien oder beobachtbar (vgl. Rürup 2013, 288, 293ff.). Hier herrsche für Schulentwicklung ein blinder Fleck, der zum Begreifen der systemimmanenten Innovationsprozesse nicht nur logisch-systematisch von Bedeutung sei, sondern auch empirisch-praktisch. Es fehle an ‚forschender Aufmerksamkeit und Wertschätzung gegenüber einzelschulischer Innovativität' (vgl. Rürup 2013, 281).

Die Educational Governance-Perspektive als ein neuer, evidenzbasierter Bildungspolitikansatz stärkt die bislang eher im Schatten der rein geisteswissenschaftlich orientierten Pädagogik existierende empirische Bildungsforschung und verdeutlicht, dass der Steuerungswechsel von Input- zu leistungsorientierter Outputorientierung – zumindest in wesentlichen Teilen – stattgefunden hat (vgl. Rürup & Bormann 2013, 11ff.; siehe auch Fend 2011; Altrichter & Maag Merki 2010; van Buer & Wagner 2007; Heinrich 2007). Nach Fend (2011, 13) bietet der Governance-Ansatz viel Gestaltungspotenzial für sozialen Wandel, es geht um eine andere staatliche Regulierung in veränderten Strukturen mit anderen Instrumenten, wie Öffentlichkeitsarbeit oder Monitoring und neuartigen Legitimationsprozessen, z. B. durch Partizipation. Trotzdem verlaufen die deutschen Reformbemühungen im Vergleich zu anderen OECD-Staaten langsamer, heterogen und teilweise uneffektiv. Eine Öffnung der Hierarchiestrukturen, um notwendige Prozesse eines produktiven, interaktiven und übergreifenden Zusammenspiels der Makro-, Meso- und Mikroebene zu ermöglichen, hat bislang zu wenig stattgefunden. Das staatliche Steuerungssystem gilt nach wie vor als stark von Juristen geprägt, deren Kontrolle sich vor allem auf die Einhaltung von Regeln und Rechtsnormen bezieht. Der neu geforderte sachverhaltsbezogene

Austausch der Ebenen und das Primat der pädagogischen Ergebnisorientierung vor der rechtlichen Regelorientierung liegen (noch) außerhalb ihres Erfahrungsbereiches. Hinzu kommen Schwierigkeiten in der klaren rechtlichen Aus- und Grenzgestaltung zwischen staatlichem und privatrechtlich-organisiertem Handeln, vor allem in Bezug auf die marktmodellorientierten Initiativen wie bspw. Kompetenzzentren an beruflichen Schulen (vgl. Kuhlee 2007, 114). Handlungsbedarf besteht vor allem im Bereich der Vertrauensbildung und Kommunikation zwischen den Ebenen und in der Erzeugung eines gemeinsamen positiven Handlungsdrucks, um die Veränderungsprozesse zu beschleunigen (vgl. z. B. Oelkers 2007; Müller 2007, Rürup 2007). Außerdem fehlt es in dem Zusammenhang vor allem an leistungsfähigen bildungspolitischen Netzwerken, speziell an einem professionellen Netzwerk-Management, um systematische Vernetzung als eine Form effektiver Handlungskoordination für Schulreform alternativ zu Hierarchien und Markt wirksam aufzubauen und in die Innovationsprozesse einzubinden, aber auch an Kooperationen auf Mikroebene (vgl. Altrichter 2010; Boller 2009).

Dalin (1999, 215ff.) sieht für Maßnahmen der Schulentwicklung nur dann eine Legitimation, wenn es danach eine ‚bessere' Schule für Schüler und für Lehrer gibt. Bislang kann aber – neben den zusätzlichen Herausforderungen und Belastungen für das Schulpersonal – nur geringe Wirksamkeit aus der neuen Steuerung in Form verbesserter Lernergebnisse nachgewiesen werden, auch aufgrund fehlender Daten, Fallstudien und interpretativer Verfahren (vgl. Fend 2011). D. h., der bisher aus den Reformen erzielte Nutzen für die zentrale Zielgruppe, die Schüler, wird als (zu) gering angesehen (vgl. Schmid, Hafner & Pirolt 2007; siehe auch Killus 2011). Vermutet wird, dass eine wesentliche Ursache dafür in der föderal organisierten staatlichen Systemsteuerung zu suchen ist, die ein notwendiges, schnelles und gemeinsames Erkennen und Handeln in Bezug auf bildungspolitische Diffusion deutlich erschwert (vgl. Rürup 2007), obwohl gerade aus der Regionalisierung im Bildungssystem Steuerungsinnovationen und -alternativen begründet werden können, die ganz nach den Governance-Konzeptionen eine Rücknahme zentralstaatlicher Interventions- und Steuerungstätigkeit fordern, um die Kräfte an gesellschaftlicher Selbstregulierung zu mobilisieren und durch systemübergreifende Kooperation zu aktivieren und zu fördern (vgl. Emmerich 2010).

Nach Fend (2008) wird sich das deutsche Bildungswesen im 21. Jahrhundert im Verbund mit anderen gesellschaftspolitischen Aufgaben so verwandeln, dass es Steuerungsinstrument für eine „*generationale Menschengestaltung*" sein kann. Diese Entwicklungsrichtung kann nicht mit dem konservativen Obrigkeitsstaat und seiner deutschen Ausprägung als Verordnungsstaat ausgeführt werden. Die rechtliche Steuerungsebene wird ihre pädagogikfeindliche Rahmung aufgeben müssen mit dem Ziel, der Bevölkerung unabhängig von Wohnort oder sozialer Stellung ein qualitativ hochwertiges, lebenslanges Bildungsangebot offerieren zu können: ein deutsches Bildungswesen als „*Service Public*" (vgl. Fend 2008, 364). Heid (2007) weist darauf hin, dass eine verstärkte ökonomische Ausrichtung Einzelschule verändert und die Gefahr besteht, dass nicht mehr die Bildung des Menschen im Vordergrund steht, sondern eine möglichst effiziente und effektive Lernprozessgestaltung mit erhofftem besseren Output (für das Beschäftigungssystem). Nach dem Jahresgutachten des Aktionsrat Bildung (2011, 37f.) folgten die Reformen von Schule (und Hochschule) in den vergangenen Jahren dementsprechend im Wesentlichen diesem Utilitätsgedanken: Die (Aus-) Bildung orientierte sich hauptsächlich an den Wünschen des Arbeitsmarkts, so wurden Schul- und Studienzeiten verkürzt (Stichworte G8, Bologna-Prozess)[71] und curriculare Inhalte auf Kompetenzentwicklung ausgerichtet, die einer erfolgreichen Bewältigung bestimmter beruflicher Anforderungen dienen können bzw. sollen. Dementsprechend wurden bisher auch nur Messinstrumente zur Erfassung fachgebundener Kompetenzen entwickelt. Dies bedeutet, dass die Qualität der deutschen Ausbildungssysteme daran gemessen wird, ob und inwieweit sie diese Art kognitiver Kompetenzen vermitteln können. Die Autorengruppe Bildungsberichterstattung nutzt in diesem Zusammenhang die Begriffe von *Bildungs-* bzw. *Weiterbildungserträgen* in Bezug auf *Nutzenerwartungen* (vgl. Autorengruppe Bildungsberichterstattung 2014; 8; 152; siehe auch Ladenthin 2010). Auch auf sozialer Ebene wandelt sich aktuell die Haltung der bürgerlichen Anspruchsgruppen (Eltern und Lernende) gegenüber Schule und Lehrpersonal deutlich in Form erhöhter Anforderungen an die Bildungsangebote und das Lehrpersonal (vgl. Aktionsrat Bildung 2011, 197f.).

> „Wenn Bildungsmotivation und -bereitschaft nur aus Gründen der ergonomischen Reproduktionsfähigkeit der Gesellschaft erhalten bleiben sollen [...], kann das staatlich beschäftigte pädagogische Personal sich nicht länger als subsidiärer Vertreter der Staatsmacht definieren, sondern vielmehr als Dienstleister." (Aktionsrat Bildung 2011, 198).

Buchen (2009, 37) warnt davor, Schulentwicklung gleichzusetzen mit einer generellen Forderung nach tiefgreifenden innerschulischem Wandel. Für ihn sei Schulentwicklung die tägliche Aufgabenstellung der Schulleitung für besseren Unterricht und besseres Schulklima. Die Schulreformen stellen aber zusätzliche Herausforderungen an Schulführung; neben den internen neuen Prozessen der

---

71 Zum Abitur in 12 anstatt 13 Jahren (G8) siehe KMK (2013) sowie Kühn et al. (2013); zum Bologna-Prozess siehe BMBF (2013c).

Schulautonomie soll sich Schule künftig auch durch Effizienz, Innovation, kluge Kooperation und ein überzeugendes Profil im Wettbewerb mit anderen Bildungsangeboten auf dem Schulmarkt auszeichnen (vgl. Altrichter & Eder 2004; Heinrich 2007). Innovation im Bildungssegment entsteht nach Popescu & Crenicean (2012, 3985) letztlich jedoch durch den individuellen Prozess zwischen Lehrer und Schüler innerhalb der edukativen Arbeit; die Rahmenbedingungen können dafür günstig oder weniger günstig sein, sie sind aber nicht ausschlaggebend. Unter diesen Aspekten obliegt es moderner Schulleitung als zentrale Verantwortung, konstruktive Rahmenbedingungen zur Förderung kreativer Prozesse für schulinterne, schöpferische Erneuerung zu gestalten und zu gewährleisten, also die Promotorenrolle des Change Facilitator/Change Agent einzunehmen (vgl. Dubs 2004, 13; Seitz & Capaul 2007, 600; Hallinger & Heck 2011, 4; Thoonen et al. 2012). Eine Kernaufgabe für die Schulentwicklung liegt in weiterer Folge in der Klärung der Funktion und Stellung der Schulleitung, deren Kompetenzen ausgewogen zur Eigenverantwortung der Lehrerkollegen überdacht, ausgebaut und legitimiert sein müssen (vgl. Fend 2009, 22). Führungskräfte in Schulen sollen die systemisch und in der Profilbildung verankerten Normen verkörpern, darauf aufbauend interne und externe Organisationsentwicklung initiieren und begleiten und die mit Transformationsprozessen einhergehenden Verunsicherungen bei Mitarbeitern abbauen helfen. Vor allem für Berufsschulen gilt es als visionär, alternative Geschäftsfelder zu erschließen, nach außen neue Kooperationen aufzubauen und diese überzeugend zu vermitteln. Bei diesen Vorgängen sind Führungsqualitäten gefordert, die über erworbenes Managementwissen hinausgehen und deshalb nicht losgelöst von persönlichen Eigenschaften betrachtet werden können. D. h., auch im Schulwesen bedarf es mehr und mehr Führungspersonal, deren Persönlichkeit im Fokus steht (vgl. Eurich & Brink 2009, 10); Grundlage für die Möglichkeit des Konzeptes Intrapreneurship als personenorientierter (Schul-)Führungsansatz, mit dem sich das nachfolgende Kapitel beschäftigt.

# 5. Intrapreneurship als (Schul-) Führungsansatz zur Umsetzung von Reformen

Schulqualität findet auf Ebene der Einzelschule statt, maßgeblich durch deren Führung beeinflusst (vgl. z. B. Huber 2013; Hallinger & Heck 1998; Bonsen 2010; Seitz & Capaul 2007; Fullan 2007, Dalin & Rolff 1990). Dabei wirken Schulleiter[72] an der Schnittstelle zweier verschiedener Systembereiche; zum einen ist die Schulleitung Teil der linearen, regelorientierten Verwaltungshierarchie des Schulsystems und gleichzeitig Teil der komplexen Hierarchie der zu leitenden Einzelschule. Diese Position erfordert einerseits eine zielorientierte Handlungsrationalität, um die administrativen, bürokratischen und personenunabhängigen Regularien zu beachten und einzuhalten, und zugleich auch flexibles, individuelles, situatives, kommunikativ interaktionales pädagogisches Handeln (vgl. Rosenbusch 2005, 66ff.). Der Schulleitung wird eine Schlüsselrolle im Gelingen der aktuellen Reformprozesse attestiert; sie entwickelt sich sukzessive von einer überschaubaren Verwaltungstätigkeit in Richtung *Schulführung*[73], die sowohl ein Schulmanagement operationaler Aufgaben als auch strategische Schulentwicklung umfasst. Einzelschulisches Führungshandeln wird entsprechend häufiger in Forschungsarbeiten analysiert (vgl. Wagner 2011, 17; Seitz & Capaul 2007, 25ff., Pätzold 2010, 282; Fend 2008, 166; Müller 2007, 7, Huber 2009; Dubs 1994, 19), aber es fehlt bislang an der gedanklichen Auseinandersetzung, ob ein moderner Schulleiter neben pädagogischen und Management- bzw. Führungsfähigkeiten auch über unternehmerische Eigenschaften und Kompetenzen verfügen sollte, wie bspw. Kreativität oder Risikoaffinität, um die bereits beschriebenen Herausforderungen (erfolgreicher) bewältigen zu können.

72 Unter Schulleitung werden in dieser Arbeit die Gruppe aller Personen angesehen, die innerhalb einer Schule Führungsaufgaben bewältigen.

73 In der wissenschaftlichen Literatur werden die Begriffe *Schulleitung* und *Schulführung* teilweise differenziert. Der Leitungsbegriff stammt aus dem bürokratischen Verwaltungsdenken (Funktionsstellenbezeichnungen) und beschreibt Positionen, Amtsautoritäten und Zuständigkeitsbereiche nach außen (bspw. das Amt des Schulleiters). Schulführung ist eine modernere Beschreibung und erweitert o. g. Ausführungen um die Aspekte der internen Aufgaben des Schulleiters, wie zukunftsorientierte Schulentwicklung, Personalentwicklung etc. Führung ist dabei nicht an die Führungsposition gebunden, sondern meint die von den Geführten akzeptierte Übernahme der Schulführungsrolle (vgl. Wagner 2011, 29).

## 5.1 Führung im Kontext von (Schul-)Reform

Schulleiter sind durch die Implementierung der neuen bildungspolitischen Steuerungsmodelle nach New Public Management mit neuen Aufgaben, erweiterten Verantwortungsbereichen und entsprechenden (internen) Herausforderungen und Widerständen konfrontiert (vgl. Bonsen 2010, 280, Huber 2013, 6). Dalin & Rolff (1990, 145) bezeichnen die Funktion des Schulleiters bezogen auf Innovationen als „Türöffner" bzw. „Entwicklungshelfer", der mit Erneuerungsprozessen mindestens einverstanden sein muss – besser wäre Unterstützung –, damit diese überhaupt eine Chance auf Realisierung hätten. Sie sind im Alltag allerdings nach wie vor stark mit eigener Unterrichtstätigkeit und internen Verwaltungsaufgaben beschäftigt. Zusätzlich müssen Schulleiter heute eine externe Vergleichbarkeit im Schulbetrieb gewährleisten, interne unterrichtsbezogene Prozesse steuern, didaktische Konzepte durchsetzen, interne Evaluationskulturen aufbauen und das Controlling nutzen, um ihre Kollegen zu motivieren und zu bewerten. Konkret bedeutet dies, dass das ganze Spektrum der Schulprogrammarbeit mit dem Schwerpunkt der Unterrichtsqualitätsentwicklung ein zentraler neuer Verantwortungsbereich für Schulleitung darstellt (vgl. Müller 2007, 7ff.). Als oberstes Ziel gilt für die Schulführung vor allem die Qualitätsentwicklung auf Einzelschulebene (vgl. u. a. Pätzold 2010, 282; Seitz & Capaul 2007, 27, Bonsen 2010, 281; van Buer 2005, 291).

Der Begriff der Führung meint die Leitung und Steuerung des Verhaltens von Mitgliedern einer Organisation (vgl. u. a. Hentze et al. 2005, 7; Kauffeld 2011; Grote 2012); dabei gilt die intendierte und zielgerichtete Einflussnahme als konstituierendes Merkmal von Führung (vgl. Wagner 2011, 27; Paschen & Dihsmaier 2011, V). Wunderer (2006, 4) beschreibt Führung als prozessualen, ergebnisorientierten und wechselseitig-sozialen Prozess (siehe auch Gebert 2002, 25), um gemeinsame (Arbeits-)Aufgaben zu verwirklichen. Personale Führung umfasst dabei alle Interaktionsprozesse zwischen einem oder mehreren Führenden und Geführten, wobei diese Prozesse auch auf gleicher hierarchischer Ebene (*laterale Führung*) stattfinden können bzw. auch als *Führung von unten* gelebt werden (vgl. Kauffeld 2011, 68).

Elbe (2012, 173) differenziert Organisation von Führung, indem er *Organisation* als rationales Mittel zur Beherrschung von Unsicherheit beschreibt, während *Führung* darauf ausgerichtet sei, Organisationsversagen zu kompensieren und Ungewissheit zu bewältigen. Elbe (2012, 175) beschreibt Führung als Chance und Verpflichtung zur Willensdurchsetzung, allerdings in Abgrenzung zur Herrschaft durch Sinnvermittlung im Einverständnis mit Geführten. Nach Elbe wird in den letzten Jahrzehnten jedoch Führung durch Management verdrängt; Managementsysteme reduzierten Unsicherheit und damit (notwendige) Innovationen; aber gerade im Zulassen von Ungewissheit stecken Potenziale für Führung und Innovation. Daraus folgert Elbe als Konsequenz für die zukünftige Praxis, dass sich (organisationale) Krisen nur durch Führung und nicht durch Management in Form von Abarbeitung bekannter Routinen erfolgreich bewältigen lassen (vgl. Elbe 2012, 185f.; siehe auch Greif 2008, 127f.; Weick & Suttcliff 2003, 177ff., 185ff.; Gemünden & Kock 2008).

Aus der Public Management-Perspektive gilt Innovation und unternehmerisches Handeln zur Führung staatlicher Institutionen als in zunehmenden Maße bedeutungsvoll; nach Thom & Ritz (2008, 119) sind *innovationserzeugende Personen* allerdings selten im öffentlichen Dienst anzutreffen (siehe auch u. a. Lück 2011; Heinrichs & Marschall 2009; Schedler & Proeller 2006). Und auch das Teilforschungsgebiet des *Public Entrepreneurship* untersucht bislang unternehmerisches Handeln im Wesentlichen nur auf institutioneller Ebene, nicht auf Personalführungsebene (vgl. Knutz & Schierz 2009, 35; Klein et al. 2009; siehe Abschnitt 2.2.6.2). Das Kriterium der Personalführung bzw. des Personalführungserfolgs als Beitrag und zur Sicherstellung des Organisationserfolgs gilt im Zuge der Verwaltungsreformen als neue Anforderung an die Leitungsebene bzw. Führungskräfte. Personalpolitik und Führung sollen sich bestenfalls vom bürokratischen Ansatz der Kontrolle rechtlicher, vom System vorgegebener Verfahren hin zu zielorientierten Führung verändern (vgl. Schedler & Pröller 2006, 232f.). Die Personalführungslehre unterscheidet hierbei zwischen der *Effektivität* von Führung, worunter die grundsätzliche Eignung einer Maßnahme zur Erreichung eines langfristigen Ziels verstanden wird. Sie ist strategisch ausgerichtet und liegt außerhalb einer rein ökonomischen Sichtweise (‚*die richtigen Dinge tun*'). Als zweite Größe gilt die Führungs*effizienz* (‚*die Dinge richtig tun*') als die personalführungsinduzierte Einsatzgröße in Relation zu zielbezogenen Output-Faktoren (vgl. Hentze et al. 2005, 36f.). Bei der Schulorganisation liegt dieses Ziel in besseren Schülerleistungen. Des Weiteren wird zwischen Führung durch Strukturen (z. B. Regeln, Vorschriften, Anreize, Rollen) oder Führung durch Personen unterschieden. Speziell bei Reformen bzw. Veränderungsabsichten gelten vor allem solche Führungspersonen als sogenannte *Change Agents* oder *Promotoren*, deren Handeln andere Personen mehr beeinflussen kann, als diese von anderen beeinflusst werden. Dabei ist nach Kauffeld (2011, 68) die Frage nach der *Gestaltung der personalisierten Führung* zentral, um die organisationalen Ziele zu erreichen. Intrapreneurship könnte als Instrument zur Gestaltung einer innovationsfördernden (Schul-)Führungsform zur Durchsetzung der Schulreformierung dienen. Um zu überprüfen, ob das Konstrukt Intrapreneurship als personenspezifischer (Schul-)Führungsansatz im Kontext der sich vollziehenden Veränderungen durch den Paradigmenwechsel im Bildungssektor übertragbar sein könnte, gilt es, die in diesem Zusammenhang relevanten Begriffe und deren Bedeutung abzugrenzen und für die Fragestellung zu klären.

An dieser Stelle wird nochmals darauf hingewiesen, dass für viele Erziehungswissenschaftler eine Unvereinbarkeit zwischen (betriebswirtschaftlicher) Organisation und Erziehung gegeben ist (vgl. u. a. Terhart 1986). Zwar hat sich die Pädagogik in den letzten Jahren der Organisationssoziologie und -ökonomie geöffnet, es besteht allerdings weiterhin eine insgesamt eher ablehnende Haltung (vgl. Pfister 2013, 60). Nach Brohm (2004, 180) liegt dies daran, dass betriebswirtschaftliche Organisationsmodelle über deskriptivanalytische bzw. soziologische Ansätze hinaus den Eingriff in das organisierte Geschehen unter den Paradigmen von Effektivität und Effizienz intendieren. Dieser Zugang scheint aus pädagogischer Sicht das Individuum und die sozialen Systeme innerhalb einer Organisation unberücksichtigt zu lassen. Doch auch in den Wirtschaftswissenschaften ist eine Abkehr des rein funktionalen Ansatzes hin zu Menschen und Mitarbeitern (*Human Ressource*) zu beobachten (vgl. Brohm 2004, 182). Und trotz der o. g. Vorbehalte gegenüber den Paradigmen betriebswirtschaftlicher Organisationsmodelle finden Erziehung und Bildung im Schulsystem in organisierter Form statt. Im Bildungsbereich, dessen Personalintensität sehr hoch ist, entscheiden somit die Lehrkräfte über Erfolg oder Misserfolg von (Einzel-) Schulentwicklung – und das unter der Prämisse, dass ein mögliches Scheitern ihre eigene Existenz in der Organisation nicht berührt (vgl. Brohm 2004, 188). Als wesentliche Frage gilt demnach: Wie und mit welchen Mitteln können Lehrer trotz Arbeitsplatzsicherheit zur Unterstützung von Wandlungsprozesse motiviert bzw. geführt werden (vgl. Pfister 2013, 61)?

Die konkrete Herausforderung für einen modernen Schulführer liegt demnach in der Analyse der eigenen Schule mit dem Fokus auf (besseren) Schülerleistungen unter Einbindung strategischer und formaler Vorgaben der Makroebene, in der Fähigkeit, Stärken und Schwächen in Form von klaren Fakten und Tendenzen herauszuarbeiten und die sich daraus ergebenden notwendigen Veränderungen mit dem gesamten Kollegium zielorientiert zu erörtern und daraus Handlungen zu entwickeln. Es gilt als wesentlich, die Bereitschaft und die Kompetenzen der Kollegen so auszubauen, dass Probleme wahrnehmbar und diskutierbar werden und fortschrittliche Lösungen bewältigt werden können (vgl. May, Huff, & Goldring 2012). D. h., neben der Führungs- und Förderungsverantwortung für das Lehrerkollegium obliegt der Schulführung (künftig) auch die Strategieverantwortung im Sinne einer betrieblichen Strategie- und Zielfindung für die individuelle Schule und die Ergebnisverantwortung. Hinzu kommt eine erweiterte Finanzverantwortung über die Einhaltung von Budgetvorgaben (vgl. Klein 2007, 15; Thom & Ritz 2002, 8). Speziell die beruflichen Schulen sehen sich darüber hinaus mit beeinflussenden Umweltfaktoren wie Konjunkturzyklen, regionalem Strukturwandel, Arbeitsmarktveränderungen oder auch dem geforderten Ausbau beruflicher Vollzeitausbildungsangeboten konfrontiert und der Forderung, sie mögen sich in *lernende Organisationen*[74] verwandeln (vgl. Pätzold 2010, 282; Feldhoff 2011; Becker et al. 2006). Die meisten Schulführungen bestehen jedoch aus Pädagogen mit eher geringer kritischer Distanz zum Lehrbetrieb und mit wenig Führungserfahrung aus anderen gesellschaftlichen Bereichen. Entsprechend dem tradierten Berufsbild Schulleiter als *Primus inter Pares* war die gezielte Professionalisierung für die Leitungsfunktion lange Zeit nicht oder nur eingeschränkt vorgesehen (vgl. Huber 2003, 98ff.). Wagner (2011) untersucht an sieben Berliner Berufsschulen, wie sich das Führungsverständnis und Führungshandeln durch die erweiterte einzelschulische Selbstverantwortung in Kombination mit gestiegenen Qualitätsansprüchen entwickelte. Ihre Ergebnisse legen dar, dass konzeptionelle Unterstützung durch übergeordnete, bildungspolitische Stellen kaum stattfindet; die Systemebene vertraut auf individuelle Fähigkeiten der Führungskräfte, die eher unsystematisch und mit Einzelmaßnahmen ihre Aufgaben erfüllen. Die Schulleitungen sehen demnach ihre Führungsaufgaben v. a. in der Schaffung förderlicher, nachhaltiger Rahmenbedingungen für einzelschulische Qualitätsentwicklung, einer strategischen Bildungsangebotsorientierung und der Sicherung der innerschulischen Leistungsfähigkeit (vgl. Wagner 2011, 292ff.).[75]

Kritisiert wird in diesem Zusammenhang vor allem die politische Ebene, die zwar die Regeln für die Wahl von Schulleitern und deren Kompetenzzuschreibung für die Ausfüllung der Funktionen bestimmt, aber zu wenig Sorge trägt, dass die notwendigen personalen Qualifikationen und Fähigkeiten vorhanden bzw. erlernt und/oder trainiert werden (vgl. Mielke 2007, 151f.; IBS 2013[76], Thiel &

---

74 Mehr zum Thema organisationales Lernen im Zusammenhang mit Schulentwicklung siehe Feldhoff (2011).

75 Mehr Information zu Qualitätsentwicklung von Schule siehe van Buer & Wagner (2007).

76 Auf der Internetseite des Interessenverbandes Berliner Schulleitungen (IBS) werden folgende Forderungen und Thesen zur Schulleiteraus- und weiterbildung veröffentlicht (vgl. IBS 2013): „Schule leiten ist ein Beruf, der erlernt werden muss und erlernt werden kann. Dazu bedarf es eines systematischen Angebotes zur Qualifizierung von [...] Schulleitern. Die zeitlichen Ressourcen müssen zur Verfügung gestellt werden. Der Senat hat Ziele für die Aus- und Fortbildung der Schulleiterinnen und Schulleiter zu formulieren und die Institutionen die, Aus- und Fortbildungsangebote gemäß

Thillmann 2009, 6; Beckmann 2007, 159f., Rosenbusch 1997). In einer in Berlin durchgeführten Schulleiterbefragung haben zwar 67 Prozent der Teilnehmer angegeben, dass sie sich für ihre Schulleitungstätigkeit – neben der grundsätzlichen Voraussetzung einer langjährigen Praxiserfahrung als Lehrer – zusätzlich zu Themen wie Kommunikation und Moderation von Konferenzen oder Personal-, Team-, Konflikt- und Zeitmanagement, aber auch Evaluation, Schulprogramm sowie Haushalts-, Schul- und Dienstrecht etc. aus- bzw. weitergebildet haben; dabei wurde allerdings ein breites Spektrum von ein- bis zweitägigen Weiterbildungen über Fortbildungsreihen bis hin zu ein- oder zweijährigen Masterstudiengängen genannt und insgesamt trotzdem ein dringender Qualifikationsbedarf vor allem für die neuen Aufgabengebiete wie der Entwicklung von Schule und Personal sowie Öffentlichkeitsarbeit rückgemeldet (vgl. Thiel & Thillmann 2009, 6). Gefordert werden daher einheitliche professionelle Qualifizierungs-, Fort- und Weiterbildungsmaßnahmen, Beratungsleistungen sowie das Betreiben von begleitender Forschung in den Bereichen Schulmanagement und Schulentwicklung, wie bspw. Validitätsstudien zu Auswahlverfahren von Schulleitungspersonal und die Durchführung von Tätigkeits-, Anforderungs- und Belastungsstudien (vgl. Huber 2009, 509; Bonsen 2010, 294). Zudem wird allgemein, aber auch speziell für die Leitung berufsbildender Schulen und ihrer notwendige Handlungsfreiräume, die Rechtsform der Schule als nicht rechtsfähige Anstalt des öffentlichen Rechts kritisiert (vgl. Aktionsrat Bildung 2010c, 16ff.; Pätzold 2010). Nur Schleswig-Holstein bietet mittlerweile nach § 2 seines Schulgesetzes vom 24.01.2007 Trägern beruflicher Schulen die Möglichkeit der Errichtung einer rechtsfähigen Anstalt des öffentlichen Rechts (vgl. Pätzold 2010, 282).

Eine von der Bundesarbeitsgemeinschaft SCHULEWIRTSCHAFT (vgl. Klein 2008) veröffentlichte Bestandsaufnahme zu den Aufgaben und Kompetenzprofilen von Schulleitern bescheinigt zwar ein deutlich gestiegenes Know-how

---

seiner Zielvorgaben vorlegen, zu zertifizieren. Vor dem Amtsantritt einer Schulleiterin bzw. eines Schulleiters erfolgt eine Grundausbildung. Die Grundausbildung schließt mit einem Diplom ab, welches die Qualifikation zur Leitung einer Schule abschließend feststellt. Schulleiterinnen und Schulleiter stehen in der Pflicht der permanenten Fortbildung. Im Rahmen der systematischen Qualifizierung sind Module zur berufsbegleitenden Fortbildung anzubieten. Der Senat hat bei allen schulischen Neuerungen im Vorfeld entsprechende Fortbildungsangebote zu veranlassen. Der Senat beteiligt sich an der Finanzierung der Aus- und Fortbildungsmaßnahmen für Schulleiterinnen und Schulleiter. Keine Schulleitung ohne Aus- und Fortbildung, denn es gibt keine gute Schule ohne eine gute Schulleitung!“

an Managementwissen in Schulen und Schulverwaltungen, allerdings werden tradierte Strukturen als besonders hemmend für eine ansatzweise Implementierung des Leistungsprinzips für Verantwortungsträger im Schulbereich genannt, wie z. B. im Besoldungssystem oder ein fehlendes Disziplinarrecht für Schulleitungen in Berlin (vgl. Klein 2008, 54ff). Um nachhaltig Schulleitung in Schulführung zu verändern, erfordert es neben personaler und rechtlicher Durchsetzungskraft eine ganzheitliche, anpassungsfähige und aufgrund der unterschiedlichen Gruppierungen im besonderen Maße kooperative Führung vor Ort, die entsprechend der vorgegebenen gesetzlichen Rahmenbedingungen (Bildungsstandards, Budgets etc.) die neuen Handlungsfreiheiten zielführend einzusetzen weiß (vgl. Müller 2007, 9). Außerdem sieht Huber (2009, 509) Bedarf an nationalen und internationalen Netzwerken für Schulleitungsfragen und fordert die Etablierung einer zentralen Einrichtung für alle Bundesländer (siehe auch Rosenbusch 1997), zumindest aber Kompetenzzentren, die wissenschaftliche und praktische Erfahrungen bündeln, Wissensmanagement betreiben und Impulse für Innovationen geben.

## 5.2 Innovationsfördernde (Schul-)Führung

Innovation basiert auf organisational-verändertem Handeln; d. h., Organisationsveränderung ist eine notwendige, aber noch keine hinreichende Grundlage für Innovation im Sinne der Erschaffung eines Mehrwerts (vgl. Guldin 2012, 225). Benötigt werden innovationsförderliche Führungsverhaltensweisen, die dazu beitragen, dass die Geführten eine betriebliche Situation als *veränderungsbedürftig* und aufgrund der (Human-)Ressourcen auch *veränderungsfähig* wahrnehmen und dadurch die Umsetzung neuer Ideen ermöglichen (vgl. Gebert 2002). Dies bedarf *Kreativität*, ein Bestandteil von Innovation und von Entre- bzw. Intrapreneurship (vgl. u. a. Krause 2013; Gielnik 2013; Dess & Lumpkin 2005; Beattie 1999; Stewart et al. 1998; Amabile et al. 1996; Schumpeter 1911; siehe Abschnitt 2.1).

### 5.2.1 Kreativität im Arbeitskontext als Basis für Innovation

Anfang der 1990er-Jahre wurde innerhalb der Wirtschaftssoziologie das aus der pragmatistischen Philosophie stammende *Konzept der Kreativität des Handelns* (vgl. Mead 1973) aufgegriffen, um auf normativer Ebene dem klassischen Ansatz einer Ziel-Mittel-Rationalität ökonomischer Entscheidungen durch eine realitätsnähere, die komplexe Wirklichkeit besser abbildende Konzeption zu begegnen (vgl. Deutschmann 2008, 47; siehe auch Joas 1992; Beckert 1997). Danach sind Ziele nicht vorab gegeben, sondern entwickeln sich aus dem Prozess der Handlung, die wiederum einer ständigen Korrektur situativer Bedingungen unterworfen ist. Wirtschaftssoziologisch oder auf den Arbeitskontext bezogen, entsteht Kreativität bspw. dann, wenn routinierte Handlungsprozesse blockieren und damit die Handelnden gezwungen sind, sowohl die gewählten Mittel als auch die Ziele neu zu überdenken, zu interpretieren und darauf aufbauend Entscheidungen zu treffen (vgl. Deutschmann 2008, 4); Kreativität als pragmatisches Handlungskonzept zur Problemlösung. Kreativität beinhaltet soziologisch als auch ökonomisch aber mehr als problemlösendes Handeln. Für den Soziologen Popitz (2000) ist Kreativität die menschliche Fähigkeit, reale Erfahrungen (spielerisch) zu transzendieren und dadurch das Vorhandene zu verändern. Kreativität entwickelt sich durch Neugierde und Fantasie, die zu Erkundungs-, Gestaltungs- und Sinnstiftungsprozessen führen, die Basis für Veränderung, aber auch für Entdeckung und Erfindung. Der Ursprung bleibt Popitz zufolge allerdings in der Selbstreferentialität menschlichen Handelns verankert. Kreativität kann sowohl situativ initiiert, über einen längeren Zeitraum oder spontan und plötzlich zum Ausdruck kommen. Schließlich ist Kreativität noch vom Lernen zu unterscheiden: Kreativität bedeutet Neues, Verändertes erdenken und/oder erschaffen; Lernen bedeutet neue Symbole oder Muster verstehen und/oder begreifen (vgl. Deutschmann 2008, 10).

In der organisationalen Praxis wird der Kreativität als Basis für Innovation noch zu wenig Aufmerksamkeit geschenkt; Kreativität wird strategisch auf Bildung von Leitbildern und/oder Wertevorstellungen reduziert und operativ interessieren die Fragen nach der Stimulation, Generierung bzw. Implementierung von Mitarbeiter-Ideen innerhalb eines Innovations- bzw. Kreativitätsmanagements[77]. Dabei bleibt der Umgang mit Kreativität aufgrund des Sicherheitsdenkens im Management oft in konzeptionellen Überlegungen stecken; die operative Ebene erwartet (und benötigt) aber einen organisationalen Rahmen, der kreativitätsfördernd auf Organisationsmitglieder aller Ebenen einwirkt (vgl. Sonnenburg 2007, 187).

Volmer (2013, 61) definiert das Konstrukt Kreativität im Arbeitskontext als *„[…]Generierung von neuen und brauchbaren Ideen bezüglich Produkten, Dienstleistungen, Prozessen und Verfahren.“* Innerhalb der Forschung gilt der positive Zusammenhang zwischen einer kreativen Persönlichkeit und innovativen Leistungen als belegt (vgl. Potočnik & Anderson 2013, 160), und für Zhou (2008)

---

77 Innovationsmanagement und Kreativitätsmanagement werden in der einschlägigen Literatur meist nicht getrennt voneinander betrachtet, da Kreativität eine Komponente von Innovation darstellt. Mehr Informationen zum Kreativitätsmanagement siehe Sonnenburg 2007, 203ff.

ist Entrepreneurship, und damit unternehmerisches Denken und Handeln, ohne Kreativität nicht vorstellbar (siehe auch Gielnik 2013; Deutschmann 2008; Schumpeter 1911). Da kreative Leistungen i. d. R. ressourcenintensiv und riskant sind, benötigen Organisationen Führungskräfte, die ihre Mitarbeiter in ihren kreativen Prozessen unterstützen und bestärken (Amabile et al. 1996, 1159). Als eine der dominantesten organisationalen Kontextfaktoren zur Beeinflussung von Kreativität bei Mitarbeitern gilt das Führungsverhalten von Vorgesetzten (vgl. Zhou & Shalley 2013, 14). Forscher haben deshalb verstärkt begonnen, sich mit dem Einfluss von Führungskräften und Arbeitsgestaltung auf Kreativität und Innovativität zu beschäftigen (vgl. Byrne et al. 2009, 256; Volmer 2013, 61; Ohly & Plückthun 2013, 118f., Guldin 2012; Jeschke et al. 2011).

Kreativität wird wissenschaftlich hauptsächlich als ein personales, intrapsychisches Phänomen analysiert und interpretiert, während Innovation bzw. Innovationsprozesse primär aus organisationaler Sicht untersucht werden. Dabei sind Innovation und damit Kreativität sowohl auf individueller Ebene, dyadisch, aber auch kollektiv bzw. kooperativ auf Gruppenebene und organisationaler Ebene beobachtbar (vgl. Gebert 2013, V; Volmer 2013, 62f.; Sonnenburg 2007). Der wesentliche Unterschied zwischen Kreativität und Innovation besteht darin, dass der Fokus bei Kreativität auf der Erschaffung von neuen und gleichzeitig nützlichen Ideen einzelner Personen und/oder Teams liegt, während Innovation vorrangig die Implementierung von neuen Ideen, Praktiken oder Prozessen innerhalb organisationaler Strukturen meint (vgl. Zhou & Shalley 2013, 3). D. h., kreative (verwertbare) Leistungen entstehen zwar aus intraindividuellen Prozessdynamiken; sie sind aber im Prozessverlauf und in ihrer Dynamik abhängig von den Wechselwirkungen des sozialen Austauschs und des organisationalen Umfelds (vgl. Bledow 2013, 43f.). Bestimmte intra- und interpersonale Mechanismen wie intrinsische Motivation, Selbstwirksamkeit, positive Grundstimmung am Arbeitsplatz, Kreativitätsanforderungen in Aufgabenstellungen und (Fach-)Wissen wirken positiv auf organisationale Kreativität und Innovativität (vgl. Ohly & Plückthun 2013, 115). Um diese Mechanismen zu aktivieren bzw. zu stimulieren, bedarf es einer darauf ausgerichteten Arbeitsplatzgestaltung, die bestimmte innovationsfördernde Merkmale von Arbeitsprozessen berücksichtigt, unabhängig davon, welche Person diese Arbeit ausführt (vgl. Ohly & Plückthun 2013). Amabile et al. (1996) entwickelten ein Instrument, das kreativitätsförderliche bzw. -hinderliche Arbeitsumgebung erfasst, den „*KEYS: Assessing the Environment for Creativity*“, um anhand bestimmter Merkmale sehr kreative Projektgruppen von wenig kreativen Projektgruppen zu differenzieren. Dabei konnten nachfolgende relevante Faktoren spezifiziert werden (vgl. Amabile et al. 1996, 1159ff.; 1172ff.):

- *Kreativitätsförderliche Merkmale:* Ermutigung von Kreativität durch Unterstützung von Vorgesetzten, durch Kollegen und durch die Organisation; Autonomie in der Arbeitsgestaltung; Ressourcen und herausfordernde Aufgaben.
- *Kreativitätshemmende Merkmale:* Druck durch hohe Arbeitsmenge, organisationale Hindernisse, wie konservative, sicherheitsorientierte und rigide formale Managementstrukturen.

Nach Guldin (2012, 222) gelingt die Forderung und Förderung von kreativen Ideen und deren Umsetzung in innovative Leistungen dann am besten, wenn Organisationen – neben einer aktiven ganzheitlichen Steuerung mithilfe eines Innovationsmanagementsystems (siehe Abschnitt 3.2.2.) bzw. Kreativitätsmanagements – ihren Mitarbeitern im Arbeitsalltag Arbeitsbedingungen und Führung bieten, die Kreativität und Innovativität erleichtern. Forschungsbefunde, die sich mit Kreativität im Arbeitsumfeld und Führung befassen, legen dar, dass sowohl Eigenschaften und Merkmale der Führungskraft als auch ihr Verhalten kreative Leistungen beeinflusst, wenn auch zum Teil nur in einem moderatem Maß (vgl. Volmer 2013, 63f.; siehe Abschnitt 5.4.1). Unter diesem Aspekt ist für diese Arbeit vor allem die Fragestellung relevant, welches Ausmaß die Verknüpfung von Führung und Innovation aufweist, d. h. konkret, inwieweit kann Führung personalpsychologisch die Kreativität und Innovativität einer Organisation positiv (oder auch negativ)[78] beeinflussen. Es geht dabei – neben der organisationspsychologischen Ausgestaltung entsprechender institutioneller Rahmenbedingungen – auch um Personalauswahl und Personalentwicklung, also um das Erkennen kreativer und innovierender Persönlichkeiten, deren Förderung und Organisationsbindung (vgl. Guldin 2012; Volmer 2013, 62, Potočnik & Anderson 2013; Jeschke et al. 2011). Es existieren mittlerweile reliable und valide psychometrische Tests für die Personalauswahl, um innovationsbezogene Leistungsfähigkeit individueller Bewerber vorherzusagen, wenn das innovative Potenzial der Bewerber ein wesentliches Kriterium für die Besetzung einer Stelle ist (vgl. Potočnik & Anderson 2013; 156). Patterson (2000) stellte bspw. den *Innovation Potential Indicator* (IPI) zur Einschätzung der Passfähigkeit von Stelleninhaber und Arbeitsplatz (person-job-fit) vor; das von Anderson & Burch (2004)

78 Unter negativem Führungsstil wird destruktives Führungsverhalten verstanden, wie bspw. beleidigendes, aversives, tyrannisches oder auch despotisches Verhalten von Vorgesetzen gegenüber ihren Mitarbeitern. Als die drei wichtigsten dysfunktionalen Persönlichkeitsmerkmale in Bezug auf negatives Führungsverhalten gelten Narzissmus, Hybris und Machiavellianismus. Aber auch situativ-kontextuale (Umwelt-)Bedingungen haben Einfluss auf negatives Führungsverhalten (vgl. Brosi & Spörrle 2012).

vorgestellte Verfahren *Team Selection Inventory* (TSI) dient der Prädiktion zur Passung von Stelleninhaber und Team (person-team-fit).[79]

Für Terhart (2010, 257f.) gelten Personalauswahl und -entwicklung als zentrale Elemente für erfolgreiche (Einzel-)Schulentwicklung im Kontext der sich verändernden Anforderungen an Schule; allerdings unter Beachtung, dass ein analog von der Privatwirtschaft adaptiertes Personalmanagement für eine berufliche Tätigkeit im öffentlichen Dienst, insbesondere für das Berufsfeld Lehrer, aus vielerlei Gründen nicht realisierbar und auch nicht wünschenswert sei (vgl. Terhart 2010).

### 5.2.2 Einzelschulische Führung im deutschsprachigen Raum

Im Zusammenhang mit einzelschulischer Führung werden unterschiedliche Steuerungsfunktionen der direkten, personenbezogenen und indirekten, strukturbezogenen Führung untersucht und diskutiert (vgl. Rosenbusch 2005; Huber 2008). *Strukturell-systemische Führung* wirkt durch Kultur-, Strategie- und Organisationsgestaltung indirekt auf Geführte, z. B. sorgen übergeordnete Ebenen für eine positive Arbeitsplatzgestaltung. Bei *personenorientierter Führung* wird durch das Verhalten von Vorgesetzten direkt, situativ und in individualisierter Kommunikation auf Mitarbeiter Einfluss genommen. Sie dient auch der Umsetzung struktureller Führung (vgl. Wunderer 2006, 5ff, 9ff.).[80] Bereits existente Führungslehren aus der Managementforschung werden dementsprechend auf ihre Anwendbarkeit im schulischen Kontext untersucht (vgl. Seitz & Capaul 2007, 297ff.). In der internationalen wissenschaftlichen Diskussion haben sich zwei Grundrichtungen mit einer Vielzahl von Modellen und Theorieansätzen entwickelt, die sich darin unterscheiden, dass sie Führungs- und Managementhandeln im Schulbereich entweder grundsätzlich gleich zu den Anforderungen aus anderen organisationalen Kontexten stellen oder davon ausgehen, dass für den Schulbereich ein eigenständiges theoretisches Konzept notwendig ist (vgl. Wagner 2007, 353). Befürworter einer eigenständigen pädagogischen Management- und Führungslehre argumentieren vor allem mit schulspezifischen Charakteristiken, wie dem öffentlichen Bildungssauftrag, der personalen und situativen Gebundenheit von Unterrichtsprozessen, der Mitgestaltung der Schüler an pädagogischen Prozessen, der ausgeprägten basisdemokratischen Grundhaltung von Lehrern etc. (vgl. Wagner 2007, 353f.; 2011, 107ff).

79 Mehr Informationen siehe Potočnik & Anderson 2013.

80 Mehr Informationen zu Führungskonzeptionen siehe Wunderer 2006, Kapitel D, IX. Führungstheorien.

Rosenbusch (2007, 217ff.; 2005), ein Vertreter der eigenständigen Organisations- und Führungstheorie für Schulen, sieht die Notwendigkeit für eine eigene, schulspezifische Führungslehre im Primat pädagogischer Verantwortlichkeit gegenüber administrativen oder wirtschaftlichen Aspekten von Schule. Der von Rosenbusch geprägte Begriff der *Organisationspädagogik* stellt eine Verbindung zwischen erziehungs- und organisationswissenschaftlicher Perspektive her und beschreibt ein Arbeitsfeld der Schulpädagogik, das sich mit den Rahmenbedingungen, Normen, Gestaltungsprinzipien und Wirkungen der Organisation von Erziehung und Unterricht auf den einzelnen Schüler, aber auch auf das System Schule – und reziprok – beschäftigt (vgl. Rosenbusch 2005, 6; 2013a).

Darauf aufbauend benennt Rosenbusch (2013b; 2005) wesentliche Schulführungsprinzipien:

- *Organisationspädagogische Perspektivenjustierung* als grundsätzliches Primat pädagogischer Zielstellung vor administrativen Verwaltungsaspekten.
- *Logik des Vertrauens zu sich und zu anderen;* dies bedeutet eine konstruktive, positive Grundhaltung in Bezug auf die eigenen Fähigkeiten und die der anderen, die nicht auf Misstrauen- bzw. Fehlerorientierung beruht, sondern auf Delegation zielt und Kontrollmechanismen so weit wie möglich reduziert.
- *Motivation durch Kooperation;* dies meint die (freiwilligen) Potenziale aktivieren und ausschöpfen, die ein interaktives Miteinander und Gruppendynamik entstehen lassen kann; d. h. das Gemeinsame entwickeln (lassen).
- *Kollegialität trotz Hierarchie* bedeutet, dass trotz unterschiedlicher Verantwortlichkeiten ein kollegiales Pflichtbewusstsein zur Erreichung gemeinsamer Ziele dominiert. Dies basiert wesentlich auf gegenseitigem Respekt und Wertschätzung für dessen Anteil am Ganzen.

Gegner der pädagogischen Führungslehre erkennen zwar die Notwendigkeit einiger spezifisch pädagogisch ausgerichteter Führungskonzepte an, vor allem im Bereich der Unterrichtsentwicklung, befürworten für den Schulbereich jedoch ein allgemeines Managementwissen und die Adaption von Modellen und Verfahren aus dem wirtschaftlichen Kontext, insbesondere für die Bereiche des finanziellen Managements, für die interne und externe Kommunikation bzw. Öffentlichkeitsarbeit, aber vor allem für das Personalmanagement und die Mitarbeiterführung (vgl. Wagner 2007, 354). Bezüglich neuer, schulischer Aufgaben kann man sich im ersten Schritt von den klassischen *Modellen der Rationalen Entscheidung* inspirieren lassen, die das Handeln des Menschen als nicht primär auf seine Ideale, sondern auf seine subjektiven Interessenslagen ausgerichtet und im Verhältnis von Aufwand zu Ertrag beschreiben. Diese Modelle dürften auch auf Lehrer übertragbar sein, die um Stundendeputate, Arbeitserleichterungen und Beförderungen miteinander konkurrieren (vgl. Fend 2008, 204f.) Bei der modernen, durchaus in Hierarchien organisierten, kooperativen bzw. delegativen (westlichen) Management-Praxis wird Autorität durch Können und Leistung ersetzt und es beinhaltet die Fähigkeit, Mitarbeiter durch Schaffung von Freiräumen innerhalb klarer Grenzen zu professionellem und ergebnisorientierten Handeln zu motivieren (vgl. Wunderer 2006, 17, 222). Eine der bekanntesten delegativen Managementtechniken ist das ergebnisorientierte *Management by Objectives* (MbO), das zum transaktionalen Führungsstil zählt. Transaktionale Führung beruht auf der Annahme, dass Führung als ein dynamischer, interaktiver Verlauf wechselseitiger Beeinflussung zwischen Geführten und Führenden aufzufassen ist; ein transaktionaler Prozess (vgl. Neubauer 2009, 48). Als Grundprinzipien gelten Zielorientierung anstatt Verfahrensorientierung, permanente Zielüberprüfung sowie Zielanpassung, Partizipation der Mitarbeiter bei Zieldefinitionen sowie Kontrolle und Beurteilung der Managementleistungen durch Soll-/Ist-Vergleiche. Dieses Delegationskonzept eignet sich, um über Hierarchien hinweg gemeinsam Zielvereinbarungen zu treffen und diese in operationalisierbare Teilziele aufzuspalten. Im Vereinbarungsprozess werden die gewünschten Ergebnisse möglichst konkret in messbare Leistungsgrade und/oder nach vorgegebenen Qualitätsvorstellungen definiert sowie die Verantwortungsbereiche der (Teil-)Ziele klar abgegrenzt (vgl. Wunderer 2006, 231f.).

Bei den personenorientierten Führungsmodellen erfährt im deutschsprachigen Raum vor allem das führerzentrierte kooperativ-delegative *Konzept des Leadership* für eine erweiterte, auch auf innovative Entwicklung und Strategie ausgerichtete Schulführung besondere Aufmerksamkeit (vgl. Wagner 2011, 26ff; Bonsen 2010, 291; Dubs 2009, 115; Huber 2008, 108ff; Hurni & Ritz 2002, 295f.). In der praxisorientierten Schulliteratur werden deshalb integrative Führungskonzeptionen favorisiert, die auf einer kooperativen Zusammenarbeit aller Akteure in Bezug auf Personal-, Organisations- und Unterrichtsentwicklung basieren, wie die Theorie der *transformationalen Führung* (vgl. Bonsen 2009, 212).

### 5.2.3 Transformationale Führung

Transformationale – oder synonym *transformative* bzw. *visionär-charismatische* – Führung berücksichtigt neben rationalen Führungskriterien auch sozial-emotionales Führungshandeln, was als besonders wirkungsvoll bei einer erfolgreichen Organisationsführung in Umbruchsituationen bewertet wird. Das Konzept Leadership zählt zum transformationalen Führungsstil und wird häufig mit positiven Aspekten wie durchsetzungsstarkes, charismatisches, visionäres und zielgerichtetes Führungshandeln assoziiert (vgl. Wagner 2011, 28,

277ff; Pechlaner & Hammann 2007, 98; Huber 2008, 109). Transaktionale Führung wird bei vielen Autoren als Bestandteil der transformationalen Führung beschrieben und bedeutet eine effiziente und effektive Bewältigung von Aufgaben innerhalb bestehender Strukturen (vgl. Wagner 2011, 59f; Hentze et al. 2005, Kapitel 5.1.). Dubs (2009, 126ff.) trennt transaktionale Führung von transformationaler Führung: Erstere entspricht dem Schulmanagement, die Zweite der Schulentwicklung. Für ihn sind beide Bereiche gleichwertig und durch die Schulleitung zu erfüllen.

Neubauer (2009, 51, 53) beschreibt transformationale Führung als eine Weiterentwicklung oder Ergänzung zur transaktionalen Führung, denn der transaktionale Führungsstil basiert von den Grundsätzen auf kooperativer ziel- und aufgabenorientierter Delegation; der transformationale Führungsstil hingegen transformiert Werte, Normen und Ziele der Mitarbeiter auf eine andere Ebene, um deren Bedürfnisse und Vorstellungen in die gewünschte Richtung zu entwickeln bzw. zu verändern (vgl. Wunderer 2006, 243f.; Michaelis, Nohe & Sonntag 2012, 368f.; Bass 1990, 22). Werte sind moralische und normative Muster, die das Verhalten von Gruppenmitgliedern im Hinblick auf Bewertungen ihres situativen Umfelds leiten, wie z. B. *was ist richtig oder falsch, wie ist es und wie soll es sein* (vgl. Neubauer 2009, 50). In diesem Kontext dient Führung als Wertorientierung für Organisationsmitglieder, die im besten Falle ihre individuellen Wertstrukturen auch unabhängig von der Anwesenheit anderer kontrollierender Gruppenmitglieder dadurch anpassen und verändern. Konkret bedeutet dies, dass Mitarbeiter weniger fremdbestimmt und extern direkt oder indirekt kontrolliert nach Anweisungen durch Vorgesetzte handeln (*externale Verhaltensregulation* durch Druck oder Belohnungsanreize von außen), sondern notwendige, von außen gesteuerte Handlungsziele internalisieren; d. h. (mehr) selbstbestimmt handeln (vgl. ebd, 50f.). Intrinsisch motivierte Verhaltensweisen werden als interessenbestimmte Handlungen definiert, zu deren Ausführung keine vom Handlungsgeschehen losgelöste Konsequenz notwendig ist. Die Handlung wird (mit Freude) aus eigenem innerem Antrieb um ihrer selbst willen durchgeführt. Extrinsisch motivierte Verhaltensweisen dagegen werden mit instrumenteller Absicht ausgeführt, gerade um eine vom Handlungsgeschehen losgelöste Konsequenz zu erzielen – oder zu vermeiden. Für die Führungslehre relevant ist vor allem die Erkenntnis, dass nicht nur intrinsisch motiviertes Verhalten selbstbestimmt ist, sondern dass auch extrinsisch motiviertes Verhalten selbstbestimmt sein kann (vgl. Deci & Ryan 1993, 224; 226; Krapp & Hascher 2014, 236). Die extrinsisch motivierte Person muss hierbei jedoch die aktuellen Ziele einer Handlung für persönlich bedeutsam erachten und sich damit identifizieren, um das Gefühl zu entwickeln, uneingeschränkt selbstbestimmt zu handeln (vgl. Krapp & Hascher 2014, 248).

Nach der von Deci & Ryan (1985) auf empirischer Grundlage entwickelten *Selbstbestimmungstheorie der Motivation* basiert intrinsische Motivation auf dem Bedürfnis nach Autonomie, Kompetenz und sozialer Eingebundenheit (vgl. Deci & Ryan 1985, 32). Autonomie bedeutet in diesem Kontext allerdings nicht Freiheit oder Unabhängigkeit, sondern beschreibt eine wahrgenommene Stimmigkeit zwischen inneren Werten bzw. zwischen dem, was man selbst will, und dem, was die Umwelt fordert. Die wahrgenommene Autonomie kann durch Wahlmöglichkeiten oder Berücksichtigung von persönlichen Interessen gestärkt werden (vgl. Müller, Hanfstingl & Andreitz 2007, 5). Aufbauend auf den beiden Motivationstypen definierten Deci & Ryan (2000, 61ff.; 1985) unterschiedliche Stufen der Identifizierung einer Person mit ihren von außen vorgegebenen Aufgaben, abhängig vom empfundenen Grad der Selbstbestimmtheit einer Handlung und dem Ausmaß der individuell wahrgenommenen externen Kontrolle:

1) *Introjektion*: Vorgegebenen Handlungsziele werden ohne Identifikation internalisiert. D. h., die Person handelt unter äußerem Druck zwar zielkonform, aber mit wenig freier Entscheidungsgewalt und unter gefühlter Kontrolle; z. B. aus schlechtem Gewissen, aus Stolz bzw. Selbstachtung, oder sie sieht die Handlungsanstrengung als Mittel zum Zweck, um für sich Wünsche zu erfüllen.
2) *Identifikation*: Die vorgegebenen Handlungsziele werden mit Identifikation verinnerlicht. Dies bedeutet, die Person akzeptiert die vormals externen Ziele als ihre eigenen und entwickelt ein Gefühl von aktiver Beitragsleistung bei etwas Wichtigem. Die Handlungen bleiben jedoch auf der Ebene von Pflichterfüllung und Verantwortungsbewusstsein.
3) *Integrierte Verhaltensregulation*: Dies ist die autonomste Form extrinsischer Motivation für die ausführende Person. Auf dieser Stufe werden die vorgegebenen Handlungsziele nicht nur mit Akzeptanz internalisiert, sondern diese werden komplett und ohne innere Konflikte in das eigene Selbstkonzept integriert; d. h., die Ziele sind dauerhaft in die Überzeugungen der Person eingefügt.

Forschungsbefunde haben ergeben, dass für Internalisierung nachfolgende Bedingungen förderlich sind: *kollegiales Arbeitsklima* (soziale Einbindung), *Freiräume zur Auseinandersetzung mit Aufgabenstellungen* (Autonomie-Unterstützung) und *informierendes Feedback*, damit individuelle Lernprozesse und Erfolg selbst erkannt werden können (Kompetenzaufbau) (vgl. Neubauer 2009, 51; Deci & Ryan 2000, 63)[81].

81 Weiterführende Informationen zu Motivationstheorien und zum Thema Motivation und Handeln siehe Krapp & Hascher (2014).

Bass (1985; 1990; siehe auch Bass & Avolio 1994) konzeptualisiert als Erster transaktionale und transformationale Führung für den organisationalen Kontext und entwickelte den in der Forschung am häufigsten genutzten *Multifactor Leadership Questionnaire* (MLQ) (vgl. Michaelis, Nohe & Sonntag 2012, 369). In der aktuellen Version (MLQ-5X) werden noch vier Faktoren transformationaler Führung operationalisiert[82]: *idealized influence, inspirational motivation, intellectual stimulation* und *individual consideration* (vgl. Bass et al. 2003, 208). So beinhaltet transformationale Führung *idealisierten Einfluss* (Charisma), d. h., die Geführten vertrauen und identifizieren sich mit der Führungspersönlichkeit und streben ihr nach; *inspirierende Motivation* in Form von (hohen) Erwartungen an die Geführten sowie *intellektuelle Stimulation* zum kreativen und innovativen Denken und Handeln. Außerdem gelingt eine *individuelle, empathische Auseinandersetzung* mit den einzelnen Mitarbeiterbedürfnissen (vgl. auch Bass 1990, 22; 1985). Für Bass (1985, 153ff.) existieren drei Determinanten, die transformationale Führung begünstigen: Erstens sind externe situative Voraussetzungen entscheidend, wie das soziale, ökonomische und kulturelle Umfeld. Außerdem können äußere Stress- und Krisenbedingungen oder dynamische Märkte oder turbulente wirtschaftliche Entwicklungen das Auftreten von charismatischen Führungspersönlichkeiten begünstigen (vgl. Bass 1985, 154, 156). Des Weiteren vermutet Bass (1985, 158), dass sich transformationale Führung verstärkt in organischen Organisationen zeigt, die unklare Strukturen und Zielsetzungen aufweisen und deren Organisationsmitglieder ein höheres Maß an Vertrauen als in mechanistischen Organisationen aufweisen. Die dritte Determinante liegt in der Persönlichkeit des Führenden:

> „[…] leaders with specific values, principles, and ideals that are not mirrored in the current state of affairs are likely to be stimulated into transformational efforts." (Bass 1985, 182)

Durch zahlreiche Studien gilt es als belegt, dass transformationaler Führung einen eigenständigen Einfluss auf (Führungs-)Erfolg hat, insbesondere auf individuelle Erfolgskriterien wie *Zufriedenheit mit Vorgesetzten, Anstrengungsbereitschaft* und *Effizienz*, dabei wirkt transformative Führung stärker auf nicht-kognitive, kontextbezogene Leistung als auf kognitive, aufgabenbezogene Leistung der Geführten. Darüber hinaus können auch positive Effekte für das Arbeitsklima auf der Team- und Organisationsebene nachgewiesen werden, wie

82 *Operationalisieren* bedeutet in der evidenzbasierten Wissenschaft, dass man Konstrukten beobachtbare Verhaltensweisen zuordnet, die es erlauben, das Konstrukt empirisch zu erfassen und damit seine Ausprägung messbar zu machen (vgl. Neubauer 2009, 49).

bspw. ein besseres Zusammengehörigkeitsgefühl (vgl. Felfe 2006, 167; Neubauer 2009, 53; Wang et al. 2011, 250f.). Der transformationale Führungsstil gilt als Grundtyp für innovationsfördernde Führungsformen (vgl. Guldin 2012, 225; Wang et al. 2011; Felfe 2006, 167).

Schuler & Görlich (2007, 53ff.) konkretisieren auf dieser Grundlage Führungsverhalten, welches auf die Innovationsfähigkeit einer Organisation positiven Einfluss hat: Betonung der Bedeutung und Förderung kreativer Potenziale der Organisationsmitglieder (auch im Team), Anreizsysteme für kreatives Verhalten, Sinnstiftung, Ausrichtung und Vereinbarung anspruchsvoller gemeinsamer Ziele, Wertschätzung von und Zuspruch für mehr Eigenständigkeit und selbstverantwortliches Denken und Handeln, Interesse an und Motivation für Inspirationen, Beschaffung erforderlicher Ressourcen, gutes Projektmanagement, Durchsetzung innovativer Ideen der Geführten innerhalb der Organisation und im Markt, und Förderung der Identifikation durch Vorbildwirkung. Darüber hinaus können Steuerungsgruppen bzw. Teams so konzipiert werden, dass das Innovationspotenzial gefördert wird; bspw. sollte die Führung neben einer vertrauensvollen, offenen, aber durchaus leistungsorientierten Arbeitsatmosphäre gekoppelt an gruppenbezogene Anreize für Zielverwirklichungen und einem wohlwollenden, respektvollen Umgang darauf achten, dass ähnliches kognitives Niveau – allerdings mit unterschiedlichem Erfahrungswissen – in Gruppen zusammenarbeitet (vgl. Guldin 2012, 226).

Es liegen Erkenntnisse aus der Wirtschaft vor, die der innovationsfördernden transformationalen Führung hauptsächlich im Kontext von Unsicherheit, Dynamik und Veränderungsdruck Erfolg bescheinigen (vgl. Pfister 2013, 223). In großen öffentlichen und etablierten Organisationen wird der positive Einfluss von transformational führenden Personen allerdings als wesentlich geringer eingeschätzt (vgl. Felfe 2006, 168). Schulen können zwar zu dieser Gruppe gezählt werden, jedoch bewegen sich insbesondere berufliche Schulen durch den Reformdruck, die wachsende Schulautonomie und auch durch ihre enge Vernetzung zu den Ausbildungsbetrieben in einem eher dynamischen als statischen Umfeld (vgl. Pfister 2013, 224). Empirische Studien, hauptsächlich aus dem angloamerikanischen Raum, geben Hinweise, dass transformationale Führung auch im Schulkontext positive Effekte bewirkt, vor allem bezogen auf die Beurteilung der Schulleitung und auf die Haltung und das Verhalten des Lehrerkollegiums (vgl. Harazd & van Ophuysen 2011, 148; siehe auch Thoonen et al. 2012; Schatz, Hartmann & Schley 2010, Hallinger & Heck 1998, 169; Leithwood & Jantzi 2006; Nguni, Sleegers & Dennissen 2006). Seitz & Capaul (2007, 275) bezeichnen *Transformational Leadership* im Zusammenhang mit der individuellen auf Entwicklung ausgerichteten Führungskultur einer Schule als *„Führung im und für den Wandel"*.

### 5.2.4 Leadership for Learning

Die Schulführung zählt – neben Curricula und Unterricht – zu den drei wichtigsten Einflussfaktoren, um Schule und in weiterer Folge Schülerleistungen zu verbessern (vgl. Leithwood & Jantzi 2006). *Lehrarbeit* und damit Schulqualität findet aber zum großen Teil in den Klassenzimmern statt (vgl. Terhart 2010, 257; Fend 2008, 253; Popescu & Crenicean 2012, 3985; siehe auch Helmke 2003; Rolff 2006). Forschungsergebnisse aus der Schuleffektivitätsforschung ergeben, dass der Einfluss der Schulleitung auf die Lernprozesse der Schüler hauptsächlich indirekt wirkt, vermittelt durch weitere Akteure, wie Lehrer und Erzieher, sowie Unterricht und Arbeits- bzw. Lernklima, aber auch die organisationale Struktur und soziale Netzwerke (vgl. Hallinger & Heck 1998, 171ff.; Hallinger, Bickman & Davis 1996; Waters, Marzano & McNulty 2004). Van de Grift & Houtveen (1999) fokussieren in ihrer Längsschnittstudie den Einfluss der Schulleitung auf die Lehrkräfte, dort als *Educational Leadership* bezeichnet. Dabei geht es um die Fähigkeit, Schulentwicklung zu initiieren, ein lernorientiertes Schulklima zu kreieren und vor allem Lehrer so anzuregen und zu kontrollieren, dass das gesamte Kollegium möglichst effektiv seine Aufgaben erfüllen kann. Im Ergebnis konnte zwar nur ein schwacher, aber signifikanter direkter Einfluss des Führungshandelns auf die Schülerleistungen nachgewiesen werden („So: the principal appears to matter (a bit).“, Van de Grift & Houtveen 1999, 365).

Dies bedeutet für die Umsetzung von Schulreformen, dass es vor allem der Einzelschulführung als entscheidendes Bindeglied zwischen Schulpolitik und Schülerleistung obliegt, reform- und innovationsorientiert förderliche Bedingungen für Unterricht und Lernen zu gestalten, indem sie zielgerichtet Einfluss auf die Motivation, Kreativität und die Arbeitsbedingungen der Lehrer und damit auf den Unterricht und die Lernprozesse nimmt. Für Fullan (2009) liegt der Schlüssel für erfolgreiche bzw. wirksame Schulen in deren Kooperationsfähigkeit und Netzwerktätigkeit, sowohl intern als auch extern. Dabei gilt die *systemweite* Entwicklung als Voraussetzung. Das international populär gewordene Konzept des *Leadership for Learning* (LfL) greift diese Thematik auf, um politische Vorgaben einerseits mit pädagogischer Führung einer Einzelschule besser in Einklang zu bringen, damit Reformideen auch wirklich in der Schulpraxis ankommen. LfL beruht auf den Prinzipien transformationaler Führung und fokussiert Bildungs- bzw. Lernprozesse als Kernaufgabe von Schule; das Konzept integriert dabei nicht nur die Vertreter der Schulleitung, sondern auch alle anderen relevanten Akteure, wie Lehrer, Schüler, Eltern (vgl. Hallinger & Heck 2010, 656f.; Schratz, Hartmann & Schrey 2010, 9f.; Malakolunthu, McBeath & Swaffield 2014, 4). Führungsschwerpunkte des LfL sind nach Hallinger &

Heck (2010, 657) der Aufbau einer *Vision*, um die Energie der Schule[83] gebündelt auf Verbesserung auszurichten, *Governance*, d. h. Maßnahmen zur Befähigung der Mitarbeiter und Förderung von Beteiligung sowie Mobilisierung von *Ressourcen* für das Lehren und Lernen. Erkenntnisse empirischer Studien zu transformativen, kooperativen Schulführungsmodellen, wie das LfL, belegen positive Effekte vor allem hinsichtlich der Motivation und Arbeitshaltung von Lehrern und damit auch mittelbar auf Lehre bzw. Unterricht (vgl. u. a. Malakolunthu, McBeath & Swaffield 2014; Leithwood & Jantzi 2006; 1999; Hallinger & Heck 2010).

Das österreichische Bundesministerium für Unterricht, Kunst und Kultur (BMUKK) setzt für mehr Innovationskraft an Schulen auf Professionalisierung von Führungskräften und hat die *Leadership Acadamy* (LEA) gegründet, die auf der Grundlage eines *Leadership-Kompetenz-Modells* institutionsübergreifend Führungspersonen im Bildungsbereich (einzelschulische Leitung, Schulaufsicht, Schulverwaltung, Lehrer) aus- und weiterbildet (vgl. Schratz & Hartmann 2009). Die theoretische Verortung zur Erfassung der Leadership-Kompetenz basiert auf der Übertragung des Eigenschaftsmodells der ergebnisorientierten Unternehmensführung nach Ulrich, Zenger & Smallwood (2000) auf den Schulbereich in Verbindung mit den vier Grundorientierungen des menschlichen (Führungs-) Handelns nach Riemann (1999)[84]. Daraus ergibt sich ein Strukturmodell für

---

83 Vor allem im Zusammenhang mit organisationalem Wandel und Change Management wird in der Literatur vom Phänomen der *organisationalen Energie* gesprochen. Die Mobilisierung von Energie – und damit auch das Überwinden von organisationaler Trägheit – werden benötigt, um konkrete Aktivitäten, Initiativen oder Projekte zu fokussieren. Demnach gilt es als entscheidende Führungsaufgabe Energiepotenziale zu aktivieren und diese auf erfolgsversprechende Kernaktivitäten auszurichten (vgl. Bruch & Vogel 2009, 19). Mehr zum Konzept *Organisationale Energie* siehe ebd.

84 Riemann (1999) klassifiziert vier Grundformen der Angst, auf die sich seiner Meinung nach alle Formen der Angst zurückführen lassen: 1. *Impuls zur Selbstwerdung* – Angst vor Selbsthingabe und Ich-Verlust. 2. *Impuls zur Selbsthingabe* – Angst vor Selbstwerdung, Ungeborgenheit und Isolierung. 3. *Impuls zur Stabilität* – Angst vor Veränderung, Vergänglichkeit und Unsicherheit, 4. *Impuls zur Veränderung* – Angst vor Notwendigkeit, Unfreiheit. Die Impulse 1 und 2 sowie 3 und 4 stehen konträr zueinander und müssen in Balance gebracht werden. Ausgehend von diesen vier Grundformen der Angst postuliert Riemann vier Persönlichkeitsstrukturen mit Eigenschaften: 1. Schizoider Typ (z. B. souverän), 2. Depressiver Typ (z. B. empathisch), 3. Zwanghafter Typ (z. B. verbindlich), 4. Hysterischer Typ (z. B. risikofreudig). Diese vier polaren Grundstrebungen existieren nach Riemann in unterschiedlicher Ausprägung bei jedem Menschen, aber auch innerhalb von Gemeinschaften, Teams,

Leadership im Bildungsbereich (siehe Abbildung 12), das vier divergierende Kernführungselemente mit zugeordneten Führungskompetenzen (Kompetenzfelder) in ein Spannungsfeld zueinander setzt: Auf der Ordinate werden zukunftsweisende, flexible und offene Innovationsorientierung versus strukturierter, verbindlicher alltäglicher Kontinuitätsorientierung (Bindung) platziert; die Abszisse situiert formale, sachliche Ziel- und Ergebnisorientierung (Strategie) gegenüber persönlich-emotionaler Kommunikation (Aktivierung).

*Abbildung 12: Strukturmodell zur Erfassung der Leadershipkompetenz in Anlehnung an Riemann 1999, Ulrich, Zenger & Smallwood. 2000 (Pool 2007, 45)*

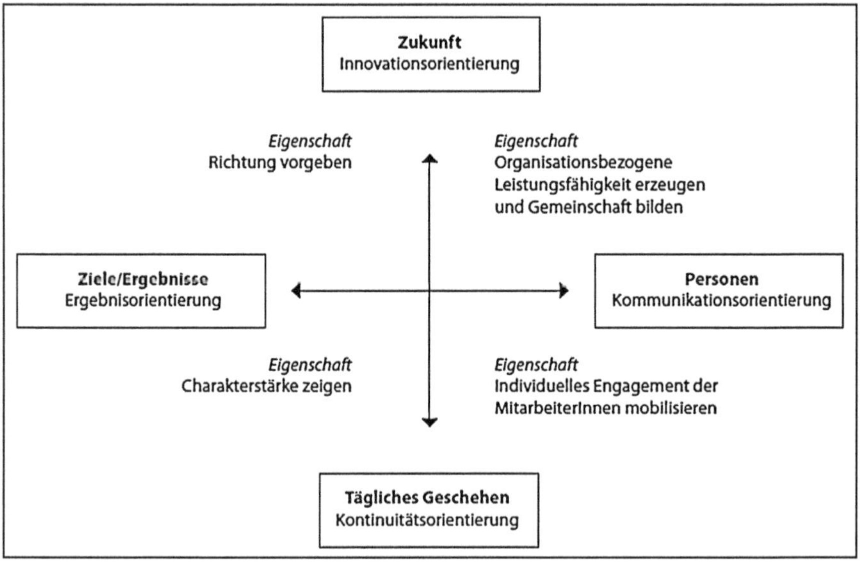


Um alle vier Kompetenzfelder auszufüllen, sind verschiedene Fähigkeiten notwendig, wie bspw. ein positives Selbstbild schaffen, Teambildung fördern, Macht teilen oder Visionen in Handlung umsetzen. Für Leadership müssen Potenzial und Bereitschaft in allen vier Kompetenzfeldern ausgebildet sein und die Fähigkeit, situativ den Schwerpunkt innerhalb der Polaritäten selbst zu setzen. D. h., die Meta-Kompetenz von Leadership liegt darin, in unterschiedlichen Situationen mit unterschiedlichen Herausforderungen den unterschiedlichen Interaktionspartnern zielgerichtet zu begegnen und resonant zu agieren (vgl. Schratz & Hartmann

Organisationen und müssen bewältigt werden (vgl. auch Schratz, Hartmann & Schrey 2010, 25).

2009, 6). Mithilfe einer *Leadership-Kompetenz-Skala*, die 106 Fragen zur Selbsteinschätzung von Leadership-Eigenschaften, -Fähigkeiten und -Verhaltensweisen entlang einer vierstufigen Skala umfasst, können Führungseigenschaften in ihrer Ausprägung erfasst und differenziert werden. Stärkestufe 3 von 4 steht für eine Leadership-Qualität eines *Bereiches, in dem man wirklich gut ist,* nach *Können ohne besondere Stärken in einem Bereich* (Stärkestufe 2) und vor *Excellenz in einem Bereich* (Stärkestufe 4) (vgl. Pool 2007, 45f.; Schratz & Hartmann 2009; Schratz, Hartmann & Schley 2010, BMUKK 2014). Dies bedeutet, dass das Modell neben der Strukturierung der Ausbildungsinhalte an der Leadership Academy auch zur (Selbst-)Evaluation von Kompetenzzuwächsen teilnehmender Schulen genutzt werden kann (vgl. Schratz, Hartmann & Schley 2010, 41; Schratz & Hartmann 2009).

### 5.2.5 Gestaltung von Innovationsprozessen an Schulen

Zur Umsetzung von Reformen sind *Innovationen* bzw. *Innovationsprozesse* in verschiedenen Bereichen der Einzelschule unabdingbar und müssen von der Schulleitung implementiert und ggf. gegen Widerstände um- und durchgesetzt werden (vgl. Seitz & Capaul 2007, 601ff.; Terhart 2010, 256; Rolff 2006, 221; siehe auch Horster 2009b; Heinrich 2007; Dubs 2005; Hall & Hord 2001; Hall & Georg 1999). Innovationsbarrieren gegenüber Schulentwicklungsmaßnahmen liegen bspw. vor, wenn unklare Rahmenbedingungen und Vorgaben für die Umsetzung (z. B. welche Ressourcen, rechtliche Überprüfung etc.) bei der Lehrerschaft den Eindruck vermitteln, dass ziel- und planlos verändert werden soll. Demotivierende Wirkung haben auch viele Innovationsvorhaben in kurzen Zeitabständen, womit Lehrkräfte zeitlich und sachlich überfordert sein können. Besonders hemmend wirken persönliche Ängste von Lehrern, eine Innovation könnte ein Misserfolg werden. Misserfolge sind für Lehrpersonen besonders schwer, da für das direkte Unterrichts- und Lerngeschehen keine externen Faktoren verantwortlich gemacht werden können, wie z. B. die allgemeine Konjunktur- oder Wirtschaftslage. Groß wird die Gefahr in diesem Zusammenhang dann, wenn Lehrer die Innovation sachlich nicht beherrschen (vgl. Dubs 2005, 11). Wichtig für die hauptsächlich intrinsisch motivierte, langfristige positive Beteiligung von Lehrkräften an Schulinnovationsprojekten sind nach Schellenbach-Zell & Gräsel (2010) metakognitive Strategien und Strategien der Motivationskontrolle sowie Planungs- und Evaluationsstrategien (siehe auch Schellenbach-Zell 2009). Um den Widerständen und Ressentiments von Innovationsprojekten konstruktiv zu begegnen, wird in der Literatur die Einführung eines teamorientierten, systematischen und permanenten *Innovationsmanagements* empfohlen (siehe

Abschnitte 3.2.2 sowie 4.1), welches systemisch sowohl Top-down als auch Buttom-up (oder *horizontal*, vgl. Seitz & Capaul 2007, 592f.) innerhalb von Schule initiiert wird (vgl. Holtappels 2013, 58; Seitz & Capaul 2007, 598; Pätzold 2010, 284, Goldenbaum 2011; Thom & Ritz 2002, 10ff.).

Zur Gestaltung von Innovationsprojekten an Schulen kann das Promotorenmodell mit den Rollen des Macht-, Fach-, Prozess- bzw. Beziehungspromotors nach Hauschildt & Salomo (2011) als Orientierungshilfe genutzt werden (Promotorenmodell siehe Abschnitt 3.2.2). Überträgt man das Rollenmodell auf Einzelschulentwicklung, so obliegt die Rolle des Machtpromotors nach Seitz & Capaul (2007, 614) der übergeordneten Schulbehörde, die sowohl über Ressourcen verfügt als auch die staatliche Aufsicht in Fach-, Dienst- und Rechtsfragen übernimmt. Die Rolle des Fachpromotors (Experten) wird einzig durch das objektspezifische Fachwissen im Zusammenhang mit der einzuführenden Innovation bestimmt und kann durch eine schulinterne Person, z. B. eine Lehrkraft, oder durch einen externen Berater eingenommen werden. Als externe Berater können Universitäten, Stiftungen oder auch Unternehmensberatungen fungieren (vgl. Bank 2007). Wichtig ist, dass sein Fachwissen bei Innovationswilligen und Opponenten überzeugend und innovationsfördernd wirkt. Auf die Schulleitung entfällt nach dem Promotorenmodell sowohl die Rolle des Prozesspromotors, der Innovation auf Einzelschulebene implementiert (sei sie Bottom-up oder Top-down initiiert), als auch die Rolle des Beziehungspromotors, der mit der übergeordneten Schulbehörde und mit anderen externen Anspruchsgruppen (z. B. Eltern oder Ausbildungsbetriebe an Berufsschulen) innovationsfördernd zusammenarbeitet. Für die Schulführung ergeben sich aus den beiden Promotorenrollen unterschiedliche Aufgabenstellungen und Initiativen, wie u. a. Problem- und Prozessdefinition, Prozessgestaltung, Zieldetaillierung, Konfliktmanagement, Motivation bzw. Werbung und Vermittlung zwischen dem Macht- und Fachpromotor sowie der Lehrerschaft (vgl. Seitz & Capaul 2007, 615). Dies bedeutet, dass der überwiegende Anteil des Innovations-Steuerungsprozesses in Schule auf Schulführungsebene bewältigt werden muss. Ein Vorteil des Promotorenmodells liegt darin, dass die Mehrebenenproblematik zur Verdeutlichung der unterschiedlichen Funktionen und Verantwortungsbereiche abgebildet und integriert werden kann.

Ein anderer Ansatz findet sich im *Concerns-Based Adoption Model* (CBAM) für Schulentwicklung von Hall & Hord (2001). Hier werden bei der Gestaltung von Innovationsprojekten die Phasen der Innovationsfindung (Innovationmanagement) und der Innovationsimplementierung (Changemanagement) unterschieden; dabei sind die Anforderungen an die Schulleitung als Innovationsförderer in beiden Phasen unterschiedlich. Hall & Hord (2001, 6) beschreiben den Unterschied folgendermaßen: „*Change facilitators* on the development side tend to be very visible and dynamic, while implementation facilitators need to have the patience to work daily with teachers who are attempting to figure out how to use the innovation." Der Change Facilitator ist eine innovationsfördernde Einheit innerhalb einer Einzelschule; meist die Schulleitung oder Steuergruppe mit Unterstützung der Schulleitung, die – bestenfalls im Team – Innovationsprozesse initiieren und begleiten (Innovationsmanagement und Changemanagement) (vgl. Hall & Hord 2001; Seitz & Capaul 2007, 599f., 606ff.).

*Abbildung 13: ConceWrns-based Adoption Model (CBAM) nach Hall & Hord (2001, 182)*

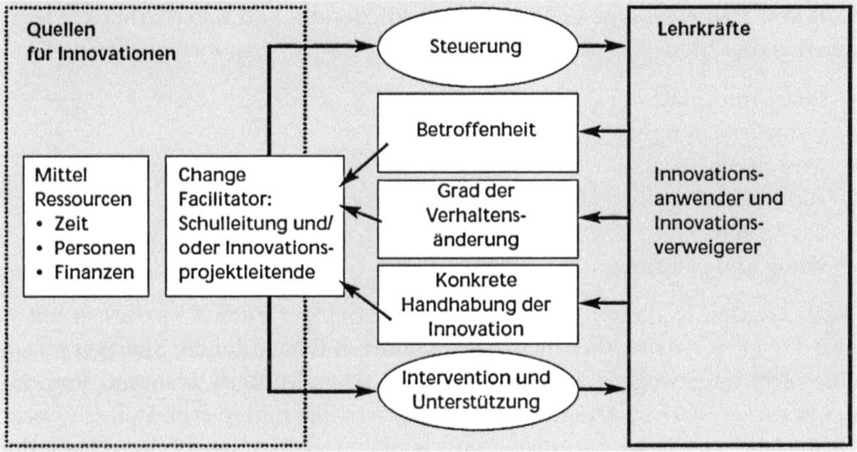


Das Concerns Based Adaption Model (CBAM)[85] strukturiert den Schulentwicklungsprozess lediglich anhand der beiden Hauptakteure, Schulleitung und Lehrkräfte auf Einzelschulebene. Auf den Phasen des Concerns-Konstrukts aufbauend bietet das CBAM drei Instrumente, die im Verlauf eines Innovationsprozesses die Betroffenheit der Lehrer bezogen auf die Innovation, den Grad der

85 Die Verwendung des Begriffs *Concern* (Auseinandersetzung, Beschäftigung) beruht auf einer Studie von Fuller (1969) über Lehrberufsanfänger und dient zur Beschreibung eigener Wahrnehmungen und Emotionen in Reflexion der eigenen pädagogischen Arbeit. Dabei beobachtete Fuller, dass Berufsanfänger unterschiedliche Phasen durchlaufen, in denen verschiedene Concerns wichtig sind, so spielen zu Beginn selbstbezogene Concerns eine wichtige Rolle (*Wie fülle ich die neue Rolle aus?*), später wandelt es sich in aufgabenbezogene Concerns (*Welche Arbeitsmaterialien setze ich ein?*), danach folgen impact-bezogenen Concerns (*Wie wirken Unterrichtsmethoden?*). Mehr Informationen siehe Fuller (1969).

Verhaltensänderung als Folge der Innovation und das Ausmaß der konkreten Handhabung der Innovation im schulischen Alltag erfassen. Diese Erkenntnisse dienen der Schulleitung als Orientierungshilfe und sind zur Überwachung, Diagnose und Begleitung eigener Innovationsprojekte hilfreich. Zudem wird im CBAM durch Befragung der Lehrerschaft das Führungsverhalten (Steuerung und Intervention bzw. Unterstützung) bei Innovationsprozessen ermittelt und in folgende Innovationsverhaltensprofile verdichtet: Typ *Responder,* Typ *Manager* und Typ *Initiator* (vgl. Hall & George 1999; Seitz & Capaul 2007, 600f., Dubs 2005, 12f.). Diese Typisierungen sind wiederum das Ergebnis einer empirischen Untersuchung zur Förderung von Veränderungsprozessen durch die Schulführung von Hall & George (1999). Zur Identifizierung und Kategorisierung wurden den drei Innovationsverhaltensprofilen sechs Dimensionen zugeordnet:

- social/informal,
- formal/meaningful,
- trust in others,
- administrative efficiency,
- day-to-day,
- vision and planning.

Bspw. erzielen in diesem Modell Initiatoren weniger Punkte in *trust in others* und *day-to-day*, dafür aber mehr in den anderen Dimensionen. Manager haben eine recht ausgewogene Punktzahl in allen sechs Mustern, während Responder in *social/informal*, *trust in others* and *day-to-day* führen (vgl. Hall & George 1999; siehe auch Seitz & Capaul 2007, 606ff.). Der Typ Responder erlaubt der Lehrerschaft ein hohes Maß an Mitsprache, die Lehrkraft wird als sehr professionell und eigenständig wahrgenommen, die mit wenig Anleitung am besten ihren Beruf ausüben kann. Anstehende Entscheidungen werden gleichberechtigt im Team diskutiert und auch durch Lehrer getroffen. Dies führt dazu, dass Entscheidungen oft sehr kurzfristig und aufgrund aktueller Alltagsgegebenheiten gefällt werden; langfristige, strategische Ausrichtungen und Veränderungsprozesse werden kaum initiiert oder geplant. Beim Typ Manager liegt der Fokus im reibungslosen Organisationsablauf; die Lehrerschaft wird über Entscheidungen informiert und ihre Bedürfnisse werden beachtet. Bei anstehenden Veränderungen wird mit einer Implementation erst begonnen, wenn alle Beteiligten vorbereitet sind. Außerdem achtet der Manager darauf, dass nicht zu viele Änderungsprozesse gleichzeitig in Angriff genommen werden, damit möglichst keine Überlastungen entstehen. Der dritte Typ, der Initiator, ist kreativ; er führt „seine" Schule aufgrund von Visionen, die mit Innovationen verbunden werden. Seine Priorität liegt vor allem auf Lehr- und Lernbedingungen und den Bedürfnissen der Schüler. Er veranlasst Veränderungsprozesse auch gegen den Widerstand der Lehrerschaft und setzt die aktive Mitarbeit aller beteiligten Personen durch. Die Ansprüche an sich und an seine Lehrer sind hoch und er handelt bzw. entscheidet im Spannungsfeld zwischen Vorschrift und Flexibilität. Der Initiator trifft strategische Entscheidungen im Sinne längerfristiger Schulentwicklung, auch dann, wenn kein Konsens erwirkt werden kann und Entscheidungsprozesse verzögert werden. Die Initiatoren sind bezogen auf Schulinnovationen die erfolgreichsten Schulleiter und ihre Eigenschaften bzw. Handlungskompetenzen entsprechen in weiten Teilen den Merkmalen, die in der Literatur den Intrapreneur beschreiben (vgl. Hall & Georg 1999; Dubs 2004, 13; Lang 2009, 4; Dubs 2005, 248; Seitz & Capaul 2007, 606ff.; siehe Abschnitt 5.4.2.3).

Kritiker des CBAM werfen dem Modell eine theoretisch schwache Anbindung an psychologische Theorien, wie z. B. Lerntheorien, und fehlenden Nachweis prognostischer Validität vor. Aber es bietet als eines der wenigen Modelle überhaupt die Möglichkeit, modellbasiert und standardisiert bildungspolitische Implementationen flexibel auf Einzelschulebene mit dem Fokus auf Schulleitung und Lehrpersonal empirisch zu erfassen (vgl. Pant et al. 2008, 833; 841). Aus diesem Grunde werden mithilfe des CBAM sowohl in den USA als auch in Europa wissenschaftliche Erkenntnisse über den Zusammenhang von Betroffenheit (Befindlichkeit der Lehrkräfte), Verhaltensänderungen und persönliche Handhabung von Neuerungen gewonnen. Für den deutschsprachigen Kulturbereich nehmen Seitz & Capaul (2007) Anpassungen an den Instrumenten des Modells vor, das ursprünglich für das US-amerikanische Schulwesen entwickelt wurde. Für Dubs (2005, 10) ist das CBAM sowohl theoretisch als auch empirisch das „beste und praktisch nützlichste Modell für die Gestaltung von Innovationsprojekten" an Schulen.

In dieser Arbeit wird im Folgenden der Blick über Innovationsprojekte hinaus auf innovationsfördernde personenorientierte Schulführungsansätze ausgeweitet, um für erfolgreiche Schulreformarbeit mögliche zusätzliche Potenziale durch unternehmerisches Handeln aufzudecken.

## 5.3 Principalship, Management, Leadership, Entrepreneurship

Die Hauptaufgabe der Schulleitung liegt in der Führung der Schule (vgl. z. B. Fend 2008, 166; Avenarius & Füssel 2010, 151). Wirksame Schulleitung wird in der internationalen Forschung seit Anfang der 1980er-Jahre mit unterschiedlich akzentuierten personenorientierten Konzepten in Anlehnung an Führungsmodelle aus der Wirtschaft beschrieben, wie *Principalship*, *Outstanding Leadership* über den *Change Agent* bis zu den Modellen *Educational Management*,

*Educational Leadership* bzw. einer unterrichtsbezogenen Führung (im deutschen Sprachgebrauch *Pädagogische Führung* genannt) sowie, allerdings in sehr geringem Maße, das *Educational Entrepreneurship* (vgl. Bonsen 2009, 211f.; Seitz & Capaul 2007, 297ff; Bush & Glover 2003; Boyett & Finlay 1993; Maibauer 2006). Diese nur bedingt überschaubare Begriffsvielfalt ist einerseits der interdisziplinär aufgestellten Management- bzw. Führungslehre geschuldet, die je nach Forschungsrichtung, -ansatz und -anliegen unterschiedliche normative Schwerpunkte auch mit der Wahl der Begrifflichkeit setzt; andererseits ist vor allem die anglo-amerikanische Forschungsleistung hervorzuheben, die traditionell zu Führerschaft ein anderes Verhältnis entwickelt hat als der deutschsprachige Kulturraum. Problematisch sind dementsprechend die daraus resultierenden Übersetzungen.[86] Nachfolgend wird im Wissen der beschriebenen Problematik versucht, die Konzeptionen und deren Bedeutung für den Schulkontext voneinander abgegrenzt zu erläutern, um deren Unterschiede, aber auch Gemeinsamkeiten bzw. Schnittmengen für die Thematik dieser Arbeit herauszuarbeiten und darzulegen.

### 5.3.1 Principalship

Die Vorstellung, Schulleitung könne auf ein Schulmanagement für die Bereiche Administration, Verwaltung und Unterrichtsorganisation reduziert und somit evtl. auch von fachfremden Management-Persönlichkeiten ausgefüllt werden, gilt grundsätzlich mittlerweile als überholt (vgl. z. B. Wagner 2011 295, 308; Müller 2011, 35f.; Pont, Nusche & Moorman 2008, 113). Im Gegenteil, für die spezifische Rolle und Position eines Schulleiters wird ein ganzes Bündel unterschiedlicher Leitungskompetenzen erwartet: pädagogische Kompetenz, Kommunikationskompetenz, Organisations- und Verwaltungskompetenz, schulrechtliche Kompetenz sowie Führungs- und Managementkompetenz. Des Weiteren benötigen Schulleiter die Fähigkeit, komplexe Zusammenhänge zu erfassen, Handlungskonzeptionen zu entwerfen und die daraus resultierenden Konsequenzen abzuleiten (vgl. Buchen 2009, 27, MSWWF 1999, 5). Durch die neuen Steuerungsmodelle erweiterter Selbstständigkeit von Einzelschulen werden weitere Aufgabenstellungen an Schulleitung delegiert (vgl. Bonsen 2010, 280). In Nordrhein-Westfalen wurden im Rahmen des Modellprojekts ‚Selbstständige Schule' die Kompetenzprofile für

86 Mehr Information zu kulturellen Unterschieden bezogen auf Führung und effektivem Führungsverhalten in 60 Ländern siehe GLOBE-Studie (The Global Leadership and Organizational Behaviour Effectiveness Research Program), House et al. 2006 (vgl. Buchegger 2006).

Schulleiter ausgebaut, die über grundlegende Leitungskompetenz hinausgehen *„bzw. diese in besonderer Weise ausschärfen“* (vgl. MSKJ o. J., 1):

- Schulleiter sind in besonderem Maße verantwortlich für die Entwicklung und Sicherung der Qualität schulischer und unterrichtlicher Arbeit.
- Sie entscheiden im Rahmen der Beschlüsse der Schulkonferenz eigenverantwortlich in den Bereichen Unterrichtsorganisation und Unterrichtsgestaltung.
- Sie stellen selbst Personal ein und sind Dienstvorgesetzte ihrer Lehrkräfte.
- Ihre Entscheidungen in der Funktion als Dienstvorgesetzte werden durch Lehrerräte mitbestimmt.
- Sie sind verantwortlich für die Umsetzung des Grundsatzes der Gleichberechtigung an der Schule.
- Sie entscheiden eigenverantwortlich über die Bewirtschaftung ihres Schuletats im Rahmen von erweiterten Budgets.

Dem erweiterten Aufgaben- und Kompetenzprofil und der damit einhergehenden Stärkung der Schulleitungen (und mittelbar auch der Schulaufsicht), insbesondere in personalrechtlichen Entscheidungen, wird zur Aufrechterhaltung des demokratischen Prinzips eine Neuakzentuierung von Mitbestimmungsrechten (bspw. durch die Einrichtung oder Neuverfassung eines Lehrerrats) gegenübergestellt (z. B. MSKJ o. J.). Diese Ausweitung an Kompetenzanforderung ist auch in anderen Bundesländern beobachtbar (vgl. Bonsen 2010, 280f.).

Um sich mit den aktuellen und zukünftigen personalen Anforderungen an Schulleiter in Bezug auf Schulführung auseinanderzusetzen, eignet sich vorab eine kurze Diskussion der personenorientierten Principalship-Theorie von Sergiovanni (1995). Sergiovanni (1995, 41ff.) geht davon aus, dass traditionelle, bürokratische Managementtheorien und -konzeptionen für die Organisationsform Schule unzureichend seien, da sie auf stabilen, berechenbaren Arbeitsbedingungen beruhten; also auf störungsfreier Routine und Standardisierung von Aufgabenerfüllung, dies gilt vor allem unter dem Aspekt, dass engagierte und exzellente Schulleistungen bewirkt werden sollen. Basierend auf Weick (1976, *Educational Organizations as Loosely coupled systems*) sieht Sergiovanni Schule als eine soziale Sonderform mit nicht-linearer Organisationsstruktur, deren Subsysteme nur über lose Koppelungen verfügen. Denn Schule zeichnet sich durch folgende Merkmale aus: dynamische Umwelt, lose Steuerungsstrukturen, enge kulturelle Verbindungen, multiple, teilweise miteinander konkurrierende und unstrukturierte Ziele, unterschiedliche Lösungswege, schwer messbarer Organisationsoutput, unsichere Organisationsabläufe, unbestimmte Konsequenzen des Verhaltens sowie unklare Kompetenzregelungen. Auf dieser Grundlage formuliert Sergiovanni (1984, 7ff.; 1995, 84ff.) eine Theorie der

Schulführung und identifiziert fünf elementare Führungskompetenzen oder „Kräfte“ (*Leadership Forces*), die zur Führung (ausgezeichneter) Schulen notwendig sind und die durch unterschiedliche Führungsansätze zum Tragen kommen:

1) *Technokratische Führungskompetenz*: Mit Managementtechniken werden die organisatorischen und administrativen Bereiche von Schule bewältigt.
2) *Personale Führungskompetenz*: Mit partizipativer Führung können Gruppen- und Entscheidungsfindungsprozesse gestaltet und Konflikte gelöst werden.
3) *Pädagogische Führungskompetenz*: Mit professionellem Expertenwissen muss pädagogische Programmentwicklung, Problem-Diagnostik bei Schülern, Beratung von Lehrkräften, Supervision usw. bewältigt werden (*Role of "Clinical Practitioner", Instructional Leader*[87]).
4) *Symbolische, zielgerichtete Führungskompetenz*: Mittels transformativer Führung symbolisiert die Führungskraft die weisende normative Richtung, z. B. durch Präsenz im Schulhaus, Unterrichtsbesuche, Rituale und Austausch mit allen relevanten Akteuren. Dadurch gelangt der Führende ins Schulgeschehen, um festzustellen zu können, ob und wenn ja, welche Veränderungen oder Maßnahmen sinnvoll sind. Es geht hier auch um Motivation und Vermittlung einer gemeinsamen Vision für die Schule.
5) *Kulturelle Führungskompetenz*: Mithilfe einer transformationalen und moralischen Führung (*Moral Leadership)*[88] zeigt sich die kulturelle Kompetenz bspw. durch Formulierung und Festlegung von Schulwerten- und zielen oder die Integration aller Anspruchsgruppen, insbesondere neue Schulmitglieder.

Während die ersten drei Kompetenzen grundlegend nachvollziehbar und trainierbar sind, liegt der Schlüssel zur Förderung einer hohen Leistungsfähigkeit von Schule nach Sergiovanni in der symbolischen und kulturellen Kompetenz der Schulführung. Für Sergiovanni gehören diese beiden Kompetenzen zur

87 *Instruktionale Führung* fokussiert auf Lehr-und Lernprozesse und auf das Verhalten der Lehrer in Zusammenarbeit mit Schülern. Der Einfluss der Schulführung gilt zielgerichtet dem Lernen der Schüler mittels der Lehrer. Der Schwerpunkt liegt somit auf der Richtung und der Auswirkungen des mittelbaren Einflusses, nicht auf dem direkten Beeinflussungsprozess (vgl. Bush & Glover 2003, 12).

88 *Moralische Führung* (oder ethische Führung) basiert auf Werten und Überzeugungen der Führer. Der Ansatz ähnelt dem transformativen Modell, aber mit einer noch stärkeren ethischen Ausrichtung auf Basiswerten, die spirituell sein können. Moralische Führung ist sinnstiftend für alle Akteure einer Schule. Mehr zum Thema *Moral Leadership* im Schulbereich siehe Sergiovanni (1992).

charismatischen Führung, wobei er Charisma pragmatisch als Bündel erlernbarer Verhaltensweisen versteht. Eine Person müsse auch nicht von allen als charismatisch wahrgenommen werden, es reiche aus, dass das Verhalten des Führenden dem Geführten in der auftretenden Situation als relevant erscheine. Dies sei der Fall, wenn die vom Führenden formulierten Ziele möglichst nahe an den Zielen der Geführten liegen:

> "In recent years the social science literature has moved away from considering charisma as having something to do with 'divine personality' to more ordinary definitions themed either to one's ability to influence and inspire others or to attributions of this ability. Instead of worrying about a mysterious charismatic personality, the emphasis is on identifying behaviours that encourage people to attribute charismatic qualities to the leader." (Sergiovanni 1995, 122).

Auch Beare, Calwell & Milikan (1989) betonen die Bedeutung einer herausragenden Schulführung für eine herausragende Schule:

> "Outstanding leadership has invariably emerged as a key characteristic of outstanding schools. There can no longer be doubt that those seeking quality in education must ensure its presence and that the development of potential leaders must be given high priority." (Beare, Calwell & Milikan 1989, 99)

Beeinflusst von der Principalship-Theorie Sergiovannis (1984; 1995), fassen Beare, Caldwell & Millikan (1997, 24ff.) die Erkenntnisse zum Wesen des personenorientierten Konzepts Leadership im Schulkontext (*Principalship*) unter folgenden zehn Dimensionen zusammen:

- Leadership versteht sich als transformationale und nicht als transaktionale Führung.
- Herausragende Leader verfügen über eine Vision für ihre Schule.
- Die Vision muss in einer Art kommuniziert werden, dass das Kollegium damit einverstanden ist und sich bestenfalls damit identifizieren kann.
- Die Vermittlung der Vision beinhaltet auch Sinnverrmittlung.
- Werteorientierte Führung ist zentraler Aspekt im Leadership-Paradigma.
- Der Leader spielt eine zentrale Rolle in der Entwicklung der Kultur einer Schule.
- Die Auseinandersetzung mit anderen exzellenten Schulen unterstützt die Schul-entwicklung und die kooperative Entscheidungsfindung.
- Kollegiale Umsetzung der fünf Führungsdimensionen Sergiovannis (1984).
- Der Institutionalisierung der Vision muss grosse Aufmerksamkeit geschenkt werden, damit transformationales Leadership wirken kann.
- Männliche und weibliche Stereotype sollen gleichgestellt in den Führungsprozess einfließen, unabhängig vom Geschlecht der Führungskraft.

Obwohl im deutschsprachigen Raum kulturell und traditionell ein demokratisches Verständnis von Schule vorherrscht, das bspw. in den schulgesetzlich definierten Mitwirkungsrechten aus Beschlüssen der Lehrer- und Schulkonferenzen zum Ausdruck kommt, und ein führerzentriertes Denken weniger favorisiert wird (vgl. Huber 2003, 98ff; Avenarius & Füssel 2010, 147ff.; Bonsen 2010, 280; Hartnuß 2006, Schäfer 2004, 32), erfährt auch hier der transformativ-charismatische Führungsansatz besondere Aufmerksamkeit. Fischer & Schratz (1993, 180) fordern Charisma für Schulleitungen, um mit Überzeugungskraft neue Vorhaben gemeinsam an der Schule zu entwickeln bzw. zu implementieren. Und Lohmann (1999) formuliert Folgendes:

> „Schulleiter wissen, dass ihr Beruf einen besonderen Vorzug hat, nämlich mit jungen und erwachsenen Menschen zusammenarbeiten zu können. Dies stellen sie in Form von Ich-Botschaften an das Kollegium nicht nur für sich fest, sondern sie betonen es auch gegenüber allen Mitarbeiter/innen, Eltern und Schülern. Gerade weil sie darauf besonderen Wert legen, strömen sie Energie aus, die andere mitreisst. Sie beeinflussen auf diese Weise das Betriebsklima und wirken auf die Arbeitszufriedenheit ein." (Lohmann 1999, 87)

### 5.3.2 Management vs. Leadership

Der Begriff Management wird in der Praxis synonym für *Unternehmensführung* im Sinne von Lenken, Gestalten und Entwickeln von Institutionen verwendet (vgl. Hentze et al. 2005, 7; Bleicher 2004, 60). In der traditionellen wissenschaftlichen Managementlehre wird dabei zwischen *institutionellem* und *funktionalem Management* unterschieden. Institutionelles Management bezeichnet Organisationsangehörige auf unterschiedlichen Ebenen (*Manager*), die mit (Führungs-) Aufgaben betraut sind und entsprechend über (Weisungs-)Befugnisse verfügen. Beispielsweise haben Schulleiter kraft Schulgesetz Weisungsbefugnis gegenüber ihren Lehrkräften (vgl. Wagner 2011, 25; Müller 2007, 8). Funktionales Management fokussiert die grundsätzliche Aufgabenstellung für das Management, die in der Existenzsicherung und Stärkung der Wettbewerbsfähigkeit einer Organisation liegt. Zu den klassischen Managementfunktionen gehören Zieldefinitionen, Planung, Durchsetzung, Organisation, Motivation und Kontrolle (vgl. Schierenbeck 2003, 95f.). Management bezeichnet in diesem Sinne die *operative Führung* oder Lenkung einer Organisation(seinheit) (vgl. Bleicher 2004, 80). Vor allem bürokratische Organisationen basieren auf den Prinzipien der klassisch-funktionalen Managementtheorie (vgl. Morgan 2002, 34f.); und auch der Begriff *Schulmanagement* wird häufig differenziert zur Beschreibung eines hauptsächlich operativen Führungshandelns von Schulleitung gewählt (vgl. Wagner 2011, 26).

Die jüngeren Entwicklungen der Managementlehre weisen auf einen Paradigmenwechsel hin; der eindimensionale, mikroökonomische Blickwinkel, in dem das Handeln (*to manage*) des Managers mit dem Objekt des Betriebes verbunden wird, weicht einem mehrdimensionalen, verhaltens- und systemorientierten Erkenntnisinteresse am Management. Der Einfluss dynamischer gesellschaftlicher und sozialer Umweltveränderungen auf privatwirtschaftliche und staatliche Institutionen – wie bspw. die zunehmende Öffnung von Organisationen für externe Kooperationsverhältnisse (*Corporate Governance*) – erfordert die Bewältigung von zunehmend komplexen Aufgaben. Der Trend geht vom ausschließlichen Lenken und Steuern zum zusätzlichen Gestalten und Entwickeln (vgl. Bleicher 2004, 26ff, 26ff, 60, 193, Morgan 2002, 32ff.).

In seinem *Konzept Integriertes Management* unterscheidet Bleicher (2004, 80, 491) *normatives* und *strategisches* vom *operativen Management. Normatives Management* befasst sich mit Zielen, Visionen, Prinzipien und Normen, um Lebens- und Entwicklungsfähigkeit einer Organisation zu gewährleisten. *Strategisches Management* beschäftigt sich mit „Aufbau und Pflege und Ausbeutung von Erfolgspotenzialen", für die Ressourcen eingeplant werden müssen. Normatives und strategisches Management finden ihre Realisierung im operativen Vollzug, der der ökonomischen Perspektive folgend auf leistungs-, finanz- und kommunikationswirtschaftliche Prozesse ausgerichtet ist (vgl. Bleicher 2004, 80ff.). D. h., normatives und strategisches Management sind konzeptionell und auf die Rahmengestaltung ausgerichtet (Qualitätsentwicklung und -planung), während sich das operationale Management dem Vollzug aus diesen im alltäglichen situativen Führungsgeschehen widmet (Qualitätslenkung). Dieses Managementkonzept lässt sich auf die Schulebene übertragen, denn neben dem pädagogischen Bildungs- und Erziehungsauftrag ist Schulentwicklung und damit Innovationsförderung und Optimierung eine weitere zentrale Aufgabenstellung der Einzelschulführung. Dafür dienen Managementprozesse, die zu Strategie- und Strukturbildung führen. Schulentwicklung wird zur Führungslehre, die hauptsächlich die Schulleitung betrifft und sich – nach modernen Konzeptionen – bestenfalls zu einem *Corporate Governance* mit Einbindung des Kollegiums entwickelt (vgl. Fend 2008, 158; siehe Abschnitt 4.2).

Angloamerikanische Ansätze differieren die Begriffe Management für Unternehmensführung und Leadership für Mitarbeiterführung (vgl. Wagner 2011, 28). Auch Wunderer (2007, 514) und Hinterhuber (2009) übernehmen diese Einteilung. Im deutschsprachigen Raum wird davon abweichend unter dem Konzept Leadership oft ein eigenständiges, personenorientiertes Führungsmodell verstanden (vgl. Wagner 2011, 28). Deshalb wird zum besseren Verständnis und zur klaren Abgrenzung in der Literatur häufig eine Unterscheidung vom Führungsverhalten eines Managers (*Managementship*) zum Leader (*Leadership*) vorgenommen. Zaleznik & Kets de Vries (1975, 237ff.) unterscheiden als eine der Ersten zwischen *Leading* und *Managing* und beschreiben zwei Manager-Typen: den *Maximum-Man* und den *Minimum-Man*. Während der Erste sich als kreativer und strategischer Organisationsentwickler engagiert, wirkt der Zweite als moderner Alltagsmanager, der Ordnung schaffen und erhalten will. Burns (1978) hingegen nutzt den Begriff *Leader* zur Typisierung und unterscheidet diesen durch sein Führungsverhalten, das sich in einer interaktiven Austauschbeziehung zwischen Führenden und Geführten zeigt. Dieser Ansatz wurde u. a. von Bass (1985) aufgegriffen, der aber nicht nach Typen, sondern nach Rollen von Geführten unterscheidet. Bass entwickelte ein Instrument zur Einordnung von Führungsverhalten als *transformational* bzw. *transaktional*, den Multifactor Leadership Questionnaire (MLQ) (mehr Informationen siehe Abschnitt 5.4.1).

Zusammenfassend kann folgende Abgrenzung formuliert werden: Der Typ Manager handelt (nur) als Administrator, Exekutor und versucht, Ordnung ins potenzielle Chaos von komplex strukturierten Organisationen zu bringen und/oder zu halten; der Bestehendes messbar optimiert und eher schrittweise kurzfristige Ziele in gegebenen Rahmenbedingungen möglichst effektiv und effizient realisiert. Der Typ Leader arbeitet entgegengesetzt, ist Visionär oder Pionier; er fördert und diskutiert neue Anregungen und Veränderungen. Ziele werden weit weniger konkret formuliert und entziehen sich damit den Instrumenten des Controllings (vgl. Seitz & Capaul 2007, 275; Pechlaner & Hammann 2007, 98f.; Hinterhuber 2009, 22). McCrimmon (2008) unterscheidet Management vom Leadership folgendermaßen:

> "An easy way of defining leadership and management is to say that leaders promote new directions while managers execute existing ones. [...] The truth is that both leaders and managers can be inspiring, they just have a different focus. An inspiring leader moves us to change direction while an inspiring manager motivates to work harder. [...] In conclusion, management is just as important a function in organizations as leadership [...]." (McCrimmon 2008, o. S.)

Und obwohl die Übergänge vom Management zum Leadership mittlerweile als fließend bezeichnet werden, unterscheiden sich die beiden Konzeptionen nach wie vor in unterschiedlichen Verantwortlichkeiten und Zeithorizonten (Zukunfts- resp. Innovationsausrichtung). Schratz, Hartmann & Schley (2010) unterscheiden ebenfalls Management und Leadership:

*Tabelle 8: Management vs. Leadership (nach Schratz, Hartmann & Schley 2010, 17)*

| **Managementship vs. Leadership** | |
|---|---|
| Arbeit im System | Arbeit am System |
| Steuerung | Entwicklung |
| Optimierung | Innovation |
| besser machen | neu denken |
| Prozesse definieren | Kultur hervobringen |
| single loop learning | double loop learning |
| Komplexität reduzieren | Mehrperspektivität |

Leadership und Management wird als sich ergänzend und beides für eine erfolgreiche Führung als notwendig erachtet, d. h., Schulleiter sollten als Führungspersönlichkeiten gleichzeitig dem Konzept Leader und dem Konzept Manager entsprechen (vgl. Seitz & Capaul 2007, 276; Hinterhuber 2009, 21f.; Braun 2009, 56; Pechlaner & Hammann 2007, 98, Dubs 1994, 19ff., Huber 2008, 109ff.; Louis & Miles 1990). Bush & Glover (2003) beschreiben diese notwendige Kombination wie folgt:

> "Leadership is a process of influence leading to the achievement of desired purposes. It involves inspiring and supporting others towards the achievement of a vision for the school which is based on clear personal and professional values Management is the implementation of school policies and the efficient and effective maintenance of the school's current activities. Both leadership and management are required if schools are to be successful." (Bush & Glover 2003, 10)

*Abbildung 14: Schulführung: Leadership* und *Management (Dubs 1994, 19)*

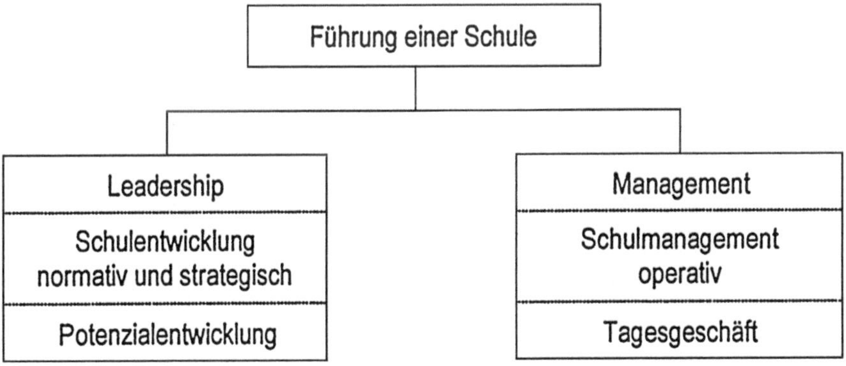

In Bezug auf das einzelschulische Führungsverhalten in der aktuellen Umbruchsituation im Kontext einer erweiterten Selbstständigkeit von Schule stellt sich die Frage, in welcher Gewichtung beide Ansätze bei der Führung einer Schule zum Tragen kommen sollten. Nach Schratz, Hartmann & Schley (2010, 18) eignet sich Managementkompetenz, um bestehende Systeme optimal zu nutzen und zu guten Ergebnissen zu kommen. Das Schulsystem befindet sich aber selbst im Wandel und ist nach wie vor durch Innovationsprozesse gekennzeichnet, was (mehr) einer Leadership-Kompetenz bedarf (vgl. Schratz, Hartmann & Schley ebd.; Fend 2008, 158; Bonsen 2010, 286; Fullan 2009; Bush & Glover 2003; siehe auch Wagner 2011, 28).

### 5.3.3 Management und Leadership vs. Entrepreneurship

Auch Entrepreneurship ist ein personenorientiertes, charismatisches (Führungs-)Konzept (siehe Abschnitte 2.2.2 sowie 5.4.2.2). An dieser Stelle kann das („Mutter"-)Konzept *Entrepreneurship* genutzt werden, da sich Intrapreneurship im Wesentlichen durch den Aspekt der (wirtschaftlichen) Unabhängigkeit bzw. Abhängigkeit im Handeln der Person (Entrepreneur vs. Intrapreneur) unterscheidet (vgl. Wennekers 2006, 45; Schönebeck, 2010, 19; siehe Abschnitt 5.4.2.3). Demnach können Führungskräfte innerhalb von Organisationen (oder von Schule) in diesem Sinne nur Intrapreneure sein.

Stevenson & Sahlman (1986, 18) erarbeiten sechs Kriterien zur Unterscheidung von administrativem zum entrepreneurialen, unternehmerischen Verhalten, wobei unternehmerisches Verhalten nicht als Punktwert, sondern als Verhaltensbandbreite anhand zweier Pole definiert wird – vom Gründungsunternehmer (*Entrepreneur-promoter*) zum Sachverwalter (*Trustee-type of Manager*):

- Strategic orientation,
- Commitment to opportunity,
- Resource commitment process,
- Concept of control over resources,
- Concept of management,
- Compensation policy.

Malach-Pines et al. (2002) untersuchen auf Basis von psychoanalytischen Konzepten die Ursprungsbeziehung zu den Eltern, um daran Unterschiede von Entrepreneuren und Managern abzuleiten. Im Ergebnis sahen die Forscher bei den Managern eine positive Beziehung zum Vater und insgesamt eine stabile Verbindung zu den Eltern, während Entrepreneure oft eine negative Identifikation zum Vater aufweisen. Darüber hinaus kamen die Forscher zu der Erkenntnis, dass Entrepreneure deutlich mehr die (berufliche) Herausforderung suchten und liebten als Manager; sie identifizierten sich mit ihrer Arbeit und hielten diese für bedeutungsvoller als Manager. Als Ergebnis einer vergleichenden Studie zwischen dem Entrepreneur und dem Manager beschreiben Stewart et al. (1998, 204) signifikante personale Unterschiede im Grad der Innovativität und Risikobereitschaft, aber auch in Bezug auf den Leistungsmotivation und -willen. Röpke (1977) unterscheidet den Entrepreneur vom Manager über deren Funktion:

> „Die Unternehmerfunktion liegt in kreativer Manipulation von Problemen, die Managerfunktion in der Aufsicht, Verwaltung und Kontrolle von Organisationsabläufen und der Führung von Mitarbeitern. Beide Personen können in einer Person vereinigt sein, [...] sind es aber zunehmend weniger in einer modernen Großorganisation."
> Röpke (1977, 125)

Hisrich & Peters (1989) beschreiben grundsätzliche Unterschiede zwischen dem traditionellen Manager und dem Entre- bzw. Intrapreneur: Manager ließen sich in erster Linie durch Aufstiegsmöglichkeiten und Beförderungen sowie durch typische extrinsische Belohnungsanreize (wie Prämien) motivieren; ihr Denken und Handeln beziehe sich auf ein relativ kurzes Zeitfenster; erkennbare Risiken, Fehler oder Rückschläge sollten weitestgehend vermieden werden. Intrapreneure erwarteten zwar auch, dass ihre Leistungen angemessen honoriert und belohnt werden; allerdings liege ihr wesentlicher Anreiz in einem hohen Grad an Unabhängigkeit und Freiraum, um kreativ neue Möglichkeiten zu gestalten und umzusetzen. Intrapreneure planten im Hinblick auf den Zeitfaktor mittelfristig – der Entrepreneur tendenziell langfristig. Sie seien risikofreudig und damit stiege ihre Fehlerquote. Daher lernten Intrapreneure, scheiternde Projekte bis zur letzten Minute zu verheimlichen. Der Manager habe dagegen bei seiner Tätigkeit die Anerkennung durch seine Führungsebene(n) im Blick und baue seine internen Beziehungen strategisch entsprechend der Organisationsstruktur auf; der Entrepreneur arbeite für sich und für den Kunden; so auch der Intrapreneur, allerdings achte dieser zusätzlich auf seine unternehmensinternen Fürsprecher. Beide pflegten hauptsächlich die Beziehungen zu ihren engsten Mitarbeitern (vgl. Hisrich & Peters 1989, 511ff.). Empirische Ergebnisse demonstrieren, dass der Erfolg einer Organisation hauptsächlich von den Kundenbeziehungen und der Produkt- bzw. Dienstleistungsqualität abhängt, gefolgt von der Zufriedenheit der Organisationsmitglieder (vgl. Hinterhuber 2009, 24f.). Demzufolge liegen die wesentlichen Führungsaufgaben vor allem darin, die Klientel als Basis über den Schlüssel zufriedener Mitarbeiter anzusprechen. Dies gelingt einer Führungspersönlichkeit nach Hinterhuber (2009; ebd.) nur dann, wenn sie *authentisch* den Geführten eine sinnige Richtung vorgeben kann, selbst als Vorbild agiert und verantwortlich (Mehr-)Werte für Kunden, Organisationsmitglieder und evtl. Anteilseigner (in der Reihenfolge) kreieren und leben kann. Der Intrapreneur hat nach den genannten Forschungsergebnissen das Potenzial, diese Kriterien zu erfüllen.

Unter Bezugnahme auf die hierarchische Taxonomien von Yukl, Gordon & Taber (2002), die das Führungsverhalten in die Metakategorien *aufgabenorientiertes, beziehungsorientiertes* und *veränderungsorientiertes Führungsverhalten* differenzieren, übertrugen Pechlaner & Hammann (2007, 104ff.) die Konzeptionen *Management*, *Leadership* und *Entrepreneurship* zur besseren Abgrenzung auf diese Kategorien: Der aufgabenorientierten Führung (eines Managers) wurden bestimmte Verhaltensweisen zugesprochen, wie *klare Festlegung von Verantwortungsbereichen* und *Leistungszielen sowie* ein entsprechendes *Controlling.* Die beziehungsorientierte Führung hat viele Übereinstimmungen mit dem Leadership-Konstrukt: *Unterstützung*, *Entwicklung* und *Förderung* von Fähigkeiten und Kompetenzen der Mitarbeiter, *Partizipation* bei Entscheidungsprozessen sowie *Anerkennung* von Leistungen. Schließlich, so Pechlaner & Hammann (ebd.), stimme die veränderungsorientierte Führung mit Merkmalen einer entrepreneurialen Orientierung überein: *Umfeldanalyse, innovatives Denken, Risikobereitschaft, Visionen.* Innovatives Denken ist auch ein wesentlicher Aspekt des Konzepts der transformationalen Führung, Risikobereitschaft hingegen weniger (siehe Abschnitt 5.2.3).

Ähnlich beschreibt der Begriff *Entrepreneurial Leadership* die Verbindung von Strategie, Leadership und prozessualem Entrepreneurship als effektive Führungskonzeption, vor allem für innovative und wachstumsorientierte Unternehmungen, nachdem sie etabliert sind, also nicht in der Gründungsphase (vgl. Kuratko & Audretsch 2009, 6f.). *Entrepreneurial* bedeutet für Kuratko (2007, 3f, 6) dabei keine individuelle, angeborene Eigenschaft, sondern ein Potenzial, das in jedem Menschen in einer bestimmten Ausprägung vorhanden ist und das sich auf die wesentlichen drei Dimensionen beziehen lässt, die Entrepreneurship ausmachen und die gleichzeitig Schlüsselfähigkeiten darstellen, um eine Organisation konkurrenzfähig nach außen und überlebensfähig nach innen zu führen: *Innovativität, Risikobereitschaft* und *Proaktivität*. Eine unternehmerische Führung in diesem Sinne bedeutet dann, entrepreneuriale Fähigkeiten wie bspw. Antizipation, Vorstellungskraft oder Flexibilität (im Denken) strategisch in Führung auszurichten und in den Arbeitsprozessen mit anderen Organisationsmitgliedern so einzusetzen, dass (notwendiger) Wandel, also Erneuerung initiiert werden kann, um die Organisation zu stärken (vgl. Kuratko & Audretsch 2009, 7). Ein solcher strategischer Führungsansatz dient einer entrepreneurialen Orientierung, die im Zuge der Veränderungsprozesse unter Einfluss von New Public Management und Public Value Management auch für den öffentlichen Sektor gefordert wird (siehe auch Abschnitte 2.2.5 sowie 3.2.1).

Im Forschungsprojekt ILIAS (Innovation – Leadership – Intrapreneurship Assessment Service, vgl. LMU Entrepreneurship Center 2014; mehr Informationen siehe Abschnitt 5.4.2.3) des Entrepreneurship Centers der Ludwig-Maximilians-Universität München werden Möglichkeiten untersucht, Intrapreneure zu entdecken und ein besseres Innovationsklima zu gestalten. Intrapreneurship wird dabei im organisationalen Kontext von Führung bzw. Leadership eingeordnet. In einer Präsentation zum Projekt werden die zentralen Stärken der Konzeptionen Entrepreneurship, Intrapreneurship und Management voneinander abgegrenzt und folgendermaßen dargestellt, wobei das hinterlegte Dreieck die Organisationsstruktur darstellt:

*Abbildung 15: Stärken Entrepreneur vs. Intrapreneur vs. Manager im organisationalen Kontext (Hagemann, Schürmann & Harhoff 2010, 4)*

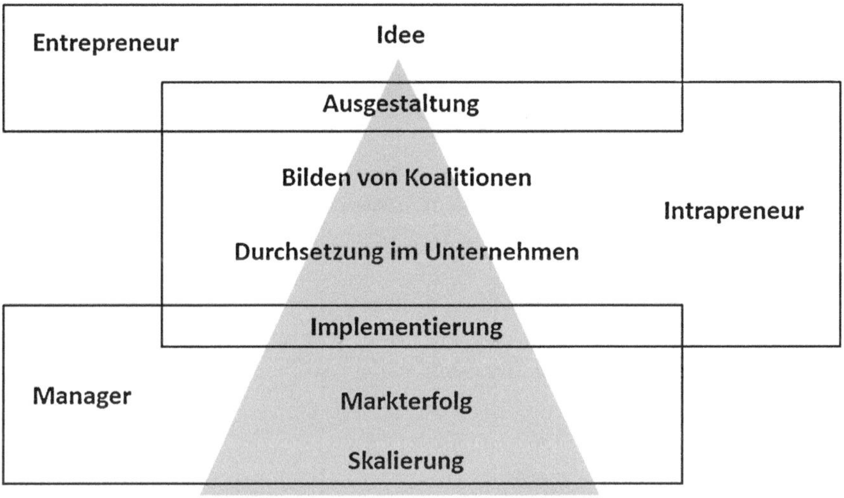


Als Randerscheinung und hauptsächlich im angloamerikanischen Raum wird unternehmerisches Führungsverhalten im Schulkontext unter dem Begriff *Educational Entrepreneurship* analysiert (vgl. u. a. Kourilsky & Henschke 2003; Maibauer 2006 45; 52; siehe Abschnitt 2.2.6.3). In diesem Kontext ist ein Educational Entrepreneur ein pädagogischer Unternehmer, der kreativ, ideenreich und innovativ am Bildungsmarkt agiert – speziell auch im Hinblick auf das Finden von Marklücken bzw. Marknischen und das darauf aufbauende Realisieren von unternehmerischen Möglichkeiten im Bildungssektor. Eng gefasst, sollte ein Educational Entrepreneur fortwährend den Bildungsmarkt analysieren, entsprechend Bildungsziele und -inhalte weiterentwickeln und dafür geeignete Methoden und

Maßnahmen konzipieren. Ein Educational Entrepreneur müsse nicht unbedingt nur in der Schulleitung anzutreffen sein, denn das Konzept eigne sich nach Maibauer (2006, 45, 52) ebenso für gut ausgebildetes Lehrpersonal; allerdings bleibe der Wirkungskreis dementsprechend individuell und damit punktuell. Deshalb sehen Boyett & Finlay (1993) die Relevanz des Educational Entrepreneurship-Konzepts hauptsächlich für Mitglieder der Schulleitung oder andere Bildungsmanager, die strategische Schlüsselpositionen im Schulwesen innehalten und die die Fähigkeit haben, geforderte Veränderungsprozesse durch innovative Initiativen und Programme innerhalb der regulativen Schulsystembeschränkungen an der Einzelschule zu initiieren und umzusetzen. Für Boyett & Finlay (1993) müssen Schulleiter unmittelbar die Veränderungsanforderungen an der Schule von außen (Schüler, Eltern, Gesellschaft, Politik) registrieren, verstehen und innerhalb regulativer Systembeschränkungen fähig sein, reaktiv effektive und innovative Initiativen und Programme zu entwickeln. Aus den Rückläufen einer Schulleiterbefragung in Großbritannien wurden (Top-)10 Attribute ermittelt, die ein Educational Entrepreneur aus Sicht der Praktiker idealer Weise haben sollte (vgl. Boyett & Finlay 1993, 117):

- Vision,
- Ability to allocate resources to ensure quality provision,
- Ability to delegate,
- Ability to organize,
- Ability to reduce individual and team stress,
- Ability to think long term,
- Accepts responsibility of leadership,
- Ability to motivate at all levels,
- Ability to select a good team,
- Ability to develop a good team.

Die genannte Umfrage ergab weiterhin, dass Educational Entrepreneurship als Konzept zum damaligen Zeitpunkt von den Forschern als nur limitiert praktikabel angesehen wurde (vgl. Boyett & Finlay 1993, 118), und zwar aufgrund folgender Hindernisse bezogen auf schulische Rahmenbedingungen (Reihenfolge nach Wichtigkeit): restriktive staatliche Regulierungen, Informationsbeschränkungen, fehlende Weiterbildungsangebote für die Akteure, eingeschränkte Schulautonomie und Ressentiments aus der Elternschaft. Trotzdem, resümieren die Autoren, sei das Konzept eines entrepreneurialen Schulleiters zur Schulentwicklung (in Großbritannien) geeignet, verknüpft mit pädagogisch-ethischen Anforderungen, die allerdings in der Veröffentlichung durch die Autoren nicht weiter spezifiziert werden (vgl. Boyett & Finlay 1993, 121).

Diefenbach (2011) untersucht mit Daten der deutschen Bundesagentur für Arbeit das Konzept der unternehmerischen Ausrichtung anhand eines theoretischen Modells für die Ebene des mittleren Managements im öffentlichen Dienst. Im Ergebnis kann Diefenbach einerseits eine starke positive Relation zwischen entrepreneurialer Orientierung und Public Value darlegen und zudem fünf Faktoren diagnostizieren, die eine unternehmerische Ausrichtung begünstigen:

- Unterstützung durch das Management,
- motivierte Mitarbeiter,
- Erwartungsvielfalt,
- lokale Verbundenheit,
- Dienstzeit auf aktuellem Posten.

Folgt man der zu Beginn des Abschnitts 5.3.2 dargestellten integrativen Unterteilung von Bleicher (2004) in ein einerseits normatives und strategisches (Führungs-)Management bei gleichzeitigem operativem – im schulischen Kontext zusätzlich verwaltungsregelorientiertem – Management, oder auch zusammengefasst in der Notwendigkeit und Koexistenz von sowohl Schulleadership als auch Schulmanagement, so kann in Anlehnung an Pechlaner & Hammann (2007, 105) zusätzlich der entrepreneuriale Aspekt für eine innovationsfördernde Schulführung etabliert werden, der aufgrund vieler konzeptioneller Übereinstimmung mit der charismatischen Leadership-Konzeption den strategischen Anteil am Führungsprozess stärkt und ergänzt. Abbildung 16 verdeutlicht den Zusammenhang und mögliche Schnittmengen der Konzeptionen, aber auch deren unterschiedliche Ausrichtung.

*Abbildung 16: Schulführung: Entrepreneurial Leadership sowie Management*

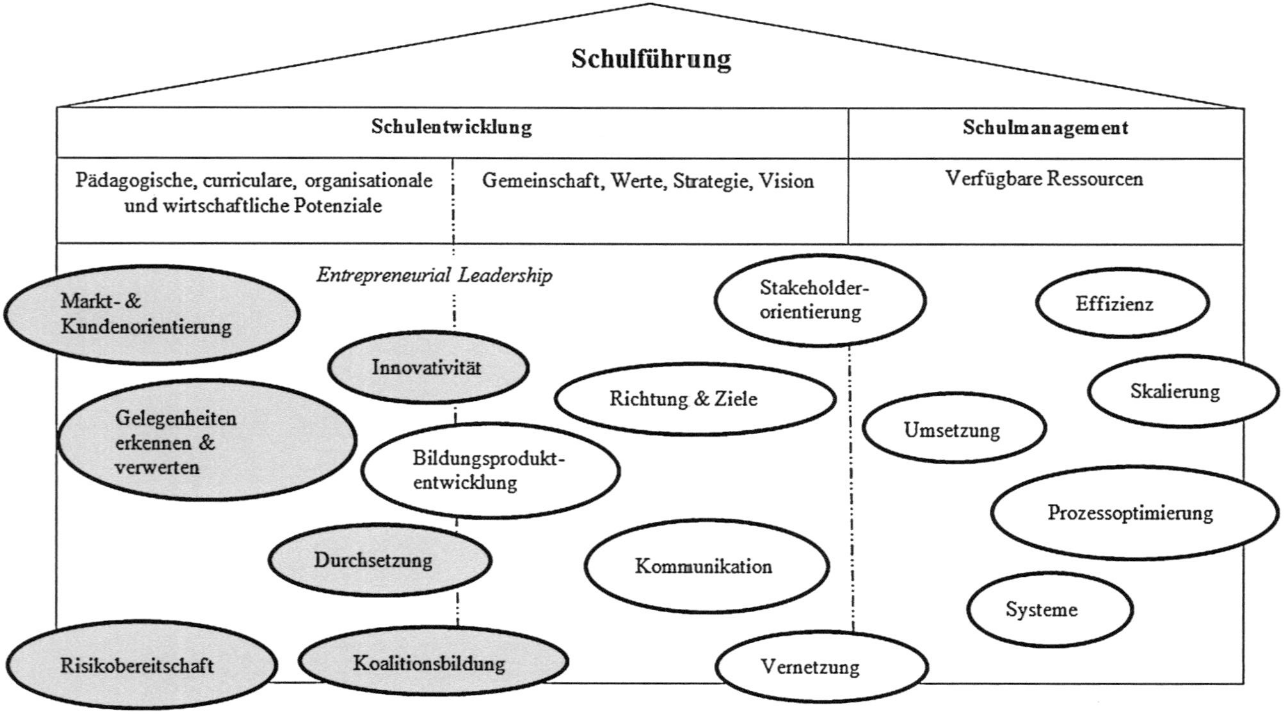

## 5.4 Intrapreneurship als personenorientiertes (Schul-)Führungskonzept

Deutschmann (2008) sieht aus wirtschaftssoziologischer Sicht die Grundlage der von Schumpeter (1911) deklarierten kreativen Leistungen des Unternehmers in der Entstehung eines freien Arbeitsmarktes. Erst dadurch kann der Unternehmer über innovatives Potenzial organisierter Lohnarbeit verfügen und dadurch Innovationen entwickeln und am Markt durchsetzen:

> „Nur aufgrund seiner Herrschaft über die lebendige Arbeit kann sein Wissen eine nicht nur registrierende, sondern transformierende Funktion gewinnen. Vielmehr umfasst die Unternehmerrolle ein soziales Feld, das über den Arbeitsprozess hinaus auch die Beziehungen zu einer Vielzahl anderer sozialer Instanzen – Lieferanten, Kunden, Kapitalgeber, Erfinder, Politik, Medien – einschließt." (Deutschmann 2008, 46)

Danach beinhaltet unternehmerisches Handeln auch die Mobilisierung der innovativen Potenziale von Beschäftigten und damit die Ausübung einer Führungsrolle, die darüber hinaus auch im sozialen Umfeld wirkt (vgl. Deutschmann 2008, 46; siehe auch Kraemer 2008, 68).

In den Forschungsfeldern New Public Management und Verwaltungsführung bzw. Schulführung spielen personenbezogenes unternehmerisches Denken und Handeln im Sinne einer innovationsfördernden Haltung bislang keine nennenswerte Rolle. Die Forschungsarbeiten befassen sich hauptsächlich mit Möglichkeiten der Adaption von Management(-methoden) und wirksamen Führungshandeln aus dem wirtschaftlichen Kontext und der Implementierung von Innovations- und Changemanagement, aber weniger mit *innovierenden Persönlichkeiten,* die konstruktive Erneuerung im Sinne der schöpferische Zerstörung Schumpeters initiieren und durchsetzen können (vgl. Knuth & Schierz 2009, 35).

Betrachtet man das deutsche Schulwesen aus der Governance-Perspektive (siehe Kapitel 4), so wirken Schulführungspersönlichkeiten an den Schnittstellen zwischen Makro- und Mesoebene sowie zwischen Meso- und Mikroebene. Dies bedeutet, dass sie sowohl führen als auch geführt werden. Der durch die Reformen unter Einfluss des New Public Managements angestrebte Wunsch der Bildungspolitik nach mehr Selbstständigkeit an der Einzelschule birgt auch die Hoffnung, mehr „unternehmerisches" Denken und Handeln im Schulbereich etablieren zu können, um dadurch ein innovativeres Arbeitsmilieu zu schaffen, in denen motivierte Mitarbeiter engagiert für ihre Institution, ihre Schüler und bessere Schülerleistungen arbeiten (vgl. Fend 2008, 202ff.; siehe Abschnitt 4.2.2). Auch innerhalb der deutschsprachigen Personalführungs- und Verwaltungsforschung wird auf das Konzept Intrapreneurship Bezug genommen, um das Phänomen von unternehmerischem und innovativem Handeln von nichtselbstständigen Mitarbeitern auf allen Ebenen einer Organisation zu beschreiben, u. a. auch als Leitbild oder strategische (Führungs-)Richtlinie zur Stärkung einer organisationalen entrepreneurialen Orientierung, explizit auch für den öffentlichen Bereich (vgl. z. B. Hill 2011, Lück 2011; Schönebeck 2010; Wunderer 2009; 2001; 1999; Heinrichs & Marschall 2009; Battis 2009; Braun 2009; Maibauer 2006; Bleicher 2004; Andersen, Beck & Selle 2004; Bogumil 2002; Süssmuth Dyckerhoff 1995). Zudem wird Intrapreneurship aufgrund der konzeptionellen und inhaltlichen Nähe als mögliche Besetzung für die führungsrelevanten Rollen eines Change Agent oder Promotors zur Gestaltung von Innovationsprozessen in unterschiedlichen wissenschaftlichen Kontexten diskutiert und – aus theoretischer Sicht – als vielversprechend ausgelegt (vgl. Hill 2011; Spickschen 2005; Franke 2004; Gerlach 2003; Draeger-Ernst 2003; Klein 2002). In einer Studie von Moriano et al. (2011) wird empirisch nachgewiesen, dass transformationale Führung positiv mit Intrapreneurship zusammenhängt, d. h., transformationale Führung bestärkt Mitarbeiter-Verhalten, welches mit Intrapreneurship assoziiert wird, wie bspw. Proaktivität, Kreativität und innovatives Arbeiten. Aus einer deutschsprachigen Online-Erhebung zum Führungsstil von Schulleitern von Harazd & van Ophuysen (2011) resultieren zudem die Erkenntnisse, dass ein stark ausgeprägtes konsistent transformationales Führungsverhalten bei der Lehrerschaft eine hohe Zufriedenheit mit der Schulleitung, hohe Arbeitszufriedenheit und Verbindlichkeit bewirkt (Harazd & Ophuysen 2011, 157, 162).

Zu den gemeinsamen Merkmalen transaktionaler Führung und Intrapreneurship zählen somit Eigeninitiative und Innovation. Zusätzlich bietet Intrapreneurship unternehmerisches (Führungs-)Handeln, d. h. Markt- und Kundenorientierung sowie die wertschöpfende Nutzung einer Gelegenheit mithilfe notwendiger Entscheidungen unter Unsicherheit, d. h. Risikobereitschaft und -übernahme. Dies bedeutet die (personale) Fähigkeit, Gelegenheiten überhaupt wahrzunehmen, als solche zu erkennen, einzuordnen und zu verwerten mit dem (Führungs-)Ziel, durch eine neuartige Ressourcenkombination eine Steigerung der organisationalen Wertschöpfung zu erreichen (vgl. Schönebeck 2010, 21; Miller 1983, 771; Antoncic & Hisrich 2003, 9; Knight, 1997). Im schulischen Kontext könnte sich dies bspw. als pädagogischer Mehrwert in Form einer erhöhten Schuleffektivität auswirken. Aber auch in organisationaler, strategischer oder wirtschaftlicher Hinsicht existieren Potenziale, vor allem auch für das berufliche Schulwesen. So könnten strategischen Partnerschaften innerhalb der privat organisierten und öffentlichen Schul- bzw. Weiterbildungslandschaft zu neuen Bildungsmarktzugängen (wie dem quartären Bildungsmarkt), anderen

Bildungsprodukten sowie Technologie-Entwicklungsmöglichkeiten erschließen und potenzielle Einnahmequellen identifizieren und damit die institutionelle Unabhängigkeit in einem bestimmten Marktsegment aufbauen und/oder festigen (vgl. z. B. Hess 2007; Maibauer 2006; Trim 2003).
Diese Überlegungen führen zu folgender Definition:

> Intrapreneurship als personenorientierte (Schul-)Führungskonzeption ist die Summe aller (Schul-)Führungsimpulse und -prozesse mit dem Ziel, die interne Innovativität und Risikobereitschaft zu erhöhen und proaktiv sowie Mehrwert-schaffend auf Umweltveränderungen reagieren zu können.

Viele Studien, die sich mit der Persönlichkeit von Unternehmern beschäftigten, gehen von einem starken Zusammenhang zwischen personenbezogenen Merkmalen und Entrepreneurship aus (vgl. Obschonka et al. 2013, 4; Ebner et al. 2008, 294). Deshalb wird im nächsten Abschnitt, nach einer kurzen Einführung der Grundlagen personenorientierter Führungsansätze, das Konstrukt Intrapreneurship auf seine personalen Merkmale reduziert und zu den personalen Merkmalen innovierender Persönlichkeiten, innovationsfördernder, charismatischer Führungspersönlichkeiten sowie zu den publizierten Merkmalen „guter" Schulführung bzw. Schulleitern in Bezug gesetzt. Dabei interessieren hauptsächlich jene personalen Merkmale, die mit *Erfolg*[89] korrelieren. Es geht somit um die Analyse, ob erfolgreiche Schulführer neben einer innovationsfördernden, charismatischen (Führungs-)Persönlichkeit, die auch dem Konzept Intrapreneurship innewohnt (siehe Abschnitt 2.2), weitere personale Eigenschaften aufweisen, die ebenfalls dem Konzept Intrapreneurship zugesprochen werden. Die Ergebnisse dienen als Bewertungsgrundlage, ob es sinnig ist und einen Mehrwert darstellt, das Konstrukt Intrapreneurship auf die Personalie Schulleiter zu übertragen. Auf Basis dieser Folgerungen kann sich dann der Ausgangsfrage dieser Arbeit genähert werden, ob durch Intrapreneurship als personenorientierter Schulführungsansatz positive Effekte erwirkt werden könnten. Dabei geht es auch um eine veränderte Haltung bezogen auf das Erkennen und die Nutzung unternehmerischen Handelns bei Mitarbeiterpotenzialen auf Schulführungsebene, insbesondere um nachhaltige Innovationen in bestehenden Schulorganisationsstrukturen zu fördern.

---

89 Erfolg meint in diesem Zusammenhang den Führungserfolg bzw. die Wirksamkeit von personaler Führung im Hinblick auf die Organisation und deren Ziele. Erfolgsindikatoren im Kontext von Schule können bspw. Arbeitszufriedenheit des Kollegiums oder Schülerleistungen sein.

Ergänzend soll an dieser Stelle nochmals Bezug auf das verwandte Konzept des *Mitunternehmertums* genommen werden (siehe Abschnitt 2.2.3.3). Die drei von Wunderer (2006, 52, 58, 275) aus einem Abgleich der Persönlichkeitsmerkmale des Mitunternehmers mit empirisch ermittelten Führungseigenschaften definierten Schlüsselkompetenzen (Gestaltungs-, Umsetzungs- und Sozialkompetenz), die das Konzept Mitunternehmertum auch auf Eignung als potenzielles Führungskonzept prüfen, weisen erhebliche Überschneidungen zu Persönlichkeitsmerkmalen auf, die in der Literatur dem Intrapreneur zugesprochen werden. Auch daraus kann gefolgert werden, dass sich Intrapreneurship grundsätzlich als personenorientiertes Führungskonzept eignen kann.

### 5.4.1 Grundlagen personenorientierter Führungsansätze

Die wissenschaftliche Analyse der Führung von Menschen begann mit dem Interesse und der Konzentration auf die Führungspersönlichkeit und der Frage, welche Persönlichkeitsmerkmale machen erfolgreiche Führungspersonen aus, und dem Versuch, diese zu identifizieren und zu messen, um effektive von ineffektiven Führungskräften zu differenzieren (*Trait-Approach*). Später entwickelte sich der *Leadership Style Approach*, dessen Forschungsfokus zu *Verhaltensweisen* von Führungskräften wechselte, in der Annahme, dass effektive Führung von Verhaltensmustern abhängt, eine (individuelle) Kombination von wiederkehrenden, konsistenten Führungsverhaltenskomponenten innerhalb einer bestimmten Bandbreite von Situationen, die sich in bestimmten Führungsstilen wiederfinden und die damit im Gegensatz zum Trait-Approach erlern- bzw. trainierbar sind – für die Führungskräfteentwicklung ein wesentlicher Aspekt (vgl. Michaelis, Nohe & Sonntag 2012, 365f.; Wagner 2011, 50, Howell & Frost 1989, 244f.).[90]

Aus Sicht angewandter Psychologie bedeutet erfolgreich zu führen, andere Personen dazu zu bewegen, ihre eigenen Freiheitsgrade bewusst – zumindest in Teilen – ungenutzt zu lassen und dem Willen der Führungskraft zu folgen (vgl. Paschen & Dihsmaier 2011, 6). Personenorientierte Führungsansätze (Führung aufgrund individueller Eigenschaften und Kompetenzen, siehe Abschnitt 5.4.2) untersuchen die Merkmale einer Person bezogen auf individuelles Verhalten in

90 Neben personenorientierten Führungstheorien existieren weitere, z. B. positionsorientierte, situationstheoretische oder interaktionsorientierte Führungstheorien (vgl. Wunderer 2006, 294, 309; Kauffeld 2011, 72ff.; Wagner 2011, 46ff.). Diese sind für diese Ausarbeitung nicht relevant, da das Konstrukt Intrapreneurship ein personenorientierter Ansatz darstellt.

Organisationen und heben bestimmte Merkmale der Führungsperson als Determinanten für Führungserfolg hervor. Im erwerbswirtschaftlichen Kontext erhalten dabei die Merkmale Leistungsbereitschaft (*Wollen*) und Leistungspotenzial (*Können*) besondere Bedeutung. Alle Merkmale einer Person zeigen sich jedoch nicht in allen Situationen. D. h., ein bestimmtes Verhalten wird durch situative Einflüsse erst wirksam und damit beobachtbar (vgl. Hentze et al. 2005, 101f.). Diese Verhaltensbedingungen bestimmen das Führungsverhalten der Führenden und das Leistungsverhalten der Geführten und damit den Erfolg des Führungshandelns. Sie lassen sich nach von Rosenstiel (2003, 196) folgendermaßen kategorisieren:

- *Persönliche Bestimmungsgrößen*: *Individuelles Können* bezieht sich auf zeitstabile Eigenschaften wie Intelligenz oder erlernte Fertigkeiten wie bspw. Bedienung einer Software. *Persönliches Wollen* wird primär durch individuelle Motivation und Erwartungshaltung bestimmt.
- *Situationsgrößen*: *Situative Ermöglichung* durch Führung und Gestaltung förderlicher (oder hinderlicher) Rahmenbedingungen. *Soziales Dürfen* in Abhängigkeit von Gesetzen und Regelungen.

Demnach gilt es, sowohl das *persönliche Wollen* als auch das *individuelle Können* des Geführten innerhalb des Führungsprozesses durch die Eigenschaften und Kompetenzen (Merkmale der Person) des Führenden so zu gestalten, dass erfolgreiche Führung vollzogen werden kann. Es sind viele Modelle, Theorien und Konzeptionen entwickelt worden, die diese personenbezogenen Aspekte aufnehmen und verarbeiten. Unterschieden werden vor allem Eigenschaftsansätze der Führung und charismatische Führungsansätze (vgl. Hentze et al. 2005, 171ff.; Wunderer 2006, 274ff.).

An personenorientierten Führungsansätzen wird kritisiert, dass Führungserfolg und -misserfolg weitgehend durch festgelegte Persönlichkeitseigenschaften und Verhaltensweisen bestimmt werden, unabhängig von Rahmenbedingungen, Aufgabenstellung oder Gruppendynamik. Dies bedeutet, dass nur eine bestimmte Anzahl von Menschen überhaupt den Anforderungen für erfolgreiche Führung entsprechen kann; folgt man diesen Konzepten, so müssen diese sozusagen als potenzielle „Führungspersönlichkeit" geboren worden sein (vgl. u. a. Wunderer 2006, 274, 277; Hentze et al. 2005, 172; Kauffeld 2011, 70). Bei der charismatischen Führung gilt zudem, dass charismatische Führungspersönlichkeiten besonders rar anzutreffen sind und eine gewisse zeitliche Befristung in der möglichen gelebten Dauer eines solchen Führungsansatzes vorprogrammiert ist. Denn die Zuschreibung von Charisma erfolgt durch die Geführten, deren permanente (Erfolgs-)Erwartungshaltung an die Führungskraft diese irgendwann überfordert, d. h., die personale Faszination auf die Außenwelt nutzt sich im Alltag ab. Auch dann, wenn eine solche charismatische Führungsfigur als Entrepreneur mit Gründervision die Organisation selbst aufgebaut hat; das (plötzliche) Fehlen kann bei den Geführten zu einem gefühlten „Führungsvakuum" führen, was negative Auswirkungen mit sich bringen kann, wie bspw. fehlende Identifikation mit der Organisation, da diese stellvertretend über die Führungsperson stattgefunden hat (vgl. Hentze et al. 2005, 196; Wunderer 2006, 278f.).

Neue technische Möglichkeiten erlauben die Anwendung neuropsychologischer Methoden der multidisziplinären Hirnforschung, um die biologischen Grundlagen interpersoneller Beziehungen zwischen Führenden und Geführten im Organisationskontext zu erkunden (*Neuroleadership*) und damit vorhandene personenorientierte Führungsansätze zu unterstützen. Die Forschung konzentriert sich dabei auf die vier Gehirnsysteme Entscheidungssystem, Belohnungssystem, emotionales System und Gedächtnissystem (vgl. Elger 2009, 97ff.). Erste Ergebnisse weisen auf die Relevanz von *Aufmerksamkeit* im Führungskontext hin. Führungskräfte müssen bspw. beim Changemanagement neue Ideen vermitteln und Veränderungen im Arbeitsablauf initiieren. Dazu benötigen sie die volle Aufmerksamkeit ihrer Geführten. Dies gelingt, wenn diese ihre Alltagsroutinen verlassen, um sich voll und ganz auf die neuen Informationen konzentrieren zu können. Um die neuen Ideen nachhaltig im Bewusstsein der Mitarbeiter zu verankern, muss ihre Aufmerksamkeit über einen längeren Zeitraum kontinuierlich auf den Veränderungen gehalten werden, damit diese internalisiert werden können (vgl. Kauffeld 2011, 84). Neuroleadership befindet sich als Forschungsdomäne noch in der Entwicklung und bietet bislang keine fundierten neuen Führungstheorien, sondern nur das Ziel, Anstöße zu einer gehirngerechten und damit effektiven Führung zu liefern. Dementsprechend wird innerhalb der wissenschaftlichen Fachwelt bemängelt, dass beim Neuroleadership-Ansatz vermeintlich Neues lediglich umformuliertes altes Wissen darstellt (vgl. ebd.).

### 5.4.2 Personale Merkmale

Persönlichkeitsmerkmale sind beobachtbare Bestimmungsgrößen bezogen auf individuelles Verhalten. Diese lassen sich in *Eigenschaften* und *Kompetenzen* unterteilen. *Eigenschaften* können als wissenschaftliche Konstrukte verstanden werden, um beobachtbares Verhalten sinnvoll zu kategorisieren und zu deuten. Dabei wird angenommen, dass diese zeitlich und übersituativ konsistent sind und universell vorkommen, d. h. generell zur Beschreibung aller Personen verwendet werden können, wie z. B. Intelligenz, deren quantitative bzw. qualitative Ausprägung aber interindividuell variiert. Daneben gibt es partiell gemeinsame

Merkmale, die viele Personen teilen (z. B. eine Angststörung), und individuelle Eigenschaften, die für eine einzelne Person charakteristisch sind, bspw. ihr autobiografisches Gedächtnis. Psychologisch versteht man daher unter *Persönlichkeit* die Gesamtheit der Merkmale eines Menschen (Dispositionen und Gestalteigenschaften), die (relativ) *individuell* und (relativ) *zeitstabil* sind und in denen er sich von anderen Menschen unterscheidet (vgl. Asendorpf 2007, 5ff.; Michaelis, Nohe & Sonntag 2012, 366f.).

Weinert (2001, 27f.) definiert psychologisch Kompetenzen als „die bei Individuen verfügbaren oder durch sie erlernbaren kognitiven Fähigkeiten und Fertigkeiten, um bestimmte Probleme zu lösen, sowie die damit verbundenen motivationalen, volitionalen und sozialen Situationen erfolgreich und verantwortungsvoll nutzen zu können." Unter Kompetenz versteht man aus pädagogischer Sicht ein prinzipielles Leistungsvermögen, welche sich sowohl auf trainierbare Fertigkeiten als auch auf komplexere Fähigkeiten bezieht. Kompetenzen erstrecken sich über die ganze Breite eines Lernfeldes, von fachlichen zu überfachlichen, von Methodenkompetenzen über soziale bis hin zu den personalen Kompetenzen. Kompetenz ist – im Gegensatz zur Eigenschaft – nicht direkt beobachtbar, sondern zeigt sich in der Perfomanz und existiert als Modell in der Wissenschaft (vgl. Klieme & Stanat 2002, 203ff.; Bonsen, Büchter & Peek 2006, 195ff.; siehe auch Kompetenzkonzepte in Klieme & Hartig 2007). Zu den Eigenschaften eines Menschen zählen bspw. Persönlichkeit (individuelle Kombination bzw. Konfiguration von Eigenschaften einer Person), Motivation, Begabungen, Bedürfnisse und Normen. Fähigkeiten und Fertigkeiten werden als Kompetenzen einer Person verstanden, über die sie relativ aufgabenunabhängig für Problemlösungen verfügen kann, aber auch fachbezogen einsetzt (vgl. Hentze et al. 2005, 101, 172). Kompetenz wird als Leistungsvermögen und latente Variable von Performanz als gezeigte Leistung und manifeste Variable unterschieden. Denn jeder Leistung liegt zwar ein entsprechendes Potenzial zugrunde; aber eine Leistungsumsetzung aus dem Potenzial heraus ist von vielen Drittvariablen abhängig, wie bspw. dem Leistungswillen, Motivation, Interesse sowie Kontextvariablen (vgl. Rost 2008, 61). Dementsprechend wurden Kompetenzmodelle für den organisationalen und beruflichen Kontext entwickelt. Der Kompetenzbegriff dient hierbei nicht der Bewertung eines singulären Könnens, sondern wird als komplexes Zusammenspiel konkreter personaler Eigenschaften und Fähigkeitsmerkmalen beschrieben. In der Literatur werden dabei insbesondere die drei weitgehend unabhängig voneinander variierenden Komponenten Fähigkeit (Können), Bereitschaft (Wollen) und Befugnis (Dürfen, Müssen) differenziert (vgl. Ebner et al. 2008, 298; Schimank 2008, 230f.; siehe auch Becker & Rother 1998).

In diesem Zusammenhang hat sich in breiten Bereichen der psychometrischorientierten Forschung vor allem das innerhalb der Individualpsychologie entwickelte und als empirisch gesichert geltende Fünf-Faktoren-Modell der Persönlichkeit (Big Five) etablieren können (vgl. Obschonka et al. 2013, 8). Das Modell basiert auf fünf Hauptdimensionen, die die Grundstruktur einer Persönlichkeit beschreiben und die meisten der signifikanten Persönlichkeitsunterschiede erfassen können (vgl. z. B. Creuznacher 2008, 29): Neurotizismus (emotionale Labilität vs. Stabilität), Intra-/Extraversion, Offenheit für (neue) Erfahrungen, intersoziale Verträglichkeit und Gewissenhaftigkeit (vgl. McCrae & Costa 2008, 164ff.; Costa & McCrae 1992). Die Persönlichkeitsfaktoren bilden ein Kontinuum des Ausprägungsgrades der jeweiligen Eigenschaftsdimensionen, denen wiederum untergeordnete Merkmale zugeordnet werden können (vgl. Wagner 2011, 47; Braukmann, Bijedic & Schneider 2008, 8). In den nachfolgenden Abschnitten wird – kontextbezogen – das Fünf-Faktoren-Modell (FFM) der Persönlichkeit immer wieder aufgegriffen, um die Erkenntnisse aus dessen Nutzung zur Klärung der Ausgangsfrage dieser Arbeit zu nutzen.

Persönlichkeitsmerkmale hängen eng mit den Verhaltensweisen zusammen und nicht jeder Autor vollzieht hier eine strikte Trennung. Das liegt darin begründet, dass bestimmtes Verhalten oft nur in Verbindung mit der passenden („richtigen“) Persönlichkeit überzeugend wirkt (vgl. Hauser 2000, 105; siehe auch House & Howell 1992, 91). Auf der anderen Seite konnten bspw. Howell & Frost (1989, 265) aufgrund einer Laborstudie mit professionellen Schauspielerinnen belegen, dass sogar charismatische Verhaltensweisen unabhängig von der Persönlichkeit erlernt werden können.

Als Grundannahme in Bezug auf Führungspersönlichkeiten gilt, dass es ein Set von Eigenschaften gebe, das sich besonders dazu eigne, erfolgreich seine Umwelt zu beeinflussen. Wie sich dieses konkret vollzieht, wird i. d. R. von den Eigenschaftstheorien nicht untersucht, d. h., die Ansätze bleiben korrelativ. Auch kulturelle oder sachliche Zwänge, denen sich Führungspersönlichkeiten ausgesetzt sehen, werden nicht berücksichtigt (vgl. Neuberger 1995, 63ff.; Wunderer 2006, 275). Dies bedeutet, dass in *personenspezifischen* Führungsansätzen die Eigenschaften und Merkmale der Führungskraft (oder der Geführten) als die zentrale kausale Variable zur Erklärung des Führungswirkens angesehen werden (vgl. Wunderer 2006, 274).

Trotz bestehender Kritik an Eigenschaftstheorien und offener Fragen, gilt heute (wieder) die Auffassung, dass Persönlichkeitsmerkmale für den Führungserfolg von Bedeutung sind (vgl. u. a. Hentze et al. 2005, 180; Felfe 2006, 169; Paschen & Dihsmaier 2011, 28ff.; Pinnow 2011). Nach Delhees (1995) lassen sich empirisch nachgewiesene Führungseigenschaften in vier Kategorien unterteilen:

*Tabelle 9: Empirisch ermittelte Führungseigenschaften (nach Delhees 1995, Sp. 902)*

| Eigenschaftskategorie | Eigenschaften (Beispiele) |
|---|---|
| Prädisposition der Einflussbefähigung | Durchsetzungsstärke, Dominanz, Selbstvertrauen |
| Soziale und interpersonelle Fertigkeiten | Kooperationsbefähigung, Interaktionskompetenz |
| Merkmale von Aufgaben-, Ziel- und Umsetzungsorientierung | Initiative, Ehrgeiz, Hartnäckigkeit |
| Prädisposition der Informationsverarbeitung und -evaluation | Intelligenz, Entscheidungsfähigkeit, Urteilsfähigkeit |

Dabei zeigen sich für Wunderer (2006, 52, 58, 275) Parallelen zu den mitunternehmerischen Schlüsselkompetenzen, der Gestaltungs- Umsetzungs- und Sozialkompetenz, vor allem in Bezug auf die Sozial- und Umsetzungskompetenz. Die Konzeption Entrepreneurship bzw. Intrapreneurship baut ebenfalls in großen Teilen auf diesen personalspezifischen Faktoren sowie charismatischen Attributen auf (vgl. z. B. Schumpeter 1911, 138ff.; Porschen 2012, 21ff.; Creuznacher 2008, 22, 44; Mønsted & Hansson 2010; siehe Abschnitte 2.2.3 sowie 5.4.2.2).

### *5.4.2.1 Merkmale kreativer, innovierender Personen*

Aus der Blickrichtung von Personalentwicklung ist es erstrebenswert, Maßnahmen und Techniken zu entwickeln, um im ersten Schritt kreative und innovierende Persönlichkeiten zu erkennen, diese zu fördern und ggf. an die Organisation zu binden (vgl. Potočnik & Anderson 2013). Die Forschung hat sich bislang hauptsächlich mit der Untersuchung und Beschreibung von Merkmalen kreativer Persönlichkeiten befasst (vgl. Guldin 2012, 221). Kreative Leistungen gelten als Ergebnis individualer, selbstgesteuerter Integration psychischer Funktionen in Wechselwirkung mit sozialen Umwelten. Persönlichkeitsmerkmale sind demnach lediglich Beschreibungen (keine Erklärungen), die auf intraindividuelle Prozesse verweisen, wodurch die kreative Leistung hervorgebracht wird (vgl. Bledow 2013, 44). Das Fünf-Faktoren-Modell (Big Five) der Persönlichkeit wird auch zur Erforschung von personalen Merkmalen im Zusammenhang mit Kreativität bzw. Innovativität genutzt. Bislang liegen hauptsächlich Ergebnisse vor, die konsistent positive Zusammenhänge zwischen der Dimension *Offenheit für neue Erfahrungen* und Kreativität bescheinigen (vgl. Potočnik & Anderson 2013, 158, Zhou & Shalley 2013, 10; Batey, Furnham & Safiullina 2010, 532; Sung & Choi 2009, 952, LMU Entrepreneurship Center o. J.). Personen mit hohem Offenheitswert gelten als neugierig, sind vielseitig interessiert und nicht traditionsgebunden. Sie verfügen über viel Vorstellungskraft und Fantasie, sind sensibel und denken in einem höheren Ausmaß divergent[91]. Im Zusammenhang mit dem Persönlichkeitsfaktor *Gewissenhaftigkeit* und Kreativität liegen bislang uneinheitliche Untersuchungsergebnisse vor, sodass eine eindeutige positive Korrelation nicht abgeleitet werden kann. Die Dimension Gewissenhaftigkeit bezieht sich auf Eigenschaften wie Verlässlichkeit, Ausdauer, Fleiß, Selbstdisziplin und Zielorientierung. Dabei geht es auch um die Relation von Aufwand und Nutzen, d. h. um Selbstorganisation und Priorisierungsfähigkeiten. Dem Faktor *intersoziale Verträglichkeit* wird bislang keine signifikante Auswirkung auf kreative bzw. innovative Leistungen bescheinigt, während *emotional stabile* Menschen als gelassen, entspannt und selbstsicher beschrieben werden, die mit höherer Wahrscheinlichkeit innovative Verhaltensweisen zeigen als ängstliche, vorsichtige und unsichere Menschen (vgl. Potočnik & Anderson 2013, 158f.). Sung & Choi (2009) beschreiben in ihren Forschungsergebnissen *Extraversion* als wichtigsten Prädiktor für Kreativität. Menschen mit hoher Extraversion sind voller Energie und Enthusiasmus; eine Förderung solcher Verhaltensweisen kann proaktive Problemlösung stimulieren, um kreatives Denken und innovative Leistung zu verbessern.

Neben der Untersuchung der Big Five-Persönlichkeitsmerkmalen im Zusammenhang mit Kreativität kamen Forscher zusätzlich zu dem Ergebnis, dass extrinsische Motivation eine signifikante Auswirkung auf die individuelle kreative Leistung haben kann, während überraschenderweise intrinsischer Motivation keine Auswirkung bescheinigt werden konnte (vgl. Sung & Choi 2009, 952f.). Bei anderen Kreativitätsforschungsrichtungen, vor allem beim motivationalen Ansatz, geht man allerdings vom Gegenteil aus: Intrinsische Motivation gilt hier als grundlegende Komponente von Kreativität (vgl. Zhou & Shalley 2013, 12; 15f.). Außerdem hat die Forschung positive Zusammenhänge zwischen arbeitsbezogenem Wissen, Kompetenzen und Fähigkeiten und Kreativität bzw. Innovativität feststellen können, da Mitarbeiter, die auf fundierte Fachkenntnisse und Kompetenzen zurückgreifen können, besser in der Lage sind, in diesem Bereich neue

---

91 Der von dem Kreativitätsforscher Guilford (1964) geprägte Begriff *divergentes Denken* bedeutet, sich frei von Konventionen, ideenreich, experimentell und unsystematisch mit einem Sachverhalt oder Problem zu beschäftigen. Im Gegensatz dazu bedeutet konvergentes Denken gewöhnliches, lineares und rational-logisches Denken. Divergentes Denken wird mit Führungsqualitäten verknüpft, vor allem in Bezug auf erfolgreiche Implementierung von Veränderungen in Organisationen (vgl. Matthew 2009; Bass 1990). Beides gilt als relevant für unternehmerischen Erfolg (vgl. Gielnik 2013, 82).

Ideen zu entfalten, diese auf Sinnhaftigkeit zu testen und dann entsprechend um- bzw. durchzusetzen (vgl. Potočnik & Anderson 2013, 164; Zhou & Shalley 2013, 12; 19f.; Choi 2004, 409).

Als kognitionswissenschaftliche Grundannahme in der Kreativitätsforschung gilt, dass Kreativität und Intelligenz als personales Merkmal der Kognitionsfähigkeit nicht voneinander zu trennen sind (vgl. Sonnenburg 2007, 19f.; Potočnik & Anderson 2013, 162).[92] Personen mit erhöhtem Kreativitätspotenzial verfügen neben überdurchschnittlicher Intelligenz u. a. über folgende Merkmale (vgl. Potočnik & Anderson 2013, 158ff.; Schuler & Görlich 2007, 10ff.; Sonnenburg 2007, 18ff.):

- *Hoher Wert in Offenheit gegenüber Neuem*: Wissensdurst und Bildungsdrang, vielseitiges Interesse und Freude an Neuem und komplexen Herausforderungen, Fantasie und Vorstellungskraft, unkonventionelle Gedankengänge und Ansätze.
- *Starke Sensibilität*: Empathie, Sinnesempfindlichkeit, Naivität, Reflexionsfähigkeit, Intuition, Geduld und Selbstkritik.
- *Hohes Energiepotenzial*: Durchhaltevermögen, Vitalität, Spontaneität, Impulsivität, Ehrgeiz und zielgerichtete Ausdauer.
- *Hoher Wert in Stabilität*: Selbstständigkeit und Unabhängigkeit, Risikoaffinität, relativ hohe Selbstwirksamkeitserwartung, Selbstvertrauen.
- *Mittlerer Wert in Verträglichkeit*: Konflikt- und Frustrationstoleranz sowie Ambiguitätstoleranz.

Innovierende Persönlichkeiten haben zusätzlich die Fähigkeit, ihre kreativen Potenziale in der Realität bzw. im Arbeitsumfeld um- bzw. durchzusetzen. Innovierende Persönlichkeiten sind aufgeschlossen gegenüber neuen Ideen und Vorgehensweisen oder Verfahren, sie sind kontaktfreudig, kommunikationsfähig und überzeugend (*Networking, Mikropolitik*) und können flexibel ihre Vorstellung an gegebene Umstände anpassen. Sie verfügen außerdem über ein hohes Maß an Realitätssinn, um „Machbares" von ‚illusorischen' und wenig Erfolg versprechenden Vorhaben zu unterscheiden. Für die Durchsetzung von Innovation benötigen sie zudem unternehmerisches Denken und Handlungsfähigkeit, um bspw. notwendige Ressourcen für die Realisierung zu organisieren oder zu akquirieren, um mögliche Umsetzungsprobleme zu antizipieren, d. h.

92 Sonnenburg (2007, 19f.) benennt hierzu folgende Ansätze: Kreativität als Facette von Intelligenz, Intelligenz als Komponente von Kreativität, Kreativität und. Intelligenz als interdependente Größen sowie Kreativität und Intelligenz als Ähnlichkeitsphänomene.

Planungsfähigkeit und Planungsausführungskompetenzen. Außerdem haben sie Freude daran, Einfluss auszuüben (vgl. Guldin 2012, 221; Schuler & Görlich 2007). Die aufgezählten Merkmale lassen vermuten, dass innovierende Persönlichkeiten neben entrepreneurialen Fähigkeiten auch über (charismatische) Führungsqualitäten verfügen (müssen).

#### *5.4.2.2 Merkmale erfolgreicher Führungspersönlichkeiten*

Es existieren bislang kaum empirische Befunde zu replizierbaren Führungsansätzen oder zur Trainier- bzw. Anleitbarkeit eines Führungsverhaltens, welches nachweislich innovationsförderlich wirkt (vgl. Guldin 2012, 221ff.). Es liegen aber eigenschaftstheoretische Untersuchungen vor, die – oft unter Anwendung des zuvor beschriebenen Modells der Big Five-Persönlichkeitsmerkmale – einen Zusammenhang zwischen Führereigenschaften und erfolgreicher Führung aufzeigen. Allerdings finden sich zwischen den Studien erhebliche Unterschiede in der Ausprägung des Zusammenhangs (vgl. Hentze et al. 2005, 179). Metaanalysen, wie z. B. die von Judge et al. (2002) oder Bono & Judge (2004), zeigen zwar geringe, aber signifikante Zusammenhänge zwischen Führungserfolg und diesen Persönlichkeitsdimensionen, vor allem mit den Faktoren Extraversion und emotionale Stabilität. Dementsprechend konnten personale Dimensionen des Führungserfolges diagnostiziert werden; u. a. Intelligenz, Selbstvertrauen, emotionale Reife, internale Kontrollüberzeugung und hohe Stresstoleranz, gekoppelt an ein starkes Leistungs- und Machtmotiv (vgl. Yukl 2013, 142ff.). Die Studienergebnisse von Bass (1990) zeigen zudem positive Zusammenhänge zwischen Selbstvertrauen (als Bestandteil einer hohen emotionalen Stabilität) und Kreativität (als Bestandteil des Persönlichkeitsfaktors Offenheit für Neues) und dem Führungserfolg (zu Kreativität und Führungsqualität siehe auch die Forschungsergebnisse von Matthew 2009).

De Hoogh, Den Hartog & Koopman (2005) erforschen die Relation von Persönlichkeitseigenschaften zum charismatischen und transaktionalen Leadership-Verhalten (transformationale Führung) bei holländischen Managern auf Grundlage der Annahme, dass bestimmte Persönlichkeitsmerkmale nur in dafür relevanten Situationen zum Ausdruck gebracht bzw. aktiviert würden. Die Manager wurden nach der Dynamik der Umgebung ihres Unternehmens befragt; ihre direkt untergebenen Mitarbeiter stuften ihr Führungsverhalten ein und sowohl die Vorgesetzten als auch die Kollegen wurden nach deren Effektivität des Führungsverhaltens dieser Manager interviewt. Die Ergebnisse der Studie bestätigten, dass sich die Relation zwischen Persönlichkeit und charismatischer sowie transaktionaler Führung je nach Kontext verändern. Dabei entdeckten die

Wissenschaftler einen signifikanten Zusammenhang zwischen der transformationalen Führung und der Umgebungsdynamik; je dynamischer eine Situation eingeschätzt wurde, desto mehr wurde transformationale Führung als effektiv wahrgenommen. Diese Befunde bestätigen die Vermutung einer größeren Wirksamkeit der transformationalen Führung im Kontext von Veränderungen bzw. in dynamischen Situationen, vor allem in einem dynamischen Arbeitsumfeld. Auch bestätigen sie, dass bestimmte Persönlichkeitsmerkmale, die den Führungserfolg unterschiedlich beeinflussen, situativ aktiviert werden, je nachdem, ob die Organisationsumgebung dynamisch oder stabil ist. Dabei gilt die Vermutung, dass Verträglichkeit und Gewissenhaftigkeit in stabilen Umgebungen erfolgsversprechend ist, während in dynamischen Umgebungen Offenheit für Neues und ein gewisses Maß an Extrovertiertheit sich positiv auf den Führungserfolg auswirken.

Bei *charismatischen Führungsansätzen* werden personale Eigenschaften zusätzlich mit dem durch die Geführten wahrgenommenen personalen Attribut *Charisma*[93] kombiniert (vgl. Hentze et al. 2005,182, 200). House (1977), dem Trait-Ansatz folgend, nennt bestimmte personale Eigenschaften, die die Wahrscheinlichkeit erhöhen, als charismatisch wahrgenommen zu werden. Dazu zählen das Streben nach Macht, ein hohes Maß an Selbstvertrauen und Selbstbewusstsein sowie eine starke Überzeugung in Bezug auf die eigenen moralischen Wertvorstellungen. Diese Eigenschaften bilden die Basis für überzeugendes und authentisches Wirken der Führungspersönlichkeit (vgl. House 1977, 193). Dem Entrepreneur wird in seiner Führungsrolle auch Charisma unterstellt; allerdings nicht nur, um seine Mitarbeiter zu führen, sondern auch, um im gesamten Wirkungskreis potenzielle Anhänger um sich zu sammeln und diese davon zu überzeugen, dass bspw. außerordentliche Markt- oder Renditechancen realisierbar sind (vgl. Kraemer 2008, 71; siehe auch Deutschmann 2008; Schumpeter 1911). Als typisch für Charisma-Träger im ökonomischen Feld gilt, dass diese ihr Handeln nicht an Bestehendem orientieren, sondern bestenfalls neue Märkte, neue Produkte und damit eine neue Nachfrage kreieren möchten. Nach Kraemer

93 Der Begriff *Charisma* bleibt definitorisch vage und unpräzise; *Charisma* bedeutet im deutschen Sprachgebrauch die besondere Ausstrahlung(skraft) eines Menschen (vgl. Duden 2013, Stichwort Charisma). Innerhalb der Führungslehre ist der Begriff auf das Charisma-Konzept von Weber (1922) zurückzuführen. Charismatische Führung („Herrschaft") wird nach Weber (1922, 124) durch die außeralltägliche Hingabe an die (vermeintliche) Besonderheit („Heiligkeit oder Heldenkraft", also Außergewöhnlichkeit) einer Person und der durch sie hergestellten bzw. erdachten Ordnung hergestellt.

(2008, 71f.) müssen allerdings vier Aspekte zusammenkommen, um im wirtschaftlichen Kontext von einer personalen charismatischen Zuschreibung sprechen zu können:

1) eine zu vermittelnde *Vision* mit gewinnbringenden Handlungsoptionen;
2) neue Mittel und Wege zur Verwirklichung dieser Vision, also *Unsicherheit*;
3) die Vision muss potenziellen Anhängern bzw. der Charisma-Gemeinde als realisierbar erscheinen;
4) der visionäre Marktakteur mobilisiert unter seinen Anhängern den Glauben daran, dass durch Gefolgschaft die Unsicherheit reduzierbar sei und die neue Vision auch tatsächlich verwirklicht werden kann.

In einer empirischen Studie von Conger & Kanungo (1987) wurde das Konstrukt Charisma erstmals operationalisiert und anhand konkreter Verhaltensbeschreibungen messbar gemacht. Führungskräfte werden dann als charismatisch wahrgenommen, wenn sie bspw. eine attraktive und zugleich überzeugende Vision vermitteln, ihre Vorbildfunktion wahrnehmen, ihre Mitarbeiter zu besonderen Leistungen inspirieren oder sie zu eigenständigen, kreativen Problemlösungen anregen. Charismatische Führungspersönlichkeiten führen durch ihre Vision und nicht durch Autorität oder partizipative Entscheidungsfindungen. Sie gelten als empathisch (bis hin zu fürsorglich in Bezug auf ihre Mitarbeiter) und verfügen über einen ausgeprägten Sinn für Gelegenheiten (vgl. Conger, Kanungo & Menon 2000, 748f.). Eine weitere Operationalisierung erfolgte im Konzept der *Transformationalen Führung* von Bass & Avolio (1994) mit konkreten Verhaltensbeschreibungen der (charismatischen) Führungskompetenzen (siehe Abschnitt 5.2.3).

Nach Paschen & Dihsmaier (2011, 50ff.) ist Charisma keine Persönlichkeitseigenschaft oder angeborenes Attribut, sondern wird tiefenpsychologisch als *„die Fähigkeit zur Angstbindung durch eigene Stärke“* (ebd., 50) erklärt. In einem Modell erläutern die Autoren, wie sich Charisma über einen mehrstufigen Prozess entwickeln lassen kann. Dabei geht es im Ursprung um die Verarbeitung eines individuellen Stigmas oder eines Leidensdrucks, welches bzw. der auf der zweiten Stufe bewusst entdeckt und im weiteren Verlauf durch Anstrengungs- und Überwindungsleistungswillen über Ziele kompensiert werden will. In der nächsten Phase sucht der beginnende Charismatiker enthusiastisch nach potenziellen Anhängern (Unterstützern) der eigenen Ziele, während potenzielle Gegner ausgeschaltet werden; bei Gelingen steigt die Selbstwirksamkeitsüberzeugung. Auf der letzten Stufe werden vom Charismatiker Strukturen geschaffen, die ihn selbst überdauern können. Seine Ideen sind inszeniert, etabliert, ritualisiert und institutionalisiert. D. h., charismatische Führer denken, handeln und beeinflussen visionär. Sie offerieren neuartige, emotional fundierte (Problem-)Lösungen und streben teilweise nach radikalen Veränderungen. Die charismatische Führung lebt durch Identifikation der Mitarbeiter mit der Führungsperson. Solche charismatischen Führungspersönlichkeiten sind vor allem in besonderen Stress- oder Krisensituationen gefragt und können nachhaltig Wandlungsprozesse initiieren sowie – unabhängig davon – die Leistung der Geführten nachhaltig steigern (*Empowerment*) (vgl. Wunderer 2006, 278; Hauser 1999, 1013ff.; House 1977, 191; Conger, Kanungo & Menon 2000), diese aber auch umgekehrt nachhaltig verhindern (vgl. Levay 2010).

In der psychodynamischen Organisationsforschung werden auch psychologische Faktoren narzisstischer Persönlichkeiten und deren Auswirkungen auf Führung diskutiert. Dazu gehören u. a. Anspruchsdenken, übertriebenes bzw. unangemessenes Selbstwertgefühl, Verlangen nach externer Bewunderung, permanente Erfolgsphantasien oder Mangel an Einfühlungsvermögen (vgl. Dammann 2009, 67, 71). Narzissmus wird im Kontext von organisationaler Führung als ein Kontinuum verstanden, der von einem produktiven und förderlichen bis zu destruktivem oder sogar sozio- bzw. psychopathischem Narzissmus auf die Interaktionen zwischen Führern und Geführten wirken kann (vgl. Dammann 2009, 61). Menschen mit narzisstischen Persönlichkeitsmerkmalen neigen danach zu höherer Risikobereitschaft (bis hin zur Verantwortungslosigkeit), entwickeln Leistungs- und Erfolgswillen und haben ein dominantes und selbstsicheres Auftreten, das vom Umfeld – zumindest eine Zeitlang – als positiv charismatisch gedeutet bzw. erlebt wird (vgl. Dammann 2009, 72). Je nach Ausprägung sind *produktive Narzissten* kreative Strategen, die darüber hinaus in der Lage sind, andere Menschen mitzureißen (vgl. Maccoby 2003). Analog dazu haben Untersuchungsergebnisse zur *Dunklen Triade der Persönlichkeit*[94]

94 Die *Dunkle Triade* bezeichnet ein psychologisches Persönlichkeitskonstrukt, das sich mit den „dunklen Eigenschaften" von Personen auseinandersetz, die gesellschaftlich unerwünscht sind. Das Konstrukt besteht aus den drei Persönlichkeitstypen Narzissmus, Machiavellismus und Psychopathie, allerdings in subklinischer Form, d. h. die Ausprägung ist nicht klinisch relevant. Es sind somit „normale" Eigenschaften von Menschen, mit denen wir alltäglich verkehren. Für alle gilt, das sie ihr eigenes Wohl über das der Anderen zu stellen, emotional kalt, selbstgerecht und egoistisch wirken (vgl. Paulhus & Williams 2002). An der Universität Hohenheim soll ein Verfahren zur Diagnostik der berufsbezogenen Dunklen Triade-Eigenschaften entwickelt werden, um Organisationen in Zukunft besser unterstützen zu können, das persönliche berufsbezogene Dunkle Triade Inventar (BDTI) eines Bewerbers für eine Position richtig einschätzen zu können und damit (organisationale) Risiken zu vermeiden (vgl. Weik & Klebs 2011).

der Universität Hohenheim, der ESB Business School der Hochschule Reutlingen und der Deutschen Hochschule der Polizei u. a. ergeben, dass bei Menschen mit verstärkten narzisstischen Persönlichkeitsmerkmalen die Neigung zur eigenen Unternehmensgründung (Entrepreneurship) deutlich ansteigt und diese Eigenschaft - zumindest zu Beginn – für den Gründungsprozess förderlich sein kann (vgl. Weik & Klebs 2011). Insgesamt wird die Meinung vertreten, dass Personen mit positiv-narzisstischen Ausprägung für die Arbeitsorganisation innerhalb der Gesellschaft benötigt werden, um die notwendige, periodischen Veränderungen in allen Bereichen durchzuführen (vgl. Maccoby 2003; Dammann 2009). Ist der Narzissmus jedoch zu stark entwickelt, kann er zerstörerische Folgen mit sich bringen – auch für eine ganze Organisation oder gar Branche. So macht bspw. Arjoon (2010) das ausgeprägte narzisstische Verhalten innerhalb der Bankenwelt mitverantwortlich für die Entstehung der globalen Finanzkrise in 2008. An dieser Stelle ist jedoch darauf hinzuweisen, dass bei aller Affinität zwischen persönlichem Charisma und positiv wirkendem Narzissmus nicht alle produktiv narzisstischen Personen in Führungspositionen charismatisch und nicht alle charismatischen Personen narzisstisch sind (vgl. Hildemann 2009, 92). Letztlich scheint Charisma für den Führungserfolg hilfreich zu sein; es gilt jedoch nicht als unentbehrliche Eigenschaft (vgl. Pinnow 2011, 91; Drucker 1967).

#### 5.4.2.3 *Merkmale Entrepreneur bzw. Intrapreneur*

> *„Der Unternehmer setzt seine Persönlichkeit ein und nichts anderes als seine Persönlichkeit."* (Schumpeter 1911, 529)

Für Kuratko (2007, 2f.) entsteht in einfachster theoretischer Betrachtungsweise Entrepreneurship durch den Entrepreneur. Anders ausgedrückt, Unternehmertum ist eine Funktion des Unternehmers, also E = f(e). Der unternehmerische Aspekt wird hier aber als Variable angesehen und nicht personal ausgelegt, was bedeuten würde, dass ein Individuum etwas hat oder nicht hat, durch das es als unternehmerisch bzw. entrepreneurial charakterisierbar bzw. identifizierbar wird. Nach Kuratko (2007, 3) verfügt jeder Mensch über unternehmerische Potenziale, die vor allem auf den Dimensionen Innovativität, Risikofreude und Proaktivität beruhen.

Bestehende Organisationen – auch die des öffentlichen Dienstes, vor allem im Zuge der Realisierung der Modelle des New Public Managements – sind auf kreative Ideen und alternative Lösungsszenarien im Hinblick auf Vitalisierung und Erneuerung der eigenen Potenziale angewiesen. Entrepreneurship geht über Kreativität und Innovativität hinaus und richtet seinen Fokus auf die unternehmerischen Handlungen und den Lernprozess einer Person (vgl. Gielnik 2013, 80; Shane 2003). Schimank (2008, 227) kategorisiert und beschreibt das *Unternehmerische* im Leitungshandeln (*unternehmerischer Ethos*) für alle gesellschaftlichen Bereiche unter Ökonomisierungsdruck folgendermaßen:

- *Sachlich* bedeutet das Unternehmerische die Suche nach und das Finden von Innovationen. Relevant ist dabei nicht, ob eigene Kreativität zum Tragen kommt oder ob bereits Vorhandenes als Muster kopiert bzw. adaptiert wird – wichtig ist Veränderung.
- In *zeitlicher* Hinsicht bedeutet das Unternehmerische zügiges Entscheiden unter Unsicherheit. Visionen sollen Wirklichkeit werden. Eine solche Entscheidungsfreudigkeit meint dabei auch Verantwortungsübernahme, um das Risiko zu transformieren.
- *Sozial* zeigt sich das Unternehmerische als Durchsetzungsfähigkeit. Entscheidungen können nicht im Alleingang vollzogen werden; alle anderen – auch die Gegner – müssen „mitgenommen" werden. Dies geht über charismatische Führung hinaus und bedarf einer komplexen Konstellation unterschiedlicher Kompetenzen, wie Machtgebrauch oder unterschiedliche Kommunikationstechniken.

Studienergebnisse legen dar, dass Entrepreneurship-Studenten innovativer sind und eine höhere Präferenz für innovatives Problemlösen haben als Studenten anderer Fachrichtungen (vgl. Luca, Cazan & Tomulescu 2012). Es gilt dementsprechend, Mitarbeiter bzw. Führungskräfte (in dieser Arbeit Schulleiter) mit den spezifischen Persönlichkeitsmerkmalen eines Entrepreneurs bzw. Intrapreneurs zu identifizieren und so zu stimulieren bzw. zu fördern, dass diese a) innerhalb der Organisation bleiben und b) ihr unternehmerisches, innovationsorientiertes Verhalten dort gewinnbringend einbringen (vgl. Draeger-Ernst 2003, 4, siehe Abschnitt 2.2).

Wennekers (2006, 45) unterscheidet den Akteur Entrepreneur vom Intrapreneur anhand zweier Dimensionen: Beschäftigungsstatus (*selbständig* und *abhängig beschäftigt*) und *unternehmerisches* Verhalten, das auf Erkennen, Nutzen und Kreieren von neuen, innovativen wirtschaftlichen Möglichkeiten zielt – in Abgrenzung zum Verhalten des Managers, der sich auf Koordination und Organisation vorhandener Ressourcen konzentriert. Der Intrapreneur ist hingegen wie der Entrepreneur durch *unternehmerisches* Verhalten charakterisiert, der Intrapreneur kann aber über seinen abhängigen Beschäftigtenstatus vom Entrepreneur differenziert werden (vgl. Schönebeck, 2010, 19).

*Abbildung 17: Klassifikation Entrepreneur vs. Intrapreneur (Wennekers & Thurik 1999, 47)*

| | Angestellt | Selbständig |
|---|---|---|
| Managerial | Executive Managers | Managerial business owners |
| Entrepreneurial | Intrapreneurs | Schumpeterian entrepreneurs |

Für Ebner et al. (2008, 295) gilt als entscheidendes Differenzierungskriterium, dass Entrepreneure sich auch am (externen) Markt behaupten müssen, während Intrapreneure ihr unternehmerisches Handeln hauptsächlich im organisationalen Kontext ausagieren. Dementsprechend deklarieren die Autoren ein hohes Maß an Sozialkompetenz und Kooperationsfähigkeit gekoppelt an Führungskompetenzen und organisationsinterne Durchsetzungsstärke als Intrapreneurship-spezifische Merkmale.

Die sozio-psychologisch orientierte Forschung untersucht die personenspezifischen Charakteristiken des *„typischen Unternehmers“*, um die Ursachen unternehmerischen Handelns zu erkennen. Analysiert werden dabei bspw. Motivation, Ziele, Werte des Individuums. Diese Merkmale werden in der Literatur sowohl für den Entrepreneur als auch den Intrapreneur zahlreich beschrieben, oft aus Erfahrungswerten abgeleitet und sind somit meist theoretisch und seltener empirisch fundiert. Vor allem Pinchot, der den Terminus des Intrapreneurs bzw. Intrapreneuring geprägt hat (vgl. Pinchot 1988, 10; Franke 2004, 4), wird eine nahezu „heroisierende“ und unsachliche Beschreibung der Persönlichkeitsmerkmale eines Intrapreneurs unterstellt (vgl. Draeger-Ernst 2003, 30).[95]

Grundsätzlich konnte bislang kein zwingend kausaler Zusammenhang zwischen den Merkmalen einer Person und unternehmerischen Verhaltensweisen nachgewiesen werden (vgl. Süßmuth Dyckerhoff 1995, 49ff.; Spickschen 2005, 11f.), und es gibt bislang keine einheitliche, allgemein anerkannte personenbezogene *Theorie des Unternehmers* (vgl. Knuth & Schierz 2009, 37f.; Schneider 2001; Oesterdiekhoff 2013, 63ff.). Nach Schneider (2001) wird in den Wirtschaftswissenschaften lediglich der aufgabenbezogene, funktionale Unternehmerbegriff

95 Siehe auch „Die zehn Gebote für Intrapreneure“ (Pinchot 1988, 43).

von einem personenbezogenen Unternehmerbegriff abgegrenzt. Um sich trotzdem dem Intrapreneurship zu nähern, ist es üblich, sich zunächst mit der *Unternehmerpersönlichkeit*, d. h. mit den personellen Charakteristika und verhaltensorientierten Merkmalen des unabhängigen Entrepreneurs, als Grundlage auseinanderzusetzen, diese zu vergleichen und abzugrenzen (vgl. Mes 2011, 137; Braukmann et al. 2008, 11).

In der Entrepreneurship-Forschung zeigen Ergebnisse empirischer Untersuchungen unterschiedliche bis hin zu widersprüchlichen Resultate (vgl. Klein 2002, 145; Gartner 1988, 21; Fallgatter 2005, 62). Eine Auflistung von Persönlichkeitsmerkmalen verschiedener Autoren erscheint in der Terminologie häufig willkürlich, genau wie die Bandbreite und die Akzentsetzung der für eine erfolgreiche Unternehmens- bzw. Führungspersönlichkeit relevanten Merkmale (vgl. Braukmann, Bijedic & Schneider 2008, 11). Was bisher ebenfalls noch nicht zufriedenstellend geklärt werden konnte, ist der geringe Anteil an weiblichen Entre- bzw. Intrapreneuren (vgl. Witt 2008, 85); und auch die Entwicklung eines umfassenden „Unternehmer-Persönlichkeitsprofils" ist noch nicht gelungen (vgl. Kraus & Gundolf 2008, 99; Rauch & Frese 2007, 27f.). Allerdings nähert sich nach Obschonka et al. (2013, 4) die Wissenschaft mit zunehmender Evidenz einem *Unternehmertum-affinen* Persönlichkeitsprofil, das eine Konstellation der Big Five Charakteristiken innerhalb einer Person beschreibt, die insbesondere unternehmerische Eigenschaften und damit ein *unternehmerisches Potential* vorhersagbar macht.

Trotz gewisser Schwierigkeiten und Differenzen bei der Bestimmung spezifischer ‚*unternehmerischer*' Persönlichkeitsmerkmale, lassen sich einige Eigenschaften ausmachen, die allgemein anerkannt sind und deren Vorhandensein die Vermutung zulässt, dass bei einer Person unternehmerisches Potenzial als Prädisposition vorhanden ist, welches sich allerdings situativ und umweltbezogen herausbilden und entwickeln kann bzw. muss (vgl. Mes 2011, 137ff, Witt 2008, 84; Rauch & Frese 2007)[96]. Ein jüngerer Forschungsansatz untersucht dabei hauptsächlich die kognitiven Prozesse beim Wahrnehmen von Gelegenheiten bzw. beim Umsetzen von Ideen, um Unterscheidungskriterien zu anderen Personen zu definieren und diese bewusst bei Individuen zu stimulieren und zu beeinflussen. Es wird daher davon ausgegangen, dass es möglich ist,

96 Daraus ergibt sich für alle personenorientierten Ansätze die Kritik, dass eine ex-ante-Identifikation anhand von Persönlichkeitsmerkmalen nicht möglich ist, denn Persönlichkeitsmerkmale können sich erst im Laufe der Zeit ergeben und sich offenbaren. Daher wird in der Praxis der *Unternehmertyp* bevorzugt ex-post identifiziert (vgl. Mes 2011, 139).

*Entrepreneur- bzw. Intrapreneur-sein* zu erlernen (vgl. Schönebeck 2010, 17, Mandl & Hensel, 2004). Zusammenfassend lässt sich formulieren, dass Intrapreneure Personen sind, die wie Entrepreneure agieren und deren Persönlichkeitsmerkmale (und Kognitionen) in Relation zu sozialen Umweltbedingungen relevant sind (vgl. Schönebeck 2010, 17).

Mithilfe des Fünf-Faktoren-Modells (Big Five) der Persönlichkeit (Neurotizismus, Intra-/Extraversion, Offenheit für (neue) Erfahrungen, intersoziale Verträglichkeit und Gewissenhaftigkeit, vgl. Costa & McCrae 1992) wurden beispielsweise folgende personalspezifische Faktoren für Unternehmertum ermittelt, die besonders hohe Ausprägungen aufweisen, oft auch in Abgrenzungsversuchen zum Konzept Manager (vgl. Brandstätter 2011, 227; Rauch & Frese 2007; Zhao & Seibert 2006):

- aus der Dimension *Offenheit für Neues* eine überdurchschnittliches Maß an Kreativität (vgl. Beattie 1999, o. S.; Schumpeter 1911) und Innovativität, Problemlösungsfähigkeit (vgl. Heunks 1998; Schumpeter 1911, Drucker 1993) sowie Ambiguitätstoleranz (z. B. Knight 1921; Drucker 1993);
- aus *Neurotizismus* emotionale Stabilität,
- aus *Gewissenhaftigkeit* Durchsetzungsfähigkeit, Durchhaltevermögen, Realismus und Fähigkeit zur Zusammenarbeit und aus intersoziale Verträglichkeit Einfühlungsvermögen, Kommunikationsfähigkeit.

Außerdem konnten vorwiegend intrinsische Motivationsfaktoren, z. B. Streben nach (finanzieller) Unabhängigkeit oder Selbstverwirklichung, ermittelt werden (vgl. Douglas & Shepherd 2002, o. S.; Shane, Locke & Collins 2003, 267ff.; Berthold & Neumann 2008, 240).

Auf Grundlage einer Vielzahl empirischer Untersuchungsergebnisse zu den personalen Merkmalen wurden die wesentlichen handlungsprägenden Big Five-Eigenschaftsmerkmale extrahiert, verstanden als zeitlich überdauernde, relativ stabile Verhaltensdispositionen, die den (erfolgreichen) Unternehmertyp von anderen Personengruppen unterscheiden (vgl. Shane, Locke & Collins 2003, 263ff., McClelland 1961, 159ff., 205ff.; Rotter 1966, 609ff.; Rauch & Frese 1998, 10ff; 2007; Ebner et al. 2008, 294f.; Creuznacher 2008, 30ff.):

1) *Leistungsorientierung* (*Need for Archievement*): Personen mit einer hohen Leistungsorientierung und -motivation sind erfolgsmotiviert und haben das Bedürfnis, sich Ziele zu setzen, die sie als Herausforderung begreifen, die aber nicht ihre Fähigkeiten übersteigen und an denen sie ihre Leistungsfähigkeit verbessern können (vgl. McClelland 1961; Begley & Boyd, 1987; Rauch & Frese 2000; Schumpeter 1911).

2) *Autonomiestreben/Unabhängigkeit* (*Need for Autonomy*): Damit wird das Bedürfnis nach eigenen Handlungs- und Gestaltungsspielräumen, Verantwortung und Selbstbestimmung (oder auch Selbstverwirklichung) unabhängig von anderen Personen beschrieben. Dieses Bedürfnis gilt auch als ein wesentlicher Aspekt unternehmerischer Motivation (vgl. Douglas & Shepherd 2002; Bygrave 1998; Klandt 1984).
3) *Internale Kontrollüberzeugung* (*Locus of Control*). Man unterscheidet zwischen internaler und externaler Kontrollüberzeugung (vgl. Rotter 1966). Eine internale Kontrollüberzeugung beschreibt die subjektive Überzeugung, dass der Verlauf des eigenen Lebens und Erfolg zum überwiegenden Teil durch eigenes Handeln bestimmt wird. Personen mit externaler Kontrollüberzeugung glauben daran, dass die Ergebnisse ihrer Aktivitäten von äußeren Einflüssen, Zufällen oder anderen Personen abhängen und dass sie wenig bis nichts in ihrer externen Erfahrungswelt bewirken können. Man geht davon aus, dass sie auch tatsächlich weniger *unternehmen* und deshalb auch erfolgloser sind.
4) *Risikobereitschaft* (*Risk-taking Propensity*): Forschungsergebnisse zeigen, dass damit keine Waghalsigkeit oder unverantwortliches Handeln gemeint sind. Vielmehr bieten unternehmerische Aufgaben Chancen und Risiken. Der (erfolgreiche) Unternehmer geht ein abschätzbares, mittleres Risiko ein, indem er Vor- und Nachteile abwägt. Der Unternehmer trägt die Verantwortung, um seine Idee zum Erfolg zu führen (vgl. Knight 1921; Klandt 1999; Begley & Boyd 1987).
5) *Selbstwirksamkeit* (*Self-efficacy*): Der Glaube an die eigene Fähigkeit, die notwendigen persönlichen Ressourcen, Fähigkeiten und Kompetenzen aufzubringen, um ein gewisses Maß an Leistung aufzubringen, um eine bestimmte Aufgabe zu erfüllen bzw. ein Ziel zu erreichen.

Diese *entrepreneurialen Big Five* gelten als Schnittmenge der meisten bis dato publizierten Klassifizierungen der Eigenschaften unternehmerischer Persönlichkeit (vgl. Braukmann, Bijedic & Schneider 2008, 12ff.; Rotter 1966; Stewart et al. 1998, Vecchio 2003). Nachfolgend werden diese und weitere Charakteristiken in Bezug gesetzt zu Autoren, die diese Merkmale auch auf das Konzept des Intrapreneurs übertragen.

*Tabelle 10: Merkmale des „typischen Unternehmers", die in der Literatur auch auf das Konzept des Intrapreneurs übertragen werden*

| Merkmale | Autoren (beispielhaft) |
|---|---|
| **Hohe Selbstwirksamkeitserwartung**:<br>• Hohes Leistungsbedürfnis (*Need for Autonomy*)<br>• Zugehörigkeitsbewusstsein<br>• Großes Selbstvertrauen<br>• Vertrauen auf die eigene Intuition<br>• Realitätssinn<br>• Ausdauer<br>• Fachkenntnis | McClelland (1961; 1966); Mair (2005, 53); Spickschen (2005, 11); Pinchot (1988, 43); Janney & Dess (2006) |
| **Hohes Macht-, Kontroll- und Autonomiestreben**<br>*(Need for Autonomy, Locus of Control, Tolerance for Ambiguity)*:<br>• Drang nach aktiver Beeinflussung von Ergebnissen<br>• Urteilsvermögen<br>• Entscheidungsfähigkeit<br>• Durchsetzungsstärke<br>• Kooperationsfähigkeit (networking) | Schumpeter (1911, 163); Brinkmann & Dörre (2006, 152); Bitzer (1991, 21); Müller et al. (2002, 21); Braun (2001, 122) |
| **Hohe Innovationskraft und Initiative**:<br>• Innovationsfähigkeit- und Bereitschaft<br>• Visionäres Denken<br>• Hohe Eigeninitiative<br>• Fähigkeit, Unterstützung zu gewinnen<br>• Problemlösefähigkeit und -fertigkeit | Draeger-Ernst (2003, 2, 22); Wunderer (2006, 90); Pinchot (1988, 10); Süssmuth Dyckerhoff (1995, 48); Drucker (1993) |
| **(moderate) Risikobereitschaft** (*Risk-taking Propensity*):<br>• Fähigkeit und Bereitschaft zur Risikoübernahme<br>• Kontrollierte Abschätzung von Risiken<br>• Elaborierte Informationsverarbeitung | Stevenson & Sahlmann (1986, 40); Spickschen (2005, 11); Pinchot (1988, 43); Janney & Dess (2006); Brinkmann & Dörre (2006, 152); Braun (2001, 122); Bitzer (1991, 37) |
| **Hohe intrinsische Motivation**<br>• Freude an der Tätigkeit<br>• Hohes Eigeninteresse am Vollzug der Tätigkeit<br>• Neugier und Wissensdrang an Inhalten und Prozessen | Klandt (1984, 129); Pinchot (1988, 10); Vesper (1984, 295) |

Das Forschungsprojekt ILIAS360 (*Intrapreneurial Leadership Inventory Assessment System*) am LMU Entrepreneurship Center, Ludwig-Maximilians-Universität

München, untersucht die Möglichkeiten, Intrapreneure zu entdecken und gleichzeitig Informationen zur verbesserten Gestaltung eines für Intrapreneurship- bzw. Innovationen förderlichen Arbeitsklimas in Organisationen zu generieren, und zwar sowohl für den öffentlichen als auch den privaten Sektor (vgl. LMU Entrepreneurship-Center 2014; Telefonat Schießl 2014[97]). Nach Eckhardt & Schießl (2014) begründet sich die Motivation für das Projekt ILIAS360 darin, dass hohe Investitionen in Forschung und Entwicklung nicht zwingend zu hohen Innovationsraten führen und daher eine veränderte Blickrichtung auf das Erkennen und die Nutzung unternehmerischen Handelns bei bestehenden Mitarbeiterpotenzialen angestrebt wird, um dadurch insbesondere radikale Innovation in bestehenden Organisationsstrukturen zu fördern. Innerhalb des Forschungsprojektes wurden zwei Instrumente zur Diagnose entwickelt, aus deren Einsatz eine Vergleichsdatenbasis aufgebaut werden soll. Der 360-Grad-Index ist ein Analysetool für Intrapreneurship-, Leadership- bzw. Innovationspotenzial auf Individualebene und dient zur Identifikation von Intrapreneuren auf Grundlage ihrer Motive und Fähigkeiten. Der Fragebogen kann von jedem Organisationsmitglied beantwortet werden, um herauszufinden, ob sein Potenzial im unternehmerischen Bereich liegt oder ob es dieses eher als Manager entfalten kann. Als Fremdeinschätzung werden Kollegen auf gleicher Ebene, aber auch eine Ebene darüber bzw. darunter befragt. Zusätzlich können externe Personen wie Zulieferer, aber auch Vertreter aus dem persönlichen Freundeskreis ihre Einschätzung abgeben (Telefonat Schießl 2014). Dabei werden personale Ausprägungen von 17 unabhängigen Dimensionen anhand mehrerer Sub-Elemente gemessen, um das Intrapreneurship-Potenzial des Mitarbeiters abzuleiten. Die Auswertung jeder Dimension besteht aus einem Wert für die Selbsteinschätzung des Mitarbeiters und dem Durchschnitt der externen Evaluierungen (vgl. LMU Entrepreneurship Center 2011)[98]:

97 Telefonat am 03.08.2014 mit N. Schießl, begleitende Promovendin des Projektes ILIAS360 des LMU Entrepreneurship Center der Ludwig-Maximilians-Universität in München. Zum Zeitpunkt der Erstellung dieser Arbeit liegt noch keine Veröffentlichung der Dissertation von Schießl vor.

98 In der ursprünglichen und so veröffentlichten Form existierten 18 Dimensionen. Die Dimension *Willenskraft und Persistenz* wurde nach Angaben von Schießl wieder herausgenommen.

*Tabelle 11: Intrapreneurship-Dimensionen im Projekt ILIAS360 (nach LMU Entrepreneurship Center o. J.)*

| | |
|---|---|
| • ***Leistungsmotivation*** meint die Auseinandersetzung mit einem (persönlichen) Erfolgs-Gütemaßstab. | • ***Internale Kontrollüberzeugung*** liegt bei der Überzeugung vor, dass eigener Erfolg und Lebensverlauf zum großen Teil durch eigenes Handeln bestimmt sind. |
| • ***Hohes Selbstwertgefühl*** bedeutet eine positive Haltung sich selbst gegenüber. | • ***Autonomiestreben/ Unabhängigkeit*** meint, dass eigene Handlungsspielräume, Selbstbestimmung und Verantwortung unabhängig von anderen Personen ein anzustrebender Zustand ist. |
| • ***Offenheit gegenüber Innovation*** meint die Ansicht, prinzipiell für Neues offen zu sein und Innovation als wünschenswert anzusehen. | • ***Systemkritische Sichtweisen*** meint die Einstellung, dass unkonventionelles bzw. nicht konformes Verhalten manchmal notwendig ist, genau wie eine bedingte Akzeptanz von Autoritäten. |
| • ***Entscheidungen unter Unsicherheit*** bedeutet, auch in Situationen, in denen der Eintritt von zukünftigen Ereignissen nicht sicher vorausgesagt werden kann, tragfähige Entscheidungen zu treffen. | • ***Risk-bearing*** meint, dass jegliche Entscheidung mit Risiken verknüpft ist, und Fähigkeiten notwendig sind, mit diesen umgehen zu können. Risiko wird als *Instrumentalität* gesehen, d. h. etwas, das man in Kauf nehmen muss, um seine Ziele erreichen zu können. |
| • ***Problemlösungsfähigkeit*** bedeutet, dass ein Mensch zur Lösung von Aufgaben, für die es noch keine Routineverfahren gibt, selbst Wege findet. | • ***Gewissenhaftigkeit (Effizienz)*** drückt sich in einem ordentlichen, sorgfältigen, verantwortlichen und zuverlässigen Arbeitsstil aus. Dabei steht der Aufwand im positiven Verhältnis zum Nutzen. Dazu gehört auch die Organisation eigener Leistung mittels Priorisierung von Arbeitsschritten oder Einhaltung von Terminen. |
| • ***Proaktivität/Eigeninitiative*** bezeichnet eine vorausschauende, verantwortliche und durch eigenen Antrieb ausgelöste Denk- und Handlungsweise, um ein positives Arbeitsergebnis zu erreichen. | • ***Networking-Fähigkeit*** bedeutet, dass auf sozialer Ebene Kontakte und Verbindungen geknüpft und gepflegt werden, die als Mehrwert zur Erreichung von persönlichen und beruflichen Zielen angesehen und genutzt werden. |

| | |
|---|---|
| • ***Verhandlungsgeschick und Empathie*** meint die Fähigkeit, eigene Interessen definieren und artikulieren zu können und diese in Verhandlungen effektiv und effizient durchzusetzen. Empathie ist die Fähigkeit, sich in die Gedanken, Gefühle und Bedürfnisse anderer Menschen einzufühlen. | • ***Visionäre Führung*** bedeutet, Menschen durch inspirierende und mitreißende Zukunftsvorstellungen und Visionen zu herausfordernden und überragenden Leistungen zu beeinflussen. Dabei gelingt es, Begeisterung und Motivation zu erzeugen, sodass Mitarbeiter große Anstrengungen in Kauf nehmen. |
| • ***Überzeugungskraft*** meint die kommunikative Fähigkeit, andere Menschen durch geschickte Argumentation und das eigene Auftreten für die eigenen Ziele zu gewinnen. | • ***Flexibilität*** bzw. Anpassungsfähigkeit bedeutet, sich auf geänderte bzw. auf sich wechselnde Anforderungen und Gegebenheiten einer Situation schnell einstellen zu können. |
| • ***Organizational Commitment*** beschreibt die Bindung Mitglieds an seine Organisation, die auf emotionalen, rationalen oder normativen Grundlagen beruhen. | |

Das zweite Analyseinstrument bezieht sich auf die Organisationsebene, der Innovation & Intrapreneurship Climate Index (I²CI), mit dessen Hilfe die organisationalen Rahmenbedingungen, und damit die Attraktivität des Arbeitsumfeldes für potenzielle Intrapreneure und Innovatoren in Erfahrung gebracht werden sollen. Die beiden Instrumente wirken komplementär und dienen der Erstellung einer Art Landkarte des Innovations- und Intrapreneurship-Klimas einer Organisation, um die Mitarbeiter zu erkennen, die förderliche Rahmenbedingungen auch nutzen. Daraus lassen sich entsprechend Maßnahmen für die Organisation ableiten (vgl. Eckhardt & Schießl 2014). Bislang wurden keine Forschungsergebnisse veröffentlicht.

Allerdings teilte mir Schießl (Telefonat 2014) als begleitende Promovendin des Projektes ILIAS 360 mit, dass die bisherigen Erkenntnisse aus dem Forschungsprojekt die grundsätzliche Möglichkeit belegen, sowohl Mitarbeiter mit einem mehr oder weniger ausgeprägten Intrapreneurship-Potenzial innerhalb von Organisationen zu entdecken, als auch auf organisationaler Ebene zu erkennen, ob und wie innovationsförderlich das Arbeitsklima von den Mitarbeitern wahrgenommen wird. Dies bedeutet, dass neben der potenziellen Gestaltbarkeit einer aktiven Intrapreneurship-förderlichen Personalpolitik auch Intrapreneurship-relevante Rahmenbedingungen diagnostizierbar werden – und in der Folge evtl. veränder- bzw. steuerbar.

Ein weiterer Ansatz, sich den personalen Aspekten des Konstrukts Intrapreneurship zu nähern, findet sich z. B. bei Korunka et al. (2009, 132ff.) bzw. Ebner et al. (2008, 300ff.); dort wird Intrapreneurship im Rahmen einer Studie als ein Kompetenzmodell betrachtet, das unternehmerische Potenziale während der beruflichen Erstausbildung im Zusammenhang verschiedener Kontext- und Persönlichkeitsfaktoren untersucht. Folgende personale Kompetenzen gelten dabei für die Autoren als Intrapreneurship-spezifisch: Eigeninitiative, Leistungsmotivation, Innovationsorientierung (kreative Ideen, innovatives Handeln) sowie Sozialkompetenz (Führungsinteresse, Durchsetzungskompetenz, Teamfähigkeit). Auch Wunderer (2006) bedient sich dieser Vorgehensweise, um das verwandte Konzept *Mitunternehmertum* (siehe Abschnitt 2.2.3.3) zu charakterisieren, aber auch, um es von Intrapreneurship abzugrenzen (vgl. Wunderer 2009; Wunderer & Dick 2002, 370ff.). So werden drei notwendige Schlüsselkompetenzen unterschieden: die *Sozialkompetenz*, basierend auf prosozialem Verhalten, Kontakt- und Teamfähigkeit, Zuverlässigkeit, Verbindlichkeit, Kommunikationsfähigkeit usw., die *Gestaltungskompetenz*, beruhend auf bspw. Kreativität, Innovationsfähigkeit und -bereitschaft, (ansteckende) Begeisterungsfähigkeit und die *Umsetzungskompetenz*, die sich von Eigenschaften wie Grad der Hartnäckigkeit, Leistungsstreben, Initiative, Selbstmanagementkompetenz ableiten lässt (vgl. Wunderer, 2006, 57f.). Das Abgrenzungsmerkmal der beiden Konstruktionen liegt nach Wunderer (2009) und Wunderer & Dick (2002) hauptsächlich in der unterschiedlichen Ausprägung der Sozialkompetenz; dem Intrapreneur wird ein egoistischeres Denk- und Verhaltensmuster unterstellt.

#### *5.4.2.4 Merkmale erfolgreicher Schulführung*

Zum Zeitpunkt der Entstehung dieser Arbeit liegen keine empirischen Befunde oder gesicherten Aussagen zu personalen Merkmalen „erfolgreicher" bzw. „guter" Schulleiter vor, verstanden als normative Zuschreibung einer Persönlichkeit, unabhängig der kontextualen Bedingungen von Schule. „Gute" Schulleiter werden meist im Zusammenhang mit „guten" Schulen identifiziert (vgl. u. a. Bonsen 2009, 204; Huber & Niederhuber 2004, 44; Sergiovanni 1984, 7ff.; 1995, 84ff.; Beare, Calwell & Milikan 1989, 99; Bonsen et al. 2002; 162). Eine „gute" Schule kann nach Fend (1996) anhand folgender Faktoren für die Leistungsfähigkeit valide gemessen werden: klare Bildungsziele, hohe Erwartungshaltung gegenüber allen am Lernprozess beteiligten Personen, Kontrolle des Lernfortschritts der Schüler, Belohnung, Eigenverantwortung der Schüler, aktives Schulleben, positives Lernklima, Involvierung der Eltern (Ausbilder) usw. (vgl. Fend 1996, 92; siehe auch Seitz & Capaul 2007, 22f.).

Qualitativ gute Schulen werden anhand von *Schuleffektivität* diagnostiziert bzw. bewertet, d. h. die Messung der Relation der Eingangsvariablen im Bildungsprozess (Input) mit den Output-Variablen, d. h. entlang der Frage; wie hoch der Lernfortschritt der Schüler ist bzw. wie gut sind die Leistungsergebnisse der Schüler an einer bestimmten Schule. Gute Schulen schaffen somit optimierte Rahmenbedingungen für effektive Lernprozesse (vgl. Thiel & Thillmann 2013, 9). Die Forschung untersucht seit Anfang der 1980er-Jahre die Rolle der Schulleitung auf die Schuleffektivität; Schulleitungen wird dabei unterstellt, dass sie positive oder negative Wirkung auf diese unterrichtsbezogenen Prozesse haben, was mittlerweile als empirisch gesicherte Erkenntnis gilt (vgl. Seitz & Capaul 2007; 23f.; Bonsen 2010, 284; Harazd 2010, 264; Huber 2008, 99ff.; siehe auch u. a. Huber 2012; Bonsen 2009; Hallinger & Heck 1998; Leihtwood & Jantzi 2006). Allerdings scheint sich – vor allem im deutschsprachigen Raum – das Führungsverständnis von Schulleitern immer noch im Aufbau und in der Entwicklung zu befinden; der Führungsbegriff ist im schulischen Alltag noch nicht fest verankert, was auch einem eher defizitären bzw. fehlenden normierten Ausbildungs- und Qualifizierungsprogramm zum Berufsbild Schulleitung angelastet wird (vgl. Pfister 2013, 9).

Huber (2008) befasst sich auf Grundlage internationaler Schulforschungsergebnisse mit den Merkmalen erfolgreicher Schulführung im kontextualen, reziproken Prozess. Dabei beschreibt er Schulleitungskompetenz als ein Amalgam (vgl. Huber 2008, 103ff.; 2013, 169), womit ein umfassendes Kompetenzverständnis von personalen Eigenschaften, Fähigkeiten und Fertigkeiten, Motivationen und Einstellungen gemeint ist, das zur Bewältigung der Aufgabenkomplexität eines Schulleiters vonnöten sei. Darunter subsumiert und differenziert Huber *soziale Kompetenzen* für professionelle und gelungene Interaktionen, *persönliche Kompetenzen*, wie die offene Haltung gegenüber Neuem und Innovativem, flexible Denk- und Handlungsfähigkeit, in der Lage zu sein, Unsicherheit und Veränderung auszuhalten, Zeitmanagement, Umgang mit Stress etc. und *administrative Kompetenzen*, worunter bspw. ein angemessener Wissensfundus zu den Gebieten Schulrecht, Pädagogik, Betriebswirtschaft oder auch Organisationspsychologie. In 2012 verfasst Huber Thesen über den *guten*, wirksamen Schulleiter. Demnach erfüllen gute Schulleiter ihre Funktion und wissen, mit Belastungen umzugehen; sie organisieren Führung, sind Komplexitätsbewältiger, Kooperationsprofis sowie Kooperationsförderer; sie stellen Passungen her und handeln situativ; sie sind Entwickler, gute Pädagogen und gute Manager. Gute Schulleiter beachten das Verhältnis von Aufwand und Nutzen, sie verhalten sich integer und fair und zeigen Ver- bzw. Zutrauen. Huber (2012) weist darauf hin, dass das, was gute Schulleiter ausmacht, von Organisation zu Organisation variiert bzw. variieren kann.

In einer deutschen Studie von Huber & Niederhuber (2004) wurden Lehrkräfte bezüglich personaler Eigenschaften, Einstellungen, Fertigkeiten und Fähigkeiten des aus ihrer Sicht idealen im Sinne eines *guten, erfolgreichen* Schulleiters befragt. Aus den Ergebnissen konnten sieben zentrale Merkmale zusammengefasst werden (vgl. Huber & Niederhuber 2004, 47):
Der *ideale* Schulleiter aus Sicht der Lehrer …

- betont die Bedeutung von Erziehung und Unterricht und verfügt über pädagogische Visionen für die Schule.
- identifiziert sich stark mit der eigenen Schule.
- schafft optimale Bedingungen für die Lehrarbeit.
- demonstriert Führungsstärke, Mut und Entscheidungsfreude; verhält sich aber gleichzeitig kooperativ, wertschätzend und anerkennend.
- kennt die Schwierigkeiten und die Leistungsanforderungen, um gute Erziehungs- und Lehrarbeit zu gestalten.
- verfügt über profunde Fachkenntnisse bezüglich guter und innovativer Lehr-Lern-Methoden.
- gelingt ein geschickter Umgang mit der Öffentlichkeit und verschafft der Schule eine gute Reputation.

Für Buchen (2009, 87) unterscheidet sich der *Verwalter* oder *Manager* vom *guten Manager* von Schule dadurch, ob er ein ‚Positions(macht)-Inhaber' oder eine an Schuleffektivität interessierte Führungspersönlichkeit ist und innerhalb der hierarchiearmen Schulorganisation auf Machtansprüche zugunsten gemeinsamer Schulentwicklung verzichtet. Dubs (2009, 105) hingegen verweist explizit darauf, dass Macht ein wesentlicher Aspekt von (erfolgreicher) und akzeptierter Führung bleibt; für ihn ist allerdings die Art der Machttaktik bei Führungskräften hinsichtlich ihrer positiven oder negativen Auswirkungen auf das soziale System Schule relevant. Für Müller et al. (1997, 103) wird die Risikobereitschaft als wesentliche Eigenschaft für Schulleitung als Voraussetzung für Wandel betont. Auch nach Fullan (1996, 701) ist die wichtigste Funktion des Schulleiters die des *change agents*. Das Lehrpersonal, vom Prinzip häufig berufliche Einzelkämpfer, braucht diese *Veränderungsagenten* als zusätzliche Antriebskraft, um durch Führung mit anderen Gleichgesinnten verbunden zu werden, damit gemeinsame Veränderung stattfinden könne. Wenn es um die personalen Merkmale zur Beschreibung eines Schulleiters geht, die im besonderen Maße dazu geeignet sind, Veränderungen zu erzeugen und Reformarbeit zu bewältigen, wird auch im Kontext von Schulführung oft auf (hilfreiches) Charisma in Verbindung mit Visionen, Durchsetzungsstärke und Reflexionsfähigkeit hingewiesen (vgl. Schäfer 2004, 32f.; Lohmann 1999, 87; Fischer & Schratz 1993, 180; Rosenbusch 1997;

Sergiovanni 1995, 122). Nach einer Studie zur Wirksamkeit von Schulleitung von Bonsen et al. (2002) besteht zudem auch ein Zusammenhang zwischen dem Grad der Veränderungsbereitschaft einer Schulleiterpersönlichkeit und der Bewertung *gute* Schule bzw. *verbesserungswürdige* Schule.

Rosenbusch (1997) befasst sich bereits mit den personalen Eigenschaften, Kenntnissen und Fähigkeiten, die man in der Position einer Schulleitung benötigt. Dazu zählt er Persönlichkeitsmerkmale, die teilweise nur von außen entwickelbar sind, z. B. stabiler Charakter, Taktgefühl, Überzeugungskraft, Verbindlichkeit und Glaubwürdigkeit, Integrationsfähigkeit und auch Charisma. Zusätzlich sind nach Rosenbusch (1997) mentale Fähigkeiten wie bspw. soziale und kognitive Intelligenz, Rhetorik, Selbstvertrauen und pädagogisches Verständnis erforderlich. Darüber hinaus müssen aktuelle Sach- und Fachkenntnisse bezüglich (schul-)rechtlicher Vorschriften, der Fach- und Allgemeinpädagogik, Verwaltungs- und Konferenztechniken usw. vorliegen. Zur internen, aber auch externen Vertretung von Schule bedürfe es außerdem organisations- und führungspsychologische, sowie kommunikationstheoretische Fähigkeiten. Dies bedeute, Schulleiter müssten in der Lage sein, ihre Schule sowohl aus der Froschperspektive als auch im soziopolitischen, wirtschaftlichen und kulturellen Kontext als Institution in einer sich rasch wandelnden Gesellschaft und Kultur wahrzunehmen und zu führen.

Bei Horster (2009a) werden zur Entwicklung eines möglichen Schulleitungsleitbildes folgende Beschreibungen bezogen auf *gute* Schulleiter in einem Fragebogen entwickelt (vgl. Horster 2009a, 181):

Ein guter Schulleiter …

- bringt Schulprobleme auf den Punkt, zeigt Lösungswege und sorgt für deren Realisierung.
- kann die Interessen der Schule gegenüber der Schulbehörde durchsetzen.
- stellt sich bei Konflikten mit Eltern, Schülern oder externen Instanzen hinter seine Lehrer.
- sorgt für die Umsetzung und Einhaltung von Vereinbarungen und Beschlüssen.
- setzt Impulse für pädagogische Arbeit.
- delegiert Leitungsaufgaben an das Kollegium.
- initiiert schulintern Diskussion bezüglich aktueller pädagogischen Fragen.
- erachtet Dissens innerhalb des Kollegiums als normale Ausgangslage, um akzeptierbare Vereinbarungen zu erarbeiten.
- kümmert sich beständig um Qualität schulischer Arbeit.
- nimmt persönlich teil an den schulischen Abläufen.

- Arbeitet kooperativ mit den Mitwirkungsorganen.
- sorgt für Rechenschaftslegung innerhalb des Kollegiums bezogen auf Umsetzungen von Beschlüssen und Vereinbarungen.
- überwacht die Einhaltung von Erlassen und Verfügungen.

Innerhalb einer explorativen deutschen Studie von Bonsen, Gathen & Pfeiffer (2002) zur Wirkung von Schulleitungshandeln wurde die Bedeutung von Zielführung und Innovationsförderung durch Schulleitung an guten und weniger guten Schulen offenkundig. In dieser Untersuchung wurden Einschätzungen von Lehrern bezüglich der Schulleitung an „guten" und „verbesserungsbedürftigen" Schulen verglichen, um zentrale Handlungsdimensionen bzw. Merkmale von Schulleitung zu identifizieren, die besonders auf die Unterscheidung erfolgreich oder weniger erfolgreich arbeitender Schulen haben (vgl. Bonsen, Gathen & Pfeiffer 2002, 304ff.). Im Ergebnis wurden vier Handlungsdimensionen der Schulleitung positiv mit Schulqualität assoziiert (vgl. Bonsen, Gathen & Pfeiffer 2002, 309, 317ff.):

- zielbezogene Führung,
- Innovationsbereitschaft,
- Partizipation in der Entscheidungsfindung,
- Organisationskompetenz.

Insgesamt weisen die Analysen von Bonsen, Gathen & Pfeiffer (2002) auf ein stark führungsbetontes Bild von Schulleitung an guten Schulen hin und darauf, dass erfolgreiche Schulleitungen der Umsetzung von Innovationen und gemeinsam getragenen Zielen einen hohen Stellenwert beimessen. Diese Ergebnisse stehen im Einklang mit dem internationalen Stand der Schulleitungsforschung (vgl. z. B. Walker, Bryant & Moosung 2013; Hallinger & Huber 2012, Hallinger & Lu 2013, Pont, Nusche & Moorman 2008).

Bonsen et al. (2002) untersuchten in ihrer empirischen Studie die Frage, inwiefern sich das Führungshandeln von Schulleitern an erfolgreichen Schulen von dem Handeln ihrer Kollegen an weniger erfolgreichen Schulen unterscheidet. Das Ergebnis zeigt, dass sich die zentralen Merkmale (Handlungsdimensionen) guter Schulleiter in innovationsoffener und zielbezogener Führung offenbaren, gefolgt von Partizipation in der Entscheidungsfindung und Organisationskompetenz (vgl. Bonsen 2009, 204f.). Zwischen den ersten beiden Dimensionen besteht eine eindeutige Korrelation und damit lässt sich ein empirisch gesicherter Hinweis ableiten (auch theoretisch plausibel): Je zielbezogener die Schulführung agiert, desto innovationsfreudiger ist die Schule (vgl. Bonsen 2009, 206).

Hall & George (1999) haben auf Grundlage einer Untersuchung zur Förderung von Veränderungsprozessen seitens der Schulführung drei unterschiedliche

Innovationsverhaltensprofil-Typen von Schulleitungen abgeleitet: den *Responder, Manager* und *Initiator*. Die Ergebnisse zeigen, dass Initiatoren – bezogen auf Schulinnovation – die erfolgreichsten Schulleiter sind. Der Initiator ist kreativ, visionär, orientiert sich hauptsächlich an den Bedürfnissen der Schüler. Er wird – auch bezüglich unangenehmer Veränderungsmaßnahmen – als durchsetzungsstark beschrieben. Die Ansprüche an sich und seine Lehrer sind hoch und er handelt bzw. entscheidet zwischen Vorschrift und Flexibilität. Der Initiator trifft strategische Entscheidungen im Sinne längerfristiger Schulentwicklung, auch dann, wenn kein Konsens erwirkt werden kann und Entscheidungsprozesse verzögert werden (vgl. Hall & Georg 1999; Dubs 2005, 248; Seitz & Capaul 2007, 606ff.; siehe Abschnitt 5.2.5). Diese Eigenschaften und Handlungskompetenzen entsprechen in vielerlei Hinsicht den Merkmalen, die in der Literatur auch den Intrapreneur beschreiben (siehe Abschnitt 5.4.2.3).

Im deutschen Forschungsprojekt *Leitungskonzepte an guten und gesunden Schulen* (2007 – 2009) unter der Leitung von Rolff & Harazd wurden unterschiedliche Schulleitungstypen im Zusammenhang mit Schulqualität anhand von drei Führungsaspekten klassifiziert: transformationale Führung; Organisationskompetenz sowie unterrichtsbezogenes Führungshandeln (vgl. Harazd 2010). Für die Typisierung wurden Konzeptionen erfolgreichen Schulleitungshandelns genutzt, um analysieren zu können, inwieweit diese vom schulischen Kontext und den personalen Merkmalen eines Schulleiters abhängen. Das Datenmaterial beruhte auf der Befragung von 125 Schulleitern und 2.876 Lehrkräften. Für die personalen Merkmale wurde zunächst der ursprünglich von Bass (1985; 1990) bzw. Bass & Avolio (1994) entwickelte *Multifactor Leadership Questionnaire* (MLQ) eingesetzt (siehe auch Abschnitt 5.2.3), um die Dimensionen transformationaler Führung abzubilden; *Charisma, inspirierende Motivierung, intellektuelle Stimulierung und individuelle Wertschätzung.* Des Weiteren erfasst wurden *Management- und Organisationskompetenz* sowie *unterrichtsbezogenes Führungshandeln* (z. B. Festlegung und Kommunikation von pädagogischen Zielen, Bildungsprozesse förderlicher gestalten, Thematisierung neuer Lehrmethoden). Die Schulleiter erteilten darüber hinaus Auskunft zu ihrer *allgemeinen Selbstwirksamkeitserwartung, Arbeitszufriedenheit, emotionalen Erschöpfung* (als Konstrukt Burn-out), ihrem *Aktivitätsniveau* und Alter. Auch das Geschlecht der Schulleiter wurde in die Studie mit einbezogen. Im Ergebnis konnten vier Leitungstypen verifiziert werden: Leitungstyp I mit der Bewertung *herausragend* konnte in allen Merkmalen die höchste Ausprägung erzielen, allerdings sind nur 12 Schulleiter in diese Kategorie eingeordnet worden. 50 Schulleiter gehörten Leitungstyp II an, die in allen drei Bereichen überdurchschnittlich positiv bewertet wurden, allerdings unterhalb des Leitungstyps I. Leitungstyp III (46

Schulleiter) entspricht einer durchschnittlichen Ausprägung der Merkmale und Schulleitungstyp IV umfasste nur 17 Schulleiter. Hier waren transformationale und unterrichtsbezogene Führung unterdurchschnittlich ausgeprägt, Organisationskompetenz jedoch im mittleren Bereich. Die Analyse der personalen Merkmale konnte keine positiven Zusammenhänge zwischen Arbeitszufriedenheit bzw. -einstellung und Aktivitätsniveau und Typisierung aufzeigen. Vielmehr unterscheiden sich die Leitungstypen hinsichtlich ihrer Selbstwirksamkeitserwartung und ihres Alters. Der unterdurchschnittliche Leitungstyp ist wesentlich älter und mehr von sich überzeugt als der hervorragende Schulleiter. So weichen die Fremd- und Selbsteinschätzungen beim unterdurchschnittlichen Schulleiter stark voneinander ab (vgl. Harazd 2010, 283).

Zusammengefasst liegen bislang aus der Schulleiterforschung keine empirischen Studienergebnisse vor, die explizit die spezifischen Persönlichkeitsmerkmale „erfolgreicher" bzw. „guter" Schulleiter zuverlässig identifizieren. Untersucht wird vielmehr das Führungshandeln im Schulkontext auf Grundlage interfakultativer Erkenntnisse der Führungsforschung und deren Führungstheorien (Macht-Einfluss-Ansatz, Eigenschafts- und Verhaltensansatz, situativer Ansatz) (vgl. Dubs, 2009, 119f.). Es ist nach wie vor schwierig, auch in der (internationalen) Schulleitungsforschung sowohl theoretisch als auch methodisch den wissenschaftlichen Nachweis einer Wirksamkeit von Schulleitungshandeln (Führung und Management) auf die Schülerleistungsergebnisse zu erbringen. Waters, Marzano & McNulty (2004) haben diesbezüglich in einer Metaanalyse 70 im amerikanischen Sprachraum publizierte Studien untersucht, die die Daten von insgesamt 28.94 Schulen beinhalteten. Die Ergebnisse belegen statistisch einen signifikanten Zusammenhang zwischen effektiver Schulleitung und Schülerleistungen. Auch hier gab es keine Resultate, die plausibel und methodisch haltbar aufweisen konnten, dass eine *unmittelbare* Beeinflussung von Schülerleistungen durch Merkmale der Schulleitung stattfinden kann (vgl. ebd.; siehe auch Pätzold 2010, 287).

### 5.4.3 Vergleich der Merkmale und Erkenntnisbewertung

Um das personenorientierte Konzept Intrapreneurship auf Schulführung zu übertragen, wird in dieser Arbeit zunächst ein deduktiver Zugang über die Beschreibung von Persönlichkeitsmerkmalen kreativer, innovierender Persönlichkeiten sowie erfolgreicher Führungspersönlichkeiten als Hinführung gewählt, um darauf aufbauend interpretativ-explorativ einen Abgleich der Merkmale von Intrapreneuren und mit vorliegenden Erkenntnissen „erfolgreicherer" Schulleiter im Zusammenhang mit moderner Schulführung vorzunehmen. Anzumerken ist, dass die unterschiedlichen Forschungsgebiete (Entrepreneurship und

Schulführungsforschung) nicht exakt vergleichbare Ergebnisse publizieren; teilweise beruhen sie auf theoretischen Überlegungen (die hypothetisch als wahr vorausgesetzt werden), andere sind empirisch gestützt und stellen damit valide Konstruktionen dar. Auch werden die Konstrukte in Studien auf unterschiedliche Weise operationalisiert, was ebenfalls die Vergleichbarkeit von Forschungsergebnissen erschwert. Dies ist u. a. auf unterschiedliche Fragestellungen zu den Akteuren zurückzuführen und auch darauf, dass bspw. der Intrapreneur als Persönlichkeit ein theoretisches Konstrukt ist, was in der Realität bestenfalls als ein Phänomen beobachtbar bleibt, während Schulleiter gelebte Wirklichkeit – immer auch als Positionsinhaber – darstellen und nicht nur theoretisch, sondern auch praktisch untersuchbar sind.

Um trotzdem eine übersichtliche Veranschaulichung von Überschneidungsmerkmalen des Intrapreneurs und des erfolgreichen Schulleiters abzubilden, wird eine Kategorisierung in Anlehnung an die Big Five-Persönlichkeitsmerkmale verwendet, die laut Literatur dem Intrapreneur zugewiesen werden (siehe Tabelle 10 in Abschnitt 5.4.2.3.). Diese Kategorisierung ist abstrakt und in konkreter empirischer Auslegung und Bedeutung veränderbar, allerdings notwendig, um kontext- und problemorientiert die beiden o. g. Konzeptualisierungen erkenntnisleitend aufeinander zu beziehen. Dieses Schema wird somit im Folgenden genutzt, um die 21 empirisch nachgewiesene Charakteristika nach Waters, Marzano & McNulty (2004, 49) erfolgreicher („*guter*") Schulleiter den dahinter liegenden Persönlichkeitsmerkmalen des Intrapreneurs zuzuordnen (siehe Tabelle 10 in Abschnitt 5.4.2.4.).

*Tabelle 12: Charakteristika erfolgreicher Schulleiter (nach Waters, Marzano & McNulty 2004, 49f.) im Abgleich mit Intrapreneurship-Merkmalen*

| Eine effektive Schulleitung ... | Intrapreneurship-Merkmale |
|---|---|
| • entlastet Lehrkräfte von (Disziplin-) Problemen,<br>• verfügt über aktuelles Fach- u. Unterrichtswissen und Schulentwicklungswissen,<br>• vertritt Schule gekonnt gegenüber externen Partnern und Beteiligten,<br>• stellt sich im Führungshandeln auf aktuelle Situationen ein und kann mit Neuerungen und Störungen souverän umgehen,<br>• kennt Details und Probleme des Schulalltags und kann diese ansprechen. | **Hohe Selbstwirksamkeitserwartung**:<br>• Hohes Leistungsbedürfnis (need for archievement)<br>• Zugehörigkeitsbewusstsein<br>• Großes Selbstvertrauen<br>• Vertrauen auf die eigene Intuition<br>• Realitätssinn<br>• Ausdauer<br>• Fachkenntnis |

| Eine effektive Schulleitung … | Intrapreneurship-Merkmale |
|---|---|
| • fördert gemeinsame Schulkultur,<br>• entwickelt und implementiert gemeinsame Regeln,<br>• sorgt für adäquate Ressourcen für Lehrer,<br>• ist in Planung und Implementation des Curriculums involviert,<br>• sucht persönlichen Kontakt zu Lehrern und Schülern,<br>• pflegt Kommunikation mit allen Beteiligten,<br>• erkennt und würdigt individuelle Leistungen,<br>• erkennt und würdigt Erreichtes, sieht aber auch Schwächen,<br>• zeigt Empathie gegenüber allen Beteiligten,<br>• befasst sich systematisch mit der Schuleffektivität,<br>• stellt die professionelle Weiterentwicklung der Lehrer sicher. | **Hohes Macht-, Kontroll- und Autonomiestreben** (need for autonomy, locus of control, tolerance for ambiguity):<br>• Bedürfnis nach aktiver Beeinflussung von Ergebnissen<br>• Urteilsvermögen<br>• Entscheidungsfähigkeit<br>• Durchsetzungsstärke<br>• Kooperationsfähigkeit |
| • regt Neuerungen an und unterstützt deren Umsetzung,<br>• Kommuniziert und demonstriert Ideen und Visionen einer guten Schule,<br>• erarbeitet Ziele für gemeinsame schulische Arbeit und stellt diese im Alltag heraus,<br>• beteiligt Lehrkräfte an Planungen und Umsetzungen. | **Hohe Innovationskraft und Initiative**:<br>• Innovationsfähigkeit- und Bereitschaft<br>• Visionäres Denken<br>• Hohe Eigeninitiative<br>• Fähigkeit, Unterstützung zu gewinnen<br>• Problemlösefähigkeit und -fertigkeit |
| • ist willens und in der Lage, bestehende Praktiken zu überdenken und herauszufordern. | (moderate) Risikobereitschaft **(risk-taking propensity)**:<br>• Fähigkeit und Bereitschaft zur Risikoübernahme<br>• Kontrollierte Abschätzung von Risiken<br>• Elaborierte Informationsverarbeitung |
| *Keine charakteristische Zuordnung möglich.* | **Hohe intrinsische Motivation**<br>• Freude an der Tätigkeit<br>• Hohes Eigeninteresse am Vollzug der Tätigkeit<br>• Neugier und Wissensdrang an Inhalten und Prozessen |

In Tabelle 12 wird dargestellt, dass alle 21 Charakteristika als Ergebnis aus der Studie von Waters, Marzano & McNulty (2004) den Intrapreneurship-Merkmalen nach den Fünf-Faktoren-Modell (Big Five) zuordenbar sind, wobei die moderate Risikobereitschaft sehr schwach mit nur einer Eigenschaft abgebildet wird und das Merkmal der hohen intrinsischen Motivation überhaupt keine Übereinstimmung findet. Nimmt man diesbezüglich die zuvor in diesem Abschnitt erwähnten Ergebnisse anderer Studien hinzu, so können diese Aussagen vom Grunde her bestätigt werden.

Anhand Tabelle 12 wird deutlich, dass die deskriptiven Charakteristiken von Schulleiterpersönlichkeiten, die als erfolgreich eingestuft werden, den spezifischen Persönlichkeitsmerkmalen des Intrapreneur zuordenbar sind. Vor allem in den Kategorien der *hohen Selbstwirksamkeitserwartung* und *hohes Macht-, Kontroll- und Autonomiestreben* finden sich viele Überschneidungen, die allerdings bei allen erfolgreichen Führungs- bzw. Leitungspersönlichkeiten zu vermuten sind, auch bei Verwaltern oder Managern. Die Kategorie *hohe Innovationskraft und Initiative* erscheint als „Schlüsselkategorie" für die Übertragbarkeit der Konzeptionen, denn der erfolgreiche Schulleiter verfügt auch – im Gegensatz zum Verwalter oder Manager – über Persönlichkeitsmerkmale, die innovierend und proaktiv, sogar visionär wirken können. Ein deutlicher Unterschied zwischen dem Intrapreneur und dem „guten" Schulleiter wird im Aspekt der Risikobereitschaft deutlich, der weit weniger ausgeprägt zu sein scheint als beim Intrapreneur. Anzumerken ist, dass eine geringe Risikobereitschaft generell Personen des öffentlichen Dienstes unterstellt wird (vgl. Heinrichs 2008, 119ff.; „defensive Risikoaversion", Braun 2009, 50). Erfolgreiche Schulleiter scheinen selten beobachtbar risikoaffin zu handeln, was bspw. auf die vielen Regularien und Vorgaben durch die Mesoebene, aber auch aufgrund der Interessen und Ausrichtungen anderer relevanten Akteure zurückführbar sein kann, die in der Position der Steuerung einer öffentlichen Verwaltung mit demokratischen Strukturen zu berücksichtigen sind (vgl. Starr 2012). Trotzdem gibt es Autoren, die genau den Aspekt einer erhöhten Risikobereitschaft als ein wesentliches Charakteristikum für Schulleitung als Voraussetzung für Wandel betonen (vgl. Müller et al. 1997, 103). Der letzten Kategorie, der *hohen intrinsischen Motivation,* konnte keines der aufgeführten 21 Charakteristiken zugeordnet werden. Valide Informationen bezogen auf eine hohe intrinsische Motivation können nur durch Selbstbefragung von Schulleitern erhoben werden und würden kaum von außen (Lehrer, Schüler etc.) diagnostiziert. Inwieweit die durch Waters, Marzano & McNulty (2004) ausgewerteten 70 Studien Selbstevaluationen dieses Faktors beinhalten, ist anhand ihrer Veröffentlichung nicht nachvollziehbar. Auch die anderen in dieser Arbeit verwerteten Studienergebnisse ergaben keine weiterführenden

Hinweise, mit Ausnahme einer Befragung von Schulleitern bezüglich ihrer Erwartungshaltung an das Berufsbild des Schulleiters: die Schulleiter nannten u. a. neben hoher Sozial- und Kommunikationskompetenz mit Einfühlungsvermögen ein hohes Maß an Engagement und Begeisterungsfähigkeit für Schule und Schüler (vgl. Schmitz & Voreck 2011, 296f.). Bei beiden handelt es sich um beobachtbare Merkmale, die das Vorhandensein intrinsischer Motivation in Form von Freude und Eigeninteresse an der Tätigkeit als möglich vermuten lassen. Insgesamt kann das Intrapreneurship-Merkmal der intrinsischen Motivation nur bedingt zum Transfer für erfolgreiches Schulführungscharakteristikum genutzt werden; die Frage nach der Ausprägung intrinsischer Motivation bei „erfolgreichen" Schulleitern bleibt als Forschungsdesiderat offen.

Die inhaltliche Zuordenbarkeit der Charakteristika erfolgreicher Schulleiter nach Waters, Marzano & McNulty (2004, 49f.) unterstützt im Ergebnis die Annahme, dass das personenorientierte Konzept Intrapreneurship auf Schulleiter übertragbar ist und damit geeignet sein kann, mehr unternehmerisches Denken und Handeln auf Schulführungsebene zu aktivieren bzw. etablieren, um innovationsfördernd und wirkungsvoller Reformen an Einzelschule umzusetzen.

## 5.5 Zwischenfazit

Dem Utilitätsgedanken folgend, wirken die Ziele von Governance im Schulwesen als sukzessive Veränderung eines staatsbürokratisch organisierten Schulwesens in eine Dienstleistungsorganisation, für die Kundenzufriedenheit (Schüler, Eltern, Ausbilder, Arbeitgeber) zum Kernkriterium der Qualitätsentwicklung wird (vgl. Fend 2008, 364; Aktionsrat Bildung 2011, 197f.). Um nachhaltig Verbesserungen, Optimierungen oder Qualitätssteigerungen im Schulwesen herbeizuführen und gegen innere Widerstände erfolgreich durchzusetzen, sind nicht nur *Innovation* bzw. *Innovationsprozesse* in verschiedenen Bereichen der Einzelschule notwendig, sondern die Einführung eines teamorientierten, systematischen und permanenten *Innovationsmanagements* (vgl. Seitz & Capaul 2007, 598; Pätzold 2010, 284; Thom & Ritz 2002, 10ff.), welches systemisch sowohl Top-down- als auch Buttom-up (oder *horizontal*, vgl. Seitz & Capaul 2007, 592 f.) innerhalb von Schule initiiert wird bzw. werden soll. Denn divergentes Denken und Kreativität gelten als erlern- bzw. trainierbar (vgl. Gielnik 2013, 85f.) und damit auch als stimulierbar. Beides gilt als wesentliche Grundlage für erfolgreiches Führungshandeln (vgl. Bass 1990, Matthew 2009, Gielnik 2013), aber auch für erfolgreiches unternehmerisches Handeln (vgl. Gielnik 2013). Eine moderne Schulleitung steht in der Verantwortung, konstruktive Rahmenbedingungen zur Förderung kreativer Prozesse für schulinterne, schöpferische

Erneuerung (Mehrwert) zu gestalten und zu gewährleisten, somit die Rolle des *Change Facilitator* einzunehmen (vgl. Dubs 2004 13; Seitz & Capaul 2007, 600). Dies bedarf für die Schulpraxis einer kontinuierlichen (Weiter-)Entwicklung von innovationsfördernden integrativ wirkenden Schulführungskonzeptionen, auch oder gerade weil an Schulen pädagogisches Handeln stattfindet, dessen Erfolg in Form von guten Schülerleistungen durch Kooperation und Interaktion auf allen Ebenen geprägt wird und von diesen zugleich abhängig ist (vgl. Wagner 2011, 28f.). In der Forschung werden bislang allerdings hauptsächlich die Konzeptionen (Schul-)*Management* und vor allem *Leadership* potenziell in adaptierter Form auch für den Schulkontext als geeignet angesehen und wissenschaftlich diskutiert, beschrieben, modelliert (vgl. Wagner 2011, Kapitel 2; Dubs 2009, Kapitel 4; Seitz & Capaul 2007, Kapitel 7.2; Buchen 2009). Eine theoretische Übertragung des auf unternehmerisches Handeln aufbauenden Konzepts Entrepreneurship auf den Bildungssektor bzw. Schule findet im deutschsprachigen Raum kaum statt. In Abschnitt 5.3.3 wird aber deutlich, dass Entrepreneurship bzw. Intrapreneurship viele Überschneidungen mit der Konzeption Leadership aufweist; beides sind personenorientierte Modelle und bei beiden liegt der Mehrwert zum Management hauptsächlich im Innovationsaspekt, also in der Vermutung, dass visionäre, innovationsförderliche, strategische Führung (besser) geeignet zu sein scheint, die Einzelschule – gemessen an den modernen Herausforderungen durch die politisch motivierten Anforderungen aus den Umsetzungsprogrammen des New Public Managements – zu führen, als traditionelle, verwaltungsorientierte (bürokratische) Leitung der Primi inter Pares. Entrepreneuriale Führung bietet darüber, hinaus unternehmerisches Denken und Handeln zu etablieren. Durch entrepreneuriale Aspekte wie eine erhöhte Markt- und Kundenorientierung oder das Erkennen und die Nutzung von Gelegenheiten auf Schulführungsebene könnten zusätzliche Mehrwerte aus pädagogischen, curricularen, organisationalen und wirtschaftlichen Potenzialen erwirkt werden (siehe Abbildung 16 in Abschnitt 5.3.3). Zudem belegen die Ausarbeitungen personenorientierter Führungsansätze, dass Persönlichkeitsmerkmale (Eigenschaften, Motivation und Verhalten) der an Führungsprozessen beteiligten Personen (Führungspersonen und Geführte) in Abhängigkeit situativer Umwelteinflüsse Auswirkungen auf erfolgreiches Führungshandeln an Schule haben (reziprokes Modell) (vgl. u. a. Rosenbusch 1997; Huber 2008; 2013; Buchen 2009, Dubs 2009). Darauf aufbauend unterstützt der Abgleich der personalen Merkmale von Intrapreneuren mit den vorliegenden Erkenntnissen effektiver Schulleitung im Zusammenhang mit moderner Schulführung im Ergebnis die Annahme, dass das personenorientierte Konzept Intrapreneurship auf Schulleiter übertragen werden kann.

Im Gesamtergebnis scheint die Übertragung des ökonomischen Konstrukts Intrapreneurship als personenorientierter (Schul-)Führungsansatz möglich und Mehrwert-stiftend, um durch den zusätzlichen Aspekt unternehmerischen Denkens und Handelns weitere bzw. andere (Schul-)Führungsimpulse und -prozesse mit dem Ziel initiieren zu können, die interne Innovativität und Risikobereitschaft in Einzelschule zu erhöhen und proaktiv sowie Mehrwert-schaffend auf Umweltveränderungen respektive Reformen reagieren zu können. Vor allem unter dem Gesichtspunkt, dass nach dem aktuellen Stand der Wissenschaft grundsätzlich davon auszugehen ist, dass entrepreneuriales Verhalten bzw. Intrapreneurship „erlernt", oder zumindest trainiert werden kann (vgl. z. B. Schönebeck 2010, 17; Martin, McNally & Kay 2013, 212; Luca, Cazan & Tomulescu 2012; Unger et al. 2011; siehe Abschnitt 2.2.6.1).

# 6. Fazit und Ausblick

Dem pragmatistischen Forschungsinteresse folgend, werden abschließend einige Aspekte aufgegriffen, die hinsichtlich der Interpretation des dargestellten Themenkomplexes Intrapreneurship und (Schul-)Führung zu berücksichtigen sind.

Aufgrund der theoretischen Erkenntnisgewinnung dieser Arbeit gilt es zunächst, kritisch darauf hinzuweisen, dass alle zur Hinführung des o. g. Ergebnisses genutzten Konstrukte – wie bspw. *Kreativität* und *Innovativität* – in Studien verschiedenartig operationalisiert und empirische Daten nach unterschiedlichen Kriterien erhoben und ausgewertet werden (vgl. Volmer 2013, 68). Hinzu kommt, dass viele Erkenntnisse aus dem angloamerikanischen Raum stammen, was zusätzlich die Vergleichbarkeit der Forschungsergebnisse und ihre weitere Verwertung in anderen Kontexten sowie kulturellen Umwelten erschwert. Auch bietet die deutschsprachige Schulleitungsforschung im Vergleich zu angloamerikanischen Ländern wenig empirische Erkenntnisse und wird zudem in ihrer Systematik und Kontinuität als lückenhaft kritisiert (vgl. Pfister 2013, 16). Insgesamt führen die genannten Aspekte bezogen auf diese Arbeit dazu, dass der im Abschnitt 5.4.3 beschriebene Vergleich der Merkmale erfolgreicher Schulführung mit den Intrapreneurship-Merkmalen größtenteils auf angloamerikanischen Daten basiert und damit nur bedingt und in aller gebotenen Vorsicht und Zurückhaltung auf deutsche Schulleiter übertragbar sein kann.

Und auch die in dieser Arbeit beleuchteten personenbezogenen Konzeptionen – wie *Entre- bzw. Intrapreneur, Change Facilitator, Schulleiter Typ Initiator* oder *Mitunternehmer* – stellen theoretische und nur im Teil empirisch gestützte und damit valide Konstruktionen dar, die den *unternehmerisch denkenden und handelnden Mitarbeiter* in einem sich vollziehenden Wandlungsprozess beschreiben. Real – und zudem im öffentlichen Dienst – ist dieser jedoch selten anzutreffen (vgl. z. B. Thom & Ritz 2008, 119; Hill 2011; Heinrichs & Marschall 2009). Dieser Gedanke kann durch wiederholten Bezug auf das verwandte Konzept des Mitunternehmertums gefestigt werden (vgl. Abschnitt 2.2.3.3): Auch Wunderer (2009, 44f.) sieht die größte Diskrepanz zwischen dem theoretischem Konstrukt des Mitunternehmertums als Führungskonzept und der Praxis in der praktischen Umsetzung im realen *unternehmerischen Handlungsakt*. In einer Studie mit 100 teilnehmenden Firmen wurde Umsetzungs-, Sozial- und Problemlösekompetenz bzw. -motivation empirisch ermittelt. Das Ergebnis offenbarte, dass Umsetzungskompetenz und Umsetzungsmotivation deutlich geringer anzutreffen sind als die beiden anderen (vgl. Wunderer 2009, 44f.). Schumpeter (1911) beschreibt die Problematik folgendermaßen:

„Wie setzt sich das Neue in der Wirtschaft durch? [...] Die neuen Kombinationen kann man immer haben, aber das Unentbehrliche ist die Tat und die Kraft zur Tat.", sowie „Die meisten Leute gehen ihrem täglichen gewohnten Erwerbe nach und haben damit genug zu tun...Eine Minorität von Leuten mit einer schärferen Intelligenz und einer beweglichen Phantasie sehen zahllose neue Kombinationen...Dann aber gibt es noch eine geringere Minorität – und diese handelt..." (Schumpeter 1911, 133)

Des Weiteren ist an dieser Stelle anzumerken, dass eine wie in dieser Arbeit vorgenommene Verengung von (pädagogischer) Führung auf innovationsförderndes und unternehmerisches Führungshandeln die Frage aufwirft, inwieweit sich Intrapreneurship-Qualitäten für die Schulpraxis vermitteln, erlernen und/oder trainieren lassen bzw. ob Schulleiter und/oder potenzielle Schulleiter eine bestimmte Aus- bzw. Vorbildung benötigen und wie diese konzipiert sein könnte (siehe auch Abschnitt 2.2.6.1). In diesem Zusammenhang ist personalpolitisch ebenfalls interessant, ob im (öffentlichen) Schulwesen überhaupt Personen wirken, die in ihrer Persönlichkeit Innovations- bzw. unternehmerisches Potenzial mitbringen, wie man diese erkennen und in Folge zur Übernahme einer Führungsrolle motivieren kann und auch der Aspekt, ob das Arbeitsumfeld in Schulführung für potenzielle Intrapreneure überhaupt attraktiv ist bzw. unter welchen – vor allem auch rechtlichen[99] – Rahmenbedingungen sein könnte (Telefonat Schießl 2014). Die Übertragung personenorientierter Führungskonzepte wie Leadership oder Entre- bzw. Intrapreneurship, bei denen auch unternehmerisches Verhalten impliziert wird, erscheint vor diesem Hintergrund als schwierig bzw. nicht widerspruchsfrei, zumal zu wenig empirische Forschungsergebnisse speziell diese Einflüsse und Auswirkungen auf die Führungsperson und auf den Erfolg ihres Führungsverhaltens fundiert darlegen können (vgl. z. B. Wunderer 2007, 271; Seitz & Capaul 2007, 275, Pechlander & Hammann 2007, 101).

Daran schließt sich die Frage an, inwieweit es sinnig ist, neben den etablierten Führungskonzeptionen, wie z. B. transformationale Führung, weitere eigenständige und spezifische Führungsmodelle im Schulsektor zu etablieren, die auf die Förderung von Kreativität und Innovation als entscheidenden (Schul-)Entwicklungsfaktor abzielen. Oder ob es bereits wertschöpfend sein könnte, Intrapreneurship zusätzlich als Art ergänzendes Kompetenzmodell für Schulleitung zu implementieren. Der Hintergrund dieses Gedankenganges liegt in der Idee der

99 Siehe in diesem Zusammenhang bspw. Battis (2009, 11): „Intrapreneurship gibt es nicht im Rahmen des aktuellen Dienstrechts. Weder dem Begriff noch der Sache nach." Sowie Wißmann 2012.

*Ambidextri*[100]; d. h. eine Kombination scheinbar gegensätzlicher, tatsächlich jedoch komplementärer Führungsstrategien, wodurch unerwünschte Effekte der jeweils entgegengerichteten Strategie kompensiert werden können und es erst dadurch zu einem Übergewicht der positiven gegenüber den negativen Wirkungen einer bestimmten Führungsstrategie kommt. So lautet jedenfalls die Vermutung der Führungsforscher Gebert & Kearney (2011). Diese entwickelten ein alternatives, bislang nur theoriebasiertes Modell, welches eine andere Sichtweise in Bezug auf die etablierten Führungsansätze wählt, aufgrund der Tatsache, dass jeder Führungsstil in der Realität auch negative bzw. destruktive Anteile birgt, die nach Ansicht der Autoren in der Führungsforschung allerdings nachrangig behandelt werden (vgl. Gebert & Kearney 2011, 83). Forschungsergebnisse deuten darauf hin, dass es ambidextren Organisationen gelingt, scheinbar gegensätzliche Handlungsstrategien sowohl im operativen Geschäft zu kombinieren, als auch innovativ auf umweltbedingten Wandel zu reagieren, also gleichzeitig effizient und flexibel zu sein. D. h., organisationale Ambidextrie als Führungskonzeption betont die Bedeutung der Integration der scheinbaren Gegensätze Exploitation (Nutzung bereits vorhandener Kompetenzen) und Exploration (Erkundung von Neuem). Konkret bedeutet dies den simultanen Einsatz direktiver und delegativer Führungsstrategien in Bezug auf vier führungsrelevante Dimensionen: Vollmachtenteilung (zentral vs. dezentral), Zeitvorgaben (Geschwindigkeit vs. Qualität), Wissensinterpretation (gesichert vs. ungesichert) und Kommunikationsrichtung (Konsens vs. Dissenz) (vgl. Gebert & Kearney 2011). Überträgt man die veränderte Sichtweise einer ambidextren Führung auf eine Kombination verschiedener personenorientierter Führungsansätze, so könnte Intrapreneurship gleichzeitig mit etablierten Führungsstrategien vor allem für den Aspekt der Exploration in Einzelschule genutzt werden. Intrapreneurship müsste unter diesem Blickwinkel nicht als alleinige Handlungsstrategie favorisiert werden, sondern könnte komplementär wirken.

Ein anderer, bislang in dieser Arbeit weitgehend unerwähnter, aber erfolgsrelevanter Aspekt für erfolgreiche Schulentwicklung durch Intrapreneurship als Führungskonzeption liegt in der Notwendigkeit von Gefolgschaft (*Followership*)[101]. Denn die Konzeption unternehmerischer Schulführung intendiert, die schulinterne Innovativität und Risikobereitschaft zu erhöhen und

---

100 *Ambidextrie* [lateinisch] bedeutet vom Ursprung „Beidhändigkeit, gleich ausgebildete Geschicklichkeit beider Hände" (http://www.duden.de/rechtschreibung/Ambidextrie; letzter Aufruf am 15.05.2014).

101 Mehr Informationen zu Followershiptheorien, auch im Kontext von Schule, siehe Pfister (2013).

proaktiv sowie Mehrwert-schaffend auf Umweltveränderungen reagieren zu können. Der Schulleiter als Intrapreneur, der den Status quo hinter sich lassen will, kann aber nur wenig als einzelner Akteur vollbringen; er braucht vielmehr dringend eine kritische Masse von Anhängern (*Followers*) auf allen Ebenen, damit Veränderungen gegen Widerstände durch- und umgesetzt werden können (vgl. Schimank 2008, 227f.; siehe auch Abschnitte 3.2.2; 4.1). Dies bedeutet, dass der Schulleiter als Intrapreneur Gefolgschaft zur Erreichung seiner Ziele erzeugen muss. Gefolgschaft folgt einer Idee, einem Konzept oder einer (charismatischen) Person, sie fühlt sich jedoch nicht einer Autorität gegenüber verpflichtet (vgl. Schäfer 2004, 31f.). Sergiovanni (1995) beschreibt Gefolgschaft im Zusammenhang von Schule folgendermaßen:

> "Followers are committed people – committed perhaps to a set of purposes, a cause, a vision of what a school is and can become, a set of believes of what teaching and learning should be, a set of values and standards to which they adhere, a conviction." (Sergiovanni 1995, 133)

Hierbei ist zu vermuten, dass im Kontext von Schule vor allem die Mobilisierung der Gruppe der Lehrer als erfolgskritisch zu bewerten ist (vgl. Terhart 2010, 255f.). Dabei könnte das Problem für Schulleiter zum Tragen kommen, dass sich Lehrer als Individualisten in der autonomen Ausübung ihres Lehrerberufes nicht als „Geführte" oder „zu Führende" erkennen (wollen), sondern sich auf ihre professionelle Ausbildung berufen, die sie vom Grundsatz nicht von der des Schulleiters als Primus inter Pares unterscheidet, was im oft beschriebenen und schulführungsrelevanten *Autonomie-Paritätsmuster*[102] zum Ausdruck kommt (vgl. Pfister 2013, 10; Altrichter & Eder 2004). Für die Personalführung an Schule ergibt sich daraus für Pfister (2013, 10), dass Lehrer „schwer bis fast gar nicht ‚führbar' sind." Dies bedeutet entsprechend auch im Sinne o. g. Definition Sergiovannis (1995, 133), dass der Schulleiter, um die notwendige Gefolgschaft zu erzeugen, seine Lehrkräfte von seinen Veränderungswünschen durch Kommunikation von Absichten und Zielen *überzeugen* muss. Nach Schäfer (2004, 32) liegen die zentralen Grundbedingungen für Generierung von Gefolgschaft an Schule in der Ermutigung und Bemächtigung aller Lehrkräfte, so zu entscheiden und zu handeln, dass die durch das Kollegium geteilten Werte und Absichten optimal umgesetzt werden in Verbindung mit der Wahrung eines bestimmten Mindestmaßes an individueller Autonomie. In diesem Zusammenhang wäre

102 Autonomie bedeutet in diesem Zusammenhang, dass Lehrer weitgehend autonom ihren Beruf ausüben. Parität bezieht sich auf die Gleichheit aller Lehrer (vgl. Altrichter & Eder 2004, 195).

auch die Klärung interessant, ob und wenn ja welche anderen nicht aus dem privatwirtschaftlichen Sektor bekannten innovationsfördernden Führungsfaktoren für pädagogische Arbeit und den Berufsstand der Lehrer relevant sind.

Mit der vorliegenden Arbeit wird der Versuch unternommen, theoriegeleitet mithilfe des personenorientierten Konstrukts Intrapreneurship als (Schul-)Führungskonzept einen Beitrag zu einer innovationsfördernden Führung an Schule zu entwickeln. Die Legitimation der Übertragung des ökonomischen Konzepts auf den öffentlichen Sektor Schule begründet sich durch die Einflüsse des New Public Managements und den Reformdruck im Schulwesen. Intrapreneurship als (Schul-)Führungskonzept basiert auf vorliegenden Erkenntnissen der Intrapreneurship-Forschung und relevanten angrenzenden Forschungsgebieten, wie Innovationsforschung, Promotorenforschung, Führungs- und insbesondere Schulführungsforschung. Die Intention ist, bestehende Schulführungsansätze durch den Aspekt unternehmerischen Denkens und Handelns zu erweitern und in weiterer Folge den möglichen Mehrwert für Einzelschulentwicklung aufzuzeigen.

Auf dieser Grundlage gilt es im Anschluss an diese Dissertation, Intrapreneurship als personenorientierte Führungskonzeption für Schule auf seine Anwendbarkeit in der Schulrealität zu untersuchen. Neben Querschnittsanalysen erscheinen insbesondere aufgrund der Unterschiede zwischen reaktionärem regelorientierten Schulverwaltungshandeln und proaktivem unternehmerischen Führungshandeln im Hinblick auf entsprechende Persönlichkeitsmerkmale, Einstellungen und Volitionen empirisch fundierter Längsschnittanalysen notwendig, durch die die Erkenntnisse geprüft und sinnvoll ergänzt würden. Auch weiterer theoriegeleiteter Forschungsbedarf kann konstatiert werden; z. B. eine vertiefenden Analyse der Möglichkeiten einer an unternehmerischen Schlüsselkompetenzen ausgerichteten Schulleiterauswahl bzw. -entwicklung als struktureller Beitrag zur Steigerung von Innovativität an Einzelschule.

Neben den bereits in diesem Kapitel dargestellten Fragestellungen und Anknüpfungspunkten werden abschließend einige weiterführende Fragen exemplarisch formuliert:

1) Wie schätzen die relevanten internen und externen Akteure an und um Schule die Bedeutung unternehmerischen Schulführungshandelns für Schulentwicklung ein?
2) Eignen sich bestimmte Schulformen (bspw. allgemeinbildende Sekundarschule oder berufliche Schule) aufgrund ihrer gesellschaftspolitischen Aufgabenstellung und/oder ihrer rechtlichen Rahmenbedingungen mehr als andere für die Anwendung von Intrapreneurship als Führungsmodell?

3) In welchen Einzelschulbereichen (pädagogische Profilierung, Personal, Organisation, Finanzierung usw.) liegen welche Innovationspotenziale, die durch unternehmerisches Führungshandeln ‚besser' stimuliert werden könnten?
4) Eignet sich das Konzept Intrapreneurship auch für Lehrer in ihrer unterrichtsbezogenen Führungsrolle und wenn ja, welcher potenzielle Mehrwert könnte daraus für Lehr-Lernprozesse generiert werden?

# Literaturverzeichnis


*Aff, J. & Fortmüller, R.* (2006). Entrepreneurship-Erziehung. In: Wissenschaftplus, Heft 1 2006/07. Wien: Manz Verlag Schulbuch GmbH.

*Aktionsrat Bildung* (2011). Bildungsreform 2000 – 2010 - 2020. Jahresgutachten 2011. Vbw – Vereinigung der Bayrischen Wirtschaft e. V. (Hrsg.). Wiesbaden: VS-Verlag für Sozialwissenschaften. http://www.aktionsrat-bildung.de/fileadmin/Bilder/Zukunft_D_22.03.2011/ 5._Jahresgutachten_2011.pdf. Download am 30.07.2013.

*Aktionsrat Bildung* (2010a). Bildungsautonomie: Zwischen Regulierung und Eigenverantwortung. Jahresgutachten 2010. Vbw – Vereinigung der Bayrischen Wirtschaft e. V. (Hrsg.). Wiesbaden: VS-Verlag für Sozialwissenschaften. http://www.aktionsrat-bildung.de/fileadmin/Dokumente/ Jahresgutachten_2010.pdf. Download am 07.12.2011.

*Aktionsrat Bildung* (2010b). Bildungsautonomie: Zwischen Regulierung und Eigenverantwortung. Dokumentation 2010. Vbw – Vereinigung der Bayrischen Wirtschaft e. V. (Hrsg.). http://aktionsrat-bildung.de/fileadmin/Bilder/ Zukunft_D_17.03.2010/Dokumentation_2010.pdf. Download am 07.12. 2011.

*Aktionsrat Bildung* (2010c). Bildungsautonomie: Zwischen Regulierung und Eigenverantwortung. Expertenrating der Schul- und Hochschulgesetze der Länder zum Jahresgutachten 2010. Vbw – Vereinigung der Bayrischen Wirtschaft e. V. (Hrsg.). http://www.laendercheck-wissenschaft.de/andere_laendervergleiche/bildungsautonomie_ bundeslaender_im_vergleich_2010.pdf. Download am 06.03.2014.

*Almus, M., & Nerlinger, E. A.* (1999). Growth of New Technology-Based Firms: Which Factors Matter? In: Small Business Economics. Vol. 13(2). 141-154.

*Altrichter, H.* (2010). Netzwerke und die Handlungskoordination im Schulsystem. In: Berkemeyer, N., Bos, W. & Kuper, H. (Hrsg.). Bildungsreform durch Vernetzungen. Interdisziplinäre Betrachtungen. Münster: Waxmann. 95-116.

*Altrichter, H., Brüsemeister, T. & Wissinger, J.* (Hrsg.) (2007). Educational Governance. Handlungskoordination und Steuerung im Bildungssystem. Educational Governance Band 1. Wiesbaden: VS-Verlag für Sozialwissenschaften.

*Altrichter, H. & Eder, F.* (2004). Das „Autonomie-Paritäts-Muster" als Innovationsbarriere? In: Holtappels, H.G. (Hrsg.). Schulprogramme – Instrumente der Schulentwicklung. Konzeptionen, Forschungsergebnisse, Praxisempfehlungen. Weinheim und München: Juventa-Verlag. 195-221.

*Altrichter, H., Heinrich, M. &·Soukup-Altrichter, K.* (2011). Schulentwicklung durch Schulprofilierung? Zur Veränderung von Koordinationsmechanismen im Schulsystem. Educational Governance Band 8. Wiesbaden: VS Verlag für Sozialwissenschaften.

*Altrichter, H. & Maag Merki, K.* (Hrsg.) (2010). Handbuch der Neuen Steuerung. Wiesbaden: VS Verlag für Sozialwissenschaften.

*Altrichter, H., & Rürup, M.* (2010). Schulautonomie und die Folgen. In: Altrichter, H. & Maag Merki, K. (Hrsg.), Handbuch der Neuen Steuerung. Wiesbaden: VS Verlag für Sozialwissenschaften. 111-144.

*Amabile, T. M., Conti, R., Coon, H., Lazenby, J. & Herron, M.* (1996). Assessing the Work Environment for Creativity. In: The Academy of Management Journal. Vol. 39(5). 1154-1184.

*Andersen, C., Beck, M. & Selle, S.* (Hrsg.) (2004). Konkurrieren statt Privatisieren. Strategien zur Stärkung der Wettbewerbsfähigkeit kommunaler Dienstleister. Edition der Hans-Böckler-Stiftung Nr. 128, Düsseldorf. http://www.boeckler.de/pdf/p_edition_hbs_128.pdf. Download am 16.07.2013.

*Anderson, N. & Burch, G.S.J.* (2004). Measuring person-team fit: development and validation of the team selection inventory. In: Journal of Managerial Psychology. Vol. 19 (4). 406-426.

*Antoncic, B. & Hisrich, R.D.* (2003). Clarifying the intrapreneurship concept. In: Journal of Small Business and Enterprise Development. Vol. 10(1). 7-24.

*Antoncic, B. & Hisrich, R.D.* (2001). Intrapreneurship: Construct Refinement and Cross-Cultural Validation. In: Journal of Business Venturing. Vol. 16. 495-527.

*Arjoon, S.* (2010). Narcissistic behavior and the economy: the role of virtues. In: Journal of Markets & Morality. Vol.13(1). 59-82.

*Asendorpf, J.B.* (2007). Psychologie der Persönlichkeit. 4. Auflage. Heidelberg: Springer Medizin Verlag.

*Audretsch, D.B.* (2003). Entrepreneurship Policy and the Strategic Management of Places. In: Hart, D. M. (Ed.): The Emergence of Entrepreneurship Policy: governance, start-ups, and growth in the U.S. Cambridge, UK: Cambridge University Press. 20-38.

*Audretsch, D.B., Bönte, W. & Keilbach, M.* (2008). Entrepreneurship capital and its impact on knowledge diffusion and economic performance. In: Journal of Business Venturing. Vol. 23 (6). 687–698.

*Audretsch, D.B. & Keilbach, M.* (2008). The Knowledge Spillover Theory of Entrepreneurship and Economic Growth. Max Planck Institute of Economics. http://www.aeaweb.org/annual_mtg_papers/2008/2008_192.pdf. Downlaod am 31.05.2013.

*Audretsch, D.B. & Keilbach, M.* (2004). Does entrepreneurial capital matter? In: Entrepreneurship Theory and Practice. Vol. 28 (5). 419 – 429.

*Audretsch, D.B. & Thurik, A. R.* (2001). What's New about the New Economy? Sources of Growth in the Managed and Entrepreneurial Economies. In: Industrial and Corporate Change. Vol. 10(1). 267-315.

*Aulinger, A.* (2003). Entrepreneurship – Selbstverständnis und Perspektiven einer Forschungsdisziplin. Universität Oldenburg. Schriftenreihe am Lehrstuhl für allgemeine Betriebswirtschaftslehre, Unternehmensführung und betriebliche Umweltpolitik. http://www.laub.uni-oldenburg.de/download/Arbeitspapier_Entrepreneurship_Aulinger.pdf. Download am 05.01.2012.

*Autorengruppe Bildungsberichterstattung* (Hrsg.) (2014). Bildung in Deutschland 2014. Bielefeld: Bertelsmann. Online Version. http://www.bildungsbericht.de/daten2014/bb_2014.pdf. Download am 13.06.2014.

*Autorengruppe Bildungsberichterstattung* (Hrsg.) (2012). Bildung in Deutschland 2012. Bielefeld: Bertelsmann. Online Version. http://www.bildungsbericht.de/daten2012/bb_2012.pdf. Download am 29.07.2013.

*Autorengruppe Bildungsberichterstattung* (Hrsg.) (2010). Bildung in Deutschland 2010. Bielefeld: Bertelsmann. Online Version. http://www.bildungsbericht.de/daten2010/bb_2010.pdf. Download am 29.07.2013.

*Autorengruppe Bildungsberichterstattung* (Hrsg.) (2008). Bildung in Deutschland 2010. Bielefeld: Bertelsmann. Online Version. http://www.bildungsbericht.de/daten2008/bb_2008.pdf. Download am 29.07.2013.

*Avenarius, H. & Füssel, H.-P.* (2010). Schulrecht. Ein Handbuch für Praxis, Rechtsprechung und Wissenschaft. 8. Auflage. Köln: Carl Link Verlag.

*Baden-Fuller, C.* (1995). Strategic Innovation, Corporate Entrepreneurship and Matching Outside-in to Inside-out Approaches to Strategy Research. In: British Journal of Management. Vol. 6 (Special Issue). 3-16.

*Baez, B. & Abolafia, M.Y.* (2002). Bureaucratic Entrepreneurship and Institutional Change: A Sense-Making Approach. In: Journal of Public Administration Research and Theory. Vol. 12(4). 525-552.

*Bank, V.* (2010). Entrepreneurship and Entrepreneurship Education. Results and Consequences from Studies in the Free State of Saxony and the Czech

Republic. The European Conference on Educational Research (ECER) 2008 Göteborg, 10-12th of September 2008. Published April 2010.

*Bank, V.* (2007). Stiftungen und Unternehmensberatungen – Unterstützung von Schulentwicklung im Spannungsfeld gesellschaftlicher Verantwortung und ökonomischer Effizienz. In: Buer, J. van & Wagner, C. (Hrsg.). Qualität von Schule. Ein kritisches Handbuch. Frankfurt am Main: Peter Lang. 273-284.

*Banner, G.* (2008). Logik des Scheiterns oder Scheitern an der Logik? (Kommentar zu Lars Holtkamp „Das Scheitern des Neuen Steuerungsmodells"). In: dms – der moderne staat – Zeitschrift für Public Policy, Recht und Management. Heft 2/2008. 447-455.

*Bass, B.M.* (1990): From Transactional to Transformational Leadership: Learning to Share the Vision. In: Organizational Dynamics. Vol. 18(1). 19-31.

*Bass, B.M.* (1985): Leadership and Performance beyond Expectations. New York: Free Press.

*Bass, B.M. & Avolio, B.J.* (1994). Improving organizational effectiveness through transformational leadership. Thousand Oaks, CA: Sage Publications.

*Bass, B.M., Avolio, B. J., Jung, D. I. & Berson, Y.* (2003). Predicting unit performance by assessing transformational and transactional leadership. In: Journal of Applied Psychology. Vol. 88(2). 207-218.

*Bastian, J.* (2007). Autonomie von Schulen ist kein Selbstzweck. In: Hermann, U. (Hrsg.). In der Pädagogik etwas bewegen. Impulse für Bildungspolitik und Schulentwicklung. Weinheim und Basel: Beltz Verlag. 53-61.

*Batey, M., Furnham, A. & Safiullina, X.* (2010). Intelligence, general knowledge and personality as predictors of creativity. In: Learning and Individual Differences. Vol. 20(5). 532-535.

*Battis, U.* (2009). „Intrapreneurship im Rahmen des aktuellen Dienstrechts". In: Heinrichs, M. & Marschall, K. (Hrsg.). Wege zu einer Intrapreneurship orientierten öffentlichen Verwaltung. Dokumentation der Tagung „Think Ahead – Move Forward", April 2008, Güstrow. Band 1. Schriftenreihe der Fachhochschule für öffentliche Verwaltung, Polizei und Rechtspflege. Bremen: Europäischer Hochschulverlag. 47 - 62.

*Baumol, W.J.* (1993). Formal Entrepreneurship Theory in Economics: Existence and Bounds. In: Journal of Business Venturing, Vol. 8 (6). 197–210.

*Baumol, W.J.* (1986). Entrepreneurship in Economic Theory. In: The American Economic Review. Vol. 58 (2). 64-71.

*Beare, H., Caldwell, B. & Millikan, R.* (1997). Dimensions of leadership. In: Crawford, M., Kydd, L. & Riches, C. (Eds.). Leadership and teams in educational management. Buckingham: The Open University.

*Beare, H., Caldwell, B. & Millikan, R.* (1989). Creating an Excellent School: Some New Management Techniques. London: Routledge.

*Beattie, R.* (1999). The creative Entrepreneur: A Study of the Entrepreneur's Creative Processes. University of Abertay Dundee. Wellesley: Babson College. http://fusionmx.babson.edu/entrep/fer/papers99/III/III_B/IIIB.html.

*Becker, M. & Rother, G.* (1998). Kompetenzentwicklung. Halle (Saale): Martin-Luther-Universität.

*Becker, M., Spöttl, G., Dreher, R. & Doose, C.-H.* (2006). Berufsbildende Schulen als eigenständig agierende lernende Organisation. Stand der Weiterentwicklung berufsbildender Schulen zu eigenständig agierenden lernenden Organisationen als Partner der regionalen Berufsbildung (BEAGLE). Forschungsbericht. Bund-Länder-Kommission für Bildungsplanung und Forschungsförderung (Hrsg.) Heft 35. www.blk-bonn.de/papers/heft135.pdf. Download am 12.08.2013.

*Beckert, J.* (1997). Grenzen des Marktes. Die sozialen Voraussetzungen wirtschaftlicher Effizienz. Frankfurt a. M.: Campus Verlag.

*Beckmann, I.A.M.* (2009). Entrepreneurship-Politik. Wiesbaden: VS Verlag für Sozialwissenschaften.

*Beckmann, U.* (2007). Schulführungskräfte sind Mangelware. In: Pädagogische Führung (PädF), Heft 4/ 2007. 159-160.

*Begley, T.M. & Boyd, D.B.* (1987). Psychological characteristics associated with performence in entrepreneurial firms and smaller businesses. In: Journal of Business Venturing. Vol. 2(1). 79-93.

*Behrends, T.* (2003). „Organisationskultur" – Gute Praxis braucht gute Theorie. Universität Lüneburg. http://www.uni-lueneburg.de/fb2/bwl/mut/daten/Organisationskultur%20-%20Behrends.pdf. Letzter Aufruf am 27.06.2013.

*Beirat der Berliner Senatsverwaltung für Arbeit, Berufliche Bildung und Frauen* (1999). Berliner Memorandum zur Modernisierung der beruflichen Bildung. Leitlinien für die Schaffung eines dualen, pluralen und modularen Systems des lebensbegleitenden Lernens. In: Berufsbildung Cedefop. Vol. 20. 23–31. http://www.cedefop.europa.eu/etv/Upload/Information_resources/Bookshop/119/20_de_memorandum.pdf. Download am 04.07.2014.

*Bellmann, J.* (2007). Das Monopol des Marktes – Wettbewerbssteuerung im Schulsystem. In: Berliner Debatte Initial (Hrsg.): Märkte denken. Jg. 18(6). 58-71.

*Berkemeyer, N., Bos, W. & Kuper, H.* (2010) (Hrsg.). Bildungsreform durch Vernetzungen. Interdisziplinäre Betrachtungen. Münster: Waxmann.

*Berthold, N., & Neumann, M.* (2008). The Motivation of Entrepreneurs: Are Employed Managers and Self-employed Owners Different? In: Intereconomics. Vol 43(4). 236–244.

*Betts, J.R.* (1998). The Impact of Educational Standards on the Level and Distribution of Earnings. In: American Economic Review. Vol. 88(1). 266-275.

*Bildungskommission der Länder Berlin und Brandenburg* (2003). Bildung und Schule in Berlin und Brandenburg. Herausforderungen und gemeinsame Entwicklungsperspektiven. Berlin: Wissenschaft und Technik.

*Bildungsserver* (2014). Innovationsportal. http://www.bildungsserver.de/innovationsportal/index_e.html. Aufruf am 18.07.2014.

*Biniari, M.G.* (2011). The Emotional Embeddedness of Corporate Entrepreneurship: The Case of Envy. Article first published online in 2011, Baylor University. In: Entrepreneurship Theory and Practice (2012). Special Issue: The Heart of Entrepreneurship. Vol. 36. 141-170.

*Bird, B., Schjoedt, L. & Baum, J.R.* (2012). Editor's Introduction. Entrepreneurs' Behavior: Elucidation and Measurement. In: Entrepreneurship Theory and Practice. Special Issue on Social Entrepreneurs' Behavior. Vol. 36(5). 889-913.

*Bishop, J.H. & Wößmann, L.* (2001). Institutional Effects in a Simple Model of Educational Production. Kiel Working Paper No. 1085. http://www.ifw-members.ifw-kiel.de/publications/institutional-effects-in-a-simple-model-of-educational-production/kap1085.pdf. Download am 06.08.2013.

*Bitzer, M.* (1991).Intrapreneurship – Unternehmertum in der Unternehmung. Stuttgart: Schäffer Verlag.

*Blanchflower, D. G.* (2004). Self-employment: more may not be better. In: Swedish Economic Policy Review. Vol. 11(2). 15-73.

*Blanke, B., Nullmeier, F., Reichard, C. & Wewer, G.* (2011) (Hrsg.). Handbuch zur Verwaltungsreform. 4. Auflage. Wiesbaden: VS Verlag für Sozialwissenschaften.

*Bledow, R.* (2013). Kreative Leistung als selbstgesteuerte Integration psychischer Funktionen. In: Krause, D.E. (Hrsg.). Kreativität, Innovation und Entrepreneurship. Wiesbaden: Springer. 43-58.

*Bleicher, K.* (2004). Das Konzept integriertes Management. Frankfurt: Campus Verlag.

*Bliem, W., Schmid, K. & Petanovitsch, A.* (2014). Erfolgsfaktoren der dualen Ausbildung. Transfermöglichkeiten. ibw-Forschungsbericht Nr. 177. http://www.ibw.at/components/com_redshop/assets/document/product/1392296354_fb177.pdf. Download am 29.06.14.

*BMBF (Bundesministerium für Bildung und Forschung)* (Hrsg.) (2014): Berufsbildungsbericht 2014. http://www.bmbf.de/pub/bbb_2014.pdf. Download am 29.06.2014.

*BMBF (Bundesministerium für Bildung und Forschung)* (Hrsg.) (2013a). Unternehmen Region Die BMBF-Innovationsinitiative Neue Länder. http://www.bmbf.de/de/1280.php. Aufruf am 27.05.2013.

*BMBF (Bundesministerium für Bildung und Forschung)* (Hrsg.) (2013b). KMU-innovativ. http://www.bmbf.de/de/20635.php. Letzter Aufruf am 27.05.2013.

*BMBF (Bundesministerium für Bildung und Forschung)* (Hrsg.) (2013c). http://www.bmbf.de/pubRD/umsetzung_bologna_prozess_2012.pdf. Download am 19.09.2013.

*BMBF (Bundesministerium für Bildung und Forschung)* (Hrsg.) (2012): Berufsbildungsbericht 2012. http://www.bmbf.de/pub/bbb_2012.pdf. Download am 30.06.2012.

*BMI (Bundesministerium des Innern)* (Hrsg.) (2013a). Das Dienstneuordnungsgesetz im Überblick. http://www.bmi.bund.de/cae/servlet/contentblob/367994/publicationFile/17660/DNeuG_Detail.pdf. Download am 16.08.2014.

*BMI (Bundesministerium des Innern)* (Hrsg.) (2013b). Change Management – Anwendungshilfe zu Veränderungsprozessen in der öffentlichen Verwaltung. Berlin. http://www.verwaltung-innovativ.de/nn_684508/DE/Steuerung/ChangeManagement/change__management.html

*BMI (Bundesministerium des Innern)* (Hrsg.) (2009). Umsetzungsplan 2009 zum Fortschrittsbericht zum Regierungsprogramm „Zukunftsorientierte Verwaltung durch Innovation". http://www.bmi.bund.de/SharedDocs/Downloads/DE/Broschueren/2009/umsetzungsplan.pdf;jsessionid=846274C95E842E4B547C009EA57813F2.2_cid373?__blob=publicationFile. Download am 16.08.2014.

*BMI (Bundesministerium des Innern), DBB (Beamtenbund und Tarifunion) & DGB (Deutscher Gewerkschaftsbund)* (Hrsg.) (2007). Für Innovationen, Fortbildung und Führungskräfteentwicklung in der Bundesverwaltung. Modernisierungs- und Fortbildungsvereinbarung vom 5. Oktober 2007. http://

www.dgb.de/themen/++co++9619dab8-b418-11df-6fd9-00188b4dc422/@@ dossier.html. Modernisierungs-und-Fortbildungsvereinbarung.pdf. Download am 22.08.2014.

*BMUKK (Bundesministerium für Unterricht, Kunst und Kultur)* (Hrsg.) (2014). Einführung in das Leadershipkompetenzmodell nach Ulrich et.al. 2000. http://www.leadership-academy.at/downloads/lks-fuehrungseigenschaften.pdf. Download am 04.02.2014.

*BMZ (Bundesministerium für Zusammenarbeit)* (Hrsg.) (2012). Zehn Ziele für mehr Bildung. BMZ Bildungsstrategie 2010-2013. http://www.bmz.de/de/mediathek/publikationen/themen/bildung/Strategiepapier315_1_2012.pdf. Download am 03.07.2014.

*Böttcher, W. & Rürup, M.* (2007). Föderale Struktur des Bildungswesens und Schulentwicklung. In: Buer, J. van & Wagner, C. (Hrsg.). Qualität von Schule. Ein kritisches Handbuch. Frankfurt am Main: Peter Lang. 153-166.

*Bogumil, J.* (2010). Theoretische Grundlagen und Entwicklung des New Public Management. http://www.wissenschaftsmanagement-online.de/converis/artikel/1178, hannovernpm Bogumil.pdf. Download am 14.01.2012.

*Bogumil, J.* (2002). Verwaltungsmodernisierung und aktivierender Staat. In: Perspektiven des demokratischen Sozialismus. Heft 1. 43-65. http://homepage.rub.de/joerg.bogumil/ Downloads/Zeitschriften/Verwalungsm.pdf. Download am 16.07.2013.

*Bogumil, J. & Kuhlmann, S.* (2006). Wirkungen lokaler Reformen. In: Jann, W., Röber, M. & Wollmann, H. (Hrsg.). Public Management. Grundlagen, Wirkungen, Kritik. Festschrift für Christoph Reichard zum 65. Geburtstag. Berlin: Edition Sigma. 349-370.

*Boller, S.* (2009). Kooperation in der Schulentwicklung. Wiesbaden: VS Verlag für Sozialwissenschaften.

*Bono, J.E. & Judge, T.A.* (2004). Personality and transformational and transactional leadership: A meta analysis. In: Journal of Applied Psychology. Vol. 89(5). 901-910.

*Bonsen, M.* (2010). Schulleitungshandeln. In: Altrichter, H. & Maag Merki, K. (Hrsg.): Handbuch der Neuen Steuerung. Wiesbaden: VS Verlag für Sozialwissenschaften. 277-294.

*Bonsen, M.* (2009). Wirksame Schulleitung. In: Buchen, H. & Rolff, H.G. (Hrsg.): Professionswissen Schulleitung. Weinheim: Beltz Verlag. 193-228.

*Bonsen, M., Bos, W. & Rolff, H.G.* (2008). Zur Fusion von Schuleffektivitäts- und Schulentwicklungsforschung. In: Bos, W., Holtappels, H.G., Rolff, H.G.,

Pfeiffer, H. & Schulz-Zander, R. (Hrsg.): Jahrbuch der Schulentwicklung. Band 15. Institut für Schulentwicklung der Universität Dortmund. Weinheim: Juventa Verlag. 11-40.

*Bonsen, M., Büchter, A. & Peek, R.* (2006): Datengestützte Schul- und Unterrichtsentwicklung. Bewertungen der Lernstandserhebungen in NRW durch Lehrerinnen und Lehrer. In: Bos, W., Holtappels, H.G., Rolff, H.G., Pfeiffer, H. & Schulz-Zander, R. (Hrsg.): Jahrbuch der Schulentwicklung. Band 14. Institut für Schulentwicklung der Universität Dortmund. Weinheim: Juventa Verlag. 125-148.

*Bonsen, M., Gathen, J. v.d., Iglhau, C. & Pfeiffer, H.* (2002): Die Wirksamkeit von Schulleitung. Empirische Annährung an ein Gesamtmodell schulischen Leitungshandelns. Weinheim/München: Juventa Verlag.

*Bonsen, M., Gathen, J. v.d., & Pfeiffer, H.* (2002). Wie wirkt Schulleitung? In: Rolff, H.-G.; Holtappels, H.G.; Klemm, K.; Pfeiffer, H. & Schulz-Zander, R. (Hrsg.). Jahrbuch der Schulentwicklung. Band 12. Weinheim: Juventa Verlag. 287-322.

*Bormann, I.* (2011). Zwischenräume der Veränderung. Innovationen und ihr Transfer im Feld von Bildung und Erziehung. Wiesbaden: VS Verlag für Sozialwissenschaften.

*Bortz, J. & Döring, N.* (2006). Forschungsmethoden und Evaluation für Human- und Sozialwissenschaftler. Heidelberg: Springer Medizin Verlag.

*Bos, W., Dedering, K., Holtappels, H.G., Müller, S. & Rösner, E.* (2007). Schulinspektion in Deutschland. Eine kritische Bestandsaufnahme. In: Buer, J. van & Wagner, C. (Hrsg.). Qualität von Schule. Ein kritisches Handbuch. Frankfurt am Main: Peter Lang. 241-258.

*Bouchard, V. & Basso, O.* (2011). Exploring the links between entrepreneurial orientation and intrapreneurship in SMEs. In: Journal of Small Business and Enterprise Development. Vol. 18 (2). 219-231.

*Boyett, I.* (1997). The public sector entrepreneur – a definition. In: International Journal of Entrepreneurial Behaviour & Research. Vol. 3(2). 77-92.

*Boyett, I. & Finlay, D.* (1993). The emergence of the educational entrepreneur. In: Long Range Planning. Vol. 26(3). 114-122.

*Bozeman, B. & Moulton, S.* (2011). Integrative Publicness: A Framework for Public Management Strategy and Performance. In: Journal of Public Administration Research and Theory. Vol. 21(suppl 3). i363-i380.

*Brandstätter, H.* (2011). Personality aspects of entrepreneurship: A look at five meta-analyses. In: Personality and Individual Differences. Vol. 51(3). 222-230.

*Braukmann, U., Bijedic, T. & Schneider, D.* (2008). „Unternehmerische Persönlichkeit“ - eine theoretische Rekonstruktion und nominaldefinitorische Konturierung. Schumpeter Discussion Papers 2008-003. Bergische Universität Wuppertal.http://elpub.bib.uni-wuppertal.de/servlets/DerivateServlet/Derivate-1514/sdp08003.pdf. Download am 26.02.2012.

*Braukmann, U. & Koch, L. T.* (2002): Zum Wuppertaler Ansatz der Entrepreneurship Education. In: BMBF (Hrsg.): EXIST-Konferenz am 12. und 13. November 2001 im Wissenschaftszentrum Bonn – Dokumentation. Bonn 2002. 54-55.

*Braukmann, U. & Schneider, D.* (2007): Die Entwicklung der Persönlichkeit des Unternehmers aus wirtschaftspädagogischer Perspektive. In: Bader, R., Keiser, G. & Unger, T. (Hrsg.): Entwicklung unternehmerischer Kompetenz in der Berufsbildung. Hintergründe, Ziele und Prozesse berufspädagogischen Handelns. Bielefeld: Bertelsmann. 93-121.

*Braun, G.* (2009). Intrapreneurship als Leitbild des New Public Management. In: Heinrichs, M. & Marschall, K. (Hrsg.): Wege zu einer Intrapreneurship orientierten öffentlichen Verwaltung. Dokumentation der Tagung „Think Ahead – Move Forward“, April 2008, Güstrow. Band 1. Schriftenreihe der Fachhochschule für öffentliche Verwaltung, Polizei und Rechtspflege. Bremen: Europäischer Hochschulverlag. 47-62.

*Braun, G.* (2001). Intrapreneurship oder die Innere Führung als betriebliche Führungsphilosophie. In: Opitz, E. (Hrsg.) (2001). 50 Jahre innere Führung. Bremen: Edition Temmen. 116-130.

*Braun, W.* (1991). Kooperation im Unternehmen. Organisation und Steuerung von Innovation. Wiesbaden: Gabler.

*„Bremer Erklärung“* (2000). Gemeinsame Erklärung des Präsidenten der Kultusministerkonferenz und der Vorsitzenden der Bildungs- und Lehrergewerkschaften sowie ihrer Spitzenorganisationen Deutscher Gewerkschaftsbund DGB und DBB - Beamtenbund und Tarifunion. Beschluss der Kultusministerkonferenz vom 05.10.2000. http://www.kmk.org/fileadmin/veroeffentlichungen_beschluesse /2000/2000_10_05-Bremer-Erkl-Lehrerbildung.pdf. Download am 07.08.2013.

*Brignall, S. & Modell, S.* (2000). An institutional perspective on performance measurement and management in the ‘new public sector’. In: Management Accounting Research. Vol. 11. 281-306.

*Brinkmann, U. & Dörre, K.* (2006). Die neue Unternehmerkultur – Zum Leitbild des „Intrapreneurs“ und seinen Implikationen. In: Brinkmann, U. & Krenn, K. & Schief, S. (Hrsg.) (2006). Endspiel des kooperativen Kapitalismus? Wiesbaden: VS Verlag für Sozialwissenschaften. 136-168.

*Brockhoff, K.* (1992). Forschung und Entwicklung: Planung und Kontrolle. München: Oldenbourg.

*Brohm, M.* (2004): Management des Wandels. Die Theorie des Change Managements und die schulpolitische Praxis. In: Böttcher, W. & Terhart, E. (Hrsg.): Organisationstheorie in pädagogischen Feldern: Analyse und Gestaltung. Reihe Organisation und Entwicklung, Band 2. Wiesbaden: VS Verlag für Sozialwissenschaften. 173-190.

*Brosi, P. & Spörrle, M.* (2012). Die dunkle Seite der Führung: Negatives Führungsverhalten, dysfunktionale Persönlichkeitsmerkmale und situative Einflussfaktoren. In: Grote, S. (Hrsg.). Die Zukunft der Führung. Berlin und Heidelberg: Springer Verlag. 269-290.

*Brosius-Gersdorf, F.* (2012). Privatschulen zwischen Autonomie und staatlicher Aufsicht. In: Die Verwaltung. Jg. 45(3). 389–428.

*Bruch, H. & Vogel, B.* (2009). Organisationale Energie. Wie Sie das Potenzial Ihres Unternehmens ausschöpfen. 2., aktualisierte Auflage. Wiesbaden Gabler.

*Buchegger, V.A.* (2006). Culture, Leadership and Organizations. The GLOBE Study of 62 Societies. Robert J. House et al. Darstellung der Studie und deren Ergebnisse sowie eine kritische Würdigung. http://buchegger-partner.com/cms/d/_data/Die_GLOBE_Studie.pdf. Download am 22.08.2014.

*Buchen, H.* (2009). Schule managen – statt nur verwalten. In: Buchen, H. & Rolff, H.G. Professionswissen Schulleitung. Weinheim: Beltz-Verlag.

*Buchen, H. & Rolff, H.G.* (2009). Professionswissen Schulleitung. Weinheim: Beltz-Verlag.

*Buchmann, F.* (2009). Schulentwicklung verstehen. Die soziale Konstruktion des Wandels. Münster: Waxmann.

*Budäus, D.* (2002). Strategisches Management in öffentlichen Verwaltungen – Bedarf und Leistungsfähigkeit unterer besonderer Berücksichtigung der Balanced Scorecard. Diskussionsbeiträge Public Management. Nr. 41. Hamburg: Arbeitsbereich Public Management, Univ. für Wirtschaft und Politik.

*Budäus, D. & Hilgers, D.* (2010). Reform kommunaler Verwaltungen in Deutschland – Entwicklung, Schwerpunkte und Perspektiven. In: Schuster, W. & Murawski, K.-P. (Hrsg.): Die regierbare Stadt. 2. Auflage Stuttgart 2010. 80-107.

*Buer, J. van* (2007): Outputsicherung von Schule zwischen Effektivität und Rechenschaftslegung. In: Buer, J. van & Wagner, C. (Hrsg.). Qualität von Schule. Ein kritisches Handbuch. Frankfurt am Main: Peter Lang. 495-514.

*Buer, J. van* (2005). Bildungscontrolling und Schulentwicklung. Widersprüche zwischen Steuerung einzelschulischen Humankapitals und pädagogischer Entwicklung von Schule und Unterricht? In: Unterrichtswissenschaft. Vol. 33(4). 290-330.

*Buer, J. van & Hallmann, P. J.* (2007). Schulprogramm als zentrales Steuerungsinstrument für die Qualitätssicherung von Schule und Unterricht- Konstruktions- und Implementationsbefunde. In: Buer, J. van & Wagner, C. (Hrsg.). Qualität von Schule. Ein kritisches Handbuch. Frankfurt am Main: Peter Lang. 317-344.

*Buer, J. van & Köller, M.* (2007). Schulprogramm als zentrales Steuerungsinstrument für die Qualitätssicherung von Schule und Unterricht. In: Buer, J. van & Wagner, C. (Hrsg.). Qualität von Schule. Ein kritisches Handbuch. Frankfurt am Main: Peter Lang. 103-130.

*Buer, J. van & Wagner, C.* (Hrsg.) (2007). Qualität von Schule. Ein kritisches Handbuch. Frankfurt am Main: Peter Lang.

*Bull, H. P.* (2008). Rechtliche Möglichkeiten und Grenzen der Innovationen im öffentlichen Sektor. In: *Fisch, R., Müller, A. & Beck, D.* (Hrsg.). Veränderungen in Organisationen. Stand und Perspektiven. Wiesbaden: Verlag für Sozialwissenschaften. 39-52.

*Bull, H. P.* (2005). Zum Auf- und Abbau von Bürokratie. Verwaltung & Management. Heft 5. 228-235.

*Bundesgesetzblatt* (Hrsg.) (2009). Gesetz zur Neuordnung und Modernisierung des Bundesdienstrechts.(Dienstrechtsneuordnungsgesetz – DNeuG). Vom 5. Februar 2009. Bundesgesetzblatt Jahrgang 2009 Teil I Nr. 7, ausgegeben zu Bonn am 11. Februar 2009. Köln: Verlag Bundesanzeiger.

*BVerfG* (*Bundesverfassungsgericht*) (2011). Urt. v. 22.2.2011 – 1 BvR 699/06. http://www.bundesverfassungsgericht.de/entscheidungen/rs20110222_1bvr069906.html. Download am 30.07.13.

*Burgelman, R.A.* (1984). Managing the Internal Corporate Venturing Process. In: Sloan Management Review. Vol. 25(2). 33 – 48.

*Burgelman, R.A.* (1983): A Process Model of Internal Corporate Venturing in the Diversified Mayor Firm. In: Administrative Quarterly. Vol. 28(2). 223-244.

*Burns, J.M.* (1978). Leadership. New York: Harper & Row.

*Buschhoff, C.* (2008). Evaluation von Verwaltungsmodernisierung. Frankfurt am Main: Peter Lang Verlag.

*Bush, T. & Glover, D.* (2003). School Leadership: Concepts and Evidence. National College for School Leadership (Eds.). http://dera.ioe.ac.uk/5119/2/dok217-eng-School_Leadership_Concepts_and_Evidence.pdf. Download am 06.02.2014.

*Bygrave, W. D.* (1998). Die einzelnen Stufen des Entrepreneurship. In: Faltin, G., Ripsas, S. & Zimmer, J. (Hrsg.). Wie aus Ideen Unternehmen werden. München: C.H. Beck.

*Bygrave, W. D., & Hofer, C. W.* (1991). Theorizing about entrepreneurship. Entrepreneurship Theory and Practice. Vol. 16(2). 13-22.

*Bygrave, W.D. & Zacharakis, A.* (2011). Entrepreneurship. 2nd Edition. Hoboken: Wiley & Sons.

*Byrne C. L., Mumford M. D., Barrett J. D. & Vessey W. B.* (2009). Examining the leaders of creative efforts: what do they do, and what do they think about? In: Creative Innovation Management. Vol. 18(4). 256-268.

*Camelo-Ordaz, C., Fernández-Alles, M., Ruiz-Navarro, J. & Sousa-Ginel, E.* (2012). The intrapreneur and innovation in creative firms. In: International Small Business Journal, Vol. 30(5). 513–535.

*Cantillon, R.* (1755). Essai sur le commerce. Erschienen 1892. Boston: Ellis.

*Carter, N. M., Gartner, W. B., Shaver, K. G., & Gatewood, E. J.* (2003). The career reasons of nascent entrepreneurs. In: Journal of Business Venturing. Vol 18(1). 13-39.

*Carton, R.B. & Hofer, C.W. & Meeks, M.D.* (1998). The Entrepreneur and Ent repreneurship – Operational Definitions of their Role in Society. http://www.sbaer.uca.edu/research/icsb/1998/32.pdf. Download am 27.05.2013.

*Casson, M.C.* (2005). Entrepreneurship and the theory of the firm. In: Journal of Economic Behavior & Organization. Vol. 58(2). 327-348.

*Casson, M.C.* (1982). The Entrepreneur: An Economic Theory. Totowa, N J: Barnes & Noble.

*Casson, M.C. & Rose, M.B.* (1997). Institutions and the Evolution of Modern Business: Introduction. In: Business History. Vol. 39(4). 1-8.

*Chandler, G.N., Honig, B. & Wiklund, J.* (2005). Antecedents, moderators, and performance consequences of membership change in new venture teams. In: Journal of Business Venturing. Vol. 20(5). 705-725.

*Chesbrough, H.W.* (2003). The Era of Open Innovation. In: MIT Sloan Management Review. Vol. 44(3). 365-41.

*Choi, J.N.* (2004) Individual and contextual dynamics of innovation-use behavior in organizations. In: Human Performance. Vol. 17(4). 397-414.

*Chwolka, A. & Raith, M.G.* (2012). The value of business planning before start-up - A decision-theoretical perspective. In: Journal of Business Venturing. Vol.27(3). 385-399.

*Claas, S.* (2006). Marktorientiertes Management in Wachstumsunternehmen. Wiesbaden: Deutscher Universitätsverlag.

*Clement, U.* (2010). Gestaltungsoptionen für das berufliche Schulwesen. In: *Clement, U., Nowak, J.; Scherrer, C. & Ruß, S.*. Public Governance und schwache Interessen. Wiesbaden: VS Verlag für Sozialwissenschaften. 63-74.

*Clement, U., Nowak, J.; Scherrer, C. & Ruß, S.* (2010). Public Governance und schwache Interessen. Wiesbaden: VS Verlag für Sozialwissenschaften.

*Cohen, W.M. & Levinthal, D.A.* (1991). Absorptive Capacity: A New Perspective on Learning and Innovation. In Research Policy. Vol. 35(1). 128-152.

*Conger, J. A. & Kanungo, R. N.* (1987). Toward a behavioral theory of charismatic leadership in organizational settings. In: Academy of Management Review. Vol. 12(4). 637-647.

*Conger, J.A., Kanungo, R.N. & Menon, S.T.* (2000). Charismatic Leadership and Follower Effects. In: Journal of Organizational Behavior. Vol. 21(7). 747-767.

*Cooper, A.C., Gimeno-Gascon, F. & Woo, C.Y.* (1994): Initial Human and Financial Capital As Predictors of New Venture Performance, in: Journal of Business Venturing. Vol. 9(5). 371-395.

*Costa, P. T. & McCrae, R. R.* (1992). NEO PI-R professional manual. Odessa, FL: Psychological Assessment Resources.

*Covin, J.G. & Slevin, D.P.* (1991). A Conceptual Model of Entrepreneurship as Firm Behaviour. In: Entrepreneurship Theory and Practice. Vol. 16(1). 7-25.

*Covin, J.G. & Slevin, D.P.* (1989). Strategic management of small firms in hostile and benign environments. In: Strategic Management Journal. Vol. 10(1). 75-87.

*Creuznacher, I.C.* (2008). Persönlichkeitsentfaltung zu unternehmerischen Kompetenzen in Schule und Universität: Eine bildungsökonomische Antwort auf theoretische Zielvorstellungen von Schumpeter. Dissertation an der Philipps-Universität Marburg. Mafex-Publikation (Hrsg.). Band 13. Norderstedt: Books on Demand.

*Cunningham, B. & Lischeron, J.* (1991). Defining Entrepreneurship. In: Journal of Small Business Management. Vol. 29(1). 45–61.

*Dalin, P.* (1999). Theorie und Praxis der Schulentwicklung. Neuwied: Luchterhand.

*Dalin, P. & Rolff, H.G.* (1990). Institutionelles Schulentwicklungsprogramm. Eine neue Perspektive für Schulleiter, Kollegium und Schulaufsicht. Soest: Soester Verlagskontor.

*Damanpour, F.* (1991). Organizational Innovation: A Meta-Analysis of Effects of Determinants and Moderators. In: The Academy of Management Journal. Vol. 34(3). 555-590.

*Damanpour, F. & Schneider, M.* (2009). Characteristics of Innovation and Innovation Adoption in Public Organizations: Assessing the Role of Managers. In: Journal of Public Administration Research Theory. Vol. 19(3). 495-522.

*Dammann, G.* (2009). Narzissmus und Führung. In: Eurich, J. & Brink, A. (Hrsg.). Leadership in sozialen Organisationen. Wiesbaden: VS Verlag für Sozialwissenschaften.61-90.

*Deci, E.L. & Ryan, R.M.* (2000). Intrinsic and Extrinsic Motivations: Classic Definitions and New Directions. In: Contemporary Educational Psychology. Vol. 25(1). 54-67.

*Deci, E.L. & Ryan, R.M.* (1993). Die Selbstbestimmungstheorie der Motivation und ihre Bedeutung für die Pädagogik. Deutsche Fassung. http://selfdeterminationtheory.org/SDT/documents/1993_DeciRyan_DieSelbstbestimmungstheoriederMotivation-German.pdf. Download am 24.01.2014.

*Deci, E.L. & Ryan, R.M.* (1985). Intrinsic Motivation and Self-determination in Human Behavior. New York: Plenum Press.

*Deckert, R.* (2006). Steuerung von Verwaltungen über Ziele. Konzeptionelle Grundlagen unter besonderer Berücksichtigung des Neuen Steuerungsmodells. Dissertation. http://ediss.sub.uni-hamburg.de/volltexte/2006/2789/pdf/DISSRD.pdf. Download am 01.08.2013.

*Dedering, K.* (2012). Steuerung und Schulentwicklung. Wiesbaden: Springer Verlag.

*Dedering, K.* (2010). Entscheidungsfindung in Bildungspolitik und Bildungsverwaltung. In: Altrichter, H. & Maag Merki, K. (Hrsg.), Handbuch der Neuen Steuerung. Wiesbaden: VS Verlag für Sozialwissenschaften. 63-80.

*De Hoogh, A.H.B.; Den Hartog, D.N. & Koopman, P.L.* (2005). Linking the Big Five-Factors of Personality to Charismatic and Transactional Leadership. In: Journal of Organizational Behavior. Vol. 26(7). 839-865.

*deLeon, L. & Denhardt, R.B.* (2000). The Political Theory of Reinvention. In: Public Administration Review. Vol. 60(2). 89-97.

*Delhees, K.H..* (1995). Führungstheorie – Eigenschaftstheorie. In: Kieser, A. & Teber, G. & Wunderer, R. (Hrsg.). Handwörterbuch der Führung. 2. Auflage. Stuttgart: Schäffer-Poeschel Verlag. Sp. 897-906.

*Denker, P.* (2008). Alternative Regulierungsansätze im Kontext der Better Regulation Agenda Eine Analyse von Konzepten, Potenzialen und Erfolgsfaktoren von Regulierung im Schatten staatlicher Hierarchie. Potsdamer Diskussionspapiere zur Verwaltungswissenschaft 1. Potsdam: Universitätsverlag Potsdam.

*Dess, G.G., Ireland, R.D., Zahra, S.A., Floyd, S.W., Janney, J.J. & Lane, P.J.* (2003). Emerging Issues in Corporate Entrepreneurship. In: Journal of Management. Vol. 29(3). 351-378.

*Dess, G.G. & Lumpkin, G. T.* (2005): The Role of Entrepreneurial Orientation in Stimulating Effective Corporate Entrepreneurship. In: Academy of Management Executive. Vol. 19(1). 147-156.

*Dess, G.G., Lumpkin, G. T. & McGee, J.E.* (1999): Linking Corporate Entrepreneurship to Strategy, Structure, and Process: Suggested Research Directions. In: Entrepreneurship Theory and Practice. Vol. 23(3). 85-102.

*Deutschmann, C.* (2008). Der Typus des Unternehmers in wirtschaftssoziologischer Sicht. In: Maurer, A. & Schimank, U. (Hrsg.). Die Gesellschaft der Unternehmen – Die Unternehmen der Gesellschaft. VS Verlag für Sozialwissenschaften. 40-62.

*Diefenbach, F.E.* (2011). Entrepreneurial Orientation in the Public Sector. When Middle Managers Create Public Value. Dissertation. Universität St. Gallen. http://verdi.unisg.ch/www/edis.nsf/SysLkpByIdentifier/3883/$FILE/dis3883.pdf. Download am 13.05.2013.

*Dimov, D.* (2007). Beyond the single-person, single-insight attribution in understanding entrepreneurial opportunities. In: Entrepreneurship: Theory and Practice. Vol.31(5). 713-731.

*Douglas, E. J., & Shepherd, D. A.* (2002). Self-Employment as a Career Choice: Attitudes, Entrepreneurial Intentions, and Utility Maximization. Author-version of article published in: Entrepreneurship Theory and Practice. Vol. 26(3). 81–90. http://eprints.qut.edu.au/5527/1/5527_1.pdf. Download am 25.01.2013.

*Draeger-Ernst, A.* (2003). Vitalisierendes Intrapreneurship. Gestaltungskonzept und Fallstudie. München: Rainer Hampp Verlag.

*Drucker, P.F.* (1993). Innovation and Entrepreneurship. New York: Harper & Row Publishers.

*Drucker, P.F.* (1987). Social innovation - Management's new dimension. In: Long Range Planning. Vol. 20(6). 29-34.

*Drucker, P.F.* (1986). Innovations-Management für Wirtschaft und Politik. Düsseldorf: Econ.

*Drucker, P. F.* (1967). Die ideale Führungskraft. Düsseldorf: Econ Verlag.

*Dubs, R.* (2009). Führung. In: *Buchen, H. & Rolff, H.G.* (2009). Professionswissen Schulleitung. Weinheim: Beltz-Verlag. 102-176.

*Dubs, R.* (2006). Qualitätsmanagement. In: *Buchen, H. & Rolff, H.G.* (2009). Professionswissen Schulleitung. Weinheim: Beltz-Verlag. 1206-1270.

*Dubs, R.* (2005). Die Führung einer Schule. Leadership und Management. 2. Überarbeitete Auflage. Stuttgart: Verlag Steiner.

*Dubs, R.* (2004). Innovationen, Schulentwicklung und Qualitätsmanagement – Eine ganzheitliche Sicht. In: Senatsverwaltung für Bildung, Jugend und Sport., Berlin & Friedricht-Ebert-Stiftung (Hrsg.). Innovationen lohnen sich. Fachtagung am 19. August 2004, Berlin. 9-20.

*Dubs, R.* (1994). Die Führung einer Schule. Leadership und Management. Stuttgart: Verlag Steiner.

*Duden* (2013). Bibliographisches Institut (Hrsg.) Online. Dudenverlag: Berlin. Stichwort: Innovativität. http://www.duden.de/rechtschreibung/Innovativitaet. Stichwort: Innovation. http://www.duden.de/rechtschreibung/Innovation. Aufruf am: 23.05.2013.

*Duden* (2012). Bibliographisches Institut (Hrsg.) Online. Dudenverlag: Berlin. Stichwort: Intrapreneurship. http://www.duden.de/rechtschreibung/Intrapreneurship. Stichwort: Intrapreneuring. http://www.duden.de/rechtschreibung/Intrapreneuring. Aufruf am: 05.02.2012.

*Ebner, H.G.* (2010). Konzeptionelle Grundlagen des Managements beruflicher Schulen. In: Nickolaus, R., Pätzold, G., Reinisch, H. & Tramm, T. (Hrsg.). Handbuch Berufs- und Wirtschaftspädagogik. Bad Heilbrunn: Verlag Julius Kinkhardt. 267-280.

*Ebner, H.G. & Pätzold, G.* (2010). Veränderungen von Steuerungskonstellationen und schulischer Qualitätsentwicklung. In: Nickolaus, R. & Pätzold, G. &

Reinisch, H. & Tramm, T. (Hrsg.). Handbuch Berufs- und Wirtschaftspädagogik. Bad Heilbrunn: Verlag Julius Kinkhardt. 265-266.

*Ebner, M.L., Korunka, C., Frank, H. & Lueger, M.* (2008). Intrapreneurship in der beruflichen Erstausbildung: Versuch einer begrifflichen Klärung und Operationalisierung. In: Zeitschrift für Personalforschung. Jg. 22(3). 291-311.

*Eckhardt, S. & Schießl, N.* (2014). ILIAS: Innovation - Leadership - Intrapreneurship Assessment Service. http://www.ip.mpg.de/de/pub/forschung_lehre/MCIER/forschungsprojekte/ilias.cfm. Aufruf am 14.03.2014.

*Edeling, T.* (2007). Management und Managerialismus im öffentlichen Unternehmen. In: König, K. & Reichard, C. (Hrsg.). Theoretische Aspekte einer managerialistischen Verwaltungskultur. Speyerer Forschungsberichte 254. Speyer: Deutsches Forschungsinstitut für öffentliche Verwaltung. 65-78.

*Eichhorn, P.* (2007). Theoriezugänge zum öffentlichen Management. In: König, K. & Reichard, C. (Hrsg.). Theoretische Aspekte einer managerialistischen Verwaltungskultur. Speyerer Forschungsberichte 254. Speyer: Deutsches Forschungsinstitut für öffentliche Verwaltung. 111-122.

*Elbe, M.* (2012). Management von Ungewissheit. Zukünftige Zumutungen an die Führung. In: Grote, S. (Hrsg.). Die Zukunft der Führung. Berlin und Heidelberg: Springer Verlag. 173-190.

*Elger, C. E.* (2009). Neuroleadership: Erkenntnisse der Hirnforschung für die Führung von Mitarbeitern. München: Haufe.

*Emmerich, M.* (2010). Regionalisierung und Schulentwicklung: Bildungsregionen als Modernisierungsansätze im Bildungssektor. In: Altrichter, H. & Maag Merki, K. (Hrsg.). Handbuch der Neuen Steuerung. Wiesbaden: VS Verlag für Sozialwissenschaften. 355-376.

*Ennuschat, J.* (2012). Organisation der Öffentlichen Schule. Trägerschaft, Rechtsform, Alternativmodelle. In: Die Verwaltung. Jg. 45(3). 331–358.

*Ernst, H.* (2003). Unternehmenskultur und Innovationserfolg - Eine empirische Analyse. In: Schmalenbachs Zeitschrift für betriebswirtschaftliche Forschung. Jg. 55(1). 23-44.

*Esslinger-Hinz, I.* (2006). Schulentwicklungstheorie: Ein Beitrag zum schulentwicklungstheoretischen Diskurs. Jena: Garamond.

*Eurich, J. & Brink, A.* (2009). Leadership in sozialen Organisationen. Wiesbaden: VS Verlag für Sozialwissenschaften.

*Eyal, O. & Inbar, D.E.* (2003). Developing a public school entrepreneurship inventory: Theoretical conceptualization and empirical examination. In: International Journal of Entrepreneurial Behaviour & Research. Vol. 9(6). 221-244.

*Fallgatter, M.J.* (2005). Zur Erforschung der Erfolgsfaktoren junger Unternehmen: Determinanten oder Impulse des unternehmerischen Handelns? In: Achleitner, A.-K., Klandt, H. & Koch, L.T. (Hrsg.): Jahrbuch Entrepreneurship 2004/05. Heidelberg: Springer. 61-76.

*Fallgatter, M.J.* (2004). Entrepreneurship: Konturen einer jungen Disziplin. In: Schmalenbachs Zeitschrift für betriebswirtschaftliche Forschung (zfbf). Heft 1. 23-44.

*Faltin, G.* (2001): Creating a Culture of Innovative Entrepreneurship. In: Journal of International Business and Economy. Vol. 2(1). 123-140.

*Fayolle, A.* (2009). Entrepreneurship Education in Europe: Trends and Challenges. OECD Konferenz in Halle 2009: Universities, innovation and entrepreneurship: good practice workshop 2009. http://www.oecd.org/cfe/leed/43202553.pdf. Download am 05.02.2013.

*Fayolle, A. & Gailly, B.* (2008). From craft to science: Teaching models and learning processes in entrepreneurship education. In: Journal of European Industrial Training. Vol. 32(7). 569-593.

*Feldhoff, T.* (2011). Schule organisieren: Der Beitrag von Steuergruppen und Organisationalem Lernen zur Schulentwicklung. Wiesbaden: VS Verlag für Sozialwissenschaften.

*Felfe, J.* (2006). Transformationale und charismatische Führung – Stand der Forschung und aktuelle Entwicklungen. In: Zeitschrift für Personalpsychologie. Vol. 5(4). 163-176.

*Fend, H.* (2011): Die Wirksamkeit der Neuen Steuerung – theoretische und methodische Probleme ihrer Evaluation. In: Zeitschrift für Bildungsforschung. Jg. 1. 5-24.

*Fend, H.* (2009). Entwicklungslinien des Bildungswesens im 21. Jahrhundert. In: Bosse, D. & Posch, P. Schule 2020 aus Expertensicht: Zur Zukunft von Schule, Unterricht und Lehrerbildung. Wiesbaden: VS Verlag für Sozialwissenschaften. 19-24.

*Fend, H.* (2008). Schule gestalten. Systemsteuerung, Schulentwicklung und Unterrichtsqualität. Wiesbaden: VS Verlag für Sozialwissenschaften.

*Fend, H.* (2006). Neue Theorie von Schule: Einführung in das Verstehen von Bildungssystemen. Wiesbaden: VS Verlag für Sozialwissenschaften.

*Fend, H.* (1996). Schulkultur und Schulqualität. In: Leschinsky, A. (Hrsg.). Die Institutionalisierung von Lehren und Lernen. Beiträge zu einer Theorie der Schule. In: Zeitschrift für Pädagogik. Beiheft. 34. 85-97.

*Fend, H.* (1980): Theorie der Schule. München: Urban und Schwarzenberg.

*Fingerle, K.* (2008). Von Parsons bis Fend – strukturell-funktionale Schultheorien. Universität Kassel. Erstveröffentlichung in: Westermanns Pädagogische Beiträge 1985. Vol. 37(9). 416-421. https://kobra.bibliothek.uni-kassel.de/bitstream/urn:nbn:de:hebis:34-2008022020428/1/FingerleSchultheorien.pdf. Download am 22.07.2014.

*Fischer, W. A. & Schratz, M.* (1993): Schule leiten und gestalten. Mit einer neuen Führungskultur in die Zukunft. Innsbruck: Österreichischer Studienverlag.

*Fisher, J. L. & Koch, J. V.* (2008). Born, Not Made: The Entrepreneurial Personality. Greenwood Press.

*Frank, H.* (2006). Corporate Entrepreneurship: Eine Einführung. In H. Frank (Hrsg.): Corporate Entrepreneurship. Wien: Facultas. 9-32.

*Frank, H., Kessler, A.& Fink, M.* (2010), Entrepreneurial Orientation and Business Performance – A Replication Study. In: Schmalenbach Business Review. Vol. 62(2). 175-198.

*Franke, N.* (2004). Intrapreneurship - Konzept und historischer Bezug. In: Hernsteiner. Jg. 17(1). Wien. 4-6.

*Freeman, C.* (1991). Networks of innovators: A synthesis of research issues. In: Research Policy. Vol. 20(5). 499-514.

*Freudenberg Stiftung* (2014). Arbeitsgemeinschaft „Weinheimer Initiative" - Lokale Verantwortung für Bildung und Ausbildung. http://www.freudenberg-stiftung.de/de/aktivitaeten-von-a-z/jugend-zwischen-schule-und-beruf/weinheimer-initiative-lokale-verantwortung-fuer-bildung-und-ausbildung.html. Aufruf 29.08.2014.

*Freudenberg Stiftung* (Hrsg.) (2007). Weinheimer Initiative 2007. Lokale Verantwortung für Bildung und Ausbildung. Eine öffentliche Erklärung.

*Frey, D., Kleinmann, M. & Barth, S.* (1995). Intrapreneuring und Führung. In: Kieser, A.; Reber, G.; Wunderer, R. (Hrsg.): Handwörterbuch der Führung. Stuttgart: Schäffer-Poeschel Verlag. Sp. 1272-1284.

*Freytag, A., & Thurik, R. A.* (2007). Entrepreneurship and its determinants in a cross-country setting. In: Journal of Evolutionary Economics. Vol. 17(2). 117-131.

*Füssel, H.P.* (2008): Schulrecht im Überblick. Darmstadt: Wissenschaftliche Buchgesellschaft.

*Füssel, H.P.* (2007): Erweiterte Autonomie der Einzelschule und externe Evaluation – Entwicklungen in der deutschen Schulpraxis und Schulgesetzgebung. In: Buer, J. van & Wagner, C. (Hrsg.). Qualität von Schule. Ein kritisches Handbuch. Frankfurt am Main: Peter Lang. 229-240.

*Fullan, M.* (2009). Large-scale reform comes of age. In: Journal of Educational Change. Vol. 10(2-3). 101-113.

*Fullan, M.* (2007). The New Meaning of Educational Change. 4th Edition. New York: Teachers College Press.

*Fullan, M.* (1996). Leadership for Challenge. In: Leithwood, K., Chapman, J., Corson, D, Hallinger, P. & Hart, A. (Eds.). International Handbook of Educational Leadership and Administration. Part 2. Dordrecht: Kluwer Academic Publisher. 701-722.

*Fuller, F.* (1969). Concerns of Teachers. A Devolopmental Conceptualization. In: American Educational Reasearch Journal. Vol. 6(2). 207-226.

*Gabler Verlag* (Hrsg.) (2013). Gabler Wirtschaftslexikon. Online. Stichwort: Grenznutzenschule. http://wirtschaftslexikon.gabler.de/Archiv/9275/grenznutzenschule-v9.html. Aufruf am: 23.05.2013.

*Gartner, W. B.* (1988). "Who Is an Entrepreneur?" is the wrong question. In: American Journal of Small Business. Vol. 12(4). 11-31.

*Gartner, W. B.* (1985). A Conceptual Framework for Describing the Phenomenon of New Venture Creation. In: Academy of Management Review. Vol.10(4). 696-706.

*Gaugler, E.* (1999). Mitarbeiter als Mitunternehmer – Die historischen Wurzeln eines Führungskonzepts und seine Gestaltungsperspektiven in der Gegenwart. In. Wunderer, R. (Hrsg.): Mitarbeiter als Mitunternehmer. Neuwied/Kriftel: Luchterhand. 3-21.

*Gebert, D.* (2013). Geleitwort I. In: Krause, D.E. (Hrsg.). Kreativität, Innovation und Entrepreneurship. Wiesbaden: Springer.

*Gebert D. & Kearney, E.* (2011): Ambidextre Führung: Eine andere Sichtweise. In: Zeitschrift für Arbeits- und Organisationspsychologie. Vol. 55(2). 74–87.

*Gebert, D.* (2002). Führung und Innovation. Stuttgart: Verlag Kohlhammer.

*Gelderen van, M., Thurik, R. A., & Bosma N.* (2006). Success and Risk Factors in the Pre-Startup Phase. In: Small Business Economics, Vol. 26(4). 319-335.

*Gemünden, H.G. & Hölzle, K.* (2011a). Innovatoren - Rollen im Innovationsprozess. Innovatoren – Opponenten. http://www.innovationsmanagement.de/innovatoren/opponenten.html. Aufruf am 24.06.2013.

*Gemünden, H.G. & Hölzle, K.* (2011b). Innovatoren - Rollen im Innovationsprozess. Innovatoren – Promotoren. http://www.innovationsmanagement.de/innovatoren/promotoren.html. Aufruf am 24.06.2013.

*Gemünden, H.G. & Hölzle, K.* (2011c). Innovatoren - Rollen im Innovationsprozess. (Product) Champions. http://www.innovationsmanagement.de/innovatoren/champions.html. Aufruf am 25.06.2013.

*Gemünden, H.G. & Kock, A.* (2008). Erfolg substanzieller Innovationen – der Innovationsgrad als Einflussfaktor. In: *Fisch, R., Müller, A. & Beck, D.* (Hrsg.). Veränderungen in Organisationen. Stand und Perspektiven. Wiesbaden: VS Verlag für Sozialwissenschaften. 201-226.

*Gemünden, H.G. und Walter, A.* (1995). Der Beziehungspromotor - Schlüsselperson für inter-organisationale Innovationsprozesse. In: Zeitschrift für Betriebswirtschaft. Jg. 65(9). 971-986.

*Gerlach, A.* (2003). Innovativität und Sustainability Intrapreneurship. Centre for Sustainability Management. University of Lueneburg. Conference Proceedings of Conference Corporate Social Responsibility and Environmental Management 2003 in Leeds, UK. http://archives.smia.info/2003/SMIA03 Gerlach.pdf. Download am 25.06.13.

*Gerstner, L.V., Semerad, R.D., Doyle, D.P. & Johnston, D.P.* (1994). Reinventing education: entrepreneurship in America's public schools. New York: Dutton.

*Gesetz zur Neuordnung und Modernisierung des Bundesdienstrechts* (Dienstrechtsneuordnungsgesetz – DNeuG) (2009). http://www.bmi.bund.de/cae/servlet/contentblob/367992/publicationFile/17657/dneug.pdfDownload am 27.05.2013.

*Gielnik, M.M.* (2013). Kreativität und Entrepreneurship. In: Krause, D.E. (Hrsg.). Kreativität, Innovation und Entrepreneurship. Wiesbaden: Springer. 77-92.

*Goldenbaum, A.* (2013). Implementation von Schulinnovation. In: Rürup, M. & Bormann, I. (Hrsg.). Innovationen im Bildungswesen: analytische Zugänge und empirische Befunde. Educational Governance, Band 21. Wiesbaden: VS Verlag für Sozialwissenschaften. 149-172.

*Goldenbaum, A.* (2011). Innovationsmanagement in Schulen. Wiesbaden: VS Verlag für Sozialwissenschaften.

*Gompers, P., Lerner, J., & Scharfstein, D.* (2005). Entrepreneurial Spawning: Public Corporations and the Genesis of New Ventures, 1986 to 1999. In: The Journal of Finance. Vol. 60(2). 577–614.

*Goodale, J.C., Kuratko, D.F., Hornsby, J.S. & Covin, J.G.* (2011). Operations management and corporate entrepreneurship: The moderating effect of operations control on the antecedents of corporate entrepreneurial activity in relation to innovation performance. In: Journal of Operations Management. Vol. 29(1-2). 116–127.

*Gorman, G., Hanlon, D., & King, W.* (1997). Some research perspectives on entrepreneurship education, enterprise education, and education for small business management: A ten-year literature review. In: International Small Business Journal. Vol. 15(3). 56-77.

*Gräsel, C. & Fussangel, K.* (2010). Die Rolle von Netzwerken bei der Verbreitung von Innovationen. In: Berkemeyer, N., Bos, W. & Kuper, H. (Hrsg.). Bildungsreform durch Vernetzungen. Interdisziplinäre Betrachtungen. Münster: Waxmann. 117-130.

*Grande, E.* (2012). Governance-Forschung in der Governance-Falle? – Eine kritische Bestandsaufnahme. In: Politische Vierteljahresschrift. Heft 4. 565-592.

*Grande, E. & May, S.* (Hrsg.) (2009). Perspektiven der Governance-Forschung. Bd. 1. Baden-Baden: Nomos.

*Greene, P. ZG., Brush, C.G. & Hart, M.M.* (1999). The Corporate Venture Champion: A Resource Based Approach to Role and Processes. In: Entrepreneurship Theory and Practice. Vol. 23(3). 103-122.

*Greif, S.* (2008). Der Change Explorer. In: Fisch, R., Müller, A. & Beck, D. (Hrsg.). Veränderungen in Organisationen. Stand und Perspektiven. Wiesbaden: Verlag für Sozialwissenschaften. 127-162.

*Großmann, C.* (2010). Der Berliner Bildungs-"Markt". Über Ökonomisierung der Bildung und eine missverständliche Terminologie. Masterarbeit zur Erlangung des Grades Master of Education im Zuge des Lehramt Studiengangs Wirtschaftspädagogik an der Humboldt-Universität zu Berlin.

*Grote, S.* (2012). Die Zukunft der Führung. Berlin und Heidelberg: Springer Verlag.

*Grüner, H.* (2008). Entwicklungsperspektiven der deutschen Entrepreneurship Education im neu gestalteten europäischen Hochschulraum: Der Bologna-Prozess als Impulsgeber für didaktische Konzeptionen. In: Kraus, S. & Gundolf, K. (Hg.). Stand und Perspektiven der deutschsprachigen Entrepreneurship- und KMU-Forschung. Schriftenreihe Institut für Managementforschung Köln e.V. Band 2. Stuttgart: Ibidem-Verlag. 190-204.

*Guilford, J. P.* (1964). Persönlichkeit. Weinheim: Beltz-Verlag.

*Guldin, A.* (2012). Führung und Innovation. In: Grote, S. (Hrsg.). Die Zukunft der Führung. Berlin und Heidelberg: Springer Verlag. 213-234.

*Gutenberg, E.* (1929, Nachdruck von 1988). Die Unternehmung als Gegenstand betriebswirtschaftlicher Theorie. Vaduz: Topos-Verlag.

*Guth W. D.& Ginsberg A.* (1990). Guest Editors' Introduction: Corporate Entrepreneurship. In: Strategic Management Journal. Vol. 11. Special Issue: Corporate Entrepreneurship. 5-15.

*Härtel, I.* (Hrsg.) (2012). Handbuch Föderalismus. Föderalismus als demokratische Rechtsordnung und Rechtskultur in Deutschland, Europa und der Welt. Band II. Probleme, Reformen, Perspektiven des deutschen Föderalismus. Berlin, Heidelberg: Springer-Verlag.

*Häußner, L.P.* (o. J.). Unternimm die Schule – Schule als pädagogisch-unternehmerische Aufgabe. Universität Karlsruhe. http://www.unternimm-die-schule.de/texte/LPH - HIERO Beitrag Educational Entrepreneurship.pdf. Download am 07.11.2011.

*Hagemann, H.W., Schürmann, P. & Harhoff, D.* (2010). Intrapreneure entdecken und Innovationsklima gestalten. Ein innovativer Ansatz zur Entdeckung und Förderung von Innovation in Unternehmen. http://www.munichleadership.com/de/pdf/ilias_ici_masterpraesentation.pdf. Download am 14.03.2014.

*Halal, W.E.* (1993). Internal Markets: Bringing the Power of Free Enterprise Inside Your Organization. New York: John Wiley & Sons.

*Hall, G. E. & George, A. A.* (1999). The impact of principal change facilitator style on school and classroom culture. In: Freiberg, J. (Ed.): School climate: measuring, improving, sustaining healthy learning environments. London: Falmer. 165-185.

*Hall, G. E. & Hord, S. M.* (2001). Implementing Change. Patterns, Principles and Potholes. Nachdruck 2006. Boston: Allyn & Bacon.

*Hallinger, P., Bickman, L., & Davis, K.* (1996). School context, principal leadership, and student reading achievement. In: Elementary School Journal. Vol. 96(5). 527-549.

*Hallinger, P., & Heck, R.H.* (2011). Exploring the journey of school improvement: Classifying and analyzing patterns of change in school improvement processes and learning outcomes. In: School Effectiveness and School Improvement. Vol. 22(1). 1-27.

*Hallinger, P. & Heck, R.H.* (2010) Leadership for learning: does collaborative leadership make a difference in school improvement? In: Educational Management Administration & Leadership. Vol. 38(6). 654-678.

*Hallinger, P. & Heck, R.H.* (1998). Exploring the principal's contribution to school effectiveness: 1980-1995. In: School Effectiveness and School Improvement, Vol. 9(2). 157-191.

*Hallinger, P. & Huber, S.* (2012). School leadership that makes a difference: international perspectives. In: School Effectiveness and School Improvement. Vol. 23(4). 359-367.

*Hallinger, P. & Lu, J.* (2013). Preparing Principals: What Can We Learn from MBA and MPA Programmes? In: Educational Management Administration & Leadership. Vol. 41(4). 435-452.

*Harazd, B. & Ophuysen van, S.* (2011). Transformationale Führung in Schulen. Der Einsatz des „Multifactor Leadership Questionnaire". In: Journal für Bildungsforschung Online. Vol. 3(1). 141–167.

*Harazd, B.* (2010). Schulleitungstypen in eigenverantwortlichen Schulen und ihr Zusammenhang zur Schulqualität. In: Berkemeyer, N, Bos, W., Holtappels, H.G., McElvany, N & Schulz-Zander, R. (Hrsg.). Jahrbuch der Schulentwicklung. Band 16. Institut für Schulentwicklung der Technischen Universität Dortmund. Weinheim: Juventa Verlag. 261-288.

*Harbrecht, A.* (2010). Social Entrepreneurship – Gewinn ist Mittel, nicht Zweck. Eine Untersuchung über Entstehung, Erscheinungsweisen und Umsetzung. Schriften des Interfakultativen Instituts für Entrepreneurship (IEP) des Karlsruher Instituts für Technologie. Band 19. Karlsruhe: KIT Scientific Publishing.

*Hardorp, B.* (1998). Unternehmen Schule – zum Zusammenhang von Wirtschaftlichkeit, Selbstverwaltung und pädagogischem Handeln. Sonderdruck aus: Jach, F. R. & Jenker, S. (Hrsg.). Autonomie der staatlichen Schule und freies Schulwesen. Festschrift zum 65. Geburtstag von J.W. Vogel. Berlin: Duncker & Humblot.

*Harms, R. & Grichnik, D.* (2008). Entrepreneurship als eigenständige Disziplin – Trendwende im Selbstverständnis der dt.-sprachigen Forschungszene? In: Kraus, S. & Gundolf, K. (Hg.). Stand und Perspektiven der deutschsprachigen Entrepreneurship- und KMU-Forschung. Schriftenreihe Institut für Managementforschung Köln e.V. Band 2. Stuttgart: Ibidem-Verlag. 29-47.

*Harper, D.A.* (2008). Towards a theory of entrepreneurial teams. In: Journal of Business Venturing. Vol. 23(6). 613-626.

*Harris, P.R. & Harris, D.L.* (1985). Innovative Management Leadership. In: Leadership & Organization Development Journal. Vol. 6(3). 1-20.

*Hartnuß, B.* (2006). Schule als demokratischer Ort und partnerschaftlich orientiertes Lernzentrum im Gemeinwesen – 10 Thesen zu bürgergesellschaftlichen

Entwicklungspotenzialen von (Ganztags-) Schulen. http://www.bertelsmann-stiftung.de/cps/rde/xbcr/SID-06BDEDD3-339010C9/bst/xcms_bst_dms_19841_19842_2.pdf. Download am 07.02.2014.

*Haus, M.* (2010). Governance-Theorien und Governance-Probleme: Diesseits und jenseits des Steuerungsparadigmas. In: Politische Vierteljahresschrift. Vol. 51(3).457–479.

*Hauschildt, J. & Chakrabarti, A. K.* (1988). Arbeitsteilung im Innovationsmanagement - Forschungsergebnisse - Kriterien und Modelle. In: Zeitschrift Führung und Organisation. Heft 57(6). 378-389.

*Hauschildt, J. & Salomo, S.* (2011). Innovationsmanagement. 5. Auflage. München: Verlag Vahlen.

*Hauser, M.* (2000): Charismatische Führung. Wiesbaden: Gabler.

*Hauser, M.* (1999): Theorien charismatischer Führung. Kritischer Literaturüberblick und Forschungsanregungen. In: Zeitschrift für Betriebswirtschaft. Vol. 69(9). 1003-1023.

*Hébert, R.F. & Link, A.N.* (1989). In search of the meaning of entrepreneurship. In: Small Business Economics. Vol 1(1). 39-49.

*Heid, H.* (2007). Qualität von Schule – Zwischen Bildungstheorie und Bildungsökonomie. In: Buer, J. van & Wagner, C. (Hrsg.). Qualität von Schule. Ein kritisches Handbuch. Frankfurt am Main: Peter Lang. 55-66.

*Heine, M. & Proske, N.* (2012). Eröffnung von Korruptionsmomenten durch Open Government. In: Die Verwaltung. Jg. 45(4). 546–560.

*Heinrich, M.* (2007). Governance in der Schulentwicklung. Von der Autonomie zur evalutationsbasierten Steuerung. Educational Governance Band 3. Wiesbaden: VS Verlag für Sozialwissenschaften.

*Heinrichs, M.* (2008). „Landkarte – Spiel – Intrapreneurship". In: Heinrichs, M. & Marschall, K. (Hrsg.) (2009). Wege zu einer Intrapreneurship orientierten öffentlichen Verwaltung. Dokumentation der Tagung „Think Ahead – Move Forward", April 2008, Güstrow. Band 1. Schriftenreihe der Fachhochschule für öffentliche Verwaltung, Polizei und Rechtspflege. Bremen: Europäischer Hochschulverlag. 119-130.

*Heinrichs, M.* (2007). Governance in der Schulentwicklung. Wiesbaden: VS Verlag für Sozialwissenschaften.

*Heinrichs, M. & Marschall, K.* (Hrsg.) (2009). Wege zu einer Intrapreneurship orientierten öffentlichen Verwaltung. Dokumentation der Tagung „Think Ahead – Move Forward", April 2008, Güstrow. Band 1. Schriftenreihe der

Fachhochschule für öffentliche Verwaltung, Polizei und Rechtspflege. Bremen: Europäischer Hochschulverlag.

*Hellerstedt, K.* (2009). The Composition of New Venture Teams. Its Dynamics and Consequences. Dissertation an der Jönköping International Business School. In: JIBS Dissertation Series 2009. No. 056. http://www.diva-portal.org/smash/get/diva2:211307/FULLTEXT01.pdf. Download am 22.08.2014.

*Hellmann, T.* (2007). When Do Employees Become Entrepreneurs? In: Management Science. 53(6). 919-933.

*Helmke, A.* (2003). Unterrichtsqualität erfassen, bewerten, verbessern. Seelze: Kallmeyer.

*Hentze, J., Graf, A., Kammel, A. & Lindert, K.* (Hrsg.) (2005). Personalführungslehre. Grundlagen, Funktionen und Modelle der Führung. 4. Neu bearbeitete Auflage. Stuttgart: Haupt Verlag.

*Herbert, F.J. & Link, A.N.* (1989). In Search of the Meaning of Entrepreneurship. In: Small Business Economics, Vol. 1(1). 39-49.

*Hess, F.M.* (2007). The Case for Educational Entrepreneurship: Hard Truths About Risk, Reform, and Reinvention. In: The Phi Delta Kappan. Vol. 89(1). 21-30.

*Hesse, M., Lenk, T. & Rottmann, O.* (2009). Privatisierung der Wasserversorgung aus ordnungstheoretischer Perspektive. Arbeitspapier Nr. 40. Universität Leipzig. Wirtschaftswissenschaftliche Fakultät. Institut für Öffentliche Finanzen und Public Management, Finanzwissenschaft. http://www.uni-leipzig.de/~iffwww/fiwi/Forschung/arbeitspapiere/40_Privatisierung_Wasserwirtschaft.pdf. Download am 08.03.2013.

*Heunks, F. J.* (1998). Innovation, creativity, and success. In: Small Business Economics. Vol. 10(3). 263-272.

*Hildemann, K.D.* (2009). Charismatische Führungspersönlichkeit und soziale Verantwortung. In: *Eurich, J. & Brink, A.* (Hrsg.). Leadership in sozialen Organisationen. Wiesbaden: VS Verlag für Sozialwissenschaften. 91-100.

*Hilgers, D.* (2012). Open Government: Theoretische Bezüge und konzeptionelle Grundlagen einer neuen Entwicklung in Staat und öffentlichen Verwaltungen; Open government: Conceptual insights into a new development in the public sector. In: Zeitschrift für Betriebswirtschaft. Vol.82(6). 631-660.

*JesHill, H.* (2011). Von Innovationsmanagement und Management der Unsicherheit zur zukunftsfähigen Verwaltung. In: Verwaltung & Management, Heft 1. 3-7.

*Hill, H.* (2007). Managerialistische Verwaltung aus Sicht der Rechtswissenschaft. In: König, K. & Reichard, C. (Hrsg.). Theoretische Aspekte einer managerialistischen Verwaltungskultur. Speyerer Forschungsberichte 254. Speyer: Deutsches Forschungsinstitut für öffentliche Verwaltung. 187-196.

*Hill, H.* (2006): Von Good Governance zu Public Leadership. In: Verwaltung & Management, Heft 2. 81-84.

*Hinterhuber, H.H.* (2009). Führen heißt die Herzen der Mitarbeiterinnen und Mitarbeiter gewinnen. In: Eurich, J. & Brink, A. (Hrsg.): Leadership in sozialen Organisationen. Wiesbaden: VS Verlag für Sozialwissenschaften. 21-30.

*Hippel von, E.* (1988). The Sources of Innovation. New York: Oxford University Press.

*Hisrich, R.D. & Peters, M.P.* (1989). Entrepreneurship. Starting, Developing, and Managing a New Enterprise. Homewood: Irwin.

*Hisrich, R.D. & Peters, M.P.* (1986). Establishing a new business unit within a firm. In: Journal of Business Venturing. Vol. 1(3). 307-322.

*Holtappels, H.G.* (2013). Innovation in Schulen – Theorieansätze und Forschungsbefunde zur Schulentwicklung. In: Rürup, M. & Bormann, I. (Hrsg.). Innovationen im Bildungswesen: analytische Zugänge und empirische Befunde. Educational Governance, Band 21. Wiesbaden: VS Verlag für Sozialwissenschaften. 45-70.

*Holtkamp, L.* (2010). Governance-Konzepte in der Verwaltungswissenschaft. Neue Perspektiven auf alte Probleme von Verwaltungsreformen. In: Die Verwaltung. Jg. 43(2). 167-194.

*Holtkamp, L.* (2008). Das Scheitern des Neuen Strukturmodells. In: dms – der moderne staat – Zeitschrift für Public Policy, Recht und Management. Heft 2. 423-446.

*Hood, C.* (1991). A Public Management for all seasons? In: Public Administration. Vol. 69(1). 3-19.

*Hornsby, J.S., Kuratko, D.F. & Zahra, S. A.* (2002). Middle managers' perception of the internal environment for corporate entrepreneurship: assessing a measurement scale. In: Journal of Business Venturing. Vol. 17(3). 253-273.

*Hornsby, J., Naffziger, D., Kuratko, D. & Montagno, R.* (1993): An Interactive Model of the Corporate Entrepreneurship Process. In: Entrepreneurship Theory and Practice. Vol. 17(2). 29-37.

*Horster, L.* (2009a). Schulleitung – ein Leitbild entwickeln. In: Buchen, H. & Rolff, H.G. (Hrsg.). Professionswissen Schulleitung. Weinheim: Beltz Verlag. 177-192.

*Horster, L.* (2009b). Changemanagement und Organisationsentwicklung. In: Buchen, H. & Rolff, H.G. (Hrsg.). Professionswissen Schulleitung. Weinheim: Beltz Verlag. 229-295.

*Hotz-Hart, B. & Rohner, A.* (2014). Nationen im Innovationswettlauf. Ökonomie und Politik der Innovation. Wiesbaden: Springer.

*House, R.J.* (1977): A 1976 Theory of Charismatic Leadership. In: Hunt, J.G. & Larson, L.L. (Hrsg.). Leadership: The Cutting Edge. Carbondale: Southern Illinois University Press. 189-207.

*House, R. J.& Howell, J. M.* (1992): Personality and charismatic leadership. In: Leadership Quarterly. Vol. 3(2). 81-108.

*Howell, J.M. & Frost, P.J.* (1989). A Laboratory Study of Charismatic Leadership. In: Organizational Behavior and Human Decision Processes. Vol. 43(2). 243-269.

*Huber, S.G.* (Hrsg.) (2013). Handbuch Führungskräfteentwicklung. Grundlage und Handreichung zur Qualifizierung und Personalentwicklung im Schulsystem. Köln: Carl Link.

*Huber, S.G.* (2012). Zwölf Thesen zur guten Schulleitung. In: SchulTrends. Heft 1. Sonderausgabe der Schulverwaltung. 8-11.

*Huber, S.G.* (2009). Schulleitung. In: Blömeke, S, Bohl, T., Haag, L., Lang-Wojtasik, G. & Sacher, W. (Hrsg.). Handbuch Schule Theorie – Organisation – Entwicklung. Bad Heilbrunn: Verlag Julius Klinkhardt. 502-511.

*Huber, S. G.* (2008). Steuerungshandeln schulischer Führungskräfte aus Sicht der Schulleitungsforschung. In: Langer, R. (Hrsg.).,Warum tun die das?' Governanceanalysen zum Steuerungshandeln in der Schulentwicklung. Educational Governance. Band 6. Wiesbaden: VS Verlag für Sozialwissenschaften. 95-126.

*Huber, S. G.* (2003). Qualifizierung von Schulleiterinnen und Schulleitern im internationalen Vergleich. Kronach: Wolters Kluwer Verlag.

*Huber, S. G., Ahlgrimm, F. & Gördel, B.* (2007). Synopse der Empfehlungen aus dem Modellvorhaben eigenverantwortliche Schule für eine flächendeckende Übertragung der Eigenverantwortlichkeit an alle Berliner Schulen. In: Senatsverwaltung für Bildung, Wissenschaft und Forschung (Hrsg.). Bildung für Berlin: MES Modellvorhaben Eigenverantwortliche Schule – Erfahrungen und Empfehlungen. 52-59.

*Huber, S.G. & Niederhuber, S.* (2004). Schulleitung aus der Sicht von Lehrkräften. In: Pädagogik. Vol. 56(7-8). 44-47.

*Hume, D.* (1997). Eine Untersuchung über den menschlichen Verstand. Kulenkampff, J. (Hrsg.). Klassiker auslegen. Bd. 8. Berlin: Akademie-Verlag.

*Hummelsheim, S. & Timmermann, D.* (2010). Bildungsökonomie. In: Tippelt & Schmidt (Hrsg.). Handbuch Bildungsforschung. 3. Auflage. Wiesbaden: VS Verlag für Sozialwissenschaften. 93-134.

*Hurni, R. & Ritz, A.* (2002). Wirkungsorientierte Führungsstrukturen zur Umsetzung von New Public Management an Schulen. In: Thom, N., Ritz, A. & Steiner, R. (Hrsg.). Effektive Schulführung. Chancen und Risiken des Public Managements im Bildungswesen. Stuttgart: Verlag Haupt. 291-318.

*IBS (Interessenverband Berliner Schulleitungen)* (Hrsg.) (2013). http://www.ibs-verband.de/index.php?option=com_content&view=article&id=51. Aufruf am 31.08.2013.

*Ili, S.* (Hrsg.) (2010). Open Innovation umsetzen: Prozesse, Methoden, Systeme, Kultur. Düsseldorf: Symposium Publishing.

*Ireland, R. D., Covin J.G. & Kuratko, D.F.* (2009). Conceptualizing Corporate Entrepreneurship Strategy. In: Entrepreneurship Theory and Practice (2009). Vol. 33(1). 19-46.

*Jacobsen, L.K.* (2003). Bestimmungsfaktoren für Erfolg im Entrepreneurship. Entwicklung eines umfassenden theoretischen Modells. Dissertation im Fachbereich Erziehungswissenschaft und Psychologie der Freie Universität Berlin. Wiesbaden: Deutscher Universitäts-Verlag.

*Jann, W.* (2009). Praktische Fragen und theoretische Antworten: 50 Jahre Policy-Analyse und Verwaltungsforschung. In: Politische Vierteljahresschrift. Vol 50(3). 476-505.

*Jeschke, S., Isenhardt, I., Hees, F. & Trantow, S.* (Hrsg.) (2011). Enabling Innovation. Innovationsfähigkeit – deutsche und internationale Perspektiven. Berlin, Heidelberg: Springer-Verlag.

*Joas, H.* (1992). Die Kreativität des Handelns. Frankfurt am Main: Suhrkamp Verlag.

*Jobs, S.* (1985). Jobs Talks About His Rise and Fall. Newsweek Interview with Lubenow, G.C. & Rogers, M., Sep. 29, 1985. http://www.thedailybeast.com/newsweek/1985/09/30/jobs-talks-about-his-rise-and-fall.html. Aufruf am 17.07.2013.

*Jochmann-Döll, A. & Tondorf, K.* (2004). Monetäre Leistungsanreize im öffentlichen Sektor. Bestandsaufnahme – Analysen – Gestaltungsempfehlungen.

Edition der Hans-Böckler-Stiftung Nr. 119. http://www.boeckler.de/pdf/p_edition_hbs_119.pdf. Download am 17.07.2013.

*Johannisson, B.* (2009). „Potenziale und Grenzen einer unternehmerischen öffentlichen Verwaltung im Zusammenhang von ökonomischen und regionalen Entwicklungen". In: Heinrichs, M. & Marschall, K. (Hrsg.) (2009). Wege zu einer Intrapreneurship orientierten öffentlichen Verwaltung. Dokumentation der Tagung „Think Ahead – Move Forward", April 2008, Güstrow. Band 1. Schriftenreihe der Fachhochschule für öffentliche Verwaltung, Polizei und Rechtspflege. Bremen: Europäischer Hochschulverlag. 131-139.

*Jones, G.R. & Butler, J.E.* (1992). Managing Internal Corporate Entrepreneurship: An Agency Theory Perspective. In: Journal of Management. Vol. 18(4). 733-749.

*Judge, T.A., Bono, J.E., Ilies, R. & Gerhardt, M.* (2002). Personality and leadership: A qualitative and quantitative review. In: Journal of Applied Psychology. Vol. 87(4). 765-780.

*Kader, R.A., Mohamad, M.R.B. & Ibrahim, A. A. H. C.* (2009). Success Factors for Small Rural Entrepreneurs under the One-District-One-Industry Programme in Malaysia. In: Contemporary Management Research. Vol. 5(2). 147-162.

*Katz, J.A.* (2003). The chronology and intellectual trajectory of American entrepreneurship education 1876–1999. In: Journal of Business Venturing. Vol.18. 283-300.

*Katz, J. & Gartner, W.B.* (1988). Properties of Emerging Organizations. In: The Academy of Management Review. Vol. 13(3). 429-441.

*Kauffeld, S.* (2011). Arbeits-, Organisations- und Personalpsychologie für Bachelor. Berlin und Heidelberg: Springer Medizin Verlag.

*Kehrbaum, T.* (2009). Innovation als sozialer Prozess Die Grounded Theory als Methodologie und Praxis der Innovationsforschung. Wiesbaden: VS Verlag für Sozialwissenschaften.

*Kempel, H.* (2008). Entrepreneurship Education in Österreich. Vortrag Bundesministerium für Unterricht, Kunst und Kultur, Sektion Berufsbildung zur Konferenz für Berufsbildungsforschung in Steyr 2008. http://www.berufsbildungsforschung-konferenz.at/mmedia/2008.07.09/1215606858.pdf. Download: 27.05.2013.

*Kieser, A.* (1986): Unternehmenskultur und Innovation. In: Staudt, E. (Hrsg.). Das Management von Innovationen. Frankfurt am Main: Frankfurter Allgemeine Zeitung. 42-50.

*Kihlstrom, R.E. & Laffont, J.J.* (1979). A General Equilibrium Entrepreneurial Theory of Firm Formation Based on Risk Aversion. In: Journal of Political Economy. Vol. 87(4). 719-748.

*Killus, D.* (2011). „Pädagogische Schulentwicklung" nach Klippert: Empirische Befunde zu den Auswirkungen auf die strategische Kompetenz von Schülerinnen und Schülern. In: Unterrichtswissenschaft. Ausgabe 3. 263-280.

*Kirchhoff, B. A.* (1994). Entrepreneurship Economics. In: Bygrave, W. D. (Hrsg.): The Portable MBA in Entrepreneurship. New York: John Wiley & Sons. 410-439.

*Kirzner, I.M.* (1973). Competition and Entrepreneurship. The University of Chicago Press. Chicago.

*Klafki, W.* (2002). Schultheorie, Schulforschung und Schulentwicklung im politisch-gesellschaftlichen Kontext. Weinheim und Basel: Beltz Verlag.

*Klamer, A.* (2011). Cultural Entrepreneurship. In: Review of Austrian Economics. Vol.24(2). 141-156.

*Klandt, H., Koch, L.T., Schmude, J. & Knaup, U.* (2008): FGF-Report 2008. Entrepreneurship-Professuren an deutschsprachigen Hochschulen: Ausrichtung, Organisation und Vernetzung. Bonn: FGF Förderkreis Gründungs-Forschung e.V.

*Klandt, H., Koch, L.T. & Knaup, U.* (2005): FGF-Report. Entrepreneurship-Professuren 2004. Bonn: FGF Förderkreis Gründungs-Forschung e.V.

*Klandt, H.* (1999). Entrepreneurship: Unternehmerausbildung an deutschen Hochschulen. In: Betriebswirtschaftliche Forschung und Praxis. Heft 3. 241-255.

*Klandt, H.* (1984): Aktivität und Erfolg des Unternehmensgründers – Eine empirische Analyse unter Einbeziehung des mikrosozialen Umfeldes. Bergisch Gladbach: Eul Verlag.

*Klein, H.* (2002). Internal Corporate Venturing – Die Überwindung von Innovationsbarrieren in DAX 100-Unternehmen. Wiesbaden: Deutscher Universitäts-Verlag

*Klein, H.E.*(2008). Was Schulleiter als Führungskräfte brauchen. Bundesarbeitsgemeinschaft SCHULEWIRTSCHAFT, Institut der deutschen Wirtschaft Köln (Hrsg.). www.schulewirtschaft.de/ fileadmin/_temp_/SW_Schulleiter_Juni_2008_01.pdf.

*Klein, H.E.*(2007). Neue Wege zum Erfolg. In: Schulmanagement. Heft 2/2007. München: Oldenburg Schulbuchverlag. 13-15.

*Klein, P. G.* (2008). Opportunity discovery, entrepreneurial action, and economic organization. In: Strategic Entrepreneurship Journal. Vol. 2(3). 175-190.

*Klein, P.G., Mahoney, J., Mc Gahan, A. & Pitelis, C.* (2009). Toward a Theory of Public Entrepreneurship. http://www.business.illinois.edu/Working_Papers/papers/09-0106.pdf.

*Klepper, S., & Sleeper, S.* (2005). Entry by Spinoffs. In: Management Science. Vol. 51(8). 1291-1306.

*Klieme, E. & Hartig, J.* (2007). Kompetenzkonzepte in den Sozialwissenschaften und im erziehungswissenschaftlichen Diskurs. In: Prenzel, M., Gogolin, I. & Krüger, H.H. (Hrsg.). Zeitschrift für Erziehungswissenschaft. Sonderheft Nr. 8. 11-29.

*Klieme, E. & Stanat, P.* (2002): Zur Aussagekraft internationaler Schulleistungsvergleiche - Befunde und Erklärungsansätze am Beispiel PISA. In: Bildung und Erziehung. Jg. 55(1). 25-43.

*Kline, S. & Rosenberg, N.* (1986). An Overview of Innovation. In: Landau, R. & Rosenberg, N. (Hrsg.). The Positive Sum Strategy: Harnessing Technology for Economic Growth. Washington D.C.: National Academy Press. 275-305.

*KMK (Sekretariat der Ständigen Konferenz der Kultusminister der Länder in der Bundesrepublik Deutschland)* (Hrsg.) (2013). Vereinbarung zur Gestaltung der gymnasialen Oberstufe in der Sekundarstufe II (Beschluss der KMK vom 07.07.1972 i.d.F. vom 06.06.2013). http://www.kmk.org/fileadmin/veroeffentlichungen_beschluesse/1972/1972_07_07-Vereinbarung-Gestaltung-Sek2.pdf. Download am 20.09.2013.

*KMK (Sekretariat der Ständigen Konferenz der Kultusminister der Länder in der Bundesrepublik Deutschland)* (Hrsg.) (2009). Studium über berufliche Bildung. Wege und Berechtigungen. http://www.kmk.org/fileadmin/pdf/PresseUndAktuelles/2009/09-09_Hochschulzugang_Berufliche_Bildung.pdf. Download am 30.06.2014.

*KMK (Sekretariat der Ständigen Konferenz der Kultusminister der Länder in der Bundesrepublik Deutschland)* (Hrsg.) (2007). Das Bildungswesen in der Bundesrepublik Deutschland. www.kmk.org/dossier/dossier_dt_ebook.pdf. Download am 04.04.2008.

*Knight, F.H.* (1921). Risk, uncertainty and profit. Boston: Houghton, Mifflin.

*Knight, G.A.* (1997): Cross-Cultural Reliability and Validity of a Scale to Measure Firm Entrepreneurial Orientation. In: Journal of Business Venturing. Vol. 12(3). 213-225.

*Knight, R.M.* (1987). Corporate Innovation and Entrepreneurship: A Canadian Study. In: Journal of Product Innovation Management. Vol. 4(4). 284-297.

*Knut, A. & Schierz, O.* (2009). Unternehmerische Kompetenzentwicklung für die Öffentliche Verwaltung. Ein Lehrkonzept und Erfahrungsbericht. Eckebrecht, M. (Hrsg.). Norderstedt: Books on Demand GmbH.

*Koch, B.* (2011). Wie gelangen Innovationen in die Schule? Eine Studie zum Transfer von Ergebnissen der Praxisforschung. Wiesbaden: VS Verlag für Sozialwissenschaften.

*Koch, R., Conrad, P. & Lorig, W.H.* (Hrsg.) (2011). New Public Service. Öffentlicher Dienst als Motor der Staats- und Verwaltungsmodernisierung. 2. Auflage. Wiesbaden: Gabler Verlag.

*Köller, O.* (2007). Standards und Qualitätssicherung zur Outputsteuerung im System und in der Einzelsituation. In: Buer, J. van & Wagner, C. (Hrsg.). Qualität von Schule. Ein kritisches Handbuch. Frankfurt am Main: Peter Lang. 93-102.

*König, K. & Reichard, C.* (Hrsg.) (2007). Theoretische Aspekte einer managerialistischen Verwaltungskultur. Speyerer Forschungsberichte 254. Speyer: Deutsches Forschungsinstitut für öffentliche Verwaltung.

*Kollmann, T., Herr, C.T. & Kuckerts, A.* (2008). Nicht-lineare Wirkungszusammenhänge zwischen Gründungsorganisation und subjektivem Unternehmenserfolg – empirische Befunde. In: Zeitschrift für Betriebswirtschaft. Vol. 78(6). 651-670.

*Kommission der Europäischen Gemeinschaften* (Hrsg.) (2003). Grünbuch Unternehmergeist in Europa.

*Korunka, C., Frank, H., Lueger, M. & Ebner, M.* (2009). Entwicklung und Prüfung eines Modells zur Förderung von Intrapreneurship in der dualen Berufsausbildung. In: Zeitschrift für Personalpsychologie. Vol. 8(3). 129-146.

*Kotthoff, H.G. & Böttcher, W.* (2010). Neue Formen der „Schulinspektion“: Wirkungshoffnungen und Wirksamkeit im Spiegel empirischer Bildungsforschung. In: Altrichter, H. & Maag Merki, K. (Hrsg.). Handbuch der Neuen Steuerung. Wiesbaden: VS Verlag für Sozialwissenschaften. 295-326.

*Kourilsky, M.L. & Henschke, G.* (2003). Educational Entrepreneurship an Covisionary Multisectorism. In: Kourilsky, M. L. & Walstad, W. B. (Hrsg.). Social Entrepreneurship. Dublin: Senate Hall Academic Publishing. 115-139.

*Kraemer, K.* (2008). Charisma im ökonomischen Umfeld. In: Maurer, A. & Schimank, U. (Hrsg.). Die Gesellschaft der Unternehmen – Die Unternehmen der Gesellschaft. Wiesbaden: VS Verlag für Sozialwissenschaften. 63-77.

*Krapp, A. & Hascher, T.* (2014). Die Erforschung menschlicher Motivation. In: Ahnert, L. (Hrsg.). Theorien in der Entwicklungspsychologie. Berlin-Heidelberg: Springer Verlag. 234-251.

*Kraus, S. & Gundolf, K.* (Hrsg.) (2008). Stand und Perspektiven der deutschsprachigen Entrepreneurship- und KMU-Forschung. Schriftenreihe Institut für Managementforschung Köln e.V. Band 2. Stuttgart: Ibidem-Verlag.

*Krause, D.E.* (Hrsg.) (2013). Kreativität, Innovation und Entrepreneurship. Wiesbaden: Springer.

*Krautz, J.* (2007). Ware Bildung: Schule und Universität unter dem Diktat der Ökonomie. Kreuzlingen/München: Heinrich Hugendubel Verlag.

*Kreiser, P.M.* (2011). Entrepreneurial Orientation and Organizational Learning: The Impact of Network Range and Network Closure. Article first published online in 2011, Baylor University. In: Entrepreneurship Theory and Practice. Vol. 35(5). 1025–1050.

*Kühling, J. & Schreiner, T.* (2011). Grundprobleme von Public Private Partnerships. In: Zeitschrift für das Juristische Studium. Heft 2. 112-122.

*Kühn, S.M., Ackeren, van I., Bellenberg, G., Reintjes, C., Brahm, im G.* (2013). Wie viele Jahre bis zum Abitur? In: Zeitschrift für Erziehungswissenschaft. Vol.16(1). 115-136.

*Kühne-Bertram, G.* (1989). „Pragmatisch". In: Ritter, J. & Gründer, K. (Hrsg.). Historisches Wörterbuch der Philosophie. Bd.7. Sp. 1241-1244.

*Kuhlee, D.* (2007). Das Leitbild einer Trennung von Staat und Gesellschaft. Reflexionen zu den Berufsschulen in Deutschland, ihrer Gestaltung und ihrer Steuerung. In: Münk, D., van Buer, J., Breuer, K. & Dreißinger, T. (Hrsg.). Hundert Jahre kaufmännische Ausbildung in Berlin. Opladen: Budrich Verlag. 108-117.

*Kuhlmann, S.* (2011). Messung und Vergleich von Verwaltungsleistungen: Benchmarking-Regime in Westeuropa. In: Die Verwaltung. Jg. 44(2). 155-178.

*Kuratko, D. F.* (2007). Entrepreneurial Leadership in the 21st Century: Guest Editor's Perspective. In: Journal of Leadership & Organizational Studies. Vol. 13(1). 1-11.

*Kuratko, D. F.* (2005). The Emergence of Entrepreneurship Education: Development, Trends, and Challenges. In: Entrepreneurship Theory and Practice. Vol. 29(5). 577-598.

*Kuratko, D.F. & Audretsch, D.B.* (2009). Strategic Entrepreneurship: Exploring Different Perspectives of an Emerging Concept. In: Entrepreneurship Theory and Practice. Vol. 33(1). 1-17.

*Kuratko, D. F., Covin J.G. & Garrett, R.P.* (2009). Corporate venturing: Insights from actual performance. In: Business Horizons. Vol. 52. 459467.

*Kuratko, D.F., Ireland, R.D., Covin, J.G., & Hornsby, J.S.* (2005). A model of middle level managers'entrepreneurial behavior. In: Entrepreneurship Theory and Practice. Vol. 29(6). 699-716.

*Kuratko, D.F., Morris, M.H. & Covin, J.G.* (2011). Corporate innovation and entrepreneurship. Mason: South Western Cengage Learning.

*Ladenthin, V.* (2010). Kompetenzorientierung als Indiz pädagogischer Orientierungslosigkeit. In: Vierteljahrsschrift für wissenschaftliche Pädagogik. Vol. 86(3). 346–358.

*Ladner, A., Lienhard, A., Ritz, A. & Steiner, R.* (2003). Aus New Public Management wird Public Management. Bern.

*Lambrecht, L.* (2013). Schulinspektorinnen und Schulinspektoren zwischen Schulentwicklung und bildungspolitischer Innovation. In: Rürup, M. & Bormann, I. (Hrsg.). Innovationen im Bildungswesen: analytische Zugänge und empirische Befunde. Educational Governance, Band 21. Wiesbaden: VS Verlag für Sozialwissenschaften. 223-248.

*Lampert, H. & Bossert, A.*(2004). Die Wirtschafts- und Sozialordnung in der Bundesrepublik Deutschland im Rahmen der Europäischen Union. München: Olzog Verlag.

*Landesinstitut für Schule NRW* (2004). Doppelqualifikation im dualen System. http://www.berufsbildung.schulministerium.nrw.de/cms/upload/bs/download/handr-.dq.pdf. Download am 01.07.2014.

*Lang, M.* (2009). Fostering teacher's collaboration by implementing innovation projects in vocational schools? Findings of the project SKOLA. Paper Presented at the European Conference on Educational Research, Vienna, Austria 28 - 30 September 2009. http://www.voced.edu.au/content/ngv43804. Download am 01.02.2012.

*Lange, B.* (2007). Die Räume der Kreativszenen: Culturepreneurs und ihre Orte in Berlin. Bielefeld: Transcript-Verlag.

*Lang-von Wins, T.* (2004). Der Unternehmer – Arbeits- und organisationspsychologische Grundlagen. Berlin, Heidelberg: Springer.

*Leibenstein, H.* (1987). Entrepreneurship, entrepreneurial training, and x-efficiency theory. In: Journal of Economic Behavior and Organization. Vol. 8(2). 191-205.

*Leibenstein, H.* (1966). Allocative efficiency v. X-efficiency. In: American Economic Review. Vol. 56(3). 392-415.

*Leisey, E.E. & Lavaroni, C.* (Hrsg.) (2000). The Educational Entrepreneur. Making a Difference. San Rafael: Edupreneur Press.

*Leithwood, K. & Jantzi, D.* (2006). Transformational school leadership for large-scale reform: Effects on students, teachers, and their classroom practices. In: School Effectiveness and School Improvement. Vol. 17(2). 201-227.

*Leithwood, K. & Jantzi, D.* (1999).The relative effects of principal and teacher leadership on student engagement in school. In: Educational Administration Quarterly. Vol. 35(5). 679-706.

*Levay, C.* (2010). Charismatic Leadership in Resistance to Change. In: The Leadership Quarterly. Vol. 21(1). 127-143.

*Lindenmann, S.* (2011). Employee Entrepreneurship: When Do Inventors Found a Spin Off? Why Have Most Spin-Off Founders Worked Previously for Small Companies? Dissertation an der Fakultät VII - Wirtschaft und Management der Technischen Universität Berlin. http://opus.kobv.de/tuberlin/volltexte/2011/3212/pdf/lindenmann_simon.pdf. Download am 17.01.2013.

*LMU (Ludwig Maximilian Universität) Entrepreneurship Center* (2014). Beschreibung des Forschungsprojekts Intrapreneurship (ILIAS360). http://www.entrepreneurship-center.uni-muenchen.de/research/intrapreneurship/projektbeschreibung/index.html. Letzter Aufruf am 20.08.2014.

*LMU (Ludwig Maximilian Universität) Entrepreneurship Center* (2011). Muster-Auswertung Projekt ILIAS360, Ludwig-Maximilians-Universität München. http://www.entrepreneurship-center.uni-muenchen.de/download_pdf/research/illias_auswertung_mmustermann1.pdf. Download am 21.03.2014.

*LMU (Ludwig Maximilian Universität) Entrepreneurship Center* (o. J.). Beschreibung der Dimensionen zur Messung von Intrapreneurship-Potential eines Mitarbeiters. Forschungsprojekt ILIAS360. Ludwig-Maximilians-Universität München. Ansprechpartner Harhoff, D. http://www.entrepreneurship-center.uni-muenchen.de/download_pdf/research/dimensionen-research.pdf. Download am 14.03.2014.

*Loch, C.H., Solt, M.E. & Bailey, E.M.* (2008): Diagnosing Unforeseeable Uncertainty in a New Venture. In: Journal of Product Innovation Management. Vol. 25(1). 28-46.

*Lohmann, A.* (1999): Führungsverantwortung der Schulleitung. Handlungsstrategien für eine innere Schulentwicklung. Neuwied: Luchterhand Verlag.

*Lohmann, I.* (2010). Ökonomisierung der Bildung. http://www.erzwiss.uni-hamburg.de/Personal/Lohmann/Attac-Sommerakademie-2010/Lohmann_%D6konomisierung_2010.pdf. Download am 20.05.2012.

*Louis, K. S. & Miles, M.B.* (1990): Improving the urban high school: What works and why. New York: Teachers' College Press.

*Low, M.B.* (2001). The Adolescence of Entrepreneurship Research: Specification of Purpose. In: Entrepreneurship Theory and Practice. Vol. 25(4). 17-25.

*Low, M.B. & McMillan, I.C.* (1988). Entrepreneurship: Past Research and Future Challenges. In: Journal of Management. Vol. 14(2). 139-161.

*Luca, M.R., Cazan, A.M. & Tomulescu, D.* (2012). To be or not to be an entrepreneur...In: Procedia - Social and Behavioral Sciences. Vol. 33. 173-177.

*Luchsinger, V. & Bagby, R. D.* (1987). Entrepreneurship and Intrapreneurship: Behaviors, Comparisons, and Contrasts. In: SAM Advanced Management Journal. Vol. 52(3). 10-13.

*Lucky, E.O.-I.* (2012). The Joint Moderating Effect of Location and Culture on Small Firm Performance. In: International Journal of Academic Research in Business and Social Sciences. Vol. 2(1). 324-340.

*Lück, T.* (2011). Intrapreneurship in der öffentlichen Verwaltung. Unternehmerische Kompetenz zur Verwaltungsmodernisierung. Norderstedt: Books on Demand GmbH.

*Lüder, K. & Streiferdt, L.* (2007). Modelldenken im Öffentlichen Management. In: König, K. & Reichard, C. (Hrsg.). Theoretische Aspekte einer managerialistischen Verwaltungskultur. Speyerer Forschungsberichte 254. Speyer: Deutsches Forschungsinstitut für öffentliche Verwaltung. 123-150.

*Lumpkin, G.T. & Dess G.G.* (2001). Linking two Dimensions of Entrepreneurial Orientation to Firm Performance: The Moderating Role of Environment and Industry Life Cycle. In: Journal of Business Venturing. Vol. 16(5). 429-451.

*Lumpkin, G. T. & Dess, G.G.* (1996): Clarifying the Entrepreneurial Orientation Construct and Linking It to Performance. In: Academy of Management Review. Vol. 21(1). 135-172.

*Lundström, A., Almerud, M. & Stevenson, L.A.* (2008). Entrepreneurship and Innovation Policies. Analysing measures in European Countries. Presented by the Innovation Policy Research for Economic Growth (IPREG) Working Group on Future Research. http://www.ipreg.org/IPREG_Final%20 Report%20.pdf. Download am 31.05.2013.

*Lundström, A. & Stevenson, L.A.* (2005). Entrepreneurship Policy. Theory and Practice. New York, N.Y.: Springer Verlag.

*Maag Merki, K.* (2010). Theoretische und empirische Analysen der Effektivität von Bildungsstandards, standardbezogenen Lernstandserhebungen und zentralen Abschlussprüfungen. In: Altrichter, H. & Maag Merki, K. (Hrsg.). Handbuch der Neuen Steuerung. Wiesbaden: VS Verlag für Sozialwissenschaften. 145-170.

*Maag Merki, K.* (2008). Die Architektur einer Theorie der Schulentwicklung – Voraussetzungen und Strukturen. In: Journal für Schulentwicklung. Vol. 12(2). 22-30.

*Maccoby, M.* (2003). The Productive Narcissist: The Promise and Peril of Visionary Leadership. New York: Broadway.

*Mack, W.R., Green, D. & Vedlitz, A.* (2008). Innovation and Implementation in the Public Sector: An Examination of Public Entrepreneurship. In: Review of Policy Research. Vol. 25(3). 233-252.

*Macrae, N.* (1976). The Coming Entrepreneurial Revolution: A Survey. In: The Economist (December 25). 41-65.

*Mäder, F.* (2008). Hochschulautonomie. Sieben Universitäten und Fachhochschulen im Vergleich. Diplomarbeit an der Berner Fachhochschule. http://www.kfh.ch/uploads/doku/doku/Studie%20Hochschulautonomie1.pdf?CFID=32379078&CFTOKEN=82542028. Aufruf am 10.06.2013.

*Maibauer, N.* (2006). Educational Entrepreneurship. Schule als pädagogisch-unternehmerische Aufgabe unter Berücksichtigung des Charter-School-Modells. Karlsruhe: Universitätsverlag.

*Mair, J.* (2005). Entrepreneurial behaviour in a large traditional firm: Exploring key drivers. In: Elfring, T. (Hrsg.): Corporate Entrepreneurship and Venturing. Amsterdam: Springer. 49-72.

*Malach-Pines, A.; Sadeh, A.; Dvir, D.; Yafe-Yanai, O.* (2002). Entrepreneurs and Managers. Similar yet different. In: International Journal of Organizational Analysis. Vol. 10(2). 172-190.

*Malakolunthu, S., McBeath, J. & Swaffield, S.* (2014). Improving the Quality of Teaching and Learning Through Leadership for Learning: Changing Scenarios in Basic Schools of Ghana. In: Educational Management Administration & Leadership. http://ema.sagepub.com/content/early/2014/01/15/1741143213510510. Download am 04.02.2014.

*Malek, M. & Ilbach, P.K.* (2004). Entrepreneurship. Prinzipien, Ideen und Geschäftsmodelle zur Unternehmensgründung im Informationszeitalter. Heidelberg: dpunkt-verlag GmbH.

*Mandl, H. & Hense, J.* (2004). Lernen unternehmerisch denken: Das Projekt Tatfunk. Forschungsbericht 169. http://epub.ub.uni-muenchen.de/362/1/FB_169.pdf. Download: 27.05.2013.

*Marinova, D. & Phillimore, J.* (2003). Innovation Models. In: Shavinina, L. V. (Hrsg.). The International Handbook on Innovation. Amsterdam: Elsevier. 44-53.

*Markley, D. & Macke, D.* (Hrsg.) (2002). Public Entrepreneurship. Monograph 10. http://www.nrfc.org/ln/documents/Public%20Entrepreneurship%20Mono.pdf. Download: 27.05.2013.

*Martiarena, A.* (2013). What's so entrepreneurial about Intrapreneurs? In: Small Business Economics. Vol 40(1). 27-39. First published online in 2011 by Springer Science+Business Media.

*Martin, B.C., McNally, J.J. & Kay, M.J.* (2013). Examining the formation of human capital in Entrepreneurship: A meta-analysis of entrepreneurship education outcomes. In: Journal of Business Venturing. Vol. 28(2). 211-224.

*Matthew, C.T.* (2009). Leader creativity as a predictor of leading change in organizations. In Journal of Applied Social Psychology. Vol. 39(1).1-41.

*Mavella, C.* (2010). Cultural Entrepreneurship: Ansätze, Beispiele. Videoaufzeichnung zur Entrepreneurship Summit 2010. Gespräch mit Jeannette zu Fürstenberg. http://www.entrepreneurship.de/artikel/cultural-entrepreneurship-ansatz-beispiel-video/. Aufruf am 18.08.2014.

*May, H., Huff, J. & Goldring, E.* (2012). A longitudinal study of principals' activities and student performance. In: School Effectiveness and School Improvement. Vol. 23(4). 417-439.

*McClelland, D.C.* (1966). Die Leistungsgesellschaft: Psychologische Analyse der Voraussetzungen wirtschaftlicher Entwicklung. Stuttgart: Verlag Kohlhammer.

*McClelland, D.C.* (1961). The Achieving Society. Princeton, N J: D. Van Nostrand.

*McCrae, R. R., & Costa, P. T., Jr.* (2008). The five-factor theory of personality. In: John, O.P., Robins, R.W. & Pervin, L. (Eds.). Handbook of personality: Theory and research. 3rd edition. New York: Guilford Press. 159-182.

*McCrimmon, M.* (2008). Abraham Zaleznik on Leadership. http://ezinearticles.com/?Abraham-Zaleznik-on-Leadership&id=923110. Letzter Aufruf am 18.08.2014.

*McGahan, A., Klein, P.G., Mahoney, J. & Pitelis, C.* (2009). The Economic Organization of Public Entrepreneurship. http://www2.druid.dk/conferences/viewpaper.php?id=5603&cf=32. Download am 13.03.2013.

*McGrath, R.G., Venkataraman, S. & MacMillan, I.C.* (1994). The advantage chain: antecedents to rents from internal corporate ventures. In: Journal of Business Venturing. Vol. 9(6). 351-369.

*McMullen, J.S. & Shepherd, D.A.* (2006). Entrepreneurial action and the role of uncertainty in the theory of the entrepreneur. In: Academy of Management Review. Vol. 31(1). 132-152.

*Mead, G. H.* (1973). Geist, Identität und Gesellschaft aus der Sicht des Sozialbehaviourismus. Frankfurt am Main: Suhrkamp.

*Meier, J.C.* (2008). Regionalentwicklung durch Innovation und unternehmerische Kompetenzen. Dissertation an der der Philosophischen Fakultät I der Julius-Maximilians-Universität Würzburg. http://opus.bibliothek.uni-wuerzburg.de/volltexte/2009/3355/. Download am 28.07.2012.

*Mes, F.* (2011). Internal Corporate Venturing zur Steigerung der Innovationsfähigkeit etablierter Unternehmen. Wiesbaden: Gabler Verlag.

*Meynhardt, T.* (2008). Public Value – oder: Was heißt Wertschöpfung zum Gemeinwohl? In: der moderne staat. Heft 2. 457-468.

*Meynhardt, T. & Diefenbach, F.E.* (2012). What Drives Entrepreneurial Orientation in the Public Sector? Evidence from Germany's Federal Labor Agency. In: Journal of Public Administration Research and Theory. Vol. 22(4). 761-792.

*Mezger, E.* (o. J.). Was leisten Leistungsanreize? Ergebnisse einer Recherche zu Leistungsanreizen in der öffentlichen Verwaltung in Deutschland. Download am 02.11.12 unter http://www.regierungskommission.nrw.de/imnrw/pdf/la151101.pdf. Download am 27.05.2013.

*Michaelis, B., Nohe, C. & Sonntag K.* (2012). Führungskräfteentwicklung im 21. Jahrhundert – Wo stehen wir und wo müssen (oder wollen) wir hin? In: Grote, S. (Hrsg.). Die Zukunft der Führung. Berlin und Heidelberg: Springer Verlag. 365-390.

*Mielke, B.* (2007). Schulführung als Beruf. In: Pädagogische Führung. Heft 4. 151-154.

*Miller, D.* (1983): The Correlates of Entrepreneurship in Three Types of Firms. In: Management Science. Vol. 29(7). 770-791.

*Mønsted, M. & Hansson, F.* (2010). Creating Space for Research: The Charismatic Entrepreneur as Research Director. In: Creativity And Innovation Management. Vol. 19(1). 47-56.

*Moog, P.* (2005): Good Practice in der Entrepreneurship-Ausbildung - Versuch eines internationalen Vergleichs. Studie für den FGF. Bonn: Förderkreis Gründungs-Forschung e.V.

*Moore, M.H.* (1995). Creating Public Value. Strategic Management in Government. Cambridge, MA: Harvard University Press.

*Morandi, P.* (2010)."Cultural Entrepreneurship – Was kann man unter Cultural Entrepreneurship verstehen?" Videoaufzeichnung zur Entrepreneurship Summit 2010. Gespräch mit Jeannette zu Fürstenberg. http://www.entrepreneurship.de/artikel/cultural-entrepreneurship-video/. Aufruf am 27.05.2013.

*Moreno, A. & Casillas, J.* (2008): Entrepreneurial Orientation and Growth of SMEs: A Causal Model, in: Entrepreneurship Theory and Practice. Vol. 32(3). 507-528.

*Morgan, G.* (2002). Bilder der Organisation. Stuttgart: Klett-Cotta Verlag.

*Moriano, J.A.; Molero, F.; Topa, G. & J.-P. L. Mangin* (2011). The influence of transformational leadership and organizational identification on Intrapreneurship. In: International Entrepreneurship and Management Journal. Springer Sciense + Business Media. Published online July 2011.

*Morris, M. H. & Jones, F.F.* (1999). Entrepreneurship in Established Organizations: The Case of the Public Sector Entrepreneurship. In: Entrepreneurship Theory and Practice. Vol. 24(1). 71-91.

*Morris, M.H., Kuratko, D.F., Schindehutte, M. & Spivack, A.J.* (2012). Framing the Entrepreneurial Experience. In: Entrepreneurship Theory and Practice. Vol. 36(1). 11-40.

*MSKJ (Ministerium für Schule, Jugend und Kinder des Landes Nordrhein-Westfalen)*(Hrsg.) (o. J.). Kompetenzprofil für Schulleiterinnen und Schulleiter im Rahmen des Modellprojekts „Selbstständige Schule". http://www.bertelsmann-stiftung.de/cps/rde/xbcr/SID-8556EF98-A95AFC23/bst/04_MSJK_Kompetenzprofil_Endfassung_PL.pdf. Download am 07.02.2014.

MSWWF (Ministerium für Schule und Weiterbildung, Wissenschaft und Forschung des Landes Nordrhein- Westfalen) (Hrsg.) (1999): Anforderungsprofile Schulleitung, Seminarleitung, Schulaufsicht. Frechen.

*Müller, A., Gampe, H., Rieger, G. & Risse, E.* (Hrsg.) (1997). Leitung und Verwaltung einer Schule. 8., überarbeitete Auflage. Neuwied, Kriftel, Berlin: Luchterhand.

*Müller, F.H., Hanfstingl, B. & Andreitz, I.* (2007). Skalen zur motivationalen Regulation beim Lernen von Schülerinnen und Schülern. Adaptierte und ergänzte Version des Academic Self-Regulation Questionnaire (SRQ-A) nach Ryan & Connell. Wissenschaftliche Beiträge aus dem Institut für Unterrichts- und Schulentwicklung (IUS). Nr. 1. http://ius.uni-klu.ac.at/inhalte/publikationen/486_IUS_Forschungsbericht_1_Motivationsskalen.pdf. Download am 24.01.2014.

*Müller, G.F., Garrecht, M., Pikal, E. & Reedwisch, N.* (2002). Führungskräfte mit unternehmerischer Verantwortung – Selbständigkeitsrelevante Persönlichkeitsausprägungen im Vergleich zu anderen führungsgeeigneten Angestellten und freien Unternehmern oder Selbständigen. In: Zeitschrift für Personalpsychologie. Heft 1. 19-26.

*Müller, H.W.* (2011). Schule erfolgreich führen. Teil 1. In: Schulmanagement. Heft 4. München: Oldenbourg Schulbuchverlag.

*Müller, H.W.* (2007). Schulmanagement-Handbuch. Grundlangen des Schulmanagements. Band 121. Oldenburg: Schulbuchverlag.

*Negt, O.* (2014). Philosophie des aufrechten Gangs: Streitschrift für eine neue Schule. Göttingen: Steidl.

*Nelson, R.R. & Winter, S.G.* (1982). An Evolutionary Theory of Economic Change. Camebridge and London: Belknap Press.

*Neubauer, W.* (2009). Leadership und Wertemanagement. In: Eurich, J. & Brink, A. (Hrsg). Leadership in sozialen Organisationen. Wiesbaden: VS Verlag für Sozialwissenschaften. 47-60.

*Neuberger, O.* (1995). Führen und geführt werden. 5. Auflage. Stuttgart: Enke Verlag.

*Neugebauer, L.* (1997). Unternehmertum in der Unternehmung: ein Beitrag zur Intrapreneurship-Diskussion. Göttingen: Vandenhoeck & Ruprecht.

*Nguni, S., Sleegers, P. & Denessen, E.* (2006). Transformational and transactional leadership effects on teachers' job satisfaction, organizational commitment, and organizational citizenship behavior in primary schools: The Tanzanian case In: School Effectiveness and School Improvement. Vol. 17(2). 145-177.

*North, D.C. & Alt, J.* (1990). Institutions, Institutional Change and Economic Performance. Cambridge University Press.

*Nutt, P.C. &. Backoff, R. W.* (1993). Transforming public organizations with strategic management and strategic leadership. In: Journal of Management. Vol. 19(2). 299-347.

*Obschonka, M., Schmitt-Rodermund, E., Silbereisen, R.K., Gosling, S. & Potter, J.* (2013): The regional distribution and correlates of an entrepreneurship-prone personality profile in the United States, Germany, and the United Kingdom: A socioecological perspective. SOEPpapers on Multidisciplinary Panel Data Research. No. 550. https://www.econstor.eu/dspace/bitstream/10419/73672/1/745273742.pdf. Download am 01.06.2013.

*OECD (Organisation for Economic Co-Operation and Development)* (2008). OECD Guiding Principles for Regulatory Quality and Performance. Paris: OECD.

*OECD (Organisation for Economic Co-Operation and Development*) (2005). Public Sector Modernisation: The Way forward. Policy Brief. Paris: OECD Publishing.

*OECD (Organisation for Economic Co-Operation and Development)* (1997): The OECD Report on Regulatory Reform: Synthesis. Paris: OECD.

*OECD (Organisation for Economic Cooperation and Development)* (1995a). Governance In Transition: Public Management Reforms in OECD Countries. Paris: OECD Publishing.

*OECD (Organisation for Economic Cooperation and Development)* (1995b). Recommendation of the Council of the OECD on Improving the Quality of Government Regulation. Paris: OECD.

*Oelkers, J.* (2007). Einige Bemerkungen zum Verhältnis von Erziehungswissenschaft und Bildungspolitik. In: Herrmann, U. (Hrsg.). In der Pädagogik etwas bewegen. Impulse für Bildungspolitik und Schulentwicklung. Weinheim und Basel: Beltz Verlag. 62-69.

*Oelkers, J. & Reusser, K.* (2008). Qualität entwickeln - Standards sichern - mit Differenz umgehen. Bundesministerium für Bildung und Forschung (BMBF) (Hrsg.). Band 27. Berlin. http://www.bmbf.de/pub/bildungsforschung_band_siebenundzwanzig.pdf. Download am 16.08.2013.

*Oesterdiekhoff, G.W.* (2013). Unternehmerisches Handeln und gesellschaftliche Entwicklung Eine Theorie unternehmerischer Institutionen und Handlungsstrukturen. 2. Auflage. Springer.

*Ohly, S. & Plückthun, L.* (2013). Arbeitsgestaltung und Kreativität. In: Krause, D.E. (Hrsg.) (2013). Kreativität, Innovation und Entrepreneurship. Wiesbaden: Springer. 113-132.

*Online-Verwaltungslexikon* (2013). Version 3.61. http://www.olev.de. Aufruf am 18.07.2013.

*Osborne, D. & Gaebler, T.* (1992). Reinventing Government: How the Entrepreneurial Spirit Is Transforming the Public Sector. Reading, MA: Addison-Wesley.

*Ostrom, E.* (1965). Public Entrepreneurship: A Case Study in Ground Water Basin Management. Dissertation. Los Angeles. http://dlc.dlib.indiana.edu/

dlc/bitstream/handle/10535/3581/eostr001.pdf?sequence=1. Download am 27.05.2013.

*Pätzold, G.* (2010). Struktur und Funktionalität von schulischem Leitungshandeln. In: Nickolaus, R. & Pätzold, G. & Reinisch, H. & Tramm, T. (Hrsg.). Handbuch Berufs- und Wirtschaftspädagogik. Bad Heilbrunn: Verlag Julius Kinkhardt. 281-291.

*Pant, H. A., Vock, M., Pöhlmann, C. & Köller, O.* (2008). Offenheit für Innovationen. Befunde aus einer Studie zur Rezeption der Bildungsstandards bei Lehrkräften und Zusammenhänge mit Schülerleistungen. In: Zeitschrift für Pädagogik. Jg. 54(6). 827-845.

*Papagiannidis, S., Riedler, C., Fink, M. & Kraus, S.* (2011). Forschungsleistungen der deutschsprachigen Entrepreneurship-Forschung. In: Zeitschrift für KMU und Entrepreneurship (ZFKE). Jg. 59(4). 301-321.

*Parker, C.S.* (2009). Intrapreneurship or Entrepreneurship? University of Western Ontario and IZA: Discussion Paper No. 4195. http://ftp.iza.org/dp4195.pdf. Download am 10.10.2012.

*Paschen, M. & Dihsmaier, E.* (2011). Psychologie der Menschenführung. Berlin und Heidelberg: Springer Verlag.

*Patterson, F.* (2000). The innovation potential indicator: test manual and user's guide. Oxford: Oxford Psychologists Press.

*Paulhus, D.L. & Williams, K.M.* (2002). The Dark Triad of personality: Narcissism, Machiavellianism, and psychopathy. In: Journal of research in personality. Vol. 36(6). 556-563.

*Pearce, J. A., Kramer, T. R., & Robbins, D. K.* (1997). Effects of managers' entrepreneurial behavior on subordinates. In: Journal of Business Venturing. Vol. 12(2). 147-160.

*Pechlaner, H. & Hammann, E.M.* (2007). Management, Entrepreneurship & Leadership. In: Raich, M. & Pechlaner, H. & Hinterhuber, H.H. (Hrsg.). Entrepreneurial Leadership: Profilierung in Theorie und Praxis. Wiesbaden: Deutscher Universitäts-Verlag.

*Pesch, R.* (2011). Improvisation im unternehmerischen Prozess. In: Zeitschrift für KMU und Entrepreneurship (ZfKE). Jg. 59(1). 63-69.

*Pfister, N.* (2013). Führung als Teilaspekt von beruflichen Schulen. Dissertation. Institut für Allgemeine Pädagogik und Berufspädagogik der Technischen Universität Darmstadt. http://tuprints.ulb.tu-darmstadt.de/3650/1/Dissertation_F%C3%BChrung_NinaPfister_2013.pdf. Download am 07.02.2014.

*Pick, B.* (2007). Kopfschüsse. Wer PISA nicht versteht, muss mit RÜTLI rechnen. Hamburg: VSA-Verlag.

*Pinchot, G.* (1988). Intrapreneuring. Mitarbeiter als Unternehmer. Wiesbaden: Betriebswirtschaftlicher Verlag Dr. Th. Gabler GmbH.

*Pinnow, D. F.* (2011). Führen. 5. Auflage. Wiesbaden: Springer Fachmedien.

*Plaschka, G.R. & Welsch, H.P.* (1990). Emerging structures in entrepreneurship education: Curricula designs and strategies. In: Entrepreneurship Theory and Practice. Vol. 14(3). 55-71.

*Pleschak, F. & Sabisch, H.* (1996). Innovationsmanagement. Stuttgart: Schäffer-Poeschel.

*Politis, D.* (2005). The Process of Entrepreneurial Learning: A Conceptual Framework. In: Entrepreneurship Theory and Practice. Vol. 29(4). 399-424.

*Pons* (Hrsg.) (2013). Deutsch - Latein. Online. Pons Verlag: Stuttgart. Stichwort: innovo. http://de.pons.eu/dict/search/results/?q=innovo&l=dela&in=&lf=de. Aufruf am: 23.05.2013.

*Pont, B., Nusche, D., & Moorman, H.* (2008). Improving School Leadership. Volume 1: Policy and Practice. Paris: OECD.

*Pool, S.* (2007). Leadership auf dem Prüfstand. Mit der Leadership-Kompetenz-Skala Führungskompetenzen von Schulleitungspersonen auf der Spur. In: Journal für Schulentwicklung. Vol. 11(1). 42-53.

*Popescu, M. & Crenicean, L.E.* (2012). Innovation and change in education economic growth goal in Romania in the context of knowledge-based economy. In: Procedia - Social and Behavioral Sciences. Vol. 46. 3982-3988.

*Popitz, H.* (2000). Wege der Kreativität. 2. Auflage. Tübingen: Mohr Siebeck.

*Porschen, H.* (2012). Der akademische Unternehmer. Dissertation an der der Philipps-Universität Marburg. Books on Demand GmbH, Norderstedt. http://archiv.ub.uni-marburg.de/diss/z2012/0429/. Download am 08.02.2013.

*Potočnik, K. & Anderson, N.* (2013). Innovationsorientierte Personalauswahl. In: Krause, D.E. (Hrsg.). Kreativität, Innovation und Entrepreneurship. Wiesbaden: Springer. 155-174.

*Priddat, B.P.* (2010). Organisation als Kooperation. Wiesbaden: VS Verlag für Sozialwissenschaften.

*Rahm, S.* (2005). Einführung in die Theorie der Schulentwicklung. Weinheim und Basel: Beltz.

*Rauch, A. & Frese, M.* (2007). Let's Put the Person Back into Entrepreneurship Research: A Meta-Analysis on the Relationship between Business Owner's Personality Traits, Business Creation, and Success. In: European Journal of Work and Organizational Psychology. Vol. 16(4). 353-385.

*Rauch, A., & Frese, M.* (2000). Psychological approaches to entrepreneurial success. A general model and an overview of findings. In: C.I. Cooper & I.T. Robertson (Eds.). International Review of Industrial and Organizational Psychology. Chichester: Wiley. 101-142.

*Rauch, A.* & *Frese, M.* (1998). Was wissen wir über die Psychologie erfolgreichen Unternehmertums? – Ein Literaturüberblick. In: Frese, M. (Hrsg.). Erfolgreiche Unternehmensgründer. Göttingen: Verlag für Angewandte Psychologie. 5-34.

*Rauch, A., Wiklund, J., Lumpkin, G.T. & Frese, M.* (2009). Entrepreneurial Orientation and Business Performance: An Assessment of Past Research and Suggestions for the Future. In: Entrepreneurship Theory and Practice, Vol. 33(3). 761-787.

*Reichard, C.* (2007). Verwaltung aus Sicht der Managementlehre. In: König, K. & Reichard, C. (Hrsg.). Theoretische Aspekte einer managerialistischen Verwaltungskultur. Speyerer Forschungsberichte 254. Speyer: Deutsches Forschungsinstitut für öffentliche Verwaltung. 25-38.

*Riemann, F.* (1999). Grundformen der Angst. Eine tiefenpsychologische Studie. 31. Auflage. München und Basel: Reinhardt.

*Ripsas, S.* (1997). Entrepreneurship als ökonomischer Prozeß: Perspektiven zur Förderung unternehmerischen Handelns. Wiesbaden: Deutscher Universitätsverlag.

*Röpke, J.* (1977). Die Strategie der Innovation. Tübingen: J.B.C. Mohr.

*Rogers, E.M.* (2003). Diffusion of Innovations. 5. Auflage. New York: Free Press.

*Rolff, H.G.* (2007). Studien zu einer Theorie der Schulentwicklung. Weinheim und Basel: Beltz.

*Rolff, H.G.* (2006). Unterrichtsentwicklung als Schulentwicklung. In: Jahrbuch der Schulentwicklung. Band 14. Institut für Schulentwicklung der Universität Dortmund. Weinheim: Juventa Verlag. 221-242.

*Roller, R.* (2009). „Intrapreneurship in der öffentlichen Verwaltung – Ausweg aus der Krise?". In: Heinrichs, M. & Marschall, K. (Hrsg.). Wege zu einer Intrapreneurship orientierten öffentlichen Verwaltung. Dokumentation der Tagung „Think Ahead – Move Forward", April 2008, Güstrow. Band 1. Schriftenreihe der Fachhochschule für öffentliche Verwaltung, Polizei und Rechtspflege. Bremen: Europäischer Hochschulverlag. 161-165.

*Romer, P.* (1994). New goods, old theory, and the welfare costs of trade restrictions. In: Journal of Development Economics. Vol. 43(1). 5-38.

*Rosenberg, N.* (1990). Why do firms do basic research (with their own money)? In: Research Policy. Vol. 19(2). 165-174.

*Rosenbusch, H.S.* (2013a). Der Zusammenhang von Erziehung und Organisation: Organisationspädagogik. In: Huber, S.G. (Hrsg.). Handbuch Führungskräfteentwicklung. Grundlage und Handreichung zur Qualifizierung und Personalentwicklung im Schulsystem. Köln: Carl Link. 88-95.

*Rosenbusch, H.S.* (2013b). Organisationspädagogische Führungsprinzipien. In: Huber, S.G. (Hrsg.). Handbuch Führungskräfteentwicklung. Grundlage und Handreichung zur Qualifizierung und Personalentwicklung im Schulsystem. Köln: Carl Link. 96-103.

*Rosenbusch, H.S.* (2007): Schule und Schulverwaltung – Eine organisationspädagogische Perspektive. In: Buer, J. van & Wagner, C. (Hrsg.). Qualität von Schule. Ein kritisches Handbuch. Frankfurt am Main: Peter Lang. 217-227.

*Rosenbusch, H.S.* (2005). Organisationspädagogik der Schule. Grundlagen pädagogischen Führungshandelns. München und Neuwied: Luchterhand.

*Rosenbusch, H.S.* (1997). Die Qualifikation pädagogischen Führungspersonals. In: Glumpler, E. & Rosenbusch H.S. (Hrsg.): Perspektiven der universitären Lehrerbildung. Bad Heilbrunn: Klinkhardt. 147-165; http://www.uni-bamberg.de/?id=14594. Letzter Aufruf am 08.04.2014.

*Rosenstiel, L. v. (2003).* Motivation von Mitarbeitern. In: Rosenstiel, L.v. & Regnet, E. & Domsch, M. (Hrsg.): Führung von Mitarbeitern. Stuttgart: Schäffer-Poeschel. 195-215.

*Rost, D.H. (2008).* Hochbegabung: Fiktionen und Fakten. In: *Ullrich, H. & Strunck, S.* (Hrsg.): Begabtenförderung an Gymnasien. Entwicklungen, Befunde, Perspektiven. Wiesbaden: VS Verlag für Sozialwissenschaften. 60-77.

*Rothwell, R.* (1994). Towards the Fifth-generation Innovation Process. In: International Marketing Review. Vol. 11(1). 7-31.

*Rotter, J. B.* (1966). Generalized Expectancies for Internal Versus External Control of Reinforcement. In: Psychological Monographs. Vol. 80(1). 1-28.

*Roure, J. B. & Maidique, M. A.* (1986): Linking Prefunding Factors and High-Technology Venture Success: An Exploratory Study. In: Journal of Business Venturing. Vol. 1(3). 295-306.

*Rüegg-Stürm, J.* (2002). Das neue St.Galler Management-Modell. Bern: Haupt.

*Rürup, M.* (2013) Graswurzelbewegungen der Innovation – zur Innovativität von Schulen und Lehrkräften „At-the-Bottom" von Schullandschaft. In: Rürup, M. & Bormann, I. (Hrsg.). Innovationen im Bildungswesen: analytische Zugänge und empirische Befunde. Educational Governance, Band 21. Wiesbaden: VS Verlag für Sozialwissenschaften. 269-302.

*Rürup, M.* (2007). Innovationswege im deutschen Bildungssystem. Die Verbreitung der Idee „Schulautonomie" im Ländervergleich. Wiesbaden: VS Verlag für Sozialwissenschaften.

*Rürup, M. & Bormann, I.* (Hrsg.) (2013). Innovationen im Bildungswesen: analytische Zugänge und empirische Befunde. Educational Governance, Band 21. Wiesbaden: VS Verlag für Sozialwissenschaften.

*Rürup, M., Fuchs, H.W. & Weishaupt, H.* (2010). Bildungsberichterstattung - Bildungsmonitoring. In: Altrichter, H. & Maag Merki, K. (Hrsg.). Handbuch der Neuen Steuerung. Wiesbaden: VS Verlag für Sozialwissenschaften. 377-402.

*Rürup, M. & Heinrich, M.* (2007). Schulen unter Zugzwang. Die Schulautonomiegesetzgebung der deutschen Länder als Rahmen der Schulentwicklung. In: Altrichter, H. & Brüsemeister, T. & Wissinger, J. (Hrsg.). Educational Governance. Handlungskoordination und Steuerung im Bildungssystem. Educational Governance Band 1. Wiesbaden: VS-Verlag für Sozialwissenschaften. 157-184.

*Rule, E.G. & Irwin, D.W.* (1988). Fostering Intrapreneurship: The New Competitive Edge. In: Journal of Business Strategy. Vol. 9(3). 44-47.

*Sabisch, H. & Tintelnot, C.* (1997). Integriertes Benchmarking für Produkt und Produktentwicklungsprozesse. Berlin Heidelberg: Springer Verlag.

*Sadler, R.J.* (2000). Corporate Entrepreneurship in the Public Sector: The Dance of the Chameleon. In: Australian Journal of Public Administration. Vol 59(2). 25–43.

*Sassmanshausen, S.P.* (2012). 99 Entrepreneurship Journals. A Comparative Empirical Investigation of Rankings, Impact, and H/HC-Index[i]. Schumpeter Discussion Papers 2012-002. Bergische Universiät Wuppertal. http://elpub.bib.uni-wuppertal.de/servlets/DerivateServlet/Derivate-2674/sdp12002.pdf

*Schäfer, M.* (2004). Schulleitung und Schulentwicklung. Die Wirkung des Führungsverhaltens von Schulleitungen auf Aspekte organisationalen Lernens. Dissertation Universität Bern. Bern: Selbstverlag.

*Schedler, K.* (2007). Forschungsannäherung an die managerialistische Verwaltung. In: König, K. & Reichard, C. (Hrsg.). Theoretische Aspekte einer managerialistischen Verwaltungskultur. Speyerer Forschungsberichte 254. Speyer: Deutsches Forschungsinstitut für öffentliche Verwaltung. 79-110.

*Schedler, K. & Proeller, I.* (2006): New Public Management. Bern, Stuttgart, Wien: Haupt Verlag.

*Schellenbach-Zell, J.* (2009). Motivation und Volition von Lehrkräften in Schulinnovationsprojekten. Dissertation. Bergische Universität Wuppertal. http://d-nb.info/99600534X/34. Download am 13.06.2014.

*Schellenbach-Zell, J. & Gräsel, C.* (2010). Teacher motivation for participating in school innovations – supporting factors. In: Journal für Bildungsforschung Online. Vol. 2(2). 34-54.

*Schierenbeck, H.* (2003): Grundzüge der Betriebswirtschaftslehre. München: Oldenburg Verlag.

*Schimank, U.* (2008). Gesellschaftliche Ökonomisierung und unternehmerisches Agieren. In: Maurer, A. & Schimank, U. (Hrsg.). Die Gesellschaft der Unternehmen – Die Unternehmen der Gesellschaft. VS Verlag für Sozialwissenschaften. 220-236.

*Schmid, K., Hafner, H. & Pirolt, R.* (2007). Reform von Schulgovernance-Systemen. In: ibw research brief. Ausgabe Nr. 31. März 2007. http://www.ibw.at/html/rb/pdf/rb_31_schmid.pdf. Download am 26.07.2013.

*Schmitz, E. & Voreck, P.* (2011). Einsatz und Rückzug an Schulen. Wiesbaden: VS Verlag.

*Schmude, J., Welter, F. & Heumann, S.* (2008). Entrepreneurship Research in Germany. In: Entrepreneurship: Theory and Practice. Vol.32(2). 289-311.

*Schneider, D.* (2001). Der Unternehmer - eine Leerstelle in der Theorie der Unternehmung? In: Theorie der Unternehmung. Zeitschrift für Betriebswirtschaft. Ergänzungsheft 4. 1-20.

*Schnellenbach, J.* (2007). Public entrepreneurship and the economics of reform. In: Journal of Institutional Economics. Vol. 3(2). 183-202.

*Schönebeck, G.* (2010): Intrapreneurship – Eine empirische Analyse der Barrieren und Widerstände im Unternehmen. Dissertation an der Fakultät VII, Wirtschaft und Management der Technischen Universität Berlin. http://opus.kobv.de/tuberlin/volltexte/2010/2734/pdf/schoenebeck_grit.pdf. Download: 25.05.2013.

*Schon, D.A.* (1963). Champions for Radical New Inventions. In: Harvard Business Review. Vol. 41(2). 77-86.

*Schratz, M., Hartmann, M. & Schley, W.* (2010). Schule wirksam leiten. Analyse innovativer Führung in der Praxis. Münster: Waxmann Verlag.

*Schratz, M. & Hartmann, M.* (2009). Innovation an Schulen durch Professionalisierung von Führungskräften. Studie zur Evaluation der Auswirkungen der Leadership Academy an Schulen. Kurzfassung. http://www.leadership-academy.at/downloads/ LEA_Kurzfassung_Studie.pdf. Download am 04.02.2014.

*Schubert, K. & Dehling, J.* (2010). Reformbeispiele und multidisziplinäre Reflexionen. In: Berkemeyer, N., Bos, W. & Kuper, H. (Hrsg.). Bildungsreform durch Vernetzungen. Interdisziplinäre Betrachtungen. Münster: Waxmann. 21-32.

*Schuler, H., & Görlich, Y.* (2007). Kreativität. Praxis der Personalpsychologie. Human Resource Management kompakt. Band 13. Göttingen: Hogrefe.

*Schulte, R.* (2009): „Kann man Intrapreneurship lernen? Möglichkeiten und Grenzen der Aus- und Fortbildung." In: Heinrichs, M. & Marschall, K. (Hrsg.). Wege zu einer Intrapreneurship orientierten öffentlichen Verwaltung. Dokumentation der Tagung „Think Ahead – Move Forward", April 2008, Güstrow. Band 1. Schriftenreihe der Fachhochschule für öffentliche Verwaltung, Polizei und Rechtspflege. Bremen: Europäischer Hochschulverlag. 185-199.

*Schulte, R. & Tegtmeier* (2009). Theorien zur Unternehmensgründung. In: Kraus, S. & Gundolf, K. (Hrsg.). Stand und Perspektiven der deutschsprachigen Entrepreneurship- und KMU-Forschung. Schriftenreihe Institut für Managementforschung Köln e.V. Band 2. Stuttgart: Ibidem-Verlag.

*Schumpeter, J.A.* (1911, Nachdruck von 2006). Theorie der wirtschaftlichen Entwicklung. Röpke, J. & Stiller, R. (Hrsg): Nachdruck der 1. Ausgabe von 1911 [in der Publikation 1912]. Berlin: Duncker & Humblot.

*Schumpeter, J. A.* (1942, Nachdruck von 1950). Capitalism, Socialism and Democracy. Nachdruck 1950. New York: Harper & Brothers.

*Schuppert, F. G.* (2011). Governance-Forschung: Versuch einer Zwischenbilanz. In: Die Verwaltung. Jg. 44(2). 273-289.

*Schwehm, M.O.* (2007). Entrepreneurship im internationalen Vergleich: Erfassung, Beobachtung und Erklärung Eine konzeptionelle Analyse aus der Sicht von Deutschland unter besonderer Berücksichtigung des Global Entrepreneurship Monitor. Dissertation an der Philipps-Universität Marburg. Mafex-Publikation (Hrsg.). Band 14. Marburg. Norderstedt: Books on Demand.

*Seitz, H.* & *Capaul, R.* (2007). Schulführung und Schulentwicklung. Bern: Haupt Verlag.

*Senatsverwaltung für Inneres und Sport*, Berlin (Hrsg.) (2012). Zusatzqualifikation Fachabitur (Doppelqualifikation). http://www.berlin.de/sen/inneres/personal/ausbildungs-und-einstellungsbehoerde/einstieg-karriere/info_dq_2012.pdf. Downlaod am 01.07.2014.

*Sergiovanni; T. J.* (1995): The Principalship. A reflective practice perspective. Boston: Allyn and Bacon.

*Sergiovanni, T. J.* (1992). Moral Leadership: Getting to the Heart of School Improvement. San-Francisco: Jossey Bass.

*Sergiovanni, T.* (1984). Leadership and excellence in schooling. In: Educational Leadership. Vol. 41(5). 4-13.

*Shane, S.* (2003). A general theory of entrepreneurship: the individual-opportunity nexus. Cheltenham [u.a.]: Edward Elgar Publishing.

*Shane, S., Locke, E.A.. & Collins, C.J.* (2003). Entrepreneurial motivation. In: Human Resource Management Review. Vol. 13(2). 257-279.

*Shane, S. & Venkataraman, S.* (2000). The Promise of Entrepreneurship as a Field of Research. In: Acadamy of Management Review. Vol. 25(1). 217-226.

*Sharma, P. & Chrisman, J.J.* (1999). Toward a Reconciliation of the Definitional Issues in the Field of Corporate Entrepreneurship. In: Entrepreneurship Theory and Practice, Vol. 23(3). 11-27.

*Simsek, Z., Veiga, J.F. & Lubatkin, M.H.* (2007): The Impact of Managerial Environmental Perceptions on Corporate Entrepreneurship: Towards Understanding Discretionary Slack's Pivotal Role. In: Journal of Management Studies. Vol. 44(8). 1398-1424.

*Soleimani, M. & Shahnazari, A.* (2013). Studying Effective Factors on Corporate Entrepreneurship: Representing a Model. In: Research Journal of Applied Sciences, Engineering and Technology. Vol. 5(4). 1309-1316.

*Solow, R.M.* (1957). Technical Change and the Aggregate Production Function. In: The Review of Economics and Statistics. Vol. 39 (3). 312-32.

*Sonderegger, R.* (2010). Different Aspects of the Compositions of nascent entrepreneurial Teams. Dissertation im Fachbereich Wirtschaftswissenschaften der Universität Konstanz. http://kops.ub.uni-konstanz.de/bitstream/handle/urn:nbn:de:bsz:352-opus-124571/Diss_Sonderegger.pdf?sequence=1. Download am 27.05.2013.

*Sonnenburg, S.* (2007). Kooperative Kreativität. Theoretische Basisentwürfe und organisationale Erfolgsfaktoren. Wiesbaden: Deutscher Universitäts-Verlag.

*Souitaris, V., S. Zerbinati & A. Al-Laham* (2007). Do entrepreneurship programmes raise entrepreneurial intention of science and engineering students? The effect of learning, inspiration and resources. In: Journal of Business Venturing. Vol. 22(4). 566-591.

*Spickschen, E.* (2005). Internes Unternehmertum und Recruiting von High-Potentials. Theoretische und empirische Untersuchung. Wiesbaden: Deutscher Universitäts-Verlag.

*Subramanian, A. & Niklakanta, S.* (1996). Organizational Innovativeness: Exploring the Relationship Between Organizational Determinants of Innovation, Types of Innovations, and Measures of Organizational Performance. In: Omega. Vol. 24(6). 631-647.

*Stahl; T. & Schreiber, R.* (2003). Regionale Netzwerke als Innovationsquelle: das Konzept der „Lernenden Region" in Europa. Frankfurt [u.a.]: Campus-Verlag.

*Staudt, E.* (Hrsg.) (1986). Das Management von Innovationen. Frankfurt am Main: Frankfurter Allgemeine Zeitung.

*Starr, K.* (2012). Problematizing 'Risk' and the Principalship: The Risky Business of Managing Risk in Schools. In: Educational Management Administration & Leadership. Vol. 40(4). 464-479.

*Stevenson, H.H.* (2000). Entrepreneurship's Wild Ride. Q&A with Michael J. Roberts and Howard H. Stevenson. http://hbswk.hbs.edu/item/1541.html. Aufruf: 27.05.2013.

*Stevenson, H.H. & Jarillo, J.* (1990): A Paradigm of Entrepreneurship: Entrepreneurial Management. In: Strategic Management Journal. Vol. 11. Special Issue. 17-27.

*Stevenson, H.H. & Sahlman, W. A. (1986).* Importance of Entrepreneurship in Economic Development. In: Hisrich, R.D. (Ed.). Entrepreneurship, Intrapreneurship, and Venture Capital – The Foundation of Economic Renaissance. Toronto: Lexington. 3-26.

*Stewart, H., Watson, W.E., Carland, J.C. & Carland, J.W.* (1998). A proclivity for entrepreneurship: A comparison of entrepreneurs, small business owners, and corporate managers. In: Journal of Business Venturing. Vol. 14(2). 189-215.

*Stockport, G.J.* (2000). Developing skills in strategic transformation. In: European Journal of Innovation Management. Vol. 3(1). 45-52.

*Süssmuth Dyckerhoff, C.* (1995). Intrapreneuring. Ein Ansatz zur Vitalisierung reifer Gross-Unternehmen. Bern: Haupt Verlag.

*Sullivan, R.* (2000). Entrepreneurial learning and mentoring. In: International Journal of Entrepreneurial Behaviour & Research. Vol. 6(3). 160-175.

*Sundbo, J.* (1997). Management of Innovation in Service. In: The Service Industries Journal. Vol. 17(3). 432-455.

*Sung S.Y. & Choi J.N.* (2009). Do Big Five personality factors affect individual creativity? The moderating role of extrinsic motivation. In: Social Behavior and Personality. Vol. 37(7). 941-956.

*Teece, D.J., Pisano, G. & Shuen A.* (1997): Dynamic Capabilities and Strategic Management. In: Strategic Management Journal. Vol. 18(7). 509-533.

*Terhart, E.* (2010). Personalauswahl, Personaleinsatz und Personalentwicklung an Schulen. In: Altrichter, H. & Maag Merki, K. (Hrsg.), Handbuch der Neuen Steuerung. Wiesbaden: VS Verlag für Sozialwissenschaften. 255-276.

*Terhart, E.* (1986): Organisation und Erziehung. Neue Zugangsweisen zu einem alten Dilemma. In: Zeitschrift für Pädagogik. Jg. 32(2). 205-223.

*Terry, L.D.* (1998). Administrative Leadership, Neo-Managerialism, and the Public Management Movement. In: Public Administration Review. Vol. 58(3). 194-200.

*Teske, P. & Schneider, M.* (1994). The Bureaucratic Entrepreneur: The Case of City Managers. In: Public Administration Review. Vol. 54(4). 331-340.

*Thiel, F. & Thillmann, K.* (2013). Erfolgreiche Schulen. Wissenschaftliche Befunde: Ergebnisse der Schulforschung. In: Schulmanagement. Heft 2. 8-11.

*Thiel, F. & Thillmann, K.* (2009). Ergebnisbericht zur Untersuchung „Organisation der Schule als Managementaufgabe". Eine Online-Befragung zur Arbeitssituation von Berliner Schulleiterinnen und Schulleitern von Dezember 2008 bis Januar 2009. Berlin (Forschungsbericht).

*Thom, N.* (1980). Grundlagen des betrieblichen Innovationsmanagements. Königstein/Taunus: Hanstein.

*Thom, N. & Ritz, A.* (2008). Public Management. Innovative Konzepte zur Führung im öffentlichen Sektor. 4. Auflage. Wiesbaden: Gabler Verlag.

*Thom, N. & Ritz, A.* (2002). Innovation, Organisation und Personal als Merkmale einer effektiven Schulführung. In: Thom, N. & Ritz, A. & Steiner, R. (Hrsg.): Effektive Schulführung. Chancen und Risiken des Public Managements im Bildungswesen. Bern: Verlag Haupt. 3-35.

*Thom, N., Ritz, A. & Steiner, R.* (Hrsg.)(2002). Effektive Schulführung. Chancen und Risiken des Public Managements im Bildungswesen. Stuttgart: Verlag Haupt.

*Thoonen, E.E.J., Sleegers, P.J.C., Oorta, F. J. &. Peetsma, T.T.D.* (2012). Building school-wide capacity for improvement: the role of leadership, school organizational conditions, and teacher factors. In: School Effectiveness and School Improvement, Vol. 23(4). 441-460.

*Träger, M.* (2005). Bildungspolitik in Deutschland. Eine ländervergleichende Netzwerkanalyse. Marburg: Tectum Verlag.

*Trim, P. R. J.* (2003). Strategic marketing of further and higher educational institutions: partnership arrangements and centers of entrepreneurship. In: International Journal of Educational Management. Vol. 17(2). 59-70.

*Ulrich, D., Zenger, J. & Smallwood, N.* (2000). Ergebnisorientierte Unternehmensführung. Von der Zielformulierung zu messbaren Erfolgen. Deutsche Ausgabe. Frankfurt am Main: Campus Verlag.

*Unger, J.M., Rauch, A., Frese & M., Rosenbusch, N.* (2011). Human capital and entrepreneurial success: a meta-analytical review. In: Journal of Business Venturing. Vol. 26(3). 341-358.

*Van de Grift, W. & Houtveen, A.A.M.* (1999). Educational leadership and pupil achievement in primary education. In: School Effectiveness and School Improvement. Vol. 10(4). 373-389.

*Vecchio, R.P.* (2003). Entrepreneurship and leadership: common trends and common threads. In: Human Resource Management Review. Vol. 13(2). 303-327.

*Venkatraman, N.* (1989). Strategic orientation of business enterprises: The construct, dimensionality, and Measurement. In: Management Science. Vol. 35(8). 942-962.

*VDP (Verband deutscher Privatschulverbände e. V.)*(o. J.)(Hrsg.). Fünf Punkte Plan. http://bildungsklick.de/datei-archiv/50782/vdp_5_pkt_plan.pdf. Download am 15.08.2014.

*Verheul, S., Wennekers, S., Audretsch, D. & Thurik, R.* (2001). An Eclectic Theory of Entrepreneurship. Tinbergen Institute Discussion Paper. TI 2001-030/3. http://repub.eur.nl/res/pub/6873/2001-0303.pdf. Download am 28.05.2013.

*Vesper, K.H.* (1984). Three faces of corporate entrepreneurship: A pilot study. In: Hornaday, J.A., Tarpley Jr., F., Timmons, J.A. & Vesper, K. H. (Eds.). Frontiers of entrepreneurship research. Wellesley, MA: Babson College. 294-326.

*Vesper, K.H. & Gartner, W.B.* (1997). Measuring Progress in Entrepreneurship Education. In: Journal of Business Venturing. Vol. 12(5). 403-421.

*Vieth-Entus, S.* (2008): „Im Stich gelassen". In: Tagesspiegel. Nr. 19936 vom 17.06.2008. 15.

*Volmer, J.* (2013). Führung und Kreativität in Organisationen. In: Krause, D.E. (Hrsg.) (2013). Kreativität, Innovation und Entrepreneurship. Wiesbaden: Springer. 59-76.

*Wagner, C.* (2011). Führung und Qualitätsmanagement in beruflichen Schulen. In: Buer, J. van (Hrsg.). Berufliche Bildung im Wandel. Band 15. Frankfurt am Main: Peter Lang.

*Wagner, C.* (2007): Einzelschulische Qualitätsentwicklung durch Führung und Management. In: Buer, J. van & Wagner, C. (Hrsg.). Qualität von Schule. Ein kritisches Handbuch. Frankfurt am Main: Peter Lang. 345-366.

*Wagner, M.* (2009). Eco-entrepreneurship: An empirical perspective based on survey data. In: Gary D. Libecap (Ed.) Frontiers in Eco-Entrepreneurship Research (Advances in the Study of Entrepreneurship, Innovation & Economic Growth, Volume 20). United Kingdom: Emerald Group Publishing Ltd. 127-152.

*Walker, A., Bryant, D. & Moosung, L.* (2013). International Patterns in Principal Preparation: Commonalities and Variations in Pre-service Programmes. In: Educational Management Administration & Leadership. Vol 41(4). 405-434.

*Wang, G., Oh, I., Courtright, S. H. & Colbert, A. E.* (2011). Transformational leadership and performance across criteria and levels: A meta-analytic review of 25 years of research. In: Group & Organization Management. Vol. 36(2). 223-270.

*Waters, J.T., Marzano, R.J. & McNulty, B.* (2004). Leadership that Sparks learning. In: Educational Leadership. Vol. 61(7). 48-51.

*Weaver, K.M., Dickson, P.H. & Solomon, G.* (2006). Entrepreneurship and education: what is known and what is not known about the links between education and entrepreneurial activity. In: Moutray, C. (Hg.). The Small Business Economy: A Report to the President. Washington: SBA Office of Advocacy. 113-156.

*Weber, M.* (1922). Wirtschaft und Gesellschaft. Grundriss der verstehenden Soziologie. Tübingen: J.C.B. Mohr. http://ia600303.us.archive.org/33/items/wirtschaftundges00webeuoft/wirtschaftundges00webeuoft.pdf. Download am 02.11. 2012

*Weber, R.* (2012). Evaluating Entrepreneurship Education. Wiesbaden: Springer Gabler.

*Weick, K. & Suttcliff, K. M.* (2003). Das Unerwartete managen. Wie Unternehmen aus Extremsituationen lernen. Stuttgart: Klett-Cotta.

*Weick, K.E.* (1976). Educational Organizations as Loosely Coupled Systems. In: Administrative Science Quarterly. Vol. 21(1). 1-19.

*Weik & Klebs* (2011). Pressemitteilung der Universität Hohenheim vom 24.10.2011. Download am 20.12.2013 unter: https://www.uni-hohenheim.de/uploads/tx_newspmfe/pm_Dunkle_Triade_2011-10-24_status_10.pdf

*Weinert, F. E.* (Hrsg.) (2001). Leistungsmessung in Schulen. Weinheim und Basel: Beltz.

*Wennekers, S.* (2006). Entrepreneurship at Country Level:.Economic and Non-Economic Determinants. Dissertation. http://repub.eur.nl/res/pub/7982/EPS2006081ORG9058921158Wennekers.pdf. Download am 28.02.2012.

*Wennekers, S. & Thurik, R.* (1999). Linking Entrepreneurship and Economic Growth. In: Small Business Economics. Vol. 13(1). 27-55.

*Wiendieck, G.* (2008). Organisation im Wandel. In: Fisch, R., Müller, A. & Beck, D. (Hrsg.). Veränderungen in Organisationen. Stand und Perspektiven. Wiesbaden: Verlag für Sozialwissenschaften. 13-38.

*Wiklund, J. & Shepherd, D.* (2005), Entrepreneurial orientation and small business performance: A configurational approach. In: Journal of Business Venturing. Vol. 20(1). 71-89.

*Windrum, P. & Koch, P.* (2008). Innovation in Public Sector Services. Cheltenham, UK: Edward Elgar.

*Wißmann, H.* (2012). Zwischen Staatsanstalt und Wettbewerb. Die Schulreform und ihr Beitrag zur Weiterentwicklung des Verwaltungsrechts. In. Die Verwaltung. Jg. 45(3). 307-330.

*Wißmann, H.* (2011). Public Utilities. Annual report 2010/2011 – Germany. In: Ruffert u. a. (Hrsg.). Ius publicum – Network Review. http://www.ius-publicum.com/repository/uploads/14_02_2012_8_58_Wissmann.pdf. Download am 30.07.2013

*Witt, P.* (2008): Aktuelle Entrepreneurship-Forschung: Stand und offene Fragen. In: Kraus, S. & Gundolf, K. (Hrsg.)(2008). Stand und Perspektiven der deutschsprachigen Entrepreneurship- und KMU-Forschung. Schriftenreihe Institut für Managementforschung Köln e.V. Band 2. Stuttgart: Ibidem-Verlag. 79-96.

*Witt, P.* (2006): Stand und offenen Fragen der Gründungsforschung. Studie für das Bundesministerium für Bildung und Forschung (BMBF) März 2006. FGF Förderkreis Gründungs-Forschung e.V.

*Witte, E.* (1973) Innovationsfähige Organisation. Zeitschrift für Organisation. Heft 42. 17-24.

*Wittmann, E.* (2009). Theorieentwicklung zur beruflichen Schule. Eine Mehrebenenanalyse. Frankfurt am Main: Peter Lang.

*Wittmann, E.* (2007): Explizite und implizite Veränderung von Verwaltungskonzepten in der „neuen“ Schule – Analysen zum Berliner Schulgesetz. In: Buer, J. van & Wagner, C. (Hrsg.). Qualität von Schule. Ein kritisches Handbuch. Frankfurt am Main: Peter Lang. 201-216.

*Wößmann, L.* (2008). Zentrale Abschlussprüfungen und Schülerleistungen. In: Zeitschrift für Pädagogik. Jg. 54(6). 810-826.

*Wößmann, L.* (2007). Letzte Chance für gute Schulen. München: Verlag Zabert Sandmann.

*Wößmann, L.* (2006). Bildungspolitische Lehren aus den internationalen Schülertests. Wettbewerb, Autonomie und externe Leistungsüberprüfung. In: Perspektiven der Wirtschaftspolitik. Vol. 7(3). 417-444.

*Wolf, S.* (2012). Berufsbildende Schule unter neo-institutioneller Perspektive – theoretische Erkenntnisse und Gestaltungsoptionen für Schulhandeln. In: Zeitschrift für Berufs- und Wirtschaftspädagogik. Sonderdruck aus Band 108. Heft 4. 571-590.

*Wunderer, R.* (2009): Internes Unternehmertum - Gefordert – Gefördert - Gelebt. In: Eurich, J. & Brink, A. (Hrsg). Leadership in sozialen Organisationen. Wiesbaden: VS Verlag für Sozialwissenschaften. 31-46.

*Wunderer, R.* (2006): Führung und Zusammenarbeit. Eine unternehmerische Führungslehre. Darmstadt: Wolters Kluwer.

*Wunderer, R.* (2001). Employees as “co-intrapreneurs” – a transformation concept. In: Leadership & Organization Development Journal. Vol. 22(5).193-211.

*Wunderer, R.* (Hrsg.)(1999): Mitarbeiter als Mitunternehmer. Neuwied/Kriftel: Luchterhand.

*Wunderer, R. & Dick, P.* (2002). Sozialkompetenz – eine mitunternehmerische Schlüsselkompetenz. In: Die Unternehmung. Vol. 56(6). 361-391.

*Yang, K.* (2009). Examining Perceived Honest Performance Reporting by Public Organizations: Bureaucratic Politics and Organizational Practice. In: Journal of Public Administration Research and Theory. Vol. 19(1). 81-105.

*Yukl, A.G.* (2013). Leadership in organizations. 8 th Ed. Boston: Pearson.

*Yukl, A.G., Gordon, A. & Taber, T.* (2002). A hierarchical taxonomy of leadership behavior: integrating a half century of behavior research. In: Journal of Leadership and Organizational Studies. Vol. 9(1). 15-32.

*Yu Yuan Hung, R., Yang, B., Ya-Hui Lien, B., McLean, G.N. & Kuo, Y.-M.* (2010). Dynamic capability: Impact of process alignment and organizational learning culture on performance. In: Journal of World Business. Vol. 45(3). 285-294.

*Zahra, S. A.* (1993a): A Conceptual Model of Entrepreneurship as Firm Behavior: A Critiqueand Extension. In: Entrepreneurship Theory and Practice. Vol. 17(4). 5-21.

*Zahra, S. A.* (1993b). Environment, Corporate Entrepreneurship, and Financial Performance: a Taxonomic Approach. In: Journal of Business Venturing. Vol. 8(4). 319-340.

*Zahra, S. A.* (1991). Predictors and financial outcomes of Corporate Entrepreneurship: an exploratory study. In: Journal of Business Venturing. Vol. 6(4). 259-285.

*Zahra, S.A., Sapienza, H.J. & Davidsson, P.* (2006): Entrepreneurship and Dynamic Capabilities: A Review, Model and Research Agenda. In: Journal of Management Studies. Vol. 43(4). 917-955.

*Zaleznik, A. & Kets de Vries, M.* (1975). Power and the corporate mind. Boston: Houghton Mifflin.

*Zeitler, S.; Asbrand, B. & Heller, N.* (2013). Steuerung durch Bildungsstandards - Bildungsstandards als Innovation zwischen Implementation und Rezeption. In: Rürup, M. & Bormann, I. (Hrsg.). Innovationen im Bildungswesen: analytische Zugänge und empirische Befunde. Educational Governance, Band 21. Wiesbaden: VS Verlag für Sozialwissenschaften. 127-148.

*Zhao, H. & Seibert, S. E.* (2006). The Big Five personality dimensions and entrepreneurial status: A Meta-analytical Review. In: Journal of Applied Psychology. Vol. 91(2). 259-271.

*Zhou, J.* (2008) New look at creativity in the entrepreneurial process. In: Strategic Entrepreneurship Journal. Vol. 2(1). 1-5.

*Zhou, J. & Shalley C.E.* (2013). Zum Verständnis von Kreativität am Arbeitsplatz: Ein Überblick zu verschiedenen Ansätzen der Kreativitätsforschung. In: Krause, D.E. (Hrsg.). Kreativität, Innovation und Entrepreneurship. Wiesbaden: Springer. 1-42.

*Zlatkin-Troitschanskaia, O.;* (2007). Steuerungsfähigkeit des öffentlichen Schulwesens versus Steuerbarkeit der Schule – Paradigmenwechsel? In: Buer, van J.& Wagner, C. (Hrsg.). Qualität von Schule. Ein kritisches Handbuch. Frankfurt am Main: Peter Lang. 67-82.

*Zolin, R., Kuckertz, A. & Kautonen, T.* (2011). Human resource flexibility and strong ties in entrepreneurial teams. In: Journal of Business Research. Vol. 64(10). 1097-1103.

*Zollo, M. & Winter, S.G.* (2002): Deliberate Learning and the Evolution of Dynamic Capabilities. In: Organization Science. Vol. 13(3). 339-351.

# Zusammenfassung

Eine verbesserte Schuleffektivität bei der Produktion von Bildung gilt als wichtiger Standortfaktor, der die soziokulturelle und sozioökonomische Entwicklungsfähigkeit Deutschlands im Hinblick auf die zu erwartende globalisierte Wissensgesellschaft stark beeinflusst. Traditionell sind Schulverwaltungen regelorientiert organisiert; gefordert wird jedoch ein Paradigmenwechsel hin zur Ergebnisorientierung mit der Priorität einzelschulischer Qualitätsentwicklung. Mit der bildungspolitischen Reformmaßnahme von mehr Selbstständigkeit für Einzelschulen ist auch die Hoffnung verknüpft, mehr „unternehmerisches" Denken und Handeln im Schulbereich zu etablieren und dadurch ein innovativeres Arbeitsmilieu zu schaffen. Vor allem Schulleiter sind durch die Implementierung neuer ergebnisorientierter Steuerungsmodelle nach Ansätzen des New Public Managements mit neuen Aufgaben, erweiterten Verantwortungsbereichen und entsprechenden (internen) Herausforderungen und Widerständen konfrontiert. Die einzelschulischen Führungskräfte werden – sowohl bildungspolitisch als auch erziehungswissenschaftlich – als Promotoren und als Schlüsselpersonalien für ein Gelingen der Reformprozesse angesehen.

Diese Dissertation untersucht theoriegeleitet, ob das personenorientierte Konstrukt Intrapreneurship für Schulleitungen geeignet sein kann, moderne und ökonomische Reformansätze nachhaltig und damit zielführend im Schulwesen auf Einzelschulebene zu implementieren, und ob es als (Schul-)Führungskonzeption einen positiven Beitrag zu einer innovationsfördernden Führung an Schule entwickeln kann. Dabei werden bestehende Schulführungsansätze durch den Aspekt unternehmerischen Denkens und Handelns erweitert und in weiterer Folge der mögliche Mehrwert für Einzelschulentwicklung aufgezeigt. Die Interpretation des Ergebnisses der hier vorgelegten Arbeit verweist zusammenfassend darauf, dass durch Intrapreneurship auf Schulführungsebene eine Möglichkeit gegeben zu sein scheint, weitere bzw. andere (Schul-)Führungsimpulse und -prozesse zu initiieren, um die interne Innovativität und Risikobereitschaft in Einzelschule zu erhöhen und um proaktiv sowie Mehrwert-schaffend auf Umweltveränderungen respektive Reformen reagieren zu können. Diese Erkenntnis dient als Anregung für weitere Forschungsarbeiten, insbesondere zur Überprüfung einer praktischen Anwendbarkeit von Intrapreneurship als innovationsfördernde Führungskonzeption in Schule.

# Abstract

An improved effectiveness of schools in the delivery of education is considered an important location-related factor, which strongly influences Germany's ability for socio-cultural and socio-economic development, in view of the upcoming globalized-knowledge-society. Traditionally, the organization of school administrations has been rules-orientated. However, a paradigm-shift is required towards a results-oriented approach that makes the qualitative development of individual schools the main priority. With the educational reform measure granting more autonomy to individual schools, there is now hope of establishing more "entrepreneurial" thought and action in education, thereby creating a more innovative work environment. Especially headmasters will be confronted with implementing new results-based management models (in accordance with the approaches of the New Public Management), with new tasks, expanded responsibilities and the corresponding (internal) challenges and resistance. The individual school leaders will be viewed as promoters and as key personal - both educationally and pedagogically - for the success of the reform processes.

This theory-guided dissertation examines whether or not the person-oriented intrapreneurship construct may be suitable for school principals to implement and sustain modern, economic reform approaches on an individual school-level, thereby leading the way in the school system. It also examines whether or not the construct, as a school-leadership concept, can positively contribute to the development of an innovative promotion of leadership in schools. At the same time, existing school leadership approaches will be extended, while considering the aspect of entrepreneurial thinking and acting, and subsequently, the possible added value for an individual school's development will be shown. The interpretation of the results of the work presented here point out in summary form that through intrapreneurship at the school leadership level, there seems to be the possibility of initiating further and/or other school leadership impulses and processes in order to raise internal innovativeness and risk-taking in individual schools, and also in order to be able to react in a proactive way (thereby creating added-value) to the environmental changes caused by the respective reforms. These findings serve as a stimulus for further research, in particular in appraising the practical applicability of intrapreneurship as an innovative idea in promoting the management concept in schools.

**Berufliche Bildung im Wandel**

Herausgegeben von Jürgen van Buer

Band 1 Jürgen van Buer / Adolf Kell / Eveline Wittmann (Hrsg.): Berufsbildungsforschung in ausgewählten Wissenschaften und multidisziplinären Forschungsbereichen. 2001.

Band 2 Eveline Wittmann: Kompetente Kundenkommunikation von Auszubildenden in der Bank. Eine theoretische und empirische Studie zum Einfluß betrieblicher Ausbildungsbedingungen. 2001.

Band 3 Susan Seeber / Dieter Squarra: Lehren und Lernen in beruflichen Schulen. Schülerurteile zur Unterrichtsqualität. 2003.

Band 4 Hans-Peter Benedikt: Selbstverantwortliches Handeln bei Mitarbeitern in der deutschen und russischen Kreditwirtschaft. Eine komparative Länderstudie. 2004.

Band 5 Jürgen van Buer / Olga Zlatkin-Troitschanskaia (Hrsg.): Berufliche Bildung auf dem Prüfstand. Entwicklung zwischen systemischer Steuerung, Transformation durch Modellversuche und unterrichtlicher Innovation. 2003.

Band 6 Olga Zlatkin-Troitschanskaia: Dynamik und Stabilität in Berufsbildungssystemen. Eine theoretische und empirische Untersuchung von Transformationsprozessen am Beispiel Bulgariens und Litauens. 2005.

Band 7 Jürgen van Buer / Olga Zlatkin-Troitschanskaia (Hrsg.): Adaptivität und Stabilität der Berufsausbildung. Theoretische und empirische Untersuchungen zur Berliner Berufsbildungslandschaft. 2005.

Band 8 Susanne Weber: Intercultural Learning as Identity Negotiation. 2005.

Band 9 Stephan Schumann: Jugendliche vor und nach der Berufsvorbereitung. Eine Untesuchung zu diskontinuierlichen und nichtlinearen Bildungsverläufen. 2006.

Band 10 Olga Zlatkin-Troitschanskaia: Steuerbarkeit von Bildungssystemen mittels politischer Reformstrategien. Interdisziplinäre theoretische Analyse und empirische Studie zur Erweiterung der Autonomie im öffentlichen Schulwesen. 2006.

Band 11 Eveline Wittmann: Theorieentwicklung zur beruflichen Schule. Eine Mehrebenenanalyse. 2009.

Band 12 Michaela Köller: Konstruktion und Implementierung von Schulprogrammen – Ein triangulativer Forschungsansatz. 2009.

Band 13 Jürgen van Buer / Cornelia Wagner / Maika Gausch (eds.): Innovation, Change and Sustainability in Syrian Higher Education. Joint European Tempus Project „Quality University Management and Institutional Autonomy" (QUMIA). 2010.

Band 14 Sandra Trost: Studienbezogene Selbstregulation. Eine Adaptation des Metamodells „Selektion, Optimierung und Kompensation". 2011.

Band 15 Cornelia Wagner: Führung und Qualitätsmanagement in beruflichen Schulen. Triangulative Fallstudien zum Führungsverständnis und Führungshandeln einzelschulischer Führungskräfte. 2011.

Band 16 Nicole Follmer: Der Schulleiter als Intrapreneur. Überlegungen zu einer innovationsfördernden Führung in Schule. 2015.

www.peterlang.de

www.ingramcontent.com/pod-product-compliance
Ingram Content Group UK Ltd.
Pitfield, Milton Keynes, MK11 3LW, UK
UKHW041825290926
8980IPUK00002B/69

9 783631 660812